Von der Wall Street zur Main Street

Die Weltwirtschaft nach der Finanzkrise

von
Michael Bloss
Dietmar Ernst
Joachim Häcker
Nadine Eil

Oldenbourg Verlag München

Bibliografische Information der Deutschen Nationalbibliothek

Die Deutsche Nationalbibliothek verzeichnet diese Publikation in der Deutschen Nationalbibliografie; detaillierte bibliografische Daten sind im Internet über <http://dnb.d-nb.de> abrufbar.

© 2009 Oldenbourg Wissenschaftsverlag GmbH
Rosenheimer Straße 145, D-81671 München
Telefon: (089) 45051-0
oldenbourg.de

Das Werk einschließlich aller Abbildungen ist urheberrechtlich geschützt. Jede Verwertung außerhalb der Grenzen des Urheberrechtsgesetzes ist ohne Zustimmung des Verlages unzulässig und strafbar. Das gilt insbesondere für Vervielfältigungen, Übersetzungen, Mikroverfilmungen und die Einspeicherung und Bearbeitung in elektronischen Systemen.

Lektorat: Wirtschafts- und Sozialwissenschaften, wiso@oldenbourg.de
Herstellung: Anna Grosser
Coverentwurf: Kochan & Partner, München
Fotos: Michael Bloss
Gedruckt auf säure- und chlorfreiem Papier
Gesamtherstellung: Druckhaus „Thomas Müntzer" GmbH, Bad Langensalza

ISBN 978-3-486-59026-5

Vorwort

Der Titel „Von der Wall Street zur Main Street" drückt aus, dass sich die Finanzkrise (hier unter dem Begriff „Wall Street" zusammengefasst) zur Weltwirtschaftskrise (hier unter dem Begriff „Main Street" zusammengefasst) ausgeweitet hat. Die Wall Street ist das Börsenzentrum in New York und steht sinnbildlich für die Finanzkrise, die sich aus der auf einer Immobilienblase beruhenden Subprime-Krise entwickelt hat. Der Begriff „Main Street" bedeutet „Hauptstraße" und steht sinnbildlich dafür, dass die Finanzkrise in der Realwirtschaft angekommen ist.

Im Rahmen unseres ersten Bands „Von der Subprime-Krise zur Finanzkrise" wurde in einem ersten Schritt der Weg zur Kreuzung „Wall Street" und „Main Street" dargestellt. Der „Unfall an der Wall Street" und die „Umleitung zur Main Street" ist nun Gegenstand dieses Buchs. Ziel ist es, die aktuellen Vorgänge zu analysieren sowie aufzuzeigen, welcher Weg eingeschlagen werden kann, um aus der Krise herauszukommen.

Wir haben uns bemüht, das Buch sowohl für den politisch als auch wirtschaftlich Interessierten in allgemein verständlicher Sprache zu schreiben. Es richtet sich aber auch an den Expertenkreis. Hierunter sind Manager im Finanzbereich von Unternehmen, Controlling- und Strategieabteilungen, Wirtschaftsprüfer, Finanzdienstleister und Unternehmensberater zu verstehen. Wissenschaft und Wirtschaftspraxis werden hier miteinander verbunden.

Danken möchten wir dem Verlag Oldenbourg und seinen Mitarbeitern, insbesondere dem Leiter des Lektorats Wirtschafts- und Sozialwissenschaften, Herrn Dr. Jürgen Schechler, für die stets angenehme, kompetente und konstruktive Zusammenarbeit. Ferner gilt unser Dank Herrn Prof. Dr. Gunther Schnabel und Herrn Andreas Hoffmann (beide Universität Leipzig) sowie Herrn Michael Weitzel (Clifford Chance) für deren Beiträge. Wir bedanken uns bei Herrn Stefan Hocke und Bernd Holtwick (beide DICF) für deren Anregungen. Des Weiteren gilt unser Dank folgenden Damen und Herren für deren Research-Aktivitäten, die erst das Gelingen des Buchs ermöglicht haben (in alphabetischer Reihenfolge):

Timm Braun; Anastasia Breyman; Sabrina Delp; Oliver Abou Elsoud; Sabine Fischbach; Inna Hörner; Philipp Lämmle; Stefan Muschik; Roman Petzold; Mirjam Singer; Daniel Suderland; Verena Unger; Klaus Wassermann.

Ferner gilt unser Dank Frau Heike Belzer für ihre Korrekturanmerkungen, gerade in der Endphase des Entstehen dieses Buches, und für ihre wertvollen Anmerkungen zur Fertigstellung des Manuskripts.

Frankfurt, im August 2009

Michael Bloss
Nadine Eil
Dietmar Ernst
Joachim Häcker

Alle in dem Buch aufgeführten Grafiken können auf der Webpage des Deutschen Instituts für Corporate Finance (www.dicf.de) heruntergeladen werden.

Wir freuen uns über Ihre Kommentare und Anregungen unter

Deutsches Institut für Corporate Finance (DICF)
Mendelssohnstraße 87
60325 Frankfurt am Main
info@dicf.de

Inhaltsübersicht

Vorwort		V
Abbildungsverzeichnis		XV
1	Unfall auf der Wall Street – Umleitung zur Main Street!	1
2	Wie kommt es von einer Finanzkrise zu einer Weltwirtschaftskrise?	21
3	Geldpolitik und Finanzmarkthysterie – eine Welle von wandernden Blasen?	57
4	Lässt sich die aktuelle Finanzkrise anhand von Behavioral Finance erklären?	71
5	Wie John Maynard Keynes und Adam Smith die Finanzkrise in Deutschland heute lösen würden	87
6	Welche Rolle spielen Bilanzausgliederungen in der Finanzkrise?	143
7	Die Rolle von IFRS und US-GAAP bei der Fair Value-Bewertung in der Finanzkrise?	183
8	Welche Rolle spielen die Hedgefonds in der Finanzkrise?	233
9	Wie werden die Investmentbanken nach der Finanzkrise aussehen?	277
10	Wie sind die BRIC Länder von der Finanzkrise betroffen?	291
11	Handlungsempfehlungen des DICF	345
Glossar		353
Literaturverzeichnis		363
Über die Autoren		369

Inhaltsverzeichnis

Vorwort		V
Abbildungsverzeichnis		XV
1	Unfall auf der Wall Street – Umleitung zur Main Street!	1
	1.1 Unfall auf der Wall Street	1
	1.2 Umleitung zur Main Street	18
2	Wie kommt es von einer Finanzkrise zu einer Weltwirtschaftskrise?	21
	2.1 Theoretische Zusammenhänge	24
	2.1.1 Globalisierung	24
	2.1.2 Finanzwirtschaft & Realwirtschaft	24
	2.1.3 Wirtschaftskreislauf	26
	2.2 Empirische Ereignisse	30
	2.2.1 Weltwirtschaftskrise 1929	30
	2.2.2 Japankrise	37
	2.2.3 Von der Wall Street zur Main Street – Weltwirtschaftskrise 2008/2009	42
	2.2.4 Finanzkrise – Quo vadis?	52
	2.3 Vergleich	54
	2.4 Fazit	56
3	Geldpolitik und Finanzmarkthysterie – eine Welle von wandernden Blasen?	57
	3.1 Liquidität und Inflation	58
	3.2 „Theorie wandernder Blasen": Überinvestition und Finanzmarkthysterie	61
	3.3 Empirische Evidenz wandernder Blasen	63
	3.4 Die Hypothekenmarktkrise und die politischen Reaktionen	66
	3.5 Ausblick	69
4	Lässt sich die aktuelle Finanzkrise anhand von Behavioral Finance erklären?	71
	4.1 Klassische Modelle und Theorien	72
	4.2 Theorie und Anwendung der Behavioral Finance	73
	4.2.1 Definition Behavioral Finance	73
	4.2.2 Neue Erwartungstheorie: Entscheidungen unter Risiko	73
	4.2.3 Heuristiken	77

		4.2.4	Beurteilungsfehler	78

- 4.2.4 Beurteilungsfehler 78
- 4.2.5 Herdenverhalten 80
- 4.3 Weitere Erklärungsansätze 83
  - 4.3.1 Moral Hazard 83
  - 4.3.2 Selbsterfüllende Prophezeiung 83
  - 4.3.3 Ansteckungseffekte 84
- 4.4 Fazit 85

5 Wie John Maynard Keynes und Adam Smith die Finanzkrise in Deutschland heute lösen würden 87

- 5.1 Der Klassisch-Neoklassische Gedanke 89
  - 5.1.1 Die Person Adam Smith (1723–1790) 89
  - 5.1.2 Die Klassisch-Neoklassische Theorie 90
  - 5.1.3 Das Klassisch-Neoklassische Totalmodell 99
- 5.2 Der Keynesianische Gedanke 101
  - 5.2.1 Die Person John Maynard Keynes (1883–1946) .. 101
  - 5.2.2 Die Konjunkturtheorie des Keynesianismus 102
  - 5.2.3 Das allgemeine Keynesianische Totalmodell ... 103
  - 5.2.4 Die Krisenszenarien 113
- 5.3 Zusammenfassende Gegenüberstellung der beiden Theorien .. 115
- 5.4 Was A. Smith zur Finanzkrise sagen würde 115
  - 5.4.1 Wirtschaftswachstum und Konjunkturaufschwung durch technischen Fortschritt 116
  - 5.4.2 Wirtschaftspolitische Implikationen 119
- 5.5 Was J. M. Keynes zur Finanzkrise sagen würde 121
  - 5.5.1 Fiskalpolitik – Maßnahmen des Staates 121
  - 5.5.2 Geldpolitik – Maßnahmen der EZB 131
- 5.6 Kritische Betrachtung der Theorien 137
  - 5.6.1 A. Smith und die Klassisch-Neoklassische Theorie ... 137
  - 5.6.2 J. M. Keynes und die aktuelle Lage in Deutschland ... 137
- 5.7 Fazit 140

6 Welche Rolle spielen Bilanzausgliederungen in der Finanzkrise? ... 143

- 6.1 Definitionen und Erläuterungen 143
  - 6.1.1 Begriffsbestimmung 143
  - 6.1.2 Einordnung und Abgrenzung 143
  - 6.1.3 Grundstrukturen einer ABS-Transaktion 145
  - 6.1.4 Voraussetzungen 149
  - 6.1.5 Geschichtliche Entwicklung 149
- 6.2 Gestaltung von Bilanzausgliederungen 151
  - 6.2.1 Ablauf einer ABS-Transaktion 151
  - 6.2.2 Gesetzliche Regelungen 156
- 6.3 Vor- und Nachteile von Bilanzausgliederungen 164
  - 6.3.1 Gründe für Bilanzausgliederungen 164
  - 6.3.2 Mögliche Risiken 170

	6.4	Kritische Würdigung von Bilanzausgliederungen	175
		6.4.1 Bewertung von Chancen und Risiken	175
		6.4.2 Fazit: Die Zukunft von Bilanzausgliederungen	180
7		Die Rolle von IFRS und US-GAAP bei der Fair Value-Bewertung in der Finanzkrise?	183
	7.1	Grundlagen der Fair Value-Bewertung	186
		7.1.1 Konzeption des Fair Value	186
		7.1.2 Fair Value nach IFRS	187
		7.1.3 Fair Value nach US-GAAP	198
		7.1.4 Konvergenz zwischen US-GAAP und IFRS	204
	7.2	Probleme und Auswirkungen der Fair Value-Bewertung	211
		7.2.1 Probleme der Fair Value-Bewertung	211
		7.2.2 Auswirkungen der Fair Value-Bewertung auf die Bilanz	215
	7.3	Auswirkung der Finanzkrise auf die Fair Value-Bewertung	217
		7.3.1 Änderungen bei den US-GAAP	217
		7.3.2 Änderungen des IAS 39 und IFRS 7	218
		7.3.3 Sonstige Hilfestellungen in der Finanzkrise	227
	7.4	Die Rolle der Fair Value-Bewertung in der Finanzkrise	228
		7.4.1 These: „Fair Value Accounting ist Auslöser der Finanzkrise"	228
		7.4.2 Antithese: „Fair Value Accounting ist nicht Auslöser der Finanzkrise"	230
		7.4.3 Fazit und Schlussbemerkung	231
8		Welche Rolle spielen die Hedgefonds in der Finanzkrise?	233
	8.1	Grundlagen	233
		8.1.1 Der Begriff Hedgefonds	233
		8.1.2 Abgrenzung zu anderen Investmentarten	233
		8.1.3 Charakteristika von Hedgefonds	235
		8.1.4 Risikoeigenschaften von Hedgefonds	239
		8.1.5 Organisationsstruktur eines Hedgefonds	241
		8.1.6 Dach-Hedgefonds	244
	8.2	Entwicklung der Hedgefonds-Industrie	244
		8.2.1 Geschichte der Hedgefonds	244
		8.2.2 Marktkapitalisierung von Hedgefonds	246
	8.3	Anlagestrategien von Hedgefonds	247
		8.3.1 Direktionale Strategien	248
		8.3.2 Nicht-direktionale Strategien	253
	8.4	Zusammenfassung erster Teil	261
	8.5	Auswirkungen der Hedgefonds auf die Finanzmarktstabilität	263
		8.5.1 Positive Auswirkungen auf die Finanzmarktstabilität	263
		8.5.2 Negative Auswirkungen auf die Finanzmarktstabilität	265
	8.6	Aktuelle Situation der Hedgefonds und Ausblick	272
	8.7	Zusammenfassung zweiter Teil	275

9 Wie werden die Investmentbanken nach der Finanzkrise aussehen? . . . 277
9.1 Was ist Investmentbanking? 277
9.1.1 Warum gibt es in den USA ein Trennbankensystem? . . 277
9.1.2 Welche Arten von Investmentbanken gibt es? 278
9.1.3 In welchen Geschäftsfeldern erwirtschaften Investmentbanken ihre Erträge? 279
9.2 Wie hat sich die Finanzkrise auf die Investmentbanken ausgewirkt? 282
9.2.1 Wo entstanden die Verluste? 282
9.2.2 Wie haben die Investmentbanken auf die Finanzkrise reagiert? 283
9.3 Welche Strategien und Geschäftsmodelle werden Investmentbanken in der Zukunft verfolgen? 286
9.3.1 Welche Rolle wird der Staat spielen? 286
9.3.2 In welchen Bereichen liegen zukünftig noch Ertragschancen? Wo liegt das größte Risiko? 288
9.3.3 Fazit 289

10 Wie sind die BRIC Länder von der Finanzkrise betroffen? 291
10.1 China 293
10.1.1 Volkswirtschaftliche Betrachtung 293
10.1.2 Finanzwirtschaftliche Betrachtung 298
10.1.3 SWOT Analyse China 304
10.2 Brasilien 305
10.2.1 Volkswirtschaftliche Betrachtung 305
10.2.2 Finanzwirtschaftliche Betrachtung 310
10.2.3 SWOT Analyse Brasilien 315
10.3 Indien 316
10.3.1 Volkswirtschaftliche Betrachtung 316
10.3.2 Finanzwirtschaftliche Betrachtung 321
10.3.3 SWOT Analyse Indien 326
10.4 Russland 327
10.4.1 Volkswirtschaftliche Betrachtung 327
10.4.2 Finanzwirtschaftliche Betrachtung 332
10.4.3 SWOT Analyse Russland 337
10.5 Gegenüberstellung 337
10.6 Schlussfolgerung 342

11 Handlungsempfehlungen des DICF 345
11.1 Schritt 1: Welche Maßnahmen sollten kurzfristig zur Lösung der Finanz- und Weltwirtschaftskrise unternommen werden? . 345
11.2 Schritt 2: Was sollte mittelfristig zur Stabilisierung des Finanz- und Wirtschaftsystems unternommen werden? 347
11.3 Schritt 3: Wie sollte die Weltwirtschaft nach der Krise nachhaltig gesteuert werden? 350

Inhaltsverzeichnis

    11.4   Welche alternativen Krisenszenarien sind vorstellbar? 351
    11.5   Fazit 352

Glossar 353

Literaturverzeichnis 363

Über die Autoren 369

3 FROM C$17.50 BY TD >CAR.U

| YE | XOM | AA | ABT |
| 32.99 | 72.65 | 10.94 | |

| CELG | CHKP | CHRW | |
| 57.48 | 19.60 | 52 | |

Abbildungsverzeichnis

1.1	Subprimebezogene Abschreibungen, Kredit-Verluste und neu beschafftes Kapital (in Mrd. US-Dollar) Quelle: Bloomberg, Stand: 8. Februar 2009	5
1.1	[Fortsetzung]	6
1.2	Schematischer Überblick Finanzmarktstabilisierungsgesetz Quelle: LBBW	11
1.3	Der Finanzmarktstabilisierungsfonds (SoFFin) Quelle: www.SoFFin.de	11
2.1	Prozentuale Veränderung von Dow Jones, Dax und Nikkei zwischen Juli 2004 und Juli 2009 Quelle: Reuters	22
2.2	Vorgehensweise	23
2.3	Entwicklung weltweiter Export/Import zwischen 1971 und 2007 in Mrd. US-Dollar Quelle: OECD Statistics	24
2.4	Entwicklung der weltweiten Währungsreserven am Jahresende zwischen 1995 und 2007 in Mrd. US-Dollar Quelle: International Monetary Fund	25
2.5	Kreditvergabe in der Volkswirtschaft	29
2.6	Schematischer Ablauf der Weltwirtschaftskrise 1929	30
2.7	Aktienkursentwicklung New York, 1926–1938, (1926 = 100) Quelle: Universität Münster	31
2.8	Geldmenge M2 in Prozent Quelle: Federal Reserve Bank of St. Louis	32
2.9	Prozentuale Veränderung der Realzinsen in den USA zwischen 1925 und 1937 Quelle: Universität Münster	33
2.10	Interbanken Zinsspread in Prozent Quelle: Federal Reserve Bank of St. Louis	33
2.11	Konsumentenkredite/Automobilkredite in Mio. US-Dollar Quelle: National Bureau of Economic Research	35

2.12	Prozentuale Arbeitslosigkeit der Industriearbeiter in Deutschland, Frankreich, USA und Großbritannien Quelle: Universität Münster	36
2.13	Prozentuale Veränderung des Bruttoinlandproduktes von USA, Deutschland, Großbritannien und Frankreich zwischen 1926 und 1938 Quelle: National Bureau of Economic Research	37
2.14	Schematischer Ablauf der Japankrise	37
2.15	Prozentuale Veränderung des japanischen Leitzins und der Realzinsen Quelle: Econstats	38
2.16	Inflationsrate (%) in Japan zwischen 1985 und 1995 Quelle: Econstats	38
2.17	Kreditvergabeverhalten der Finanzinstitutionen gemäß Tankanstudie Quelle: Bank of Japan	39
2.18	Prozentuale Veränderung des BIP in Japan Quelle: Centro de Economía Internacional	41
2.19	Schematischer Ablauf der Weltwirtschaftskrise 2008/2009	42
2.20	Möglichkeiten der Liquiditätsbeschaffung für Unternehmen	43
2.21	Entwicklung des Leitzins im Euro-Raum und USA Quelle: Bloomberg	44
2.22	Entwicklung des TED – Spread (3-Monats-LIBOR, 3-Monats-Treasury Bill-Zinssatz Quelle: Bloomberg	45
2.23	Entwicklung der Weltproduktion und des Welthandels Quelle: Sachverständigenrat	46
2.24	Refinanzierungsstruktur der Autobanken Quelle: Deutsche Bank	47
2.25	Entwicklung der Credit Default Swaps (CDS) in der Automobilindustrie Quelle: Deutsche Bank	48
2.26	Entwicklung der Liquidität von General Motors und Ford in Milliarden US-Dollar Quelle: Bernstein	49
2.27	IFO Index Deutschland Quelle: CES Info	50
2.28	Purchasing Managers Index USA Quelle: Institute for supply management	50
2.29	US-Sparquote in Prozent des frei verfügbaren Einkommens Quelle: Federal Reserve Bank of St. Louis	51
2.30	Arbeitslose in Prozent in den USA Quelle: U.S. Bureau of Labor Statistics	51
2.31	Vergleich der Weltwirtschaftkrise 1929, Japankrise und Wirtschaftskrise 2008/2009	55

Abbildungsverzeichnis

3.1	Geldmarktzinsen in den US, Japan und der EWU Quelle: IWF, IFS	59
3.2	Durchschnittlicher Geldmarktzins von US, Japan und EWU Quelle: IWF, IFS. Arithmetischer Durchschnitt	60
3.3	Konsumentenpreisinflation in USA, Japan und EWU Quelle: IWF, IFS	61
3.4	Wandernde Blasen Quellen: IWF, IFS und Ecowin. (US Nareit 1991: 12 = 100)	64
3.5	Devisenreserven in China, USA, Japan und Estland Quelle: IWF, IFS	66
3.6	Die US-Zentralbankbilanz seit 2000 Quelle: Fed Statistics	68
3.7	Staatsverschuldung in den USA und der EWU seit 1995 Quelle: Ecowin	68
4.1	Wertfunktion Quelle: Kahneman, D. und Tversky, A. (1979), S.263 ff.	75
4.2	Ankerheuristik am Beispiel der Commerzbank Quelle: Eigene Darstellung mit Daten von Onvista (2009)	76
4.3	Entwicklung der Immobilienpreise in den USA Quelle: Shiller, R. (2008)	82
5.1	Produktionsfunktion	93
5.2	Arbeitsmarkt	94
5.3	Kapitalmarkt	95
5.4	Das Klassisch-Neoklassische Totalmodell Quelle: in Anlehnung an Hohlstein, M. (1988), Tübingen	100
5.5	Die LM-Kurve	108
5.6	Die IS-Kurve	109
5.7	Das IS/LM-Modell im Gleichgewicht	110
5.8	Anpassungsprozess bei Ungleichgewichten im IS/LM-Modell	110
5.9	Das Keynesianische Totalmodell Quelle: in Anlehnung an Hohlstein, M. (1988), Tübingen	112
5.10	Unterschiede zwischen Klassik-Neoklassik und Keynes	116
5.11	Technischer Fortschritt im Klassisch-Neoklassischen Totalmodell Quelle: in Anlehnung an Hohlstein, M. (1988), Tübingen	118
5.12	Technischer Fortschritt im Klassisch-Neoklassischen Totalmodell Quelle: in Anlehnung an Hohlstein, M. (1988), Tübingen	120
5.13	Fiskalpolitik im Keynesianischen Totalmodell Quelle: in Anlehnung an Hohlstein, M. (1988), Tübingen	123
5.14	Staatshilfen für den deutschen Bankensektor Quelle: Auguster, S. (2009)	125
5.15	Die zehn größten indirekten Beteiligungen des Bundes Quelle: Auguster, S. (2009)	126

5.16	Die größten direkten Beteiligungen des Bundes Quelle: Auguster, S. (2009)	127
5.17	Inhalte Konjunkturpaket I Quelle: Bundesministerium für Finanzen (2008)	129
5.18	Inhalte Konjunkturpaket II Quelle: Bundesministerium für Finanzen (2009)	130
5.19	Expansive Geldpolitik im Keynesianischen Totalmodell Quelle: in Anlehnung an Hohlstein, M. (1988), Tübingen	133
5.20	Leitzinsentwicklung Euroraum und USA Quelle: Bloomberg	134
5.21	Mangelndes Vertrauen der Finanzinstitute Pickartz, E. (2008), S. 24	136
6.1	Abgrenzung der Asset Backed Securities i.w.S.	144
6.2	Formen von Asset-Backed-Securities	144
6.3	Transaktionsprozess von Asset Backed Securities	146
6.4	Volumen ABS-Emissionen in den USA (in Mrd. $) Quelle: Vizhon Corporation (2008)	151
6.5	Geschäftsbeziehung zur Gestaltung einer Verbriefungstransaktion Quelle: Ricken (2008), S. 22, modifiziert	152
6.6	Geschäftsbeziehung zur Gestaltung einer Verbriefungstransaktion Quelle: Ricken (2008), S. 22, modifiziert	153
6.7	Credit Enhancement bei ABS Quelle: Bär (2000)	155
6.8	Geschäftsbeziehung während der Laufzeit einer Verbriefungstransaktion Quelle: Ricken (2008), S. 22, modifiziert	156
6.9	Bilanzabgang von Vermögenswerten nach HGB Quelle: in Anlehnung an Ricken (2008), S. 69ff.	158
6.10	Vorgaben des HGB zur Konsolidierung von Zweckgesellschaften Quelle: in Anlehnung an § 290 HGB	159
6.11	Ausbuchung eines finanziellen Vermögenswertes nach IAS 39 Quelle: IAS 39.AG36	162
6.12	Gründe für Bilanzausgliederungen	165
6.13	Die drei Säulen von Basel II Quelle: Kirmße/Lister/Schierenbeck (2008), S. 144, modifiziert	167
6.14	Beispielbilanz vor der Verbriefungstransaktion	169
6.15	Beispielbilanz vor der Verbriefungstransaktion	169
6.16	Auswirkungen der beispielhaften Verbriefungstransaktion	170
6.17	Wesentliche Risiken einer Verbriefungstransaktion Quelle: Ricken (2008), S. 31, modifiziert	171
6.18	Gesichtspunkte bei Bilanzausgliederungen im Rahmen der Finanzkrise	176

Abbildungsverzeichnis

6.19	Zusammenhang zwischen Bilanzausgliederungen und Liquidität Quelle: Committee of European Banking Supervisors (2008b), Tz. 51, modifiziert	177
6.20	Beurteilung der Chancen und Risiken bei Bilanzausgliederungen	181
7.1	Kategorisierung der Finanzinstrumente nach IAS 39 Quelle: IAS 39.45	189
7.2	Fair Value-Bewertung nach IAS 39 Quelle: Eckes, B./Flick, C. (2008), S. 461	193
7.3	Fair Value Measurement nach FAS 157	200
7.4	Bewertungshierarchie des FAS 157 Eckes, B./Flick, C. (2008), S. 456–466	203
7.5	Anhangangaben zu Vermögenswerten, die regelmäßig zum Fair Value bewertet werden	205
7.6	Anhangangaben für Vermögenswerte, die regelmäßig zum Fair Value bewertet werden und Ausgangswerte des Level 3 als Basis für die Berechnung des Fair Value haben	205
7.7	Bewertungshierarchien nach IFRS und US-GAAP im Vergleich	207
7.8	Ermittlung des Fair Value von Finanzinstrumenten in der Praxis Quelle: Beyer, S. (2008)	216
7.9	Gewinn- und Verlustrechnung der IKB zum 30.09.2007 Quelle: IKB (2008)	217
7.10	Umgliederung von Finanzinstrumenten nach dem 15.10.2008 Quelle: Schildbach, T. (2008), S. 2384	219
7.11	Prüfungsschema zur Umgliederung von Finanzinstrumenten Quelle: Vgl. PWC (2008c)	221
8.1	Unterschiede von Hedgefonds und Private Equity Fonds Quelle: Maslakovic 2008, S. 4	234
8.2	Grundstruktur eines Hedgefonds Quelle: Vgl. Graef 2008, S. 58	242
8.3	Weltweites Wachstum der Hedgefonds-Industrie von 1998 bis 2008* * Schätzung drittes Quartal 2008 Quelle: Vgl. Graef 2008, S. 31 und vgl. Bankenverband 2009, S. 4	246
8.4	Hedgefonds-Strategien	248
8.5	Anteile der Hedgefonds-Strategien am gesamten in Hedgefonds verwalteten Investitionsvolumen (Stand Dezember 2004) Quelle: Vgl. Graef 2008, S. 64	248
8.6	Wertentwicklung einer Wandelanleihe Quelle: Vgl. Wiedemann 2004, S. 5	256
8.7	Verlauf einer Liquiditätskrise Quelle: Vgl. Hauswald 2007, S. 87	267
8.8	Hedgefonds Leverage Quelle: European Central Bank (ECB) 2008, S. 45	273

9.1	Die Hauptgeschäftsfelder einer Investmentbank	280
9.2	Erträge nach Ertragsart von Goldman Sachs	281
9.3	Erträge nach Ertragsart der Deutschen Bank	281
9.4	Strategische Entwicklungen bei ausgewählten Investmentbanken	283
9.5	Weltweite Rettungspakete für die Finanzmärkte	285
9.6	Vor- und Nachteile weiterer Staatseingriffe	287
10.1	Länderprofil Volksrepublik China Quelle: In Anlehnung an Datamonitor 2008a, S. 10	293
10.2	Zusammensetzung des BIP nach Wirtschaftssektor China Quelle: In Anlehnung an Datamonitor 2008a, S. 51	294
10.3	Reales Wirtschaftswachstum China (%) Quelle: In Anlehnung an International Monetary Fund 2008a	294
10.4	Leistungsbilanzsaldo China (% des BIP) Quelle: In Anlehnung an International Monetary Fund 2008b/ J. P. Morgan 2008, S. 81	295
10.5	Monatliche Inflation China (%) Quelle: In Anlehnung an Asia Development Bank 2008, S. 151	296
10.6	Währungsreserven China in Mio. US-Dollar und Wechselkurs CNY/USD Quelle: In Anlehnung an Asia Development Bank 2008, S. 151	297
10.7	Kernkapitalquote der größten Banken in China (in %) Quelle: In Anlehnung an Commerzbank 2008a, S. 6	299
10.8	Aktienmarktkapitalisierung China im Verhältnis zum BIP (%) Quelle: In Anlehnung an International Monetary Fund 2008a/ World Federation of Exchange Members 2008	300
10.9	Branchenstruktur des Hang Seng Index nach Marktkapitalisierung (%) Quelle: In Anlehnung an Hang Seng Indexes Company Limited 2009a	301
10.10	Kursentwicklung den Hang Seng und S&P 500 2004 – Juni 2009 Quelle: Bloomberg	302
10.11	Kurs-Gewinn-Verhältnis HSI und HSCEI Quelle: In Anlehnung an Hang Seng Indexes Company Limited 2009b	303
10.12	Länderprofil Brasilien Quelle: In Anlehnung an Datamonitor 2008b, S. 10	305
10.13	Zusammensetzung des BIP nach Wirtschaftssektor Brasilien (%) Quelle: In Anlehnung an Datamonitor 2008b, S. 51	306
10.14	Reales Wirtschaftswachstum Brasilien (%) Quelle: In Anlehnung an International Monetary Fund 2008a	307
10.15	Leistungsbilanzsaldo Brasilien (% des BIP) Quelle: In Anlehnung an International Monetary Fund 2008b/ J. P. Morgan 2008, S. 81	308

Abbildungsverzeichnis XXI

10.16 Monatliche Inflation Brasilien (%)
Quelle: In Anlehnung an Central Bank of Brasil 2008 309
10.17 Währungsreserven Brasilien in Mio. US-Dollar und Wechselkurs REAL/USD
Quelle: In Anlehnung an Central Bank of Brasil 2008 309
10.18 Aktienmarktkapitalisierung Brasilien im Verhältnis zum BIP (%)
Quelle: In Anlehnung an International Monetary Fund 2008a/ World Federation of Exchange Members 2008 312
10.19 Branchenstruktur des Ibovespa Index nach Marktkapitalisierung (%) 313
10.20 Kursentwicklung des Ibovespa und S&P 500 2004 – Juni 2009
Quelle: Bloomberg 314
10.21 Kurs-Gewinn-Verhältnis Petrobras S. A./Vale S. A
Quelle: Bloomberg (2009) 314
10.22 Länderprofil Indien
Quelle: In Anlehnung an Datamonitor 2008c, S. 10 316
10.23 Zusammensetzung des BIP nach Wirtschaftssektor Indien (%)
Quelle: In Anlehnung an Datamonitor 2008c, S. 67 317
10.24 Reales Wirtschaftswachstum Indien (%)
Quelle: In Anlehnung an International Monetary Fund 2008a 318
10.25 Leistungsbilanzsaldo Indien (% des BIP)
Quelle: In Anlehnung an International Monetary Fund 2008b/ J. P. Morgan 2008, S. 81 319
10.26 Monatliche Inflation Indien (%)
Quelle: In Anlehnung an Asia Development Bank 2008, S. 155 . . . 320
10.27 Währungsreserven Indien in Mio. USD und Wechselkurs Ruppee/USD
Quelle: In Anlehnung an Asia Development Bank 2008, S. 158–159 320
10.28 Aktienmarktkapitalisierung Indien im Verhältnis zum BIP (%)
Quelle: In Anlehnung an International Monetary Fund 2008a/ World Federation of Exchanges Members 2008 322
10.29 Branchenstruktur des Sensex Index nach Marktkapitalisierung (%)
Quelle: Bombay Stock Exchange 2008a 323
10.30 Kursentwicklung des Sensex und S&P 500 2004 – Juni 2009
Quelle: Bloomberg 325
10.31 Kurs-Gewinn-Verhältnis Sensex Index
Quelle: Bombay Stock Exchange 2008b 325
10.32 Länderprofil Russland
Quelle: In Anlehnung an Datamonitor 2008d, S. 9 327
10.33 Zusammensetzung des BIP nach Wirtschaftssektor Russland (%)
Quelle: In Anlehnung an Datamonitor 2008d, S. 46 328
10.34 Reales Wirtschaftswachstum Russland (%)
Quelle: In Anlehnung an International Monetary Fund 2008a 329
10.35 Leistungsbilanzsaldo Russland (% BIP)
Quelle: International Monetary Fund 2008b/J. P. Morgan 2008, S. 81 330

10.36 Monatliche Inflation Russland (%)
Quelle: In Anlehnung an Bank of Russia 2008a 331
10.37 Währungsreserven Russland in Mio. USD und
Wechselkurs Rubel/USD
Quelle: In Anlehnung an Bank of Russia 2008b 331
10.38 Branchenstruktur des RTSI Index nach Marktkapitalisierung (%)
Quelle: In Anlehnung an Standard & Poor's 2008, S. 1. 333
10.39 Kursentwicklung des RTS und S&P 500 2004 – Juni 2009
Quelle: Bloomberg 335
10.40 Kurs-Gewinn-Verhältnis RTS Index
Quelle: Bloomberg (2009) 336
10.41 Reales Wirtschaftswachstum BRIC Länder (%)
Quelle: In Anlehnung an International Monetary Fund 2008a 338
10.42 Leistungsbilanzsaldo BRIC Länder (% BIP)
Quelle: In Anlehnung an International Monetary Fund 2008b/
J. P. Morgan 2008, S. 81. 339
10.43 Währungsreserven BRIC Länder in Mio. USD
Quelle: In Anlehnung an Asia Development Bank 2008, S. 151–159/
Central Bank of Brasil 2008/Bank of Russia 2008c 340
10.44 Kursentwicklung der MSCI Indizes BRIC & USA 2005–2008 (%)
Quelle: MSCI Barra 2008 341
10.45 Monatliche Inflation BRIC Länder (in BP)
Quelle: In Anlehnung an Asia Development Bank 2008, S. 151–155/
Central Bank of Brasil 2008/Bank of Russia 2008b 342

1 | Unfall auf der Wall Street – Umleitung zur Main Street!

1.1 Unfall auf der Wall Street

Die Subprime-Krise hat sich zur Finanzkrise ausgeweitet und schlägt auf die Realwirtschaft durch. Damit kann die weltwirtschaftliche Entwicklung der letzten zwei Jahre in folgende zwei Phasen aufgeteilt werden:
- Phase 1: Von der Subprime-Krise zur Finanzkrise
- Phase 2: Von der Finanzkrise zur Weltwirtschaftskrise

Phase 1 haben wir vom Deutschen Institut für Corporate Finance in unserem Buch „Von der Subprime-Krise zur Finanzkrise – Immobilienblase: Ursachen, Auswirkungen, Handlungsempfehlungen" analysiert. Phase 2 ist Gegenstand des vorliegenden Buches.

Der Titel „Von der Wall Street zur Main Street" drückt aus, dass sich die Finanzkrise (hier unter dem Begriff „Wall Street" zusammengefasst) zur Weltwirtschaftskrise (hier unter dem Begriff „Main Street" zusammengefasst) ausgeweitet hat. Die Wall Street ist das Börsenzentrum in New York und steht sinnbildlich für die Finanzkrise, die sich aus der auf einer Immobilienblase beruhenden Subprime-Krise entwickelt hat. Der Begriff „Main Street" bedeutet „Hauptstraße" und steht sinnbildlich dafür, dass die Finanzkrise jetzt in der Realwirtschaft angekommen ist. Die Finanzkrise betrifft jeden Menschen weltweit in der einen oder anderen Weise. Das Foto auf dem Bucheinband haben wir direkt vor der New Yorker Börse aufgenommen. Den Schriftzug „Main Street" haben wir hinzugefügt. Das Bild soll zeigen, dass wir uns derzeit auf dem Weg in eine Weltwirtschaftskrise befinden, die hinsichtlich ihrer negativen Auswirkungen mit der Weltwirtschaftskrise von 1929 verglichen werden kann.

Um zu diesem Schluss zu kommen, bedarf es zweier Schritte. In einem ersten Schritt wird der Weg, der zu der Kreuzung „Wall Street" und „Main Street" führt, dargestellt. Wie kam es von der Subprime-Krise zur Finanzkrise? Wie ist die Finanzkrise verlaufen? Der Weg beginnt Mitte 2007 und verläuft hier bis zum aktuellen Stand (Mai 2009). Dieser Weg wird anhand von 10 „Wegweisern" skizziert, welche folgende 10 Fragen sowie die Antworten darauf in Kurzform behandeln (die detaillierte Analyse der Hauptaspekte haben wir in unserem Buch „Von der Subprime-Krise zur Finanzkrise" behandelt):

1. Wie wurde die Subprime-Krise ausgelöst und wie konnte sie sich ausbreiten?

2. Warum haben Rating-Agenturen bei der Verbriefung die Subprime-Produkte nicht risikogerecht bewertet?
3. Warum haben die Banken ein so hohes Abschreibevolumen, wenn sie doch die Risiken ausgelagert haben?
4. Wie konnte es von der Subprime-Krise zur Finanzkrise kommen?
5. Wie lief der Fall der IKB Deutschen Industriebank AG ab?
6. Welche Rolle spielt Psychologie in der Finanzkrise?
7. Warum war die Insolvenz von Lehman Brothers ein Sündenfall?
8. Welche Maßnahmen wurden von den Zentralbanken ergriffen?
9. Welche Maßnahmen wurden von der deutschen Regierung ergriffen?
10. Wo stehen wir heute?

Folgende Antworten ergeben sich:

Wie wurde die Subprime-Krise ausgelöst und wie konnte sie sich ausbreiten?

Wie wurde die Subprime-Krise ausgelöst?

Die niedrigen Zinssätze für Hypothekenkredite in den vergangenen Jahren und die Erwartung stetig steigender Immobilienpreise führten zu einer steigenden Anzahl an Hauseigentümern. Davon war ein zunehmender Anteil „Subprime"-Kreditnehmer, das bedeutet zweitklassige Kreditnehmer mit schlechter Bonität. Die nachlässige Art der Vergabepolitik von Krediten führte zu einer sprunghaften Nachfrage nach Baufinanzierungen. Die Art Kreditvergabe wurde von der amerikanischen Regierung ausdrücklich gewünscht und die Banken wurden dazu ermutigt. Jeder Amerikaner sollte sich sein Eigenheim finanzieren können; dies war hier die Devise Die meisten der Finanzierungen waren mit einem variablen Zinssatz ausgestattet, welcher bei einem anziehenden Zinsniveau zu einer sofortigen Verteuerung der Raten führte. Die wirtschaftliche Abschwächung in den USA sowie das ansteigende Zinsniveau löste daher unweigerlich die Subprime-Krise aus.

Einkommensschwache Schuldner konnten ihre variablen Raten nicht mehr bezahlen und mussten ihre Eigenheime verkaufen. Wegen der stark steigenden Anzahl von Hausverkäufen in den USA fielen die Hauspreise drastisch. Die benötigten Verkaufserlöse konnten nicht mehr erzielt werden. Ein weiteres Problem, welches auftrat, waren schwindende Sicherheiten. Da die Hauspreise stark fielen, waren die bestehenden Häuser nicht mehr so viel wert, wie die Bank Sicherheiten forderte. Dies und die Zahlungsunfähigkeit vieler Kreditnehmer brachten den Banken Verluste sowie Abschreibungen ein. Bereits im Frühjahr 2007 stieg die Zahlungsunfähigkeit der Schuldner in den USA auf ein Rekordhoch. Ei-

1.1 Unfall auf der Wall Street

nige Immobilienfonds setzten bereits die Rücknahme der Anteilsscheine aus, weil sie massive Schwierigkeiten befürchteten.

Im Juni 2007 teilte Bear Stearns mit, dass bei zwei seiner Hedgefonds die Einlagen von 1,5 Mrd. US-Dollar Ende 2006 auf nahezu Null gefallen sind. Die Fonds waren somit faktisch insolvent. In den USA meldete in dieser Zeit eine Reihe meist mittelgroßer Baufinanzierer Gläubigerschutz an.

Wie konnte sich die Subprime-Krise ausbreiten?

Die Ausbreitung der Subprime-Krise erfolgte durch die Bündelung und Verbriefung der Subprime-Hypothekenkredite (vgl. das Kapitel: „Welche Rolle spielen Bilanzausgliederungen in der Finanzkrise?"). Dadurch konnten diese am Kapitalmarkt verkauft werden. Investmentbanken kauften Kredite von regionalen Banken und Hypothekenbanken und bündelten sie zu neuen Anlageinstrumenten. Dieser Vorgang wird Verbriefung genannt und bezieht sich grundsätzlich auf Mortgage Backed Securities (MBS), also verbriefte Hypothekenkredite. In einem weiteren Schritt wurden aus den MBS Fonds gebildet, so genannte Collateralised Mortgage Obligations (CMO). Diese wurden anschließend weltweit an unterschiedlichste Kunden verkauft. Die bedeutendsten Käufer von MBS-Wertpapieren sind Investmentfonds, Hedgefonds, Versicherungen und Pensionsfonds.

Warum haben Rating-Agenturen bei der Verbriefung die Subprime-Produkte nicht risikogerecht bewertet?

Rating-Agenturen spielen in der Subprime-Krise eine Schlüsselrolle. Die Subprime-Krise entstand durch Wertpapiere, die ein erstklassiges Rating hatten und damit als sicher galten, sich aber aus risikoreichen Hypotheken zusammensetzten. Dieses erstklassige Rating wurde von den Rating-Agenturen vergeben. Es gründete auf der Vermutung, dass ein Ausfall als unwahrscheinlich betrachtet wurde, da dieser einen Ausfall eines Großteils der zugrundeliegenden Kredite erforderte. Das Rating in Verbindung mit den erwarteten hohen Renditen waren die Hauptinvestitionskriterien der Investoren. „Hohe Renditen in Verbindung mit scheinbar geringen Risiken" waren das interessante an den Subprime-Titeln und der Grund, warum eine so große Anzahl von unterschiedlichsten Investoren weltweit so viel Kapital in Subprime-Titel investierte. Warum die Rating-Agenturen entgegen wirtschaftlicher Vernunft die Subprime-Titel so hoch eingestuft haben, kann möglicherweise durch eine falsche Anwendung des externen Ratings, Interessenkonflikte, mangelnden

Wettbewerb und die fehlende Haftung von Rating-Agenturen erklärt werden. Aber auch hier spielte die falsche Erwartung stetig steigender Immobilienpreise eine zentrale Rolle.

Warum haben die Banken ein so hohes Abschreibevolumen, wenn sie doch die Risiken ausgelagert haben?

Zum einen haben die Banken selbst in Subprime-Titel investiert. Sie waren somit gleichzeitig Investor und Nachfrager von verbrieften Produkten. Der Wertverfall der Subprime-Titel führte zu einem direkten Abschreibebedarf. Ferner haben die Banken, die die Verbriefung von Subprime-Produkten durchgeführt haben, für den Fall des Zahlungsausfalls der Kreditnehmer teilweise Sicherheiten für die Investoren gestellt. Dies bedeutet, dass die Banken in der Subprime-Krise einige der Subprime-Produkte in ihre eigenen Bücher nehmen mussten. Auch diese Positionen müssen nun abgeschrieben werden (vgl. Abb. 1.1). Die Banken wurden demzufolge ebenfalls Opfer ihrer eigenen, falschen Erwartungen.

Wie konnte es von der Subprime-Krise zur Finanzkrise kommen?

Im Rahmen der Bankenkrise wurde deutlich, dass nicht nur Immobilienkredite von den Banken verbrieft wurden, sondern sämtliche Arten von Krediten, z.B. Unternehmenskredite, Konsumentenkredite, Autokredite, Kreditkartenkredite, Studentenkredite usw. Das Instrument, das in den vergangenen Jahrzehnten für die Auslagerung von Kreditverbindlichkeiten eingesetzt wurde, war der CDO; dies steht für Collateralized Debt Obligation. CDO ist der Überbegriff für eine Gruppe von strukturierten Kreditprodukten, welche in forderungsbesicherten Wertpapieren verbrieft wurden. Die Idee hinter CDOs ist es, Kredite und die damit verbundenen Risiken auszulagern, indem ein Dritter gegen Gebühr für die Kredite bürgt und diese notfalls auch ablöst. Die Idee ist gut, solange damit tatsächlich Kreditrisiken abgesichert werden. In der Praxis wurde die Idee pervertiert, indem immer größere Kreditvolumina geschaffen wurden. Durch die problemlose Absicherung mittels CDOs konnten immer risikoreichere Kreditgeschäfte finanziert werden. Für Investoren waren Anlagen in verbriefte Produkte sehr interessant, da sie hohe Erträge bei besten Ratings boten. Übersehen wurde jedoch, dass die Kreditrisiken durch die Verbriefung nicht aus der Welt geschafft wurden, sondern sie

1.1 Unfall auf der Wall Street

Bankhaus	Abschreibungen & Verluste	Neu beschafftes Kapital
Wachovia Corporation	97,9	11,0
Citigroup Inc.	85,4	109,3
Merrill Lynch & Co.	55,9	29,9
UBS AG	48,6	32,2
Washington Mutual Inc.	45,6	21,1
Bank of America Corp.	40,2	78,5
HSBC Holdings Plc	33,1	4,9
JP Morgan Chase & Co.	29,5	44,7
National City Corp.	26,2	8,9
Morgan Stanley	21,5	24,6
Wells Fargo & Company	17,3	41,8
Lehman Brothers Holdings Inc.	16,2	13,9
Royal Bank of Scotland Group Plc	14,2	47,9
Credit Suisse Group AG	13,7	11,7
Bayerische Landesbank	13,6	8,3
IKB Deutsche Industriebank AG	13,3	10,9
ING Groep N.V.	12,2	17,1
Deutsche Bank AG	12,0	5,8
HBOS Plc	8,9	22,1
Credit Agricole S.A.	8,9	11,5
Fortis	8,5	20,8
Societe Generale	7,7	10,7
Mizuho Financial Group Inc.	7,5	6,7
Goldman Sachs Group Inc.	7,1	20,5
Canadian Imperial Bank of Commerce	6,8	2,6
DZ Bank AG	6,7	0,0
Barclays Plc	6,2	26,5
SunTrust Banks Inc.	6,0	4,8
BNP Paribas	5,4	3,3
Hypo Real Estate Holding AG	5,2	0,0
Indymac Bancorp	4,9	0,0
Fifth Third Bancorp	4,8	6,0
KBC Groep N.V.	4,7	7,1
Dresdner Bank AG	4,7	0,0
Natixis	4,4	7,5
Nomura Holdings Inc.	4,3	6,0
Landesbank Baden-Württemberg	4,2	0,0
E*TRADE Financial Corp.	4,2	2,2

Abbildung 1.1: Subprimebezogene Abschreibungen, Kredit-Verluste und neu beschafftes Kapital (in Mrd. US-Dollar)
Quelle: Bloomberg, Stand: 8. Februar 2009

1 Unfall auf der Wall Street – Umleitung zur Main Street!

Bankhaus	Abschreibungen & Verluste	Neu beschafftes Kapital
UniCredit SpA	4,1	9,7
HSH Nordbank AG	3,7	1,6
Bank of China Ltd	3,7	0,0
U.S. Bancorp	3,5	6,6
Banco Santander S.A.	3,5	18,4
Lloyds TSB Group Plc	3,5	12,7
Bear Stearns Companies Inc.	3,2	0,0
Rabobank	3,1	0,0
WestLB AG	3,1	6,5
Commerzbank AG	2,8	23,6
Royal Bank of Canada	2,7	2,1
Sovoreign Bancorp Inc.	2,4	1,9
Landesbank Sachsen AG	2,3	0,0
Marshall & Ilsley Corp.	2,2	1,7
ABN AMRO Holding N.V.	2,0	0,0
Mitsubishi UFJ Financial Group	1,8	10,7
KeyCorp	1,8	4,2
Industrial and Commercial Bank of China	1,7	0,0
Huntington Bancshares	1,6	2,0
Bank Hapoalim B.M.	1,6	2,1
Dexia S.A.	1,5	8,3
BB&T Corp	1,2	3,1
Sumitomo Mitsui Financial Group	1,2	12,8
Bank of Montreal	1,1	0,8
Bank of Nova Scotia	1,0	0,2
Group Caisse d'Epargne	1,0	0,0
Alliance & Leicester Plc	1,0	0,0
Sumitomo Trust and Banking Co.	1,0	2,0
Gulf International Bank	1,0	1,0
National Bank of Canada	0,7	1,0
DBS Group Holdings Limited	0,2	3,6
Andere europäische Banken	8,1	3,8
Andere asiatische Banken	5,3	11,1
Andere US-Banken	2,7	10,3
Andere kanadische Banken	0,5	4,0
Summe	**799,3**	**846,6**

Abbildung 1.1: [Fortsetzung]

1.1 Unfall auf der Wall Street

wurden nur verteilt. Das Risiko solcher Instrumente nimmt immer dann drastisch zu, wenn es innerhalb des verbrieften Kreditpaketes zu Ausfällen kommt. CDOs waren wichtige Refinanzierungsmöglichkeiten für die Banken und bis zur Finanzkrise mit 100 Mrd. US-Dollar Emissionsvolumen pro Jahr die am schnellsten wachsende Anlagegruppe der Welt. Ein CDO Emittent investiert in Portfolios und beschafft sich das dafür benötigte Kapital durch die Emission von Eigen- und Fremdkapital. Er verteilt die generierten Cash Flows seines Portfolios an seine „Anteilseigner", also an die Investoren. Kommt es zu Ausfällen, bricht das gesamte System zusammen.

Wie lief der Fall der IKB Deutschen Industriebank AG ab?

Nach und nach begann die Krise aus den USA auf Europa und somit auch auf den deutschen Bankenmarkt durchzuschlagen. Am 30. Juni 2007 veröffentlichte die IKB Deutsche Industriebank AG in einer Ad-hoc-Mitteilung, dass die Bank aufgrund von Engagements in US Subprime Krediten bzw. in Produkten, welche sich darauf bezogen, in eine Existenz bedrohende Lage gekommen ist. Bereits am 27. Juni 2007 hatten deutsche Banken in einer Ad-hoc-Mitteilung berichtet, die Kreditlinien der IKB Deutsche Industriebank AG kürzen zu wollen. Was war geschehen? Die IKB hatte bereits im Jahr 2001 begonnen, Portfolioinvestments als neues Geschäftsfeld auszubauen. Hier wurde in forderungsgesicherte Wertpapiere investiert. Folglich enthielt das Portfolio einen hohen Anteil an US-Immobilienkrediten. Die Finanzierung nahm die IKB durch revolvierende Geldmarktkredite bzw. Geldmarktpapiere vor. Zur operativen Abwicklung hatte sie verschiedene Zweckgesellschaften im Ausland gegründet. Diesen Zweckgesellschaften wie z.B. Rhineland Funding Capital Corp., Havenrock Ltd. oder Rhinebridge plc wurden durch die IKB Liquiditätslinien zur Verfügung gestellt. Vorteil für die IKB war, dass diese Gesellschaften nicht im Konzernrechenschaftsbericht konsolidiert wurden. Gleichzeitig konnte die IKB die Gesellschaften für eigene Verbriefungstransaktionen nutzen. Erst seit dem 31. März 2007 werden die „Überbleibsel" der Gesellschaften nun konsolidiert dargestellt. Ab Mitte 2007 konnte die IKB über ihre Zweckgesellschaften die risikobehafteten Kreditkonstrukte nicht mehr verkaufen, da am Markt keine Käufer mehr auftraten. Folglich drohte eine starke Inanspruchnahme der von der IKB den Zweckgesellschaften zugesagten Liquiditätslinie. Diese konnte jedoch nicht mehr von der IKB alleine dargestellt werden. Es wurde eine Sonderprüfung des BaFin (Bundesanstalt für Finanzdienstleistungsaufsicht) angeordnet, deren Ergebnis ernüchternd war. Die IKB Deutsche Industriebank AG erhielt im Rahmen der Rettungspakete der Deutschen

Bundesregierung sowie durch die Ausgabe von Wandelschuldverschreibungen des Hauptaktionärs, der KfW Bankengruppe, die dringend benötigten Liquiditätsmengen. Ebenfalls zeichnete die KfW bei einer Kapitalerhöhung neue Stücke im Gegenwert von fast 1,25 Mrd. Euro. Somit erhöhte sich der Anteil der staatseigenen KfW Bankengruppe als Gesellschafter der IKB Deutsche Industriebank AG auf 90,8%. Ende August 2008 wurde bekannt gegeben, dass die KfW beabsichtige, ihre Anteile an der IKB Deutsche Industriebank AG an den amerikanischen Investor Lone Star zu verkaufen. Nach Genehmigung der Aufsichtsbehörden wurde dieser Verkauf am 29. Oktober 2008 vollzogen. Eine gesicherte Aussage über den Verkaufspreis gibt es nicht. Die Fachpresse mutmaßte, es habe sich um 115 Mio. Euro und folglich nur um einen kleinen Bruchteil des Finanzengagements der KfW an der IKB Deutsche Industriebank gehandelt, zumal die KfW Bankengruppe toxische Wertpapiere i.H.v. 600 Mio. Euro von der IKB in den Eigenbestand übernommen hat. Weitere 1,5 Mrd. Euro an toxischen Papieren wurden in eine Zweckgesellschaft ausgegliedert. Der bilanzwirksame Verlust der KfW Bankengruppe aus dem Engagement bei der IKB Deutschen Industriebank AG ergab nach vorsichtigen ersten Aussagen 8 Mrd. Euro.

Welche Rolle spielt die Psychologie in der Finanzkrise?

Die auf Fakten basierende Finanzkrise wurde und wird durch einen großen Vertrauensverlust und Unsicherheit der Wirtschaftsakteure verstärkt. Ein Vertrauensverlust unter allen Wirtschaftsakteuren hatte zur Folge, dass vorsichtige und einzelwirtschaftlich richtige Entscheidungen dazu führen, dass das Gesamtwirtschaftssystem am Rande des Kollaps steht. Vorläufiger Höhepunkt war der Bankrott von Lehman Brothers, der als Akzelerator der Krise die Dynamik des Niedergangs beschleunigte und zu einem Abschwung in kaum mehr kontrollierbaren Dimensionen führte. Das Vertrauen der Banken untereinander sowie der Kunden zu ihren Banken kam deutlich ins Wanken. Der Interbankenhandel wurde fast komplett eingestellt. Dringend benötigte Liquidität konnte nur noch durch die Notenbanken zur Verfügung gestellt werden. Eigene Liquiditätsreserven wurden in den Banken selbst gehortet und nicht mehr weitergegeben. Im Januar 2009 errechnete der IWF einen Verlust von 2,2 Bill. US-Dollar, welche auf das weltweite Finanzsystem aufgrund der Finanzkrise zugekommen sei. Aus der Subprime-Krise, eine Krise, welche auf dem US Immobilienmarkt begonnen hatte, wurde innerhalb kurzer Zeit eine weltweite Finanzkrise und aus dieser erwuchs als Konsequenz eine weltweite Wirtschaftskrise, welche in der Intensität viel tiefgreifender ist, als die Prognosen dies anfänglich darstellten.

Warum war die Insolvenz von Lehman Brothers ein Sündenfall?

Ein weiteres prominentes Opfer und ein Sinnbild der Finanzkrise ist die amerikanische Investmentbank Lehman Brothers. Dieser Fall wurde so prekär, dass man heute von einer Zeit vor Lehman Brothers und einer Post-Lehman Brothers-Periode spricht. Die Bank kam, ähnlich wie die IKB, aufgrund von verbrieften Wertpapieren und Derivaten in Schieflage. Zunächst musste Lehman Brothers 3,3 Mrd. US-Dollar abschreiben. Im April 2008 wurde dann eine Kapitalerhöhung i.H.v. 4 Mrd. US-Dollar durchgeführt. Diese Mittel reichten jedoch nicht aus. Folglich wurde eine weitere Kapitalerhöhung i.H.v. nun 5 Mrd. US-Dollar im Juni 2008 nachgeschoben. Als die Bank Anfang September verlauten ließ, dass sie einen Verlust i.H.v. 3,9 Mrd. US-Dollar für das dritte Quartal 2008 ausweisen würde, kündigte sie einen kompletten Konzernumbau an.

Ein Großteil der Gewerbeimmobilien sowie der illiquiden Vermögensgegenstände sollten ausgelagert werden. Ein Mehrheitsanteil an der Investmentsparte sollte verkauft werden. Doch schon wenige Tage später waren die Verkaufsbemühungen gescheitert. Im Gegensatz zu Bear Sterns versagte die amerikanische Zentralbank FED der angeschlagenen Investmentbank Lehmann Brothers finanzielle Unterstützung beim Konzernumbau. Die Idee hinter dieser Entscheidung war, ein Zeichen gegen die unüberschaubaren Risiken der Investmentbanken und die Erwartung automatischer Hilfen durch den Staat zu setzen. Am 15. September 2008 meldete Lehman Brothers Insolvenz an. Am 17. September gab die britische Barclays Bank bekannt, dass sie große Teile des US-Geschäfts von Lehman Brothers erwerben würde. Die Nomura Holding in Japan kaufte das Asiengeschäft sowie die Investmentsparte in Europa und im Nahen Osten.

Durch die Insolvenz von Lehman Brothers ergaben sich jedoch gravierende Kettenreaktionen. Erstmals war eine Bank im Zuge der Finanzkrise in die faktische Insolvenz gegangen. Misstrauen und eine fast lebensbedrohliche Starre auf dem Geldmarkt waren die Folgen. Die Banken verliehen untereinander kaum noch Liquidität oder waren bereit Handelsgeschäfte, wie früher üblich, zu tätigen. Die Zentralbanken konnten nur durch massive Liquiditätsspritzen den Geldkreislauf aufrechterhalten. Die Credit Spreads nahmen massiv zu. Neugeschäfte wurden kaum abgeschlossen. Geld wurde gehortet, um einer evtl. Kreditklemme bzw. einer Liquiditätsklemme zu entgehen.

Am Kapitalmarkt kam es zu Preisaussetzungen bei verbrieften Produkten von Lehman Brothers. Privatinvestoren hatten Zertifikate als Anlagen in ihr Portfolio aufgenommen, welche nun aufgrund des Konstrukts als Schuldverschreibungen von Lehman Brothers wertlos waren.

Ein Proteststurm von Anlegern gegen fast alle Emittenten und besonders gegen die Banken, welche Lehman Brothers Zertifikate verkauft hatten, brach los.

Welche Maßnahmen wurden von den Zentralbanken ergriffen?

Das Misstrauen der Banken untereinander zwang die Zentralbanken zu einer koordinierten Gegenaktion. Seit Dezember 2007 stellt die Europäische Zentralbank nach Absprache mit der Federal Reserve Bank in den USA den Banken US-Dollar zur Verfügung und nimmt hierfür auf Euro lautende Wertpapiere als Sicherheit an. Am 18. September 2008 haben die Zentralbanken weltweit konzentriert begonnen, mehr als 180 Mrd. US-Dollar am Geldmarkt anzubieten, um diesen wieder in Gang zu bringen. Wie notwendig diese Aktion war, zeigte sich darin, dass selbst die Bank of Japan erstmals US-Dollar angeboten hatte. Am 8. Oktober 2008 senkten in einer konzertierten Aktion die 7 führenden Zentralbanken der Welt (darunter die FED, EZB, Bank of England, Schweizer Notenbank) weltweit die Leitzinsen. Die Bank of Japan senkte die Leitzinsen (aufgrund des sowieso schon sehr niedrigen Zinsniveaus) nicht, sprach der Aktion jedoch die volle Unterstützung zu. In schnellen Schritten folgten nun weitere Zinssenkungen der Zentralbanken. Ziel dieser Senkungen war es, den Geldzyklus aufrecht zu halten und die Refinanzierung der Banken und folglich der Realwirtschaft zu erleichtern. Durch die Ausgabe von Schnelltendern und Sonderrefinanzierungsmöglichkeiten wurde weitere Liquidität in den Markt gepumpt. Jedoch wurde bald erkannt, dass die reine Aufrechterhaltung des Geldmarktes nicht ausreichen würde.

Welche Maßnahmen wurden von der deutschen Regierung ergriffen?

Das Abschreibevolumen deutscher Banken nahm stetig zu. Alle Banken sind von der Finanzkrise betroffen, sowohl die Privatbanken als auch die öffentlich-rechtlichen und genossenschaftlichen Banken. Es war nur noch eine Frage der Zeit, bis auch eine deutsche Großbank in Bedrängnis kommen würde. Politisch wurde mit dem Finanzmarktstabilisierungsgesetz (vgl. Abb. 1.2), welches als Eilgesetz am 17. Oktober 2008 verabschiedet wurde, auf diese bedrohliche Situation reagiert.

Das Gesetz ermöglicht die Umsetzung von Maßnahmen zur Stabilisierung der durch die Finanzkrise hervorgerufenen Schwierigkeiten. Es

1.1 Unfall auf der Wall Street

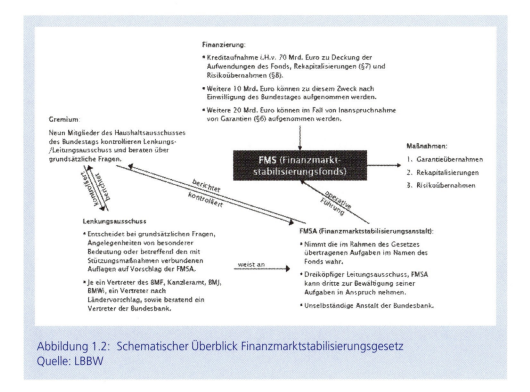

Abbildung 1.2: Schematischer Überblick Finanzmarktstabilisierungsgesetz
Quelle: LBBW

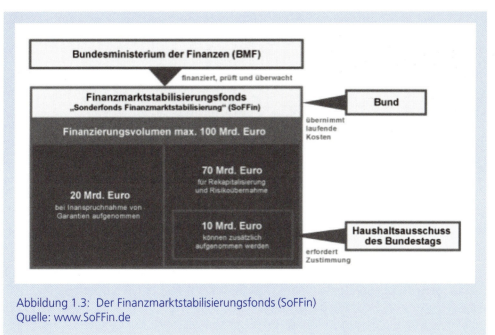

Abbildung 1.3: Der Finanzmarktstabilisierungsfonds (SoFFin)
Quelle: www.SoFFin.de

zielt auf die Sicherstellung der Zahlungsfähigkeit der deutschen Banken ab und will einer allgemeinen Kreditklemme vorbeugen. Hauptbestandteil ist der Rettungsfonds (SoFFin) bei der Finanzmarktstabilisierungsanstalt (vgl. Abb. 1.3). Der Finanzmarktstabilisierungsfonds wird als Sondervermögen des Bundes gebildet und seine Ausgaben sind folglich nicht unmittelbar im Bundeshaushalt zu veranschlagen. Der Fond hat ein Volumen von 100 Mrd. Euro. 70 Mrd. Euro sollen zum Erwerb von Problemaktiva und zur Rekapitalisierung (Beteiligung) von Finanzinstituten aufgenommen werden. Über weitere 10 Mrd. Euro kann, mit Einwilligung des Haushaltsauschuss des Deutschen Bundestages, zum selben Zweck verfügt werden. 20 Mrd. Euro werden zur Deckung von Forderungen aus Garantien verwandt.

Die Garantien des Fonds müssen nicht unbedingt zu einer Zahlung führen. Zweck ist es, mittels der Bonität des Bundes die Refinanzierung und Rekapitalisierung der Institute wieder in Gang zu bringen. Nimmt ein Institut den Fonds in Anspruch, so muss dieses eine angemessene Verzinsung bzw. eine veräußerbare Gegenleistung (z.B. Aktien) an den Fonds entrichten. Bis zum heutigen Tag wurden nach Angaben der Verwaltung sieben Anträge auf Unterstützung eingereicht.

Die Marktteilnehmer, die den Finanzmarktstabilisierungsfonds in Anspruch nehmen, sind an folgende Regeln gebunden:

(1.) Die Vergütungssysteme der Unternehmen sind auf ihre Anreizwirkung und Angemessenheit zu überprüfen. Vergütungen sollen nicht dazu verleiten, unangemessene Risiken einzugehen.

(2.) Die Gesamtvergütung ist auf ein angemessenes Maß zu beschränken. Bei Geschäftsleitern und Organmitgliedern gilt eine monetäre Vergütung über 500.000 Euro pro Jahr als unangemessen.

(3.) Abfindungen über das gesetzlich festgeschriebene Maß hinaus sind nicht gestattet.

(4.) Während der Laufzeit der Stabilisierungshilfen dürfen keine Boni oder freiwilligen Gehaltsbestandteile gezahlt werden, es sei denn dass diese ein niedriges Festgehalt kompensieren und die Gesamtvergütung angemessen ist.

(5.) Erfolgsziele und erfolgsabhängige Vergütungen dürfen nicht nachträglich zu Lasten des Unternehmens geändert werden.

Die oben dargestellte Thematik führte z.B. im Fall der Commerzbank AG zu einem Einstieg des Staates mit 25% Grundkapital + 1 Aktie. Die Teilverstaatlichung kam in Folge von Problemen, die einerseits aus der Finanzmarktkrise resultieren und andererseits in der Übernahme der Dresdner Bank und deren Risikoportfolio beruhen. Dieser Einstieg zeigt jedoch auch, dass systemrelevante Banken einer besonderen Obhut des Staates unterliegen. Wie wirken die staatlichen Eingriffe? Vorerst ist das operative Arbeiten der Banken gewährleistet. Der Geldmarkt kommt langsam wieder in Schwung und das Vertrauen untereinander wächst wieder. Gerade hier haben der staatliche Eingriff und die guten Erfahrungen in den vergangenen Monaten deutlich zu einer Beruhigung beigetragen. Vertrauen baut sich, wie immer, langsam auf und folglich wird dies noch einige Zeit in Anspruch nehmen. Eine weitere Voraussetzung hierfür ist, dass sich das Marktumfeld stabilisiert und keine weiteren Hiobs-Botschaften auf die Marktteilnehmer zukommen.

Wo stehen wir heute?
Zum einen ist immer noch ein kaum überschaubares Abschreibevolumen in den Büchern, zum anderen jedoch eine durch staatliche Hilfe deutlich verbesserte und veränderte Refinanzierungslage. Der viel diskutierte Ansatz einer Bad Bank, in die „toxische" Papiere und Finanzkonstrukte ausgegliedert werden, um die Banken im operativen Geschäft davon freizustellen, könnte einen weiteren Schritt darstellen, das Finanzsystem zu stabilisieren. Zurzeit wird eine derartige Bad Bank im Zusammenhang mit der Commerzbank, der Eurohypo und der Hypo Real Estate als „kleine Lösung" für die toxischen Papiere dieser Institute auf privater Basis diskutiert und vorangetrieben. Eine große staatliche und umfassende Lösung ist nicht angedacht bzw. gewollt. Auch die EU sprach sich gegen eine umfassende Lösung aus. Die notwendigen Maßnahmen zur Auslagerung von toxischen Assets sollen den einzelnen Staaten bzw. Instituten selbst überlassen werden. In den USA wird die Bad Bank auch nicht wie ursprünglich angedacht umgesetzt. Die US-Regierung wird eine Auffangbank gründen, die den angeschlagenen Kreditinstituten faule und illiquide Wertpapiere abkauft. Im Gegensatz zur früheren, klassischen Bad Bank Überlegung soll diese Bank teilweise oder überwiegend mit privatem Kapital finanziert werden. Die US-Regierung vermied bei der Bekanntgabe dafür den Begriff „Bad Bank", sondern gab ihr den Namen „öffentlich-privater Investitionsfonds". Der Fonds ist zunächst auf ein Volumen von 500 Mrd. US-Dollar angelegt, könnte aber bei Bedarf bis auf eine Billion Dollar wachsen. Mit der Einbeziehung privater Investoren und Manager möchte die Regierung vor allem eine marktwirtschaftliche Lösung für das zentrale Problem der Auffangbank finden. Da sich die Preisfindung der Papiere äußerst schwierig gestaltet, kann nicht gesagt werden, wo der faire Preis für die abgekauften Pakete liegt. Dies zieht einerseits Kritik bei zu preiswert erworbenen Papieren nach

sich und andererseits Streitpotential bei zu teuer gekauften Papieren. Außerdem gründet die US-Regierung eine Treuhandgesellschaft für Finanzstabilität. Von ihr können die Banken noch einmal frisches Kapital bekommen. Um diese Hilfe in Anspruch nehmen zu können, müssen sie sich einem Stress-Test unterziehen. Mit diesem Test können die Aufsichtsbehörden feststellen, ob die fragliche Bank genügend Kapital hat. Die zusätzliche Transparenz soll für neues Vertrauen in der Öffentlichkeit sorgen.

Welche Fragen stellen sich aktuell im deutschen Bankenmarkt? Warum ist es gerade die Eurohypo und die Hypo Real Estate, die so drastischen Schutz benötigen? Dies ist erst auf den zweiten Blick sichtbar. Beide Institute refinanzieren sich im Gegensatz zur klassischen Bank nicht über Einlagen, sondern über Anleihen. Das von den beiden Instituten ausgegebene Volumen an nachrangigen und nicht besicherten Anleihen ist immens und liegt zu großen Teilen bei Pensionskassen und Versicherern. Ein Konkurs würde einen sofortigen Wertverlust der Anleihen bedeuten, welcher wie eine Bugwelle auf die Investoren, hier vornehmlich Institutionelle Kunden, zukommen würde. Dies könnte die Insolvenz vieler anderer Unternehmen nach sich ziehen. Gegebenenfalls hilfreich, wenn auch sehr gefährlich, wäre in diesem Zusammenhang die Abkehr von der Mark to Market-Bewertung von Portfolios. Derzeit wird diskutiert, die Mark to Market-Bewertung durch ein anderes Modell zu ersetzen (vgl. das Kapitel: „Inwieweit spielt die Fair Value-Bewertung eine wichtige Rolle innerhalb der Finanzkrise?").

Durch den Einstieg des Staates bei der Commerzbank AG, ist das Thema der Verstaatlichung der Banken aktueller denn je. Auch wenn hier betont wird, dass der Staat nicht die Absicht hat, langfristig Gesellschafter zu bleiben. Eine denkbare Alternative zur freiwilligen Inanspruchnahme staatlicher Hilfen durch die Banken ist die zwangsweise Verstaatlichung, sollten Banken vorab definierte Kennzahlen nicht erfüllen. Dieses Modell wird in Großbritannien angewandt. Was früher als undenkbar galt – die Verstaatlichung des Bankensystems – ist heute, zumindest teilweise, Realität und ein notwendiger Schritt, um die Finanzkrise einzudämmen und mögliche Insolvenzen bei weiteren Banken zu verhindern. Besonders eindrucksvoll hat dies der Fall Island gezeigt; hier wurde nahezu der gesamte Bankensektor durch Verstaatlichung vor der Pleite bewahrt.

Die veröffentlichten Wirtschaftsdaten zeigen deutlich, dass wir uns weltweit in einer schweren tiefgreifenden Rezession befinden. Eine Rezession, welche nicht in wenigen Monaten durchgestanden sein wird. Die Zentralbanken werden folglich das Zinsniveau niedrig halten bzw.

die Leitzinsen noch weiter senken müssen, um hier gegenzusteuern. Ein Abgleiten in eine Depression wird von Volkswirten derzeit mit 20% Chance, ein gezielter Übergang in eine von inflationären Tendenzen getragene Lage mit 60% beurteilt. Die Finanzkrise ist in der Realwirtschaft angekommen. Gemäß einer Umfrage von PwC unter 1.100 Vorstandsvorsitzenden ist die Stimmung in der weltweiten Wirtschaft derzeit als besonders schlecht einzustufen. 42% der Befragten gaben an, die Krise in dieser Intensität nicht erwartet und diese unterschätzt zu haben. Dieser Entwicklung werden sich in der Realwirtschaft Konsolidierungen anschließen. Liquiditätsschwache Unternehmen bzw. Unternehmen, welche in den vergangenen Jahren nur wenig Eigenkapital gebildet haben, werden von der Krise stark betroffen sein. Im deutschen Mittelstand haben beispielsweise bereits eine Reihe von namhaften Firmen Insolvenz angemeldet. Darunter waren Marken wie Rosenthal, Schiesser, Märklin und die HSG Nordhorn.

Was hat das Treffen der G 20 Staaten am 2. und 3. April 2009 bewirkt?

Die G20 Staaten haben sich am 3. April 2009 auf einen Aktionsplan geeinigt, der das Fundament für eine Reform der Finanzmärkte darstellt. Die 47 Punkte des Plans sind allerdings recht allgemein gehalten. Mit den Beschlüssen des G20-Gipfels kristallisiert sich ein neuer „London-Konsens" heraus: Die Industrieländer wollen eine ausufernde Krise der Schwellenländer verhindern. Das ist das denkbar beste Ergebnis des Gipfels. Die Währungen der Schwellenländer dürften als Gewinner hervorgehen. Für den US-Dollar bedeuten die Beschlüsse eher eine Belastung.

Die auf dem Gipfel verabschiedeten Leitprinzipien für die Finanzmarktreform gliedern sich in fünf Bereiche:

1) Transparenz und Rechenschaftspflichten sollen gestärkt werden. Hierunter fällt beispielsweise eine Offenlegung bei komplexen Finanzprodukten sowie eine komplette Offenlegung der finanziellen Situation von Unternehmen.
2) Verbesserung der Regulierung. Hierzu gehört beispielsweise eine „starke Aufsicht" über die Ratingagenturen sowie die Aufsicht „aller" Finanzmärkte, -produkte und -teilnehmer.
3) Integration der Finanzmärkte soll gefördert werden. Hier wird beispielsweise die Förderung des Informationsaustauschs zwischen den

nationalen Behörden hervorgehoben. Ein erweiterter Austausch von Informationen über die Besteuerung in den einzelnen Ländern wird angestrebt.
4) Verstärkte internationale Kooperation. Zum Beispiel sollen neue Gesetze aus internationaler Sicht konsistenter werden, nationale Aufsichtbehörden sollen stärker zusammenarbeiten.
5) Reform internationaler Finanzorganisationen.
   - **FSF:** Beispielsweise sollen Schwellenländer im Financial Stability Forum (FSF) Mitglied werden.
   - **IWF:** Der IWF soll „in enger Zusammenarbeit mit dem FSF und anderen eine führende Rolle übernehmen, um Schlüsse aus der jetzigen Krise zu ziehen". Die Finanzausstattung des IWF hat sich deutlich verbessert. Wie erwartet wird die Finanzausstattung des IWF kurzfristig um Kreditzusagen in Höhe von $250 Mrd. erweitert. Hinzu kommen aber einige unerwartete Maßnahmen: Dieser Betrag wird in absehbarer Zeit auf 500 Mrd. $ verdoppelt.
   - **Supranationale Entwicklungsbanken:** Diese werden ihr Kreditvolumen um 100 Mrd. $ ausweiten. Nationale Agenturen bzw. supranationale Entwicklungsbanken werden in den nächsten zwei Jahren zusätzliche Handelshilfen in Höhe von 250 Mrd. $ vergeben.
   - **Ausweitung der Finanzierungskapazitäten:** Anstatt sich auf nationale Konjunkturprogramme zu einigen haben die G20-Staaten also eine Ausweitung der Finanzierungskapazitäten der internationalen Organisationen, insbesondere des IWF, beschlossen. Dies ist die eigentliche Nachricht des G20 Gipfels. Warum sind die neuen Finanzmittel so wichtig für den IWF?

In der Vergangenheit hat der IWF vor allem bei akuten Zahlungsbilanzkrisen mit Hilfskrediten eingegriffen und diese Vergabe an strenge Bedingungen zur makroökonomischen Anpassung geknüpft. Mit der am 24. März eingeführten neuen Fazilität, der „Flexiblen Kreditlinie" (Flexible Credit Line, FCL), verfolgt er aber eine völlig neue Strategie. Fundamental gesunde und nicht in Schwierigkeiten befindliche Länder können sich nun beim IWF eine Finanzierungszusage holen. Damit will der IWF etwaige Ansteckungsprobleme aufgrund der enormen Unsicherheit an den Märkten schon frühzeitig vermeiden. Statt den Ländern Bedingungen aufzuerlegen („ex-post conditionality") müssen sie sich im Vorfeld mit gesunden Fundamentaldaten für die FCL qualifizieren („ex-ante conditionality"). Das neue Kreditprogramm dürfte alle bisher dagewesenen Dimensionen sprengen. Viele Länder werden dem Beispiel Mexikos (voraussichtlich 47 Mrd. $ Kreditlinie) folgen. Schließlich offeriert die FCL eine attraktive Form der Außenfinanzierung einer Volkswirtschaft. Doch dafür bedarf es ausreichender Mittel für den Fonds. Vor diesem Hintergrund sind die in London getätigten Zusagen ein echter Befreiungsschlag für den IWF. Jedoch gibt es ebenfalls hier „no free lunch". Die erhöhte Kreditqualität der Nehmerländer (also im Wesentlichen: der Schwellenländer) wird mit einer Belastung der Kreditqualität der Geberländer (also im Wesentlichen: der Industrieländer) erkauft, denn diese müssten erhebliche Kreditzusagen treffen. Ist das ein Nullsummenspiel? Keineswegs. Für Risiken gilt: Werden sie neu verteilt, dann ändert sich das Gesamtrisiko. In dieser Hinsicht ist der „London-Konsens" eine intelligente Lösung. Alle sind daran interessiert, dass eine ausufernde Krise der Schwellenländer vermieden wird. Solch eine Krise würde die Bankensysteme vieler Industrieländer massiv belasten und könnte die Finanzmarktkrise noch ausweiten. Der „London-Konsens" zielt nicht auf die Ursache der Krise. Solche Maßnahmen bleiben in nationaler Verantwortung. Die G20 sind dort aktiv geworden, wo sie effektiv wirken können: bei der Stärkung der internationalen Organisationen, um die Krise einzudämmen.

Welche Auswirkungen der Leitprinzipien ergeben sich für die Finanzmarktreform?

1) Neubegebung von Sonderziehungsrechten

Der IWF hat neue Sonderziehungsrechte begeben. Gab es bisher Sonderziehungsrechte im Volumen von 32 Mrd. $ wurde dies nun auf 282 Mrd. $ erhöht. Damit haben sich die Reserven der Zentralbanken der IWF-Mitgliedsländer um 250 Mrd. $ erhöht. Sonderziehungsrechte sind keine Forderung gegenüber dem IWF. Sie sind nichts weiter als ein von den beteiligten Notenbanken akzeptiertes Tauschmittel. Da die Rechte proportional zu den IWFQuoten verteilt werden, versickert ein großer Teil dieser Mittel in Zentralbanken, die nicht unter Mangel an Reserven leiden. Mit der Ankündigung der Zustimmung der USA zur vierten Novelle der IWF-Statuten wird zumindest eine fairere Verteilung der Sonderziehungsrechte erreicht. Bisher hatten die USA darauf bestanden die Sonderziehungsrechte nach den IWFQuoten aus dem Jahr 1981 zu verteilen. Insbesondere für die seit 1981 hinzugekommenen IWF-Mitglieder (also vor allem die osteuropäischen Länder) ist damit erst jetzt eine Zuteilung von Sonderziehungsrechten möglich.

2) Auswirkungen auf den Devisenmarkt

Nicht nur für die fundamental robusten Volkswirtschaften, die am FCL-Programm partizipieren können, ist die Mittelerhöhung eine gute Nachricht. Auch die Länder mit akuten Leistungsbilanzproblemen können darauf setzen, dass dem IWF die Mittel auch dann nicht ausgehen, wenn mehr und mehr Länder von der Krise betroffen sind. Die positive Reaktion der Währungen aus Osteuropa dürfte nachhaltig sein. Für den US-Dollar bedeuten die Londoner Beschlüsse sicher nicht das Ende als Welt-Leitwährung. Allerdings dürfte der US-Dollar in nächster Zeit aus zwei anderen Gründen gegenüber dem Euro unter Druck bleiben:

- Mit dem „London-Konsens" ist die Welt sicherer geworden. Der US-Dollar dürfte damit weniger als „sicherer Hafen" nachgefragt werden.

- Die Verschlechterung der Kreditqualität der Geberländer dürfte vor allem den US-Dollar treffen. Zwar ist noch nicht klar, welcher Teil der zugesagten Mittel aus den USA kommen werden, doch ist damit zu rechnen, dass die USA einen erheblichen Beitrag leisten werden. Die Sorgen, dass sich die US-Administration mit ihren fiskalpolitischen Maßnahmen überhebt, dürften nicht kleiner werden.

FAZIT:
Insgesamt sind die Punkte des Aktionsplans recht allgemein gehalten. Die Finanzminister der G20 sind gehalten, dafür zu sorgen, dass alle Punkte des Plans umgesetzt werden. Nach dem Gipfel beginnt somit die eigentliche Arbeit: Der Aktionsplan muss mit Leben gefüllt werden, indem konkrete Einzelheiten beschlossen werden. Dies wird wohl erst im Jahr 2010 erfolgen. Zwei wichtige Tendenzen zeichnen sich aber klar ab: Erstens besteht ein Bekenntnis zu einer Regulierung und Überwachung aller Finanzmärkte mit ihren Produkten und Akteuren. Und zweitens gewinnen die Schwellenländer an Bedeutung, nachdem die Entscheidungen zuvor meist maßgeblich von den G7-Staaten beeinflusst wurden.

1.2 Umleitung zur Main Street

Im Rahmen der obigen Analyse wurde in einem ersten Schritt der Weg zu der Kreuzung „Wall Street" und „Main Street" dargestellt. Der „Unfall an der Wall Street" und die „Umleitung zur Main Street" wirft nun in einem zweiten Schritt zusätzlich zu den oben genannten 10 Fragen folgende weitere 10 Fragen auf:

Frage 1: Wie kommt es von einer Finanzkrise zu einer Weltwirtschaftskrise?
Frage 2: Was würden die alten Ökonomen zur Finanzkrise sagen?
Frage 3: Lässt sich die aktuelle Finanzkrise anhand von Behavioral Finance erklären?
Frage 4: Die Finanzkrise – eine Blase in einer Reihe von Blasen?
Frage 5: Welche Rolle spielen Bilanzausgliederungen?
Frage 6: Inwieweit nimmt die Fair Value Bewertung eine wichtige Rolle innerhalb der Finanzkrise ein?
Frage 7: Welche Rolle spielen die Hedgefonds in der Finanzkrise?

1.2 Umleitung zur Main Street

> Frage 8: Wie werden die Investmentbanken nach der Finanzkrise aussehen?
>
> Frage 9: Wie sind die BRIC-Länder von der Finanzkrise betroffen?

Der Beantwortung dieser Fragen ist jeweils ein Kapitel des vorliegenden Buchs gewidmet. Die Hauptfrage lautet jedoch:

> Frage 10: Welcher Weg führt aus der Finanzkrise und was können wir aus der Finanzkrise lernen?

Die im letzten Kapitel aufgeführten Handlungsempfehlungen des Deutschen Instituts für Corporate Finance versuchen, darauf eine Antwort zu geben.

2 | Wie kommt es von einer Finanzkrise zu einer Weltwirtschaftskrise?

Executive Summary

Wie entsteht aus einer Finanzkrise eine Weltwirtschaftskrise? Wie konnte sich die Finanzkrise, die 2007 in Form der Subprime-Krise begann, zu einer Weltwirtschaftskrise entwickeln?

Durch den historischen Vergleich mit

- der Weltwirtschaftkrise von 1929 und der
- Japankrise

wird die Entwicklung von einer Finanzkrise zu einer Realwirtschaftskrise aufgezeigt.

Zentraler Aspekt der Untersuchung ist die Liquidität, die ein maßgebliches Steuerungselement im Wirtschaftskreislauf ist. Hieraus abgeleitet folgt die Untersuchung der Rolle des Staates, des Interbankengeschäfts sowie der Kreditvergabe an Unternehmen und Konsumenten unter Berücksichtigung makroökonomischer Faktoren. Durch den starken Nachfragerückgang von Industrie- und Agrargütern ist der Auslöser der Weltwirtschaftskrise von 1929 in der Realwirtschaft zu sehen. Betrachtet man die Japankrise lässt sich schlussfolgern, dass der Ursprung, genau wie in der aktuellen Krise, in der Finanzwirtschaft liegt.

In allen untersuchten Fällen ist eine Regelmäßigkeit nur bedingt erkennbar. Verwerfungen am Interbankenmarkt, restriktive Kreditvergabe und fallende Vermögenspreise sind immer wiederkehrende Muster. Unterschiede zeigen sich vor allem in den sozioökonomischen Rahmenbedingungen und den Interventionen seitens der Zentralbanken und der Staaten.

Die Interpretation der makroökonomischen Faktoren und ihr Vergleich lässt die Schlussfolgerung zu, dass jede Krise differenziert betrachtet werden muss und kein universelles Schema anwendbar ist.

Wird es zu einer gravierenden neuen Weltwirtschaftskrise kommen? Diese Frage beschäftigt seit geraumer Zeit Politik, Wirtschaft und Gesellschaft. Die Ereignisse und Turbulenzen an den Finanzmärkten reflektieren die Besorgnis und das Misstrauen an die Glaubwürdigkeit des ungebremsten wirtschaftlichen Aufschwungs. Panik an den Börsen und negative Wirtschaftsdaten lassen Rezessionsängste weltweit aufkommen (siehe Abb. 2.1):

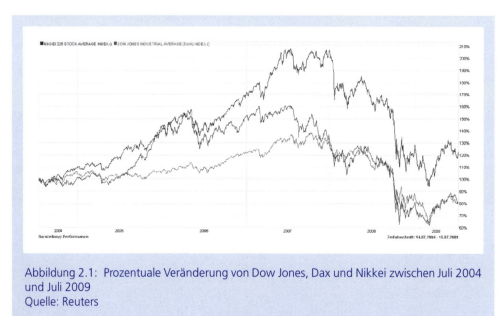

Abbildung 2.1: Prozentuale Veränderung von Dow Jones, Dax und Nikkei zwischen Juli 2004 und Juli 2009
Quelle: Reuters

Die obere Kurve stellt den Verlauf des DAX dar. Die mittlere Kurve repräsentiert den Nikkei und die untere Kurve den Dow Jones. Obwohl sich in den letzten Monaten die Kapitalmärkte wieder einigermaßen stabilisiert haben, zeigen die täglichen Volatilitäten noch die große Unsicherheit der Märkte auf.

Einmal mehr hat sich bewahrheitet, dass globale Verflechtungen der Wirtschafts- und Finanzsysteme trotz vorhandener Aufsichtsmechanismen nicht vollständig kontrollierbar sind. Der bisher vermeintlich ungebremste Weltwirtschaftsaufschwung basierte bis dato auf scheinbar unbegrenzter Verschuldung und Verantwortungslosigkeit. Doch die Überbewertung und Fehleinschätzungen im Finanzsektor, besonders in den USA, ließen eine Finanzkrise weltweiten Ausmaßes entstehen. An die aktuelle Situation angepasste Konjunkturprognosen, schlechte Quartalszahlen und Hiobsbotschaften aus der Wirtschaft zeigen, dass sich die aktuelle Finanzkrise bereits jetzt signifikant auf die Realwirtschaft auswirkt.

Doch lassen sich Anzeichen und Auswirkungen auf die Realwirtschaft frühzeitig erkennen und messen? Wie entwickelt sich eine Finanzkrise zur Wirtschaftskrise? Lässt sich dieser Entwicklungsprozess schematisieren?

Im Rahmen dieser Betrachtung empfiehlt es sich, zunächst näher auf die Zusammenhänge und Schnittpunkte von Finanz- und Realwirtschaft im Kontext der Globalisierung einzugehen. Hierbei soll besonders die Komplexität eines sich ständig weiterentwickelnden Netzwerks betrachtet werden.

2 Wie kommt es von einer Finanzkrise zu einer Weltwirtschaftskrise?

Um den Übergang von der Finanzkrise zur Wirtschaftskrise zu verdeutlichen, soll die Entstehung historischer Wirtschaftskrisen vor dem Hintergrund der aktuellen Finanzkrise aufgearbeitet werden. Bestehende Daten werden gesammelt und verglichen. Anschließend wird die aktuelle Entwicklung und deren Auswirkungen auf die Realwirtschaft aufgezeigt, so dass sich eventuelle geschichtliche Parallelen erkennen lassen.

Schwerpunkt dieses Kapitels ist die Interpretation der Ergebnisse. Ziel ist es, Regelmäßigkeiten und Schemata herauszuarbeiten, um Rückschlüsse auf ein klares Ablaufmuster zu erhalten (siehe Abb. 2.2).

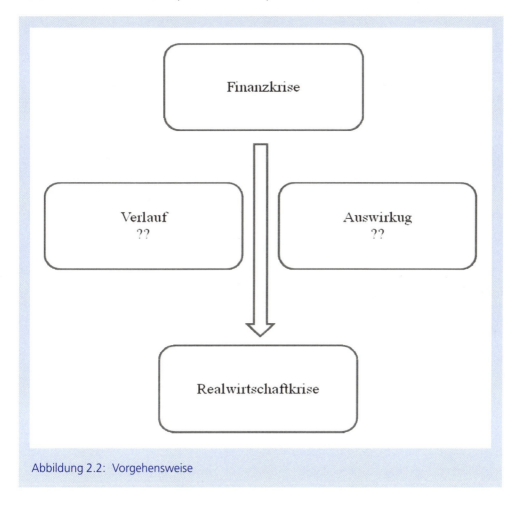

Abbildung 2.2: Vorgehensweise

2.1 Theoretische Zusammenhänge

2.1.1 Globalisierung

Globalisierung ist ein Prozess, in dem wirtschaftliche Aktivitäten politische und regionale Grenzen überschreiten. In den letzten Jahrzehnten ist es zu einer zunehmenden Internationalisierung, Verflechtung und Komplexität der nationalen Finanz- und Wirtschaftsmärkte gekommen. Die Anzahl der international gehandelten Güter, gemessen an der weltweiten Gesamtproduktivität, hat sich vervielfacht.

2.1.2 Finanzwirtschaft & Realwirtschaft

Realwirtschaft

Im Zuge dieses Prozesses entstehen immer mehr multinational agierende Unternehmen. Aufgrund weltweiter Standardisierung der Nachfrage, besonders nach westlichen Produkten, ist es für Unternehmen essentiell, neue Märkte zu erschließen. Um diese Märkte erschließen zu können, sind Vermögensanlagen in Form von grenzüberschreitendem Kapitalverkehr nötig (FDI Foreign Direct Investments) (vgl. Abb. 2.3).

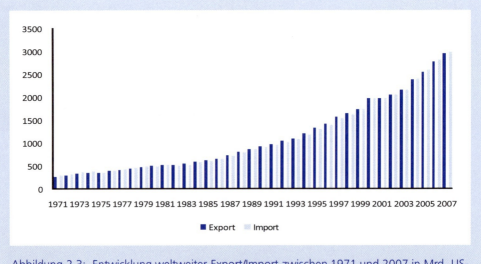

Abbildung 2.3: Entwicklung weltweiter Export/Import zwischen 1971 und 2007 in Mrd. US-Dollar
Quelle: OECD Statistics

Die Verfügbarkeit von Ressourcen wie u.a. Kapital, Rohstoffe, Wissen, Technologie und Arbeitskräfte ist hierbei von besonderer Bedeutung.

Eine Zunahme des Welthandels über nationale Grenzen und Märkte hinweg sowie immer komplexere Unternehmensstrukturen und -beteiligungen lassen Märk-

2.1 Theoretische Zusammenhänge

te zusammenwachsen. Unterstrichen wird dieser Vorgang auch durch die Etablierung von Handelsabkommen und die damit einhergehende Liberalisierung der Märkte.

Finanzwirtschaft

Im Globalisierungsprozess spielt neben der Realwirtschaft auch die Finanzwirtschaft eine sehr bedeutende Rolle.

Die traditionellen Funktionen von Kreditinstituten haben sich deutlich gewandelt. Im heutigen wirtschaftlichen Gesamtverständnis stellen Kreditinstitute bzw. der gesamte Finanzsektor ein international flächendeckendes Netz dar. Aufgrund des technischen Fortschritts, geringer Transaktionskosten und der Nichtexistenz physischer Grenzen im Finanzsektor werden Geschäfte innerhalb kürzester Zeit rund um den Globus getätigt. Besonders reflektiert wird dies auch durch den weltweiten Devisenumsatz, der sich aus Interbankengeschäften bildet. Der Handel mit Devisen hat sich seit 1989 verdreifacht. Ein weiterer wichtiger Indikator der finanzwirtschaftlichen Globalisierung ist die zunehmende Aufstockung der Währungsreserven in US-Dollar (siehe Abb. 2.4).

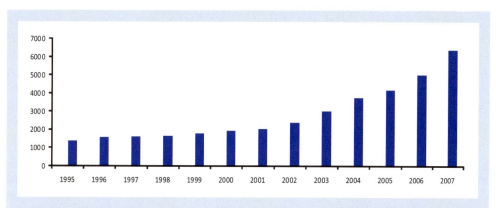

Abbildung 2.4: Entwicklung der weltweiten Währungsreserven am Jahresende zwischen 1995 und 2007 in Mrd. US-Dollar
Quelle: International Monetary Fund

Im heutigen Weltwirtschaftgefüge spielt auch die Zunahme und Vernetzung von Finanzzentren eine zentrale Rolle. Der ständige und weltweite Handel von Wertpapieren wird durch einen immerwährenden Informationsfluss und einheitlicher werdende Bilanzierungsstandards (US-GAAP, IFRS) wesentlich erleichtert.

Probleme

Das liberale Verhalten des Staates gegenüber den Finanzmärkten birgt jedoch auch die Gefahr einer steigenden Komplexität und Intransparenz. Dies hat zu einer Entwicklung geführt, die aktuell nur schwer nachvollziehbar und kontrollierbar ist. In Konkurrenz stehende, stark renditeorientierte Kreditinstitute handeln mit steigendem Risiko, um Shareholder Bedürfnisse zu befriedigen. Sie versuchen überdurchschnittliche Renditen zu erzielen, die nachhaltig nur schwer zu erwirtschaften sind. Ein gutes Beispiel dafür liefert die angestrebte Eigenkapitalrendite von 25 % der Deutschen Bank im Jahr 2005. Folglich mindert dies den Investitionsanreiz für Anleger in die Realwirtschaft. Hieraus resultiert eine starke Instabilität des gesamten Wirtschaftssystems.

Erste Auswirkungen der in den USA entstandenen Liquiditätsengpässe der Finanzinstitute zeigen sich bereits jetzt in den Realwirtschaften der Welt. Daraus lässt sich folgern, dass die Globalisierung ein Zusammenspiel von Finanz- und Realwirtschaft darstellt.

2.1.3 Wirtschaftskreislauf

Überblick

Die gegenseitige Abhängigkeit von Finanz- und Realwirtschaft wird am Modell des Wirtschaftskreislaufs deutlich.

Im einfachen Wirtschaftskreislauf besitzen und kontrollieren die Haushalte Ressourcen wie Arbeit, Kapital und Wissen. Diese Ressourcen stellen den Input für den Produktionsprozess dar. Die finanziellen Einnahmen aus dem Verkauf dieser Ressourcen dienen dazu, die Konsumwünsche der Haushalte für Güter und Dienstleistungen zu befriedigen. Die Unternehmen reagieren auf diese Nachfrage durch das Angebot entsprechender Güter und Dienstleistungen, um Gewinne zu erzielen. Sowohl die Ressourcen der Haushalte, als auch die Produkte der Unternehmen werden auf Märkten (Faktor- und Gütermärkten) gehandelt. Die Interaktion von Angebot und Nachfrage regelt so Menge und Preis.

Erweitert wird der einfache Wirtschaftskreislauf durch die Faktoren Kapitalsammelstellen (Kreditinstitute), Staat und Ausland. Haushalte geben nicht die gesamten, ihnen zur Verfügung stehenden Einnahmen aus. In Form von Spareinlagen nehmen so die Kapitalsammelstellen Gelder auf. Diese Gelder stellen sie den Firmen als Kredite zur Verfügung, die für Investitionen dringend benötigt werden. Im Gegenzug zahlen Firmen Zinsen. Auch der Staat kann durch verbleibende Überschüsse, ähnlich wie die Haushalte, als Sparer fungieren. Die Kapitalsammelstellen refinanzieren sich auch durch Emission von Schuldverschreibungen und Obligationen an den internationalen Finanzmärkten. Eine Refinanzierung kann auch bei den Zentralbanken erfolgen. Dies stellt die wichtigste geldpolitische Maßnahme der Zentralbanken dar. Geschäftsbanken erhalten durch Einlage von Wertpapiersicherheiten bei der Zentralbank Geld. Der zugrunde liegende Zinssatz wird im Euro-Raum als Hauptrefinanzierungssatz bezeichnet und ist der wichtigste Leitzins der Europäischen Zentralbank. Leitzinssenkungen bzw. -erhöhungen werden unter dem Begriff der Geldpolitik zusammengefasst.

Neben dem Faktor der Kapitalsammelstellen ergänzt der Staat den erweiterten Wirtschaftskreislauf. Sowohl Haushalte als auch Unternehmen sind verpflichtet,

2.1 Theoretische Zusammenhänge

Steuern an den Staat abzuführen. Der Staat wiederum versucht durch Subventionen, Steuersenkungen und Sozialleistungen selbst Impulse für die Aufrechterhaltung eines gesunden wirtschaftlichen und gesellschaftlichen Systems zu geben. Steuersenkungen bzw. Steuererhöhungen werden unter dem Begriff der Fiskalpolitik zusammengefasst.

Durch die internationale Vernetzung der Märkte und die steigende Anzahl an Güter-, Geld- und Dienstleistungsströmen kann der Faktor Ausland als zunehmende Herausforderung gesehen werden. Im oben beschriebenen Wirtschaftskreislauf lässt sich im Kontext der Globalisierung eine Veränderung erkennen. Daraus lässt sich ableiten, dass der Faktor Ausland mehr und mehr eine zentrale Rolle spielt.

Betrachtet man die gegenwärtige Entwicklung, so zeigt sich, dass es zu einer Verschiebung des Gleichgewichts zwischen Finanz- und Realwirtschaft gekommen ist. Allem Anschein nach hat sich die Finanzwirtschaft, im Interesse der Anleger, in den vergangenen Jahren fast vollständig von der Realwirtschaft abgekoppelt. Die moderne Finanzwirtschaft unterliegt immer ausgeprägter globalen Einflüssen und wird zunehmend von Börsendynamik bestimmt. Regionale realwirtschaftliche Gegebenheiten rücken so in den Hintergrund.

Der herkömmliche Wirtschaftskreislauf wird demnach, besonders im Bereich der Kreditinstitute, durch den Faktor Ausland – und damit durch die Globalisierung – stark beeinflusst.

Wichtige Schnittstellen zwischen Finanz- und Realwirtschaft sind im Wirtschaftskreislauf besonders die Determinanten Zinsen, Vermögenseffekt und Vertrauen.

Zinsen

Wichtigste Determinante im Wirtschaftkreislauf ist der Zins. Der Zins ist ein wichtiger Konjunkturindikator und Steuerungsinstrument mit Auswirkungen auf Finanz- und Realwirtschaft.

Befindet sich eine Wirtschaft am Rande einer Rezession, werden die Zinsen durch Notenbanken gesenkt. In Folge dessen steigt die Liquidität, und die Wirtschaft erhält neue Impulse. Aufgrund des gesenkten Zinssatzes steigt der Konsum von Haushalten, denn die Opportunitätskosten der Geldhaltung, d.h. entgangene Zinsen, fallen. Dieser Anstieg der Nachfrage, bei gleichzeitig steigender Investitionsbereitschaft von Unternehmen, führt zu einem gesamtwirtschaftlichen Aufschwung.

Durch Schwankungen der Zinssätze werden Geld- und Kapitalmärkte tangiert.

Eine Zinssenkung bewirkt ein Absinken der Sparquote der Haushalte, bei gleichzeitigem Anstieg der Kreditnachfrage durch Haushalte und Unternehmen. Aufgrund höherer Renditeerwartungen resultiert eine Attraktivitätssteigerung der Aktien- und Anleihenmärkte.

Der Vermögenseffekt

Traditionell ging man davon aus, dass die Konjunktur die Börse beeinflusst. Die Entwicklung von Branchen und einzelnen Unternehmen hängt in hohem Maße vom konjunkturellen Trend ab. So wirken sich Abschwünge bzw. Aufschwünge auch stark auf die Börsenkurse aus. Beispielsweise wirken ein Rückgang an Aufträgen und ein Konsumrückgang der Haushalte belastend auf den Aktienkurs eines Unternehmens.

Anhand neuerer Entwicklungen kann allerdings zusätzlich davon ausgegangen werden, dass sich Bewegungen an den Aktienmärkten auf die Konjunktur auswirken. Es lässt sich empirisch beweisen, dass rückläufige Vermögenspreise (Wertpapiere und Immobilien) einen erheblichen Einfluss auf Kaufentscheidungen von Haushalten und Unternehmen haben. Einerseits erzeugen steigende Vermögenspreise nach dem Vermögenseffekt steigende Konsum- und Investitionsausgaben, andererseits erzeugen fallende Vermögenspreise das Gegenteil.

Vertrauen

Ein funktionierender Wirtschaftskreislauf ist in hohem Maße vom gegenseitigen Vertrauen der Teilnehmer abhängig. Diese soziale Komponente des Wirtschaftskreislaufs kann die konjunkturelle Lage einer Nation stark beeinflussen. Sinkendes Vertrauen bewirkt Investitionsrückgänge und dadurch einen Rückgang des Wirtschaftswachstums. Ebenso wird das Konsumverhalten der Haushalte beeinträchtigt. Kapitalsammelstellen vergeben weniger Kredite; eine sich negativ entwickelnde Spirale entsteht. Mangelndes Vertrauen wirkt sich also negativ auf Kauf- und Investitionsentscheidungen aus. In Form von sinkenden Wertpapier- und Immobilienpreisen bewirkt dies rückläufige Vermögenspreise. Vertrauen und Vermögenseffekt korrelieren daher sehr.

Der nur schwer messbare Einfluss des Vertrauens wird in der Wirtschaftswissenschaft unter dem Aspekt des Behavioral Finance (siehe Kapitel über Behavioral Finance) behandelt. Durch Vertrauensindices, wie beispielsweise dem IFO-Geschäftsklimaindex in Deutschland, wird versucht, Vertrauen in Zahlen auszudrücken.

Liquidität als Steuerungselement

Die Determinanten des Wirtschaftskreislaufes spielen eine zentrale Rolle bei der Vergabe von Krediten. Ausreichende Liquidität ist Voraussetzung für eine funktionierende Volkswirtschaft. Die Vergabe und Verfügbarkeit von Krediten kann daher maßgeblich die Entwicklung einer Volkswirtschaft steuern. In Abb. 2.5 wird die Kreditvergabe in einer Volkswirtschaft schematisch dargestellt. In Punkt 1 wird die Interaktion zwischen der Zentralbank und den einzelnen Geschäftsbanken aufgezeigt. Der Interbankenmarkt ist Thema von Punkt 2. Die Kreditvergabe von Banken an Großunternehmen, an kleine und mittlere Unternehmen sowie Haushalte ist Gegenstand der folgenden Punkte 3 bis 5.

2.1 Theoretische Zusammenhänge

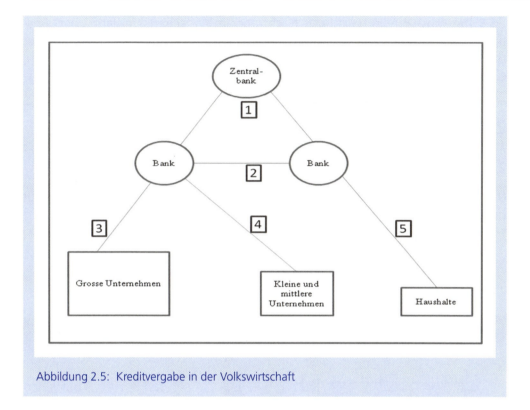

Abbildung 2.5: Kreditvergabe in der Volkswirtschaft

ad 1: Die Zentralbank spielt bei der Kreditvergabe eine übergeordnete Rolle. Gegen den Leitzins stellt sie den Banken Kredite zur Verfügung. Außerdem interveniert die Zentralbank je nach Konjunkturlage mit geldpolitischen Maßnahmen.

ad 2: Im Interbankengeschäft leihen sich Kreditinstitute Geld. Zugrunde liegende Zinssätze sind hierbei EURIBOR und LIBOR zzgl. Risikoaufschläge. Die Differenz (Spread) zwischen Leit- und Interbankenzins spiegelt die Stimmung am Markt wider. Ein steigender Spread ist auf einen Rückgang der Liquidität zurückzuführen.

ad 3: Ratingbedingte Zinssätze bestimmen die Kreditvergabe der Banken an Unternehmen. Große Unternehmen erhalten durch Kapitalmarktzugang und bessere Ratings Kredite zu attraktiveren Konditionen. Bei einem starken Nachfragerückgang sinkt jedoch ihre Bonität und damit das Vertrauen der Banken in die Unternehmen. Es kommt zum Investitionsrückgang und steigender Rationalisierung der Arbeitsplätze.

ad 4: Kleinere und mittlere Unternehmen sind sowohl von der Nachfrage der Haushalte als auch von der Nachfrage großer Unternehmen abhängig. Schlechtere Ratings und geringere Kreditsicherheiten erschweren den Fremdkapitalzugang. Gesamtwirtschaftlicher Nachfragerückgang wirkt hier stärker negativ auf die Bonität.

ad 5: Die Haushalte sind wichtigste Nachfrager im Wirtschaftskreislauf. Über günstige Konsumentenkredite von Unternehmen und Banken kann die Nachfrage der Haushalte angeregt werden. Teurere Kredite und Arbeitsplatzrationalisierungen, einhergehend mit dem Vertrauensverlust, senken die Nachfrage der Haushalte.

2.2 Empirische Ereignisse

2.2.1 Weltwirtschaftskrise 1929

Der Ablauf der Weltwirtschaftskrise von 1929 kann wie in Abb. 2.6 dargestellt beschrieben werden:

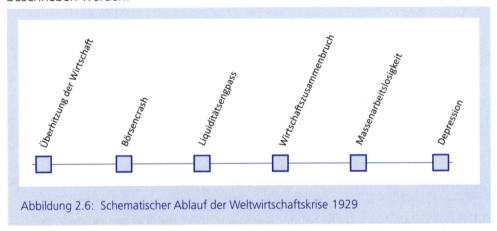

Abbildung 2.6: Schematischer Ablauf der Weltwirtschaftskrise 1929

In den 20er Jahren des letzten Jahrhunderts entstand eine der folgenschwersten Wirtschaftskrisen, die bis dato beispiellos ist.

Von den Folgen des 1. Weltkriegs ausgehend entwickelten sich die USA schnell zu einer führenden Wirtschaftmacht. Getrieben von Euphorie und dem Glauben an unbegrenzten Wohlstand entstand in den USA ein Wirtschaftsboom. Begründen lässt sich die florierende Wirtschaft mit der von 1921 bis 1928 jährlich um 4 % zunehmende Industrieproduktion. Von 1928 bis 1929 war gar ein Anstieg von 15 % zu verzeichnen. Durch das Entstehen der Massenproduktion entwickelten sich immer neue Produktionsbetriebe und Wirtschaftszweige. Gestraffte und effizienter organisierte Produktionsabläufe wie z.B. die Serienproduktion steigerten die Unternehmensgewinne stetig. Im Zuge dieser Massenproduktion konnte eine immer größere Bevölkerungsschicht an den Vorzügen der Technisierung teilhaben.

Börsencrash 1929

Der bis 1929 anhaltende wirtschaftliche Aufschwung entfachte Euphorie und Vertrauen in das amerikanische Wirtschaftssystem. So verzeichnete allein der Dow Jones Index in den Jahren 1926 bis 1929 Kursgewinne von über 100 % (vgl. Abb. 2.7).

2.2 Empirische Ereignisse

Abbildung 2.7: Aktienkursentwicklung New York, 1926–1938, (1926 = 100)
Quelle: Universität Münster

Durch den bis dahin gestiegenen Wohlstand der Industrie und den Optimismus der Gesellschaft weckten Aktien ein zunehmendes Interesse in der breiten Öffentlichkeit. Um am Markt teilhaben zu können, nahmen Anleger in der Hoffnung auf hohe Kursgewinne überteuerte Kredite auf. In der wirtschaftlichen Boomphase wurden Kredite ohne Sicherheiten leichtfertig vergeben. Anleger sollten diese durch sicher geglaubte Kursgewinne zurückbezahlen. Aktienkäufe wurden großteils nur mit bis zu 20 % an Eigenmitteln gedeckt, der Rest über die Börsenmakler finanziert. Der Renditehunger ließ viele Anleger immer leichtsinniger und risikobereiter werden. Selbst hohe Zinsen der Makler konnten viele Anleger nicht vom Aktienkauf zurückhalten.

Um dem hoch spekulativen Geschäft ein Ende zu setzen, mussten die Zinsen für Kredite steigen. Dies war der FED jedoch nicht möglich, denn es hätte die Wirtschaft empfindlich gestört. Banken sperrten so Kredite für lang- und mittelfristige Aktienspekulationsgeschäfte, vergaben aber dennoch kurzfristige Kredite. Folglich stieg der Zinssatz hierfür rasant.

Die hohe Geldnachfrage in Kombination mit steigenden Zinsen wirkte stark deflationär. Als Konsequenz kam es zu Liquiditätsengpässen und die Geldmenge M2 sank.

Der realwirtschaftliche Nachfragerückgang und die rückläufigen Unternehmensgewinne verunsicherten die Anleger am Kapitalmarkt. Ende 1929 kam es schließlich zu panikartigen Massenverkäufen. Der Dow Jones Index und mit ihm das kreditfinanzierte System brachen zusammen.

Kreditfinanzierte Spekulation am Aktienmarkt auf steigende Kurse und der Nachfragerückgang bei Industrie- und Agrarprodukten initiierten den Kollaps der amerikanischen Volkswirtschaft.

Liquidität als Steuerungselement – Weltwirtschaftskrise 1929

In Abb. 2.5 wurde die Kreditvergabe in einer Volkswirtschaft schematisch dargestellt. Anhand dieses Schemas wird im Folgenden die Kreditvergabe während der Weltwirtschaftskrise 1929 dargestellt:

ad 1: Die Zentralbanken in Europa verfolgten die Politik eines hohen Zinsniveaus, um die Goldstandards zu sichern. Dies erhöhte den Liquiditätsdruck. Folglich kam es zu weltweiten Bankenzusammenbrüchen, da den Banken keine überlebenswichtigen Kredite bereitgestellt wurden. Restriktive Geldmengen- und Zinspolitik führte auch in den USA zu einer Verknappung der Geldmenge M2, die zwischen 1929 und 1932 (vgl. Abb. 2.8) um ca. 20 % abnahm. Durch die erschwerte Kreditaufnahme der Banken bei der FED und anderen Zentralbanken wurden weltweit die Volkswirtschaften gelähmt.

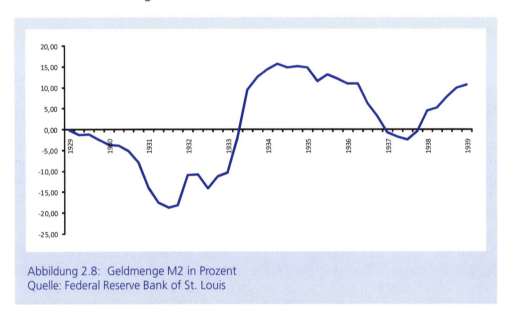

Abbildung 2.8: Geldmenge M2 in Prozent
Quelle: Federal Reserve Bank of St. Louis

In den Folgejahren versuchten die Notenbanken, besonders die FED, durch Senkungen des Diskontsatzes der Illiquidität am Markt gegenzusteuern. In Offenmarktgeschäften wurden Bundeswertpapiere aufgekauft, um die nötige Liquidität wiederherzustellen. Als Konsequenz konnte vermieden werden, dass kurzfristige Zinssätze auf den Geldmärkten weiter anstiegen und diese Entwicklung zu einer Zinsinversion führt. Generell lässt sich jedoch sagen, dass die Geldmengen- und Zinspolitik lange zu restriktiv war, um einer Krise dieses Ausmaßes entgegenzuwirken.

ad 2: Hohe Realzinsen durch Deflation (vgl. Abb. 2.9) in den USA und die durch den New Yorker Börsencrash ausfallenden Kredite verursachten in Kombination mit dem Rückruf von Geldern aus Übersee Liquiditätsengpässe auf den globalen Finanzmärkten.

2.2 Empirische Ereignisse

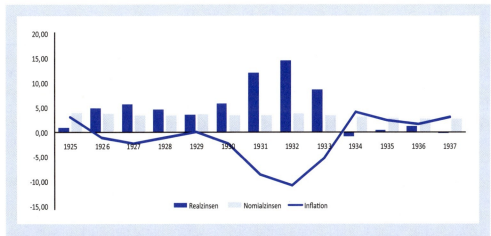

Abbildung 2.9: Prozentuale Veränderung der Realzinsen in den USA zwischen 1925 und 1937
Quelle: Universität Münster

Aufgrund fehlenden Vertrauens, der zurückgegangenen Liquidität am Markt und der limitierten Refinanzierungsmöglichkeiten erschwerten sich Banken die gegenseitige Kreditaufnahme. Daraus resultierte ein steigender Zinsspread im Interbankengeschäft (vgl. Abb. 2.10).

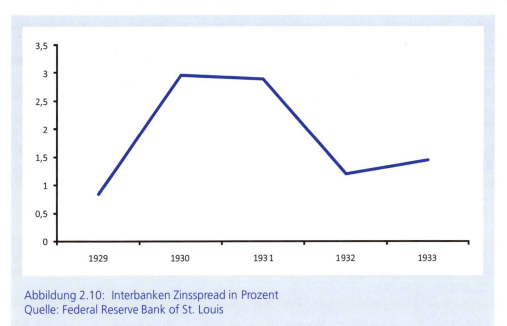

Abbildung 2.10: Interbanken Zinsspread in Prozent
Quelle: Federal Reserve Bank of St. Louis

Fehlspekulationen und hohe Kreditausfälle, gekoppelt mit dem Vertrauensverlust der amerikanischen Gesellschaft, ließen zwischen Dezember 1929 und Dezember 1933 die Anzahl aller Banken allein in den USA von 24.633 auf 15.015

sinken. Der Druck auf den Finanzsektor wuchs stetig, denn die Kreditnachfrage der Wirtschaft war besonders jetzt hoch.

Durch den bis dahin enormen wirtschaftlichen Aufschwung wurde in den USA ausländisches Kapital investiert. So hatten auch die in den 1920er Jahren gängige Hinterlegung von Währungen mit Goldreserven und feste Wechselkurse dazu geführt, dass die USA aufgrund ihrer hohen Zahlungsbilanzüberschüsse monetäre Goldreserven der Welt akkumulierten. Um die Goldreserven in Europa zu schützen, verkauften die betroffenen Länder ihre Inlandsaktiva und erhöhten die Zinsen. Die Liquiditätsengpässe verschärften sich.

Auch das fremdkapitallastige europäische Bankensystem wurde durch den Abzug amerikanischer Kredite mit in die Krise gezogen. Da nach dem 1. Weltkrieg europäische Industrienationen zum Wiederaufbau und zur Modernisierung auf ausländisches Kapital und Kredite angewiesen waren, hatte der Rückruf von Geldern nicht nur nationale, sondern auch globale Auswirkungen. Unter anderem war auch Deutschland in hohem Maße betroffen, besonders durch den Rückruf langfristiger Anleihen der USA.

Die schon damals bestehende Verflechtung der globalen Finanzwelt hatte sich von einer nationalen Krise zu einer internationalen gewandelt. Weltweit fielen Aktienindices der Industrienationen, auch der deutsche Aktienindex, um mehr als ein Drittel.

ad 3: Diese negative Entwicklung wirkte sich auch auf die Vergabe von Unternehmenskrediten aus. Fehlende Finanzierungsmöglichkeiten durch Banken und durch einen massiven Nachfragerückgang entstandene Bonitätsverluste ließen mitunter Großunternehmen zahlungsunfähig werden. Besonders in Europa bewirkte der Rückzug amerikanischer Kredite aus Unternehmen eine Beschleunigung des wirtschaftlichen Abschwunges.

Deflation erschwerte die Kreditaufnahme. Darüber hinaus führten deflationäre Entwicklungen in den Industrienationen zum gesamtwirtschaftlichen Preisrückgang. Verdeutlichen lässt sich dies anhand der durchschnittlichen Lebenshaltungskosten in den USA, die in den Jahren von 1929 bis 1934 um 21 % abgenommen haben. Auch die Preise für Einzel- und Großhandelsgüter, landwirtschaftliche Güter und Energie fielen. Allein die Preise für Agrargüter in den USA fielen um 75 %. Damit einhergehend sank die Industrieproduktion in Deutschland und in den USA zwischen 1929 und 1932 um 40,4 % bzw. 44,7 %. Für viele Arbeitgeber war die Rationalisierung bestehender Arbeitsplätze die logische Konsequenz, um das Überleben zu sichern.

ad 4: Kleine und mittlere Unternehmen ohne Liquiditätsreserven waren durch den Nachfragerückgang von Haushalten und Großunternehmen noch stärker vom Abschwung betroffen. Durch die traditionell hohe Fremdkapitalquote benötigten besonders diese Unternehmen Kredite, um wirtschaftlich agieren zu können. Die ohnehin schwierigen Finanzierungsmöglichkeiten und ein limitierter Zugang zum

2.2 Empirische Ereignisse

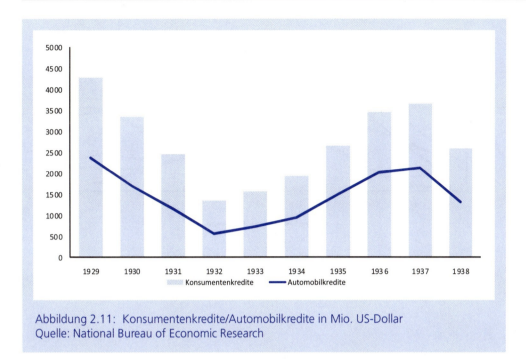

Abbildung 2.11: Konsumentenkredite/Automobilkredite in Mio. US-Dollar
Quelle: National Bureau of Economic Research

Kapitalmarkt ließen den kleinen und mittleren Unternehmen kaum eine Chance zum Überleben.

ad 5: Konsumentenkredite spielten bereits in den 1920er Jahren eine wichtige Rolle im Konsumverhalten der Gesellschaft. Zwischen 1929 und 1938 erhöhte die Aufnahme von Konsumentenkrediten die Kaufkraft der Haushalte durchschnittlich um neun Prozent. Wie Abbildung 2.11 zeigt, nahmen Konsumentenkredite zwischen 1929 und 1932 um 68 % ab. Besonders bemerkenswert ist, dass der Anteil der Automobilkredite in den USA bereits 1929 55,4 % des Gesamtvolumens an Konsumentenkrediten ausmachte.

Der Rückgang des Kreditvolumens während des wirtschaftlichen Abschwunges kann mit zwei Faktoren erklärt werden. Zum einen nehmen Haushalte in Zeiten des wirtschaftlichen Abschwunges wegen der unsicheren Zukunft weniger Konsumkredite für teure Produkte auf. Zum anderen vergeben Kreditinstitute weniger Kredite an Haushalte mit schlechter Bonität und sinkenden Einkommen.

In den westlichen Industrienationen erreichte die Arbeitslosigkeit 1932 ihren Höhepunkt. Durch den Nachfragerückgang wichtiger Industriegüter, wie z.B. das Automobil, waren besonders die Industriearbeiter in den USA und Deutschland stark betroffen. In den USA stieg die Arbeitslosenrate in der Industrie auf 36,8 % und in Deutschland auf 43,8 % (siehe Abb. 2.12). Folglich kam es erneut zu einem Konsumrückgang, sinkenden Investitionen und zahlreichen Firmeninsolvenzen.

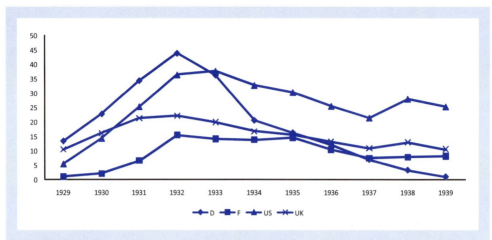

Abbildung 2.12: Prozentuale Arbeitslosigkeit der Industriearbeiter in Deutschland, Frankreich, USA und Großbritannien
Quelle: Universität Münster

Kreditfinanzierte Kapitalverluste des Börsencrashs, Arbeitsplatzverluste und fehlendes Vertrauen waren verantwortlich für den Nachfrageschock der Haushalte. Hinzu kam die Aussichtslosigkeit auf Konsumentenkredite und die Verschuldung der Haushalte.

Gesamtwirtschaftlicher Nachfragerückgang war somit der Ursprung der Liquiditätsengpässe und der Ausbreitung der Krise auf die Gesamtwirtschaft.

Fazit

Das damalige wirtschaftliche Geschehen der Industrienationen zeigt sich am Bruttoinlandsprodukt. In Abbildung 2.13 ist zu erkennen, dass es zwischen 1929 und 1932 zu massiven Einbrüchen des Bruttoinlandsprodukts kam. Besonders die sich immer noch im Wiederaufbau befindenden europäischen Staaten waren von der Weltwirtschaftskrise erheblich betroffen.

Der wirtschaftliche Zusammenbruch der einzelnen Industrienationen war verantwortlich für den Rückgang des Welthandelsvolumens. Das Dollarvolumen der monatlichen Gesamtimporte von 72 Ländern nahm zwischen 1929 und 1933 von 3,0 Mrd. auf 0,9 Mrd. ab. Exportstarke Länder verloren mehr als 2/3 ihrer Erlöse. Protektionismus vieler Länder erhöhte den Druck auf den Welthandel zusätzlich.

Das Zusammenspiel verschiedenster real- und finanzwirtschaftlicher Faktoren hat zu einer globalen Wirtschaftskrise geführt. Überhitzung der Wirtschaft, Deflation, sinkende Industrieproduktion und Massenarbeitslosigkeit formten aus einer anfänglichen Rezession die „Große Depression". Mitverantwortlich waren geringe Aufsichtsmechanismen, starre geldpolitische Systeme und kurzfristige Denkweisen renditeorientierter Investoren.

2.2 Empirische Ereignisse

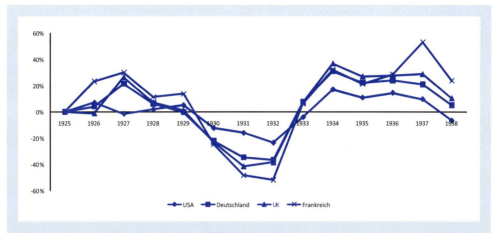

Abbildung 2.13: Prozentuale Veränderung des Bruttoinlandproduktes von USA, Deutschland, Großbritannien und Frankreich zwischen 1926 und 1938
Quelle: National Bureau of Economic Research

2.2.2 Japankrise

Der Ablauf der Japankrise kann wie in Abb. 2.14 dargestellt beschrieben werden:

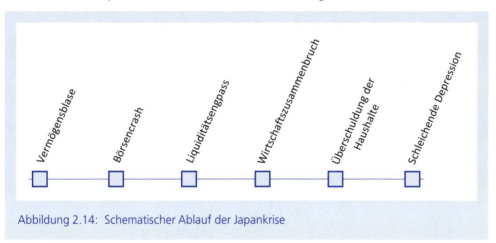

Abbildung 2.14: Schematischer Ablauf der Japankrise

Liquidität als Steuerungselement – Japan

Analog zu Abschnitt „Weltwirtschaftskrise 1929" wird die Kreditvergabe während der Japankrise nach demselben Kreditvergabeschema dargestellt. Referenz ist wiederum Abb 2.5.

ad 1: Geldpolitische Maßnahmen der Bank of Japan werden vielfach als Ursache des starken wirtschaftlichen Aufschwungs in Japan in den 1980er Jahren betrachtet. Die stetig fallenden Leitzinsen zwischen 1985 und 1988 förderten vor allem die Exportindustrie, beispielsweise die Elektro- und Automobilindustrie. Parallelen zwischen den niedrigen Leitzinsen und dem Entstehen der Aktien- und Immobilienblase lassen sich jedoch ebenfalls erkennen.

Um die überhitzte Wirtschaft zu bremsen und den Zugang zu Immobilienkrediten zu erschweren, erhöhte die Bank of Japan die Leitzinsen von 1988 bis 1990 kontinuierlich von 2,5 % auf 6 % (Abb. 2.15). Die ersten zwei Zinserhöhungen blieben vom Markt nahezu unbeachtet. Die Überhitzung der Vermögenspreise (siehe Abb. 2.16) spitzte sich zu. Erst die dritte Zinserhöhung führte zum Crash, wodurch die Vermögenspreise drastisch an Wert verloren.

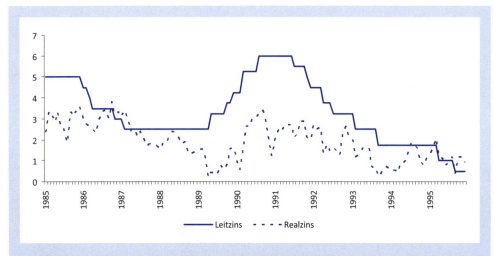

Abbildung 2.15: Prozentuale Veränderung des japanischen Leitzins und der Realzinsen
Quelle: Econstats

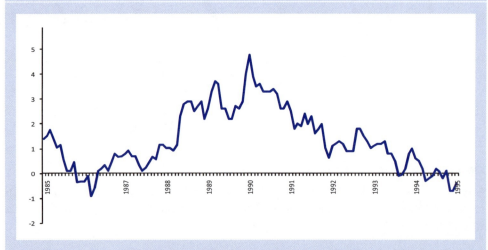

Abbildung 2.16: Inflationsrate (%) in Japan zwischen 1985 und 1995
Quelle: Econstats

Anfang 1991 senkte die Bank of Japan den Leitzins, um eine beginnende Rezession abzuwenden. Das Vorhaben der Wirtschaft, durch Senkung der Leitzinsen neue Impulse zu geben, wurde durch die stetig sinkende Inflation erschwert. Das Vertrauen der Unternehmen und Haushalte blieb aus. Eine Senkung der Nominalzinsen bewirkte, unter Berücksichtigung der Inflation, nur eine wesentlich geringere Senkung der Realzinsen.

Von 1991 bis 1995 senkte die Bank of Japan den Diskontsatz von 6 % auf 0,5 %. Im gleichen Zeitraum fielen die Realzinsen jedoch nur von 2,9 % auf 1,2 %. Besonders in den kritischen Jahren 1990 bis 1992, nach dem Platzen der Vermögensblase, verpufften die Leitzinssenkungen fast komplett. Die Realzinsen blieben nahezu unverändert.

ad 2: Mit dem Platzen der Vermögensblase hatten besonders Finanzinstitutionen hohe Verluste zu verbuchen. Die starke Involvierung japanischer Banken im Immobiliensektor und das hohe Kreditabschreibungsvolumen erzeugten Liquiditätsengpässe. Die Kreditausfälle betrugen 1985 4.186 Mrd. Yen, bis 1995 stieg diese Summe auf 9.034 Mrd. Yen. Konsequenterweise nahm die Bereitschaft der Banken zur Kreditvergabe an Unternehmen und Haushalte deutlich ab (vgl. Abb. 2.17).

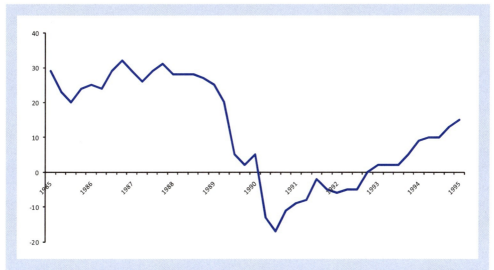

Abbildung 2.17: Kreditvergabeverhalten der Finanzinstitutionen gemäß Tankanstudie
Quelle: Bank of Japan

Auch die zunehmende Deflation ab 1990 verschärfte die Ertragslage der Banken. Ein niedriges Wirtschaftswachstum und Preisrückgänge beeinflussten die Banken bei der Zinsgestaltung. Da die Realzinsen durch Deflation stiegen, konnten Banken nur noch geringe Nominalzinsen für Kredite verlangen. Gleichzeitig konnten Geldanlagen der Sparer deutlich höhere Realzinsen generieren. Die Differenz zwischen Einlage- und Kreditzinsen, die Zinsspanne der Banken, verringerte sich und senkte damit die Attraktivität Kredite zu vergeben.

Das globale Interbankengeschäft erschwerte den Banken die Kreditaufnahme als Folge der Wirtschaftskrise, was den Mangel an Liquidität ausweitete. Zudem stieg die Anzahl der Insolvenzen in der Industrie. Sinkende Bonität von Kreditnehmern erzeugte sinkende Kreditvergaben.

ad 3: Stark exportorientierte Unternehmen hatten durch die Aufwertung des Yen gegenüber dem US-Dollar sinkende Gewinne zu verzeichnen. Das Resultat dieser Währungsentwicklung war eine sinkende Bonität gegenüber den Banken und rückläufige Exporteinnahmen. Der Export-Preisindex umfasst alle wichtigen Export-Industrien. In den Jahren 1990 bis 1995 hat dieser Preisindex aufgrund der Yen-Stärke um 20 % an Wert abgenommen. Die Liquidität der Großunternehmen brach entsprechend der Kreditverknappung ab 1989 drastisch ein.

Nicht nur das Kreditangebot der Banken verringerte sich in den Jahren der Krise, sondern auch die Kreditnachfrage seitens der Unternehmen. Als Folge gestiegener Realzinsen verteuerten sich die Firmenkredite. Viele Großunternehmen verzichteten auf geplante Investitionen. Dies wirkte sich wiederum negativ auf kleinere und mittelgroße Zulieferunternehmen und Haushalte aus. Ergebnis dieser Spirale war das Absinken des japanischen Produktionsindex von 100,4 Punkten im Jahr 1991 auf 95,5 Punkte im Jahr 1995.

Die durch sinkende Inflation bzw. zunehmende Deflation gesunkenen Preise erhöhten außerdem die reale Schuldenlast der Unternehmen, insofern diese nominal fixiert war. Auch die extreme Verschuldung durch die leichtfertige Kreditvergabe bis zum Platzen der Blase wirkte negativ nach. In diesem Zusammenhang verschlechterten sich die Bilanzen vieler Unternehmen. Unternehmenszusammenbrüche, besonders großer kreditfinanzierter Unternehmen, waren die Folge.

ad 4: Vor allem kleinere und mittlere Unternehmen, die stark auf Fremdkapital angewiesen waren, verloren durch Abwertung ihrer Sicherheiten, großteils Immobilien, an Bonität. Das leichtfertige Kreditvergabeverhalten der Banken in vorangegangenen Jahren und die entstandenen Kreditausfälle seit Beginn der Krise ließen die Banken risikobewusster handeln. Kleinen, mit hohem Kreditausfallrisiko behafteten Unternehmen wurde somit der Zugang zu lebensnotwendigen Krediten verweigert. Aus Kostengründen hatten sie auch kaum eine Möglichkeit, auf die Kapitalmärkte auszuweichen, und waren daher auf die klassischen Bankkredite angewiesen.

Die Zahl der Insolvenzen stieg 1991 um 59 % gegenüber dem Vorjahr. Besonders hart traf es Unternehmen des Herstellenden und Verarbeitenden Gewerbes. Auch im Groß- und Einzelhandel sowie im Immobiliengewerbe stieg die Zahl der Insolvenzen stark an.

Von 1989 bis 1992 erhöhte sich die Anzahl der insolventen Unternehmen mit einem Kapitalvolumen von unter 1 Mio. Yen bis zu 100 Mio. Yen von 5.102 auf 11.064.

Negativ wirkte sich auch der Nachfragerückgang bei den Haushalten und Großunternehmen aus. Die sinkenden Exportpreise und die sinkende Produktion, vor

2.2 Empirische Ereignisse

allem in der Automobilindustrie und im Stahlgewerbe, zogen ganze Zulieferbranchen mit in die Krise. Zudem sorgte die Nachfragezurückhaltung der Haushalte für Probleme in der Konsumgüterindustrie.

ad 5: Die bis 1990 entstandenen hohen Konsumentenschulden von zeitweise bis zu 130 % des Bruttosozialprodukts hatten zu einer enormen Verschuldung vieler Haushalte geführt. Zurückzuführen sind diese Schulden insbesondere auf die Nutzung von Kreditkarten, deren Anzahl um bis zu 200 % zunahm. Diese Schuldenlast dämpfte in den Jahren der Krise die Konsumbereitschaft der Haushalte stark und schränkte die Kreditvergabe der Banken weiter ein.

Der Anstieg der Deflation ließ die Preise zwar fallen, durch sinkendes Verbrauchervertrauen und den im Zuge der Finanzkrise entstandenen negativen Vermögenseffekt hielt sich jedoch der Großteil der Konsumenten stark zurück. Erklärt werden kann dies auch durch die zeitliche Zurückstellung von privaten Investitionen, um von sinkenden Preisen in der Zukunft zu profitieren. Selbst sukzessive Zinssenkungen ab 1991 durch die Zentralbank konnten den Konsum nicht anregen. Die Sparquote der Haushalte stieg in den Jahren von 1985 bis 1991 sogar noch von 32,2 % auf 34,5 %.

Fazit

In Japan verloren Banken teilweise ihre Finanzierungsfunktion für Industrie und Haushalte. Investitionen und Konsum blieben somit aus. Wichtigster Faktor hierbei stellte das fehlende Vertrauen beiderseits dar. Als Ursache der Krise in der Realwirtschaft können daher die fehlenden Investitionen und der fehlende private Verbrauch, d.h. die fehlende Nachfrage, gesehen werden. Jedoch auch fehlende

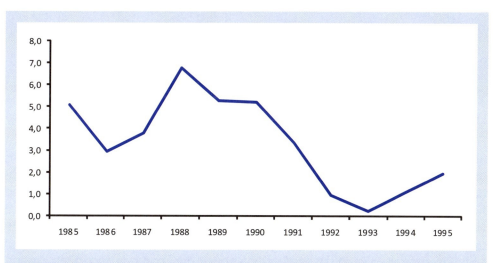

Abbildung 2.18: Prozentuale Veränderung des BIP in Japan
Quelle: Centro de Economía Internacional

Reformen auf Angebotsseite und die Deflationsspirale trugen ihrerseits einen Teil dazu bei.

Das Ausmaß der Krise in den Jahren nach dem Übergang der Finanzkrise auf die Realwirtschaft zeigt sich am besten an der prozentualen Veränderung des BIP (Abb. 2.18). Die hohen Wachstumsraten der späten 1980er Jahre fielen bis 1993 auf unter 0,5 % ab, synchron stiegen die Arbeitslosenzahlen von 2,1 % in 1990 auf 3,4 % 1996 an. Die realwirtschaftliche Krise setzte erst einige Jahre nach dem Platzen der Vermögensblase ein. Japan hat noch bis heute unter den Folgen der Wirtschaftskrise zu leiden.

2.2.3 Von der Wall Street zur Main Street – Weltwirtschaftskrise 2008/2009

Der Ablauf der Weltwirtschaftskrise von 2008/2009 kann wie in Abb. 2.19 dargestellt beschrieben werden:

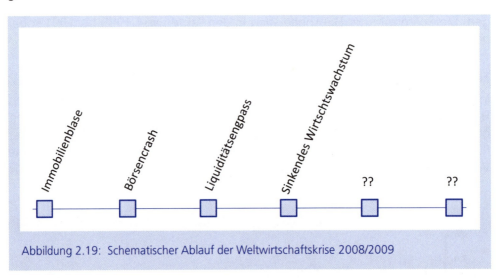

Abbildung 2.19: Schematischer Ablauf der Weltwirtschaftskrise 2008/2009

Liquidität und Profitabilität als zentrale Aspekte

Entscheidende Faktoren in den nächsten Jahren werden die Faktoren Liquidität und Profitabilität sein. Während es generell für Unternehmen sehr wichtig ist, profitabel zu sein, kommt dem Kriterium Liquidität speziell in der Krise eine höhere Bedeutung zu. Der zuvor beschriebene Kreditvergabeprozess ist gestört, und für Unternehmen ist es deshalb von oberster Priorität, Liquidität für das eigene Unternehmen zu sichern. Welche Möglichkeiten gibt es für Unternehmen, sich Liquidität zu beschaffen? Abb. 2.20 gibt hierzu einen Überblick. Auf die einzelnen Möglichkeiten zur Liquiditätsbeschaffung sowie die zugrunde liegenden Zusammenhänge wird im Verlauf des Kapitels näher eingegangen.

2.2 Empirische Ereignisse

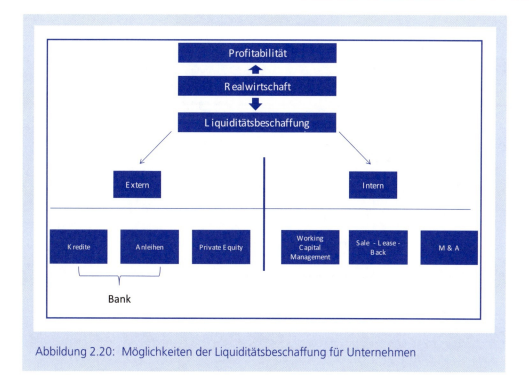

Abbildung 2.20: Möglichkeiten der Liquiditätsbeschaffung für Unternehmen

Liquidität als Steuerungselement – Weltwirtschaftskrise 2008/2009

Über Banken vergebene Kredite und Anleihen stellen immer noch die gängigste Form der Liquiditätsbeschaffung dar. Die Liquiditätsbeschaffung im Rahmen der Realwirtschaftskrise 2008/2009 wird anhand des im Rahmen der Weltwirtschaftskrise 1929 sowie der Japankrise dargestellten Fremdkapitalbeschaffungsprozesses untersucht (vgl. Abb. 2.5).

ad 1: Viele Kritiker machen die antizyklische Zinspolitik der Zentralbanken mit verantwortlich für das Entstehen der aktuellen Krise. In der Zeit nach den Anschlägen vom 11. September 2001 verfolgten die Zentralbanken weltweit eine Politik des billigen Geldes, um den Konsum und damit die Wirtschaft anzukurbeln (vgl. Abb. 2.21).

Durch die in den Folgejahren stark gestiegene Inflationsrate wurden die Leitzinsen schrittweise heraufgesetzt. Die zuvor aufgenommenen Kredite, v.a. in den USA, hatten zur Subprime-Krise geführt. Kredite konnten zu einem großen Teil nicht zurückgezahlt werden, am Interbankenmarkt kam es zu erheblichen Spannungen, und der weltweite Finanzsektor wurde in seiner volkswirtschaftlichen Funktion stark beeinträchtigt.

Um die Stabilität und die Aufrechterhaltung des gesamtwirtschaftlichen Systems, d.h. die Liquidität, zu gewährleisten, intervenieren die Zentralbanken seit Sommer 2007 weltweit durch Bereitstellung kurzfristiger Gelder. In der Eurozone versuchte die Europäische Zentralbank, den Finanzmarktturbulenzen durch Of-

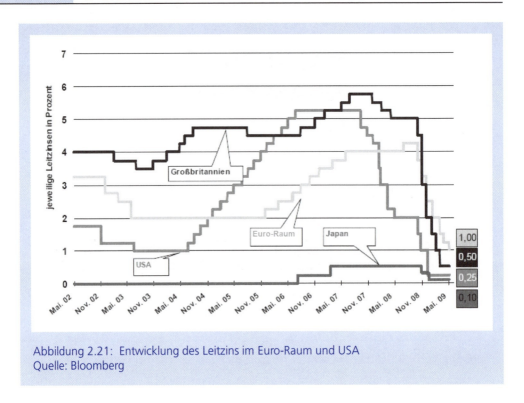

Abbildung 2.21: Entwicklung des Leitzins im Euro-Raum und USA
Quelle: Bloomberg

fenmarktgeschäfte, Schnelltender und auch längerfristige Refinanzierungsmöglichkeiten Einhalt zu bieten.

Die Liquiditätsbereitstellung der Zentralbanken sorgte lediglich für eine kurze Entspannung, denn bereits Ende des Jahres 2007 stiegen die Aufschläge im Interbankengeschäft erneut. Erstmals wurde das Ausmaß der Finanzkrise realisiert und die Bedeutung international organisierter Zentralbankaktionen deutlich. Im Folgenden weiteten die Zentralbanken den Umfang ihrer Aktivitäten aus, um den Zusammenbruch wichtiger finanzwirtschaftlicher Institutionen zu vermeiden. Die Pleite der Investmentbank Lehman Brothers im September 2008 entfachte erneut panikartige Reaktionen an den weltweiten Finanzmärkten. Um das Vertrauen der Finanzakteure zurück zu gewinnen und die Stabilität der Wirtschaft aufrechtzuerhalten, senkten die Zentralbanken in einem historisch einmaligen Schritt die Leitzinsen weltweit in einer konzertierten Aktion. Des Weiteren wurde versucht, fehlende Interbankenkredite durch Bereitstellung direkter Zentralbankkredite zu ersetzen. Allein in den USA stieg die Notenbankrefinanzierung von 907 Mrd. US-Dollar am 10. September 2008 auf 1.754 Mrd. US-Dollar am 15. Oktober 2008. In der Eurozone stieg die Liquiditätsbereitstellung der Europäischen Zentralbank innerhalb eines Monats ebenfalls von 477 Mrd. Euro auf 759 Mrd. Euro an.

Trotz der koordinierten Leitzinssenkungen fielen die Inflationsraten in den USA und im Euro-Raum im 4. Quartal 2008 deutlich. Als Ursache hierfür gelten die fallenden Rohstoffpreise (insbesondere der fallende Ölpreis) und die sinkende Bin-

2.2 Empirische Ereignisse

nendynamik. Als Folge erhöht sich der Liquiditätsdruck an den Kapitalmärkten weiter, denn die Realzinsen steigen.

ad 2: Die Vertrauenskrise im Interbankengeschäft spielt eine zentrale Rolle bei der Entstehung einer Realwirtschaftskrise aus der Finanzkrise. Abnehmende Bonität zwischen den Banken führt zu einem Liquiditätsengpass im Interbankengeschäft. Selbst Banken, die genügend Zentralbankliquidität zur Verfügung haben, sind nicht mehr bereit, Kredite an andere Finanzinstitute weiterzugeben. Die gestiegene Verbriefung von Anleihen und immer neue innovative Finanzprodukte lassen die Transparenz stark abnehmen und verringern daher die Kreditwürdigkeit der Finanzinstitute. Dabei spielen die Rating-Agenturen eine immer relevantere Rolle, denn sie bewerten die neue Kreditwürdigkeit der Kreditinstitute und verstärken somit das Misstrauen. Für den Finanzsektor ist dies fatal, denn um ihre Bonitätsrate beizubehalten, müssen die Banken die Kreditsummen in Relation zum Eigenkapital verringern, d.h. der gegenseitige Geldverleih kommt fast vollständig zum Erliegen. Reflektiert wird der Vertrauensverlust am deutlichsten durch die Risikoaufschläge auf die Differenz zwischen LIBOR bzw. EURIBOR und Leitzins (vgl. Abb. 2.22).

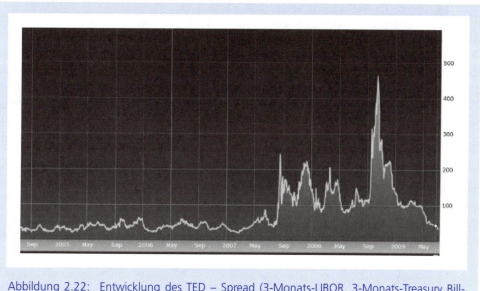

Abbildung 2.22: Entwicklung des TED – Spread (3-Monats-LIBOR, 3-Monats-Treasury Bill-Zinssatz
Quelle: Bloomberg

Die durch die hohen Abschreibungsvolumen auftretenden Vermögensverluste verstärken besonders den starken Rückgang der Bilanzsummen der Banken. Es tritt ein Effekt des „Deleveraging" ein, bei dem in hohem Maße Fremdkapitalpositionen abgebaut werden. Dieser trifft insbesondere Banken mit ohnehin geringen Eigenkapitalpuffern hart. Folglich sehen sich Banken gezwungen, Vermögenswerte unter Wert zu verkaufen und gleichzeitig Kredite zurückzuführen; die

Krise verschärft sich dadurch weiter. Zusätzlich belasten die erhöhten Refinanzierungskosten die Ertragslage der insbesondere auf den Geldmarkt angewiesenen Banken negativ. Der Zinssatz für Euro 3-Monatsgelder erreichte im Oktober 2008 mit 5,39 % neue Höchststände. Als Folge der hohen Risikoaufschläge und hohen Abschreibungsvolumina verbriefter Wertpapiere brachen bis November 2008 allein in den USA 22 Banken zusammen. Das Abschreibungsvolumen der Bankenkrise wird auf 400 bis 500 Mrd. US-Dollar geschätzt.

Auch Deutschland wurde von der Bankenkrise mit voller Wucht getroffen. Besonders Großhandelsbanken, beispielsweise die Hypo Real Estate, die über keine direkten Kundeneinlagen verfügen und daher auf Kredite im Interbankenmarkt angewiesen sind, mussten massive Verluste verbuchen und staatliche Rettungspakete in Anspruch nehmen.

Der Zusammenbruch des Finanzsystems hat sofortige Auswirkungen auf die Realwirtschaft, denn die Realwirtschaft ist nur mit einem funktionsfähigen Intermediär handlungsfähig. Geben Banken keine kurzfristigen Gelder von Sparern als langfristige Kredite an Investoren weiter, d.h. vernachlässigen Banken die Ausübung der Fristentransformation, wird der Wirtschaftskreislauf negativ beeinflusst und die Realwirtschaft empfindlich gestört.

ad 3: Das Ausmaß der globalen Finanzkrise zeigt sich bereits im konjunkturellen Abschwung. Deutlich lässt sich dies auch an der Weltproduktion und am Welthandelsvolumen erkennen (vgl. Abb. 2.23). Zu erwähnen ist die konstante Weltproduktion bis 2008, bei abnehmendem Welthandelsvolumen zwischen 2006 und 2008 um 5 %. Von dieser Überproduktion ausgehend sind besonders exportstarke Nationen wie z.B. Deutschland betroffen. Sinkt die Nachfrage in rezessiven Zielländern, werden exportorientierte Großunternehmen unmittelbar beeinträchtigt.

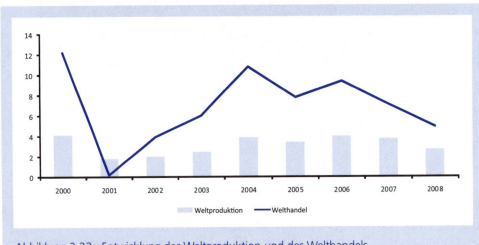

Abbildung 2.23: Entwicklung der Weltproduktion und des Welthandels
Quelle: Sachverständigenrat

2.2 Empirische Ereignisse

Besonders Deutschland wurde von dieser Entwicklung hart getroffen. Repräsentativ ist die Automobilindustrie, die im November 2008 einen Exportrückgang von 18 % gegenüber dem Vorjahresmonat zu verzeichnen hatte. Insgesamt brach die Zahl der Neuzulassungen und damit auch die Produktion im gleichen Zeitraum um 18 % bzw. 19 % ein. Der Nachfragerückgang wirkt sich direkt auf die kleinen und mittleren, von der Automobilindustrie abhängigen, Unternehmen aus. Allein in Baden-Württemberg sind das mehr als 3.300 Zulieferer, Abnehmer, Kooperations- und Entwicklungspartner.

Besonders die Automobilbranche ist auf Verfügbarkeit von Krediten angewiesen, denn 60 bis 70 % aller europäischen Fahrzeugverkäufe sind entweder über Kredite oder Leasing finanziert. Hieraus resultierend haben sich die Finanztöchter der Automobilhersteller in den vergangenen Jahren immer mehr zu alternativen Finanzierungs- und Einnahmequellen entwickelt. Problematisch sind für die Autobanken besonders die hohen Kreditausfälle aus Händler- und Kundenfinanzierungen und die Liquiditätsbeschaffung am Markt. Um das Geschäft mit Kundenfinanzierungen aufrechtzuerhalten, locken Autobanken derzeit mit hohen Zinsen auf Fest- und Tagesgeldkonten. Die prekäre Lage zwingt sie sogar, Kunden beispielsweise über Angebote bei Lebensmitteldiscountern wie Lidl oder Kaufland zu locken. Um Absatz zu erzielen, sind die Autohersteller auf die billigen Kredite und Leasingangebote ihrer Banken angewiesen. Der Antrag der VW Bank auf Staatshilfe wird ihr den Zugang zu Kapital erleichtern und den Druck auf die übrigen Autobanken – und damit Hersteller – erhöhen.

	BMW	VWD	DAI	Porsche	Renault	PSA
Bank liabilities	13,3%	14,3%	27,1%	32,1%	29,4%	39,7%
Bank deposits	12,0%	19,2%	10,1%	0,0%	0,0%	0,0%
Bonds	48,8%	60,7%	58,8%	37,3%	32,9%	25,1%
Commercial Paper	9,3%	0,0%	0,0%	0,0%	20,8%	19,1%
ABS	12,9%	0,0%	2,1%	0,0%	16,9%	16,1%
Other	3,7%	5,7%	1,9%	30,5%	0,0%	0,0%

Abbildung 2.24: Refinanzierungsstruktur der Autobanken
Quelle: Deutsche Bank

Bankkredite und Anleihen stellen den Hauptteil der Refinanzierung der Autobanken dar (vgl. Abb. 2.24). Die Refinanzierungskosten sind in den vergangenen Monaten deutlich angestiegen, zum einen durch die fehlende Liquidität, zum anderen durch steigende Kreditausfälle in der Automobilfinanzierung. Dies kommt in steigenden Credit Default Swaps der Automobilindustrie zum Ausdruck (vgl. Abb. 2.25).

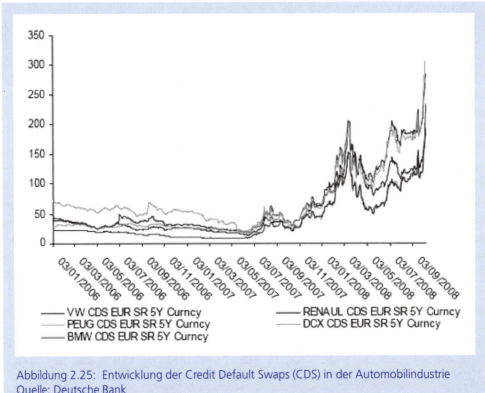

Abbildung 2.25: Entwicklung der Credit Default Swaps (CDS) in der Automobilindustrie
Quelle: Deutsche Bank

Von den Entwicklungen in der Automobilbranche noch stärker betroffen ist der amerikanische Automobilmarkt. Der gesamte Fahrzeugabsatz brach im dritten Quartal 2008 um 18 % im Vergleich zum Vorjahresquartal ein. General Motors verzeichnete einen Absatzrückgang von 20 %, Ford von 24 % und Chrysler sogar von 32 %. Im gleichen Zeitraum verzeichneten General Motors und Ford Verluste von je rund 3 Mrd. US-Dollar. Als Resultat sank die Liquidität im dritten Quartal 2008 signifikant (vgl. Abb. 2.26).

Die weltweite Verschlechterung der Finanzierungsbedingungen wirkt sich nicht nur negativ auf die Automobilindustrie, sondern auf alle Großindustrien aus. Durch Absatzeinbrüche verursachte Bonitätsverschlechterungen und allgemeine Kreditvergabezurückhaltung komplizieren die Kapitalbeschaffung, sowohl über Finanzinstitute als auch über den Kapitalmarkt. So musste z.B. der für Oktober 2008 geplante Börsengang der Deutschen Bahn abgesagt werden. Die Schieflage risikoreicher Spekulationsgeschäfte vieler Firmen, beispielsweise der Merckle-Gruppe, übt zusätzlichen Liquiditätsdruck aus.

ad 4: Für kleine und mittlere Unternehmen sind die Auswirkungen der Finanzkrise am deutlichsten spürbar. Einerseits haben viele KMUs nur einen oder wenige Großkunden, andererseits sind sie mit einer Fremdkapitalquote von 80%

2.2 Empirische Ereignisse

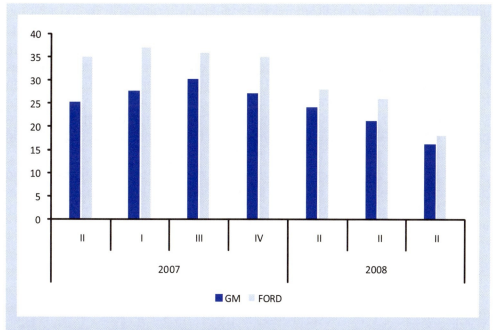

Abbildung 2.26: Entwicklung der Liquidität von General Motors und Ford in Milliarden US-Dollar
Quelle: Bernstein

auf Bankkredite angewiesen, um ihren Zahlungsverpflichtungen nachkommen zu können. Derzeit gibt es in Europa mehr als 20 Millionen kleine und mittlere Unternehmen; dies entspricht 99% aller Unternehmen in Deutschland. Im Jahr 2005 waren in Deutschland 60% aller Arbeitnehmer in diesen kleinen und mittleren Unternehmen beschäftigt. Durch die weltweite Konsumzurückhaltung und die Produktionsdrosselung großer Unternehmen sind die Umsätze in den vergangenen Monaten eingebrochen. Um dem Profitabilitätsdruck großer Unternehmen gerecht zu werden, d.h. um ihre wichtigen Handelspartner nicht zu verlieren, sehen sich die KMUs gezwungen, ihre Gewinnmargen zu verringern. Folglich sind KMUs dem Rationalisierungszwang unterworfen.

Vor allem Automobilzulieferer (teilweise auch Großunternehmen) werden durch ihre starke Geschäftstätigkeit im kriselnden amerikanischen und europäischen Markt mit in den Abwärtsstrudel gezogen. Gegenwärtig stellen Umsätze aus Geschäften mit den amerikanischen Automobilherstellern rund 50 % dar.

Jedoch auch der in *ad 3* beschriebene Produktionsrückgang bei den deutschen Automobilherstellern zwingt die Zulieferindustrie zu Rationalisierungsmaßnahmen wie Kündigungen, Kurzarbeit und Zwangsurlaub.

Zu beachten ist allerdings auch die Abhängigkeit europäischer Automobilhersteller von amerikanischen Zulieferfirmen. Zu den zehn größten Zulieferern Europas zählen vier nordamerikanische Unternehmen (Magna, Delfi, Johnson Controls und Lear), die im Insolvenzfall erhebliche Produktionsstörungen in Europa auslösen würden.

Das aus der Finanzkrise resultierende Hauptproblem für kleine und mittlere Unternehmen stellt die Liquiditätsbeschaffung dar. Im Gegensatz zu Großunternehmen haben kleine und mittlere Unternehmen keinen oder nur begrenzten Kapitalmarktzugang. Sinkende Vermögenspreise (hauptsächlich Immobilien), Absatzrückgang und Zukunftsunsicherheit führen zu erhöhten Bonitätsanforderungen der Banken. Die erschwerte Aufnahme von Fremdkapital mindert gleichzeitig Investitionen und senkt die Solvenz der KMUs deutlich.

Im 4. Quartal 2008 brachen entsprechend der eingetrübten Stimmung und dem Rückgang des BIP der deutsche IFO Geschäftsklima Index und der amerikanische PMI Index ein (vgl. Abb. 2.27 und Abb. 2.28). Im ersten Quartal 2009 kam es wiederum zu einem Abbremsen des fast freien Falls.

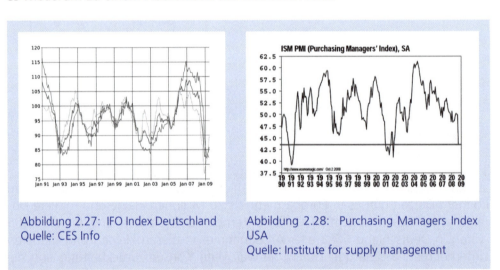

Abbildung 2.27: IFO Index Deutschland
Quelle: CES Info

Abbildung 2.28: Purchasing Managers Index USA
Quelle: Institute for supply management

ad 5: Haushalte sind die wichtigsten Nachfrager und in mehrfacher Hinsicht von den aktuellen Entwicklungen betroffen. Im Zuge der Finanzkrise erschwert sich die Aufnahme von Konsumentenkrediten, denn Banken achten bei der Vergabe zunehmend auf das Ausfallrisiko. Angaben der FED zufolge schrumpfte das Volumen an Konsumentenkrediten im August 2008 um 0,3 % im Vergleich zum Vorjahr, der erste monatliche Rückgang seit 1998. Durch den Vertrauensverlust und den negativen Vermögenseffekt bricht der Konsum ein und die Sparquote steigt. Im ersten Halbjahr 2008 stieg die Sparquote in Deutschland um 0,5 % auf 11,3 % im Vergleich zum Vorjahr. Auch in den USA stieg die Sparquote von 0,1 % im Januar 2008 auf 2,8 % im November 2008 (vgl. Abb. 2.29).

Zusätzlich steigen durch den Produktionsrückgang und die Rationalisierungsmaßnahmen der Wirtschaft die Arbeitslosenzahlen drastisch (vgl. Abb. 2.30), ein weiterer Konsumeinbruch folgt. Allein in den USA stieg die Arbeitslosenquote

2.2 Empirische Ereignisse

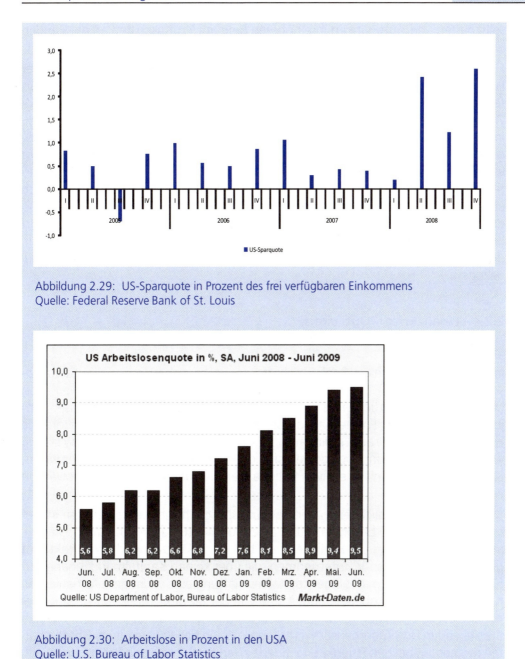

Abbildung 2.29: US-Sparquote in Prozent des frei verfügbaren Einkommens
Quelle: Federal Reserve Bank of St. Louis

Abbildung 2.30: Arbeitslose in Prozent in den USA
Quelle: U.S. Bureau of Labor Statistics

im Oktober 2008 von 6,1 % im September auf 6,5 % an und ist nun auf dem höchsten Stand seit 1994.

Der Konsum, besonders der Kauf von Fahrzeugen, ist durch die Verschlechterung der Konditionen im Leasinggeschäft weiter rückläufig. Wenn die Leasinggesellschaften und Autobanken ihre höheren Refinanzierungskosten an die Kunden weitergeben, belastet das den Absatz von Neufahrzeugen zusätzlich.

In traditionell kreditfinanzierten Volkswirtschaften mit geringer Sparquote der Haushalte, wie den USA, stellen Ausfallrisiken durch hohe Zinsen im Kreditkartengeschäft einen weiteren Risikofaktor dar. Angaben der FED und dem LBBW Credit Research zufolge stieg der Kreditkartenzinssatz in den USA von knapp 6 % im Oktober 2007 auf knapp 10 % im Oktober 2008. Diese Kombination aus steigenden Refinanzierungskosten und Arbeitsplatzverlusten stellt den Finanzsektor vor eine weitere Abschreibungswelle. Zwar hat sich das Volumen an Kreditkartenschulden in den vergangenen Monaten verringert, jedoch impliziert dies auch eine Verringerung der Konsumausgaben von Haushalten und eine Verschärfung der Kreditvergabe. Die Kreditkartenschulden in den USA belaufen sich derzeit auf bis zu eine Billion US-Dollar. Durch die Verbriefung der Kreditkartenschulden in den USA wird auch der europäische Bankensektor weiter in den Abwärtsstrudel gezogen.

2.2.4 Finanzkrise – Quo vadis?

Liquidität

Im Kontext der aktuellen Realwirtschaftskrise steht insbesondere die Kapitalbeschaffung für Kredite und Anleihen im Fokus. Durch verschärfte Kreditvergaben der Banken und Zurückhaltung der Anleger am Anleihenmarkt erweisen sich jedoch gerade diese Formen als problematisch. Besonders die eher risikoreiche Hightech-Industrie ist auf Liquidität angewiesen, um Forschung und Entwicklung weiter vorantreiben und wettbewerbsfähig bleiben zu können. So wird erwartet, dass besonders hier mit intensiven Rationalisierungsmaßnahmen und Insolvenzen zu rechnen ist.

Die externen Möglichkeiten der Liquiditätsbeschaffung werden zudem in den folgenden Monaten, besonders für kleinere und mittlere Unternehmen, stark limitiert bleiben. Einzig die Finanzierung über Private Equity wird an Attraktivität gewinnen. Besonders für Unternehmen, die über keinen Kapitalmarktzugang verfügen, stellt diese Form der Eigenkapitalbeschaffung eine wichtige Alternative dar. Kapitalgeber für Risikobeteiligungen sind von der Kreditklemme ebenso stark betroffen, da sie Beteiligungen zum großen Teil mit Fremdkapital finanzieren. Durch die sinkenden Unternehmensbewertungen können sich Private Equity Gesellschaften momentan bei rein Eigenkapital finanzierten Käufen günstig beteiligen. Durch die hohe Kapitalnachfrage vieler Unternehmen besteht auch die Chance, dass sich Risikokapitalgeber an bereits weiterentwickelten Unternehmen, mit niedrigerem Ausfallrisiko, beteiligen. Auf Unternehmensseite können aussichtsreiche, jedoch zugleich risikoreiche Forschungs- und Entwicklungsprojekte durch Spin-off Abspaltung außerhalb des Hauptgeschäftsfeldes getätigt werden.

Im weiteren Verlauf der Realwirtschafskrise wird die interne Liquiditätsbeschaffung stark an Bedeutung zunehmen. Unternehmen werden dazu gezwungen sein,

2.2 Empirische Ereignisse

durch effizientes Working Capital Management ihre Liquidität zu erhöhen. Die Verkürzung der Durchlaufzeiten des im Umlaufvermögen gebundenen Kapitals wirkt jedoch nur kurzfristig, d.h. nur solange, bis alle Marktteilnehmer von dieser Form der Liquiditätsbeschaffung Gebrauch machen.

Kurzfristige Kapitalfreisetzung wird ebenfalls vermehrt durch Sale-and-leaseback-Transaktionen erzeugt. Hierbei wird Anlagevermögen des Unternehmens verkauft und zur weiteren Nutzung zurückgeleast. Das freigesetzte Kapital erhöht die Liquidität. Als oft einzige und letzte Möglichkeit bleibt die Kapitalbeschaffung über M&A-Transaktionen. Durch Konzentration auf das Kerngeschäft; Verkauf von non-core activities oder nicht rentablen Geschäftssparten sowie Branchenkonsolidierung und Insolvenzen wird für das Jahr 2009 mit einer Zunahme dieser Transaktionen gerechnet. Jedoch wird es sich hauptsächlich um kleinere Transaktionen mit Volumen von bis zu 1 Mrd. US-Dollar handeln. Zur Finanzierung von Markterweiterungen stellt Franchising eine interessante Alternative zur Eigeninvestition dar, die derzeit oft unterbewertet wird.

Zusammenfassend lässt sich bereits hier feststellen, dass es durch Spannungen am Kreditmarkt vermehrt zu interner Liquiditätsbeschaffung kommen wird, auch das Thema Profitabilität wird vermehrt in den Fokus rücken.

Konjunktur

Für den weiteren Verlauf der Finanz- und Realwirtschaftskrise wird bereits jetzt mit sinkender Inflation gerechnet; dies wird auch durch den Zinsentscheid der FED, den Leitzins auf 0,25 % zu senken, unterstrichen. Der drastische Einbruch der Verbraucherpreise und die erneuten Einbrüche am Immobilienmarkt spiegeln die brisanter werdende Situation wider. Auch an den Rohstoffmärkten sind die Preise rasant gefallen, was insbesondere für 2009 negative Teuerungsraten nicht mehr ausschließt. Bedingt durch das aktuell sehr niedrige Preisniveau ist die Produktion vieler Rohstoffe nicht mehr rentabel. Projekte zur Forschung und Entwicklung, auch um die aktuelle Produktion aufrechtzuerhalten, müssen zurückgestellt bzw. gestoppt werden.

Der IWF hat seine Prognosen für 2009 im Verlauf des Jahres schon mehrfach nach unten korrigiert. So wurde noch im April 2008 mit einem amerikanischen BIP-Wachstum von 0,5 % für 2009 gerechnet, im November 2008 lag das prognostizierte Wachstum bereits bei −0,7 %. Für 2009 wird in allen Volkswirtschaften mit einem massiven Konsumeinbruch gerechnet, unterstützt durch negative Vermögenseffekte u.a. aus dem Immobilienmarkt. Belastend wird auch der weitere Anstieg der Arbeitslosenzahlen wirken. Unter den Folgen der Rationalisierung werden zunächst besonders Zeitarbeitsfirmen zu leiden haben. Allein in den USA fiel die Zahl der in Zeitarbeit Beschäftigten im Jahr 2008 um 12 % im Vergleich zum Vorjahr. Der bereits im vorherigen Kapitel angesprochene ISM-Index zur Stimmung im verarbeitenden Gewerbe schloss das Jahr 2008 mit dem tiefsten Stand seit 1982 ab. Hieraus lässt sich auch für das kommende Jahr eine starke Zurückhaltung bei Investitionstätigkeiten und somit auch bei Kapazitätserweiterungen ableiten.

Folglich verstärken sich negative Arbeitsmarkteffekte. Auftragsrückgänge, besonders in der exportorientierten Industrie, werden die Industrieproduktion in Europa voraussichtlich um 2 % im Vorjahresvergleich senken. Nach dem Beginn der Realwirtschaftskrise in der Automobilindustrie wird sich diese weiter auf direkte und indirekte Zulieferer auswirken. Unter den Auswirkungen der globalen Investitionszurückhaltung wird das Baugewerbe leiden, denn auch Länder wie z.B. die BRIC-Länder (Brasilien, Russland, Indien sowie China) bekommen das Ausmaß der Finanzkrise und das weltweite Abrutschen in die Rezession zu spüren. Zeitversetzt zur Krise in der Automobilindustrie wird es ebenfalls zu einem Auftragsrückgang im Maschinenbau und der Chemieindustrie kommen.

An den Märkten für Staatsanleihen sind als Folge starker Zinssenkungen die Renditen auf Rekordtiefs gefallen. Sollte es jedoch den Zentralbanken gelingen, eine Deflation abzuwenden, werden die Zinsen erneut steigen. Dadurch werden massive Kursverluste bei Staatsanleihen folgen; die nächste Blase wird platzen. Auch im Bereich der Unternehmensanleihen werden im kommenden Jahr rezessionsbedingte Ausfälle erwartet.

2.3 Vergleich

Betrachtet man gleichzeitig die Weltwirtschaftskrise von 1929, die Japankrise und die derzeitige Krise, so lassen sich deutliche Gemeinsamkeiten im zentralen Problem, Bankenzusammenbrüchen und fallenden Assetpreisen erkennen. In Ablauf, Auslöser und Übergang zur Realwirtschaft lässt sich die Japankrise mit der aktuellen Krise vergleichen. Bezüglich expansiver Geldpolitik und Deflation geht die Krise 2008/2009 bislang ihren eigenen Weg (vgl. Abb. 2.31).

Im Vorfeld aller Krisen lässt sich eine zu nachlässige Geld- und Finanzpolitik gefolgt von einer Spekulationsblase auf dem Immobilien- oder Aktienmarkt erkennen. In allen drei untersuchten Fällen nährte Niedrigzinspolitik risikoreiche Geschäfte und schaffte bei anschließend steigenden Zinsen die Grundlage für das Platzen der Spekulationsblasen. Am eindeutigsten vergleichbar sind die Japankrise und die aktuelle Krise mit Bezug auf das Kreditvergabeverhalten. Durch den Ausfall „fauler" Kredite gerät die Finanzwirtschaft in eine massive Schieflage und zieht anschließend die Realwirtschaft, über die Liquidität, mit in die Krise hinein. Die Weltwirtschaftskrise von 1929 stellt, auch durch die historisch bedingten Rahmenbedingungen, eine Ausnahme dar. Hier nahm die Krise nicht, wie vielfach angenommen, in der Finanzwirtschaft ihren Ursprung, sondern in der Realwirtschaft. Erst durch massive Überproduktion und -bewertung in der Industrie wurde die Finanzwirtschaft stark beeinträchtigt. Im weiteren Verlauf und dem Übergreifen auf alle Industrien zeigen sich jedoch Ähnlichkeiten mit der aktuellen Krise.

Bei allen drei Krisen ist fehlende Liquidität der zentrale Punkt des Übergangs der Krise auf die Realwirtschaft. Durch Bankenzusammenbrüche und gestiegenes Misstrauen bei der Kreditvergabe steigen die Refinanzierungskosten über-

2.3 Vergleich

Schemata	WK 1929	Japan	Krise 2008/2009
Ablauf	RW→FW→RW	FW→RW	FW→RW
Auslöser	Nachfragerückgang, Überproduktion, Spekulationsblase	"faule Kredite", Immobilienblase	"faule Kredite", Immobilienblase
Zentrales Problem	Liquidität	Liquidität	Liquidität
Übergang zur Realwirtschaft	Agrarwirtschaft, Industrieproduktion	Exportindustrie	Exportindustrie
Expansive Geldpolitik	Nein	Nein	Ja
Leitzinssenkungen	USA: 6% → 1%	Japan: 6% → 0,5%	Euro-Raum: 4,25% → 2% USA: 5,25 % → 0,25%
Bankenzusammenbrüche	Ja	Ja	Ja
Fallende Assetpreise	Ja	Ja	Ja
Deflation	Ja	Ja	?
Krisendauer gemäß BIP	4 Jahre	4 Jahre	?

Abbildung 2.31: Vergleich der Weltwirtschaftkrise 1929, Japankrise und Wirtschaftskrise 2008/2009

proportional stark an, dies bringt die gesamte Wirtschaft in Schwierigkeiten. Im Fall Japans und der sich abzeichnenden Welt-Wirtschaftskrise 2009 sind die realwirtschaftlichen Anzeichen zunächst an der stark exportlastigen Großindustrie ablesbar. Hier zeigen sich jedoch auch Unterschiede, denn in Japan waren große Unternehmen hauptsächlich durch die Yen-Aufwertung und nicht durch rezessive Zielländer negativ beeinflusst. Bei Betrachtung der aktuellen Situation fällt auf, dass Exportindustrien besonders unter der weltweit sinkenden Nachfrage zu leiden haben. Im Kontext der damaligen Zeit stellt die Weltwirtschaftskrise von 1929 erneut eine Ausnahme dar, jedoch lassen sich in Ansätzen auch Gemeinsamkeiten erkennen. Betroffen waren 1929 hauptsächlich die Agrarwirtschaft und die inländische Industrieproduktion, d.h. durch Überproduktion und sinkende Inlandsnachfrage verschlechterten sich die Ertragsbedingungen und damit die Bonität. Im Vergleich zu heute spielte der Welthandel und somit der Export eine weniger bedeutende Rolle. Es zeigt sich allerdings, dass auch schon 1929 die Automobilindustrie eine zentrale Rolle spielte.

Sowohl die Weltwirtschaftskrise von 1929 als auch die Japankrise weisen beide stark deflationäre Entwicklungen auf. Spekulativ bleibt momentan, ob vergangene deflationäre Entwicklungen mit den aktuellen deflationären Tendenzen übereinstimmen. Zwar sind die Inflationsraten weltweit gefallen, jedoch sind die Märkte immer noch weit von einer Deflation entfernt. Durch ein gemeinsames Vorgehen der verschiedenen Zentralbanken konnte bislang ein Zusammenbruch des Systems verhindert werden. Expansive Geldpolitik in allen Ländern und die verstärkte

Diskussion um Konjunkturpakete geben der Finanz- und Realwirtschaft wichtige Unterstützung, ein wesentlicher Unterschied zum unkoordinierten Vorgehen einzelner Zentralbanken in den dreißiger Jahren.

2.4 Fazit

Nach dem historischen Vergleich mit der Weltwirtschaftskrise von 1929 und der Japankrise mit der aktuellen Krise lässt sich feststellen, dass es durchaus Parallelen gibt. Aber jede Krise hat ihr eigenes Profil und ist eben nur bedingt vergleichbar. Geschichtliche Parallelen können mit Bezug auf das aktuelle Geschehen nicht generalisiert werden. Bei einer differenzierten Betrachtung der aktuellen Situation lässt sich nur schwer ablesen, ob es zu einer langanhaltenden und tiefen Depression kommen wird, oder ob sich das Wirtschaftsgeschehen mittelfristig erholen wird. In Betracht gezogen werden müssen auch die unterschiedlich geprägten sozioökonomischen und kulturellen Rahmenbedingungen.

Vor dem Hintergrund der globalen Vernetzung, der Komplexität der Finanzprodukte und der Zukunftserwartungen der Gesellschaft wird die Entwicklung in den kommenden Monaten zeigen, welche Herausforderungen Banken, Unternehmen und die Kapitalmärkte erwarten werden. Im Finanzsektor stellt sich die Frage, inwieweit staatliche Interventionen, wie beispielsweise die Beteiligung des Bundes an der Commerzbank, zu einer Stabilisierung führen werden. Fraglich ist auch, wie stark die Spannungen am Kreditmarkt die Realwirtschaft weiter in den konjunkturellen Abschwung hineinziehen. Zu befürchten ist, dass auf Unternehmensseite im Euro-Raum und in den USA weiterhin ein Abbau von Arbeitsplätzen stattfinden wird. Die weltweite Konsumzurückhaltung wird auch bis dato „gesunde" Unternehmen zu Änderungen zwingen. Außerdem ist mit weiteren Abschreibungswellen aus Immobilienzwangsversteigerungen und dem Kreditkartengeschäft zu rechnen.

Um der negativen Entwicklung entgegenzuwirken, müssen vor allem die Bereitstellung von Liquidität im Interbankengeschäft gewährt und das globale Netzwerk des Welthandels aufrechterhalten werden.

Unvermeidbar wird ein kollektives Überdenken des gesamten Weltwirtschafts- und Finanzsystems sein. Eine teilweise Wiederholung der Weltwirtschaftskrise von 1929 und der Japankrise lässt sich nur durch ein koordiniertes Vorgehen aller Industrienationen vermeiden.

3 | Geldpolitik und Finanzmarkthysterie – eine Welle von wandernden Blasen?

Executive Summary

Anhand der monetären Überinvestitionstheorien von Hayek und Wicksell wird erläutert, wie seit Mitte der 1980er Jahre expansive Geldpolitiken in den großen Volkswirtschaften zu Blasen in aufstrebenden und neuen Märkten geführt haben. Überzogene geldpolitische Reaktionen bei Finanzmarktkrisen werden als Ursache für vagabundierende Blasen gesehen, z.B. von Japan nach Ostasien, von Ostasien in die neuen Märkte der Industrieländer und von den neuen Märkten nach Osteuropa, China und den US-Hypothekenmarkt. Es wird gezeigt, dass die deutlichen Zinssenkungen der Zentralbanken in Reaktion auf die platzende US-Hypothekenmarktblase den Nährboden für eine neue Welle von Finanzmarktblasen oder Inflation bilden können.

Das Platzen der US-Hypothekenmarktblase in 2007/2008 hat eine globale Krise bisher unbekannten Ausmaßes nach sich gezogen. Dem Kollaps in den USA folgten Krisen in Europa, Japan, China, den Rohstoff-exportierenden Ländern und einer steigenden Anzahl von Aufstrebenden Volkswirtschaften.[1] Einmalig ist die Geschwindigkeit der Transmission auf die Finanz- und Gütermarkte, die die Arbeitslosenzahlen rasant steigen lässt. Die Regierungen reagieren mit keynesianischer Politik, nachdem die Geldpolitik – wie schon in Japan vor einer Dekade – trotz immenser Expansion ihre Wirksamkeit zu verlieren scheint. Finanz- und Gütermarktstabilität sind zur staatlichen Aufgabe geworden.

Die Übertreibungen im US-Hypothekenmarkt sollten nicht als Folge einzelner Fehler in der Finanzaufsicht oder einzelner geldpolitischer Entscheidungen gesehen werden. Vielmehr hat ein Teufelskreis aus geldpolitischer Expansion und Krisen zu einer Krisenwelle geführt: das Platzen der japanische Blase (1989), die Tequila-Krise (1994), die Asienkrise (1997/98), die japanische Finanzmarktkrise (1998), die Russlandkrise (1998), der drohende Konkurs des LTCM Hedge Fonds (1998), das Platzen der New Economy Blase in den USA und anderen entwickelten Volkswirtschaften (2000) und heute das Platzen der US-Hypotheken und Globalisierungsblase.

---
[1] Vgl. Schnabl (2009).

Im Ergebnis ist das reale globale Zinsniveau kontinuierlich abgesunken, was für die Zukunft – glaubt man den monetären Überinvestitionstheorien von Hayek[2] und Wicksell[3] – trotz keynesianischer Hilfsprogramme und unkonventioneller Geldpolitik die Wachstumsaussichten trübt. Die starken Zinssenkungen und keynesianischen Hilfsprogramme in Reaktion auf die Krise können daher als Ursache einer neuen Welle von Übertreibungen, Inflation oder Stagnation gesehen werden.

3.1 Liquidität und Inflation

Seit Mitte der 1980er Jahre ist die weltweite Liquiditätsversorgung stetig angestiegen. Sie entsprang den großen Kapitalmärkten in Japan, den USA und dem Eurogebiet und wurde von Banken und einer schnell wachsenden Anzahl von Hedgefonds in eine steigende Anzahl von neuen und aufstrebenden Märkten getragen. Die jüngste drastische Zinssenkung in den USA gepaart mit quantitativer Expansion kann als neuer Höhepunkt einer schubweisen Liquiditätsschwemme gesehen werden, die das weltweite Zinsniveau gegen den Nullpunkt drückte (Abb. 3.1).

Zunächst begann die japanische Zentralbank in Reaktion auf eine starke Aufwertung des japanischen Yen Mitte der 1980er Jahre die Zinsen zu senken. Ende der 1990er Jahre hatte der japanische Geldmarktzins den Nullpunkt erreicht (Abb. 3.1). Internationale Investoren (Hedgefonds) nahmen in Japan Kapital zu günstigen Konditionen auf und legten dieses in Hochzinsländern, meist Aufstrebenden Märkten, an. Die Gewinne aus solchen *Carry Trades* waren auch deshalb ohne großes Währungsrisiko, weil Japan und die meisten Empfängerländer den Wechselkurs gegenüber dem Dollar stabilisierten. Die aufstrebenden Märkte profitierten von sinkenden Zinsen und Boomphasen, die die Kredit-Ratings der Länder deutlich verbesserten und so zusätzliche Kapitalzuflüsse induzierten.

Zu der Liquiditätsschwemme in Japan gesellte sich die Ära Greenspan. Als kurz nach dem Amtsantritt des neuen US-Notenbankpräsidenten im Oktober 1987 die Kurse am New York Stock Exchange plötzlich zu stürzen begannen, reagierte Greenspan mit einer raschen Liquiditätsausweitung, um Verluste der Finanzinstitute einzudämmen. Wäre ein großes Geldinstitut ins Wanken gekommen, so das Argument, hätte eine Kettenreaktion das ganze Finanzsystem in Gefahr gebracht.[4] Dieses Muster blieb während der fast 20jährigen Amtszeit des „Magiers" unverändert. Auf fallende Kurse auf dem Aktienmarkt wurde mit sinkenden Zinsen reagiert. Nach dem Platzen der New Economy-Blase im Jahr 2000 wurde das US-Zinsniveau auf einen historischen Tiefstand von 1 % gesenkt (Abb. 3.1) und dort, z.B. gemessen an der Taylor-Rule, zu lange zu tief gehalten.[5]

---

[2] Vgl. Hayek (1929).
[3] Vgl. Wicksell (1898).
[4] Vgl. Woodward (2000).
[5] Vgl. Taylor (2008).

3.1 Liquidität und Inflation

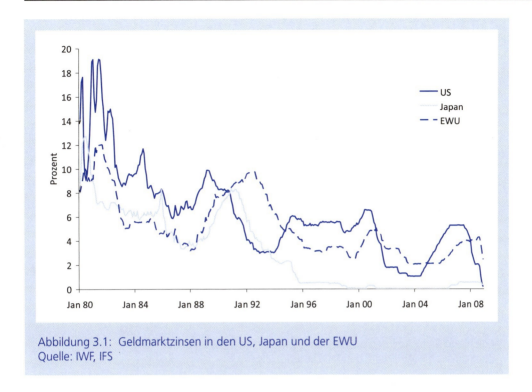

Abbildung 3.1: Geldmarktzinsen in den US, Japan und der EWU
Quelle: IWF, IFS

Auch im folgenden Boom stiegen die Zinsen nur zögerlich. Die Inflation blieb moderat und schnell steigende Preise auf Vermögensmärkten waren nicht Teil der geldpolitischen Zielfunktionen. Im so genannten Jackson Hole Consensus[6] waren die US-amerikanischen Notenbanker übereingekommen, dass Vermögenspreisblasen schwer zu identifizieren sein und damit keine Reaktion auf Blasen möglich sei. In der Krise hingegen sollte ausreichend Liquidität zur Verfügung gestellt werden, um die Stabilität des Finanzsystems sicher zu stellen. Zuletzt wurden in diesem Sinne nach dem Platzen der Hypothekenmarktblase der US-Leitzins rasch gegen Null gesenkt und eine schnell wachsende Palette von „unkonventionellen Maßnahmen" implementiert, um zusätzliche Liquidität bereitzustellen.

Die Europäische Zentralbank, die in der Tradition der „inflationsaversen" Deutschen Bundesbank steht, folgte zögerlich. Zwar senkte sie in den Jahren 2000 bis 2003 die Zinsen weit weniger als die Federal Reserve, doch wurden auch in Europa historisch niedrige Zinsen auf den Geld- und Kapitalmärkten verzeichnet (Abb. 3.1). Im Juni 2003 lag der Hauptrefinanzierungssatz bei 2 %, der nach einem Anstieg auf 5,25 % im Jahr 2007 schnell wieder auf diese Marke fiel. Den Nullzins nahm die EZB nur mit Vorsicht ins Visier, da mit einem Inflationsziel bei nahe 2 % der Realzins negativ würde.

Das weltweite Zinsniveau, das in Abb. 3.2 mit dem durchschnittlichen Zins der drei größten Zentralbanken approximiert wird, fiel seit Beginn der 1980er Jahre

---
[6] Vgl. Blinder und Reis (2006).

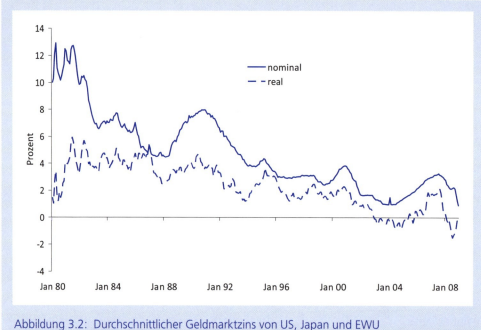

Abbildung 3.2: Durchschnittlicher Geldmarktzins von US, Japan und EWU
Quelle: IWF, IFS. Arithmetischer Durchschnitt

kontinuierlich und erreichte im Sommer 2004 zunächst seinen historischen Tiefstand. Die realen Zinsen wurden negativ. Getrieben von geringen Renditemöglichkeiten in den großen Kapitalmärkten erreichten der Carry Trade, die Jagd nach Renditen in aufstrebenden Märkten und die Prosperität der Hedgefonds neue Rekorde, die in der gegenwärtigen Weltfinanz- und Wirtschaftskrise kulminierten. Nominale und reale Zinsen tendieren gegen neue Tiefststände.

Im Gegensatz zu den 1970er Jahren, als die schnell wachsende Liquidität in den Industriestaaten zu Inflation und Stagnation führte, waren die Zinssenkungen in den großen Volkswirtschaften seit Mitte der 1980er Jahre zunächst nur bedingt mit Inflation verbunden. In Japan herrschte in den 1990er Jahren Deflation, die Inflation im Eurogebiet bewegte sich nahe am Zielwert von 2 %, in den USA nur wenig darüber (Abb. 3.3). Isoliert betrachtet rechtfertigte die moderate Inflation relativ expansive Geldpolitiken auch deshalb, weil sich der Fokus der geldpolitischen Zielsetzungen von der Geldmenge auf die Inflationsraten verlagerte, deren aktueller Wert als beste Approximation zukünftiger Werte gesehen wird. Jede Krise unterbrach den Inflationsdruck und gab damit weiteren Freiraum für geldpolitische Expansion.

Statt Inflation war eine steigende Anzahl von Blasen auf den Aktien- und Immobilienmärkten zu beobachten, die entweder in den großen Volkswirtschaften selbst oder in (Gruppen von) aufstrebenden Märkten auftraten. Blasen tauchten in einer Region auf, platzten und fanden sich in neuen Märkten ein. Blasen va-

3.1 „Theorie wandernder Blasen"

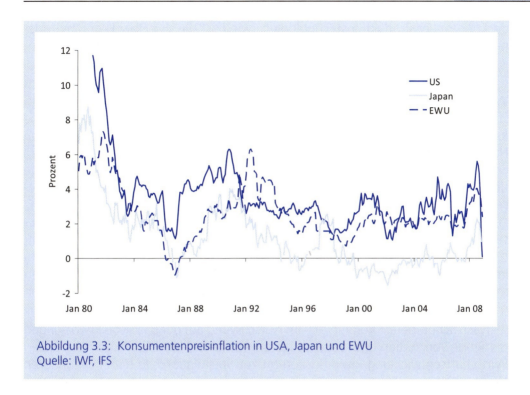

Abbildung 3.3: Konsumentenpreisinflation in USA, Japan und EWU
Quelle: IWF, IFS

gabundierten z.B. von Japan nach Ostasien, von Ostasien in die neuen Märkte der Industrieländer und von den neuen Märkten nach Osteuropa, China und den US-Hypothekenmarkt. Zuletzt kam es zu einem fulminanten Feuerwerk platzender Blasen in den Immobilienmärkten in den USA, Dubai, Spanien und Osteuropa, den Rohstoffmärkten in Russland, dem Nahen Osten und Lateinamerika, und den Industriegütermärkten in Deutschland, Osteuropa und Ostasien.

3.2 „Theorie wandernder Blasen": Überinvestition und Finanzmarkthysterie

Die Rolle von Liquidität beim Entstehen von Blasen sowie das Fortpflanzen der Blasen aufgrund geldpolitischer Expansion in Reaktion auf die Krise (in einer Phase der Hysterie) kann anhand der monetären Überinvestitionstheorien von Hayek und Wicksell[7] analysiert werden. Bei Hayek wird die Überinvestitionen oder Spekulation mit einem Fehlverhalten der Banken erklärt, bei Wicksell ist es ein Notenbankfehler. Am Anfang des Überinvestitionszyklus nach Hayek und Wicksell steht der Anstieg der internen Verzinsung der Unternehmen, z.B. durch die Ent-

---

[7] Vgl. Hayek (1976) und Wicksell (2005). Die Erstausgaben von Hayek (1976) und Wicksell (2005) stammen aus den Jahren 1929 bzw. 1898.

deckung neuer Produktionstechnologien (wie im Falle der New Economy) oder neuer Märkte und Produktionsstandorte (wie in China oder Osteuropa). Die Investitionen und die Nachfrage nach Krediten steigen.

Die erhöhte Kreditnachfrage kann bedient werden, da die Zentralbanken nach Wicksell im Aufschwung einer erhöhten Kapitalnachfrage nicht mit einer Leitzinsanhebung, sondern durch zusätzliche Geldschöpfung begegnen, z.B. weil die Konsumentenpreisinflation niedrig ist. Parallel dazu bedienen die Banken nach Hayek die erhöhte Kreditnachfrage ohne die Kreditbedingungen zu verschärfen oder die Zinsen zu erhöhen („perverse Elastizität des Kreditsystems")[8] Im Zuge des Booms wurden im US-Hypothekenmarkt die günstigen Zinsen der Federal Reserve vom Bankensektor an die privaten Kunden in den USA weitergegeben. Die zusätzliche Liquidität erlaubte es, auch Investitionsprojekte mit niedrigen (erwarteten) Renditen zu finanzieren. Sind die solventen Schuldner mit Krediten versorgt, dann müssen neue Marktsegmente z.B. im Subprime-Bereich erschlossen werden. Im Aufschwung steigen die Löhne und der Konsum. Produktionsreserven werden mobilisiert, was den Unternehmern zunächst ein Signal zu zusätzlicher Investition gibt.

Nach Schumpeter[9] können sich im Aufschwung auf der Basis von Erwartungen die Preise von Aktien und anderen realen Aktiva wie Immobilien von der realen Wirtschaftsentwicklung lösen. Es kommt zur Spekulation: *„In dieser sekundären Welle [...] gewinnt die spekulative Antizipation schließlich Eigenbedeutung, wird das Prosperitätssymptom schließlich in der bekannten Weise selbst wieder Prosperitätsfaktor"*[10]. Das Ergebnis sind von Irrationalität getriebene Blasen, die je größer die Dimension, umso mehr Anleger locken. Dem Boom im realen Investitionsgütersektor folgen die Übertreibungen bei den Vermögenswerten, die von irrationaler Überschwänglichkeit getrieben werden. Steigende Löhne und Spekulationsgewinne lösen eine Konsumwelle aus und schließlich steigen die Konsumentenpreise.

Wenn die Zentralbank die Leitzinsen erhöht, um inflationäre Tendenzen unter Kontrolle zu halten[11] bzw. der Bankensektor aufgrund erster unrentabler Investitionen und sich verändernder Erwartungen die Kreditbedingungen verschärft[12], kommt es zum Umschwung. Durch den erhöhten Zentralbankzins, der von den Geschäftsbanken an den privaten Sektor weitergegeben wird, werden Investitionsprojekte, die zum bisherigen Zins noch rentabel waren, unwirtschaftlich und abgebrochen. Die unausweichliche Strukturbereinigung drängt unrentable Unternehmen vom Markt. Durch fallende Gewinnaussichten der Unternehmen brechen die Kapitalmärkte (z.B. Aktienmärkte) ein und trocknen die Refinanzierungsmöglichkeiten für Unternehmen aus.

---

[8] Eine ausführliche Analyse der Überinvestitionstheorien von Hayek, Wicksell und Schumpeter findet sich in Schnabl und Hoffmann (2008).
[9] Vgl. Schumpeter (1912).
[10] Vgl. Schumpeter (1912), S. 226.
[11] Vgl. Wicksell (2005).
[12] Vgl. Hayek (1976).

Wenn ausfallende Kredite und fallende Aktienkurse das Eigenkapital schrumpfen lassen, setzt eine Phase der Hysterie ein. Nachdem die Zinsen im Aufschwung zu niedrig waren, werden diese nach Hayek im Abschwung zu hoch gehalten. Banken vergeben aufgrund gestiegener Unsicherheit nur zögerlich Kredite oder verlangen hohe Risikoprämien. Die Refinanzierungsmöglichkeiten im Geldmarkt verschlechtern sich. Die Spannungen auf dem Geldmarkt verschärfen die Kreditbedingungen für den realen Sektor auf dem Kapitalmarkt (Kreditklemme).

Nach Wicksell und Hayek erlauben es die deflationären Tendenzen des Abschwungs zwar der Zentralbank den Zins wieder zu senken. Doch in dieser Phase stellen die Zentralbanken noch zusätzlich Liquidität bereit, um der Liquiditätsverknappung auf dem privaten Kapitalmarkt entgegenzuwirken. Dies bedeutet ein asymmetrisches Verhalten während des Abschwungs. Während sich im Aufschwung Zentral- und Geschäftsbanken beide den Zins niedrig halten, steuert im Abschwung die Zentralbank der privaten Liquiditätsverknappung gegen: Die Zentralbankintervention „heilt das Marktversagen", um ungewollte Bankrotte im Finanz- und Gütermarkt zu vermeiden.

Diese geldpolitische Reaktion in Krisen kann unter zwei Bedingungen den Nährboden für neue Spekulation oder Inflation sähen. Erstens, lässt die Zentralbank den Zins zu tief sinken, dann werden eigentlich unwirtschaftliche Investitionsprojekte konserviert und neue (spekulative) Investitionsprojekte mit niedriger Rendite angeschoben. Zweitens, bleibt dieser Zins in der Phase der Normalisierung – wenn die Unsicherheit im Bankensektor wieder sinkt – zu lange zu niedrig, um die wirtschaftliche Erholung nicht zu gefährden, dann können neue Blasen die Folge sein. Diese treten insbesondere in Bereichen auf, die trotz stärker Regulierung in Reaktion auf die Krise unreguliert geblieben sind. Alternativ steigt die Inflation, wenn die zusätzliche Liquidität in den Gütermarkt fließt. Sind über einen längeren Zeitraum die Zinssenkungen im Abschwung größer als die Zinserhöhungen im Aufschwung, dann sinkt das Zinsniveau kontinuierlich ab wie Abb. 3.2 zeigt.

3.3 Empirische Evidenz wandernder Blasen

In einer Welt globalisierter Weltfinanz- und -gütermärkte, kann spekulatives Kapital angezogen von der Fantasie neuer Märkte überall erscheinen, wo sich lukrative Investitionsmöglichkeiten finden. In einem asymmetrischen Weltfinanzsystem, das von einigen wenigen internationalen Währungen dominiert wird, werden Zinssenkungen in den großen Volkswirtschaften in die Länder an der Peripherie des Weltwährungssystems übertragen, die aufgrund von Wechselkursstabilisierung über wenig oder keinen geldpolitischen Spielraum verfügen.

Da Ostasien in den vergangenen Jahrzehnten sehr gute wirtschaftliche Perspektiven aufzuweisen hatte, ist es nicht verwunderlich, dass gerade dort wiederholt spekulative Übertreibungen zu beobachten waren. Die erste große Blase entstand Mitte der 1980er Jahre in Japan in Reaktion auf das *Plaza-Abkommen*, das durch eine Aufwertung des Yen den Handelsüberschuss Japans gegenüber den USA zu reduzieren versuchte.[13] Um negative Aufwertungseffekte abzudämpfen, senkte die japanische Zentralbank 1986 und 1987 drastisch die Zinsen. Die Liquiditätsausweitung beflügelte die Spekulation auf Aktien- und Immobilienmärkten. Zwischen 1985 und 1989 verdreifachten sich die Kurse an der Börse von Tokio[14] (Abb. 3.4).

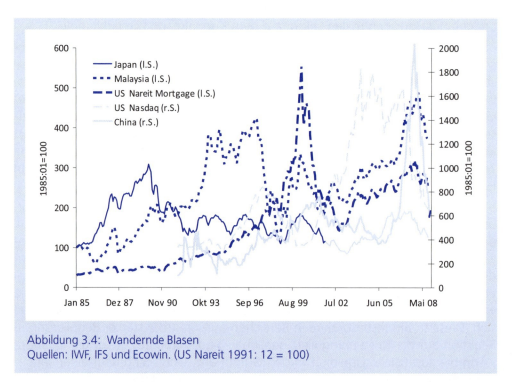

Abbildung 3.4: Wandernde Blasen
Quellen: IWF, IFS und Ecowin. (US Nareit 1991: 12 = 100)

Wie im Modell von Wicksell wurde das Platzen der Blase im Dezember 1989 durch Zinserhöhungen der Zentralbank ausgelöst, die die Euphorie auf den Anlagemärkten zu bremsen suchte. Auf die Rezession in Folge der geplatzten Blase reagierte die Bank of Japan zögerlich, dann mit starken Zinssenkungen. Doch anstatt die japanische Wirtschaft auf den Wachstumspfad zurückzuführen, zementierten die Zinssenkungen gegebene Strukturen und beschleunigten den Carry Trade nach Ostasien und anderen Aufstrebenden Märkten. Die Not leidenden japanischen Finanzinstitute und internationale Hedgefonds nahmen in Japan zu niedrigen Zinsen Kapital auf und legten es lukrativ in Ostasien an. Da die ostasiatischen Tigerstaaten den Wechselkurs gegenüber dem Dollar stabilisierten, schien das Risiko beschränkt. In Indonesien, Korea, Malaysia, den Philippinen und Thailand begünstigen die internationalen Kapitalzuflüsse neue Übertreibungen, die 1997/98 in die Asienkrise mündeten (Abb. 3.4).[15]

---

[13] Vgl. McKinnon und Schnabl (2004).
[14] Vgl. Hoffmann und Schnabl (2008).
[15] In Abb. 3.4 repräsentiert Malaysia die ostasiatischen Tigerstaaten.

3.3 Empirische Evidenz wandernder Blasen

Im Gegensatz zur japanischen Bubble wurde die Krise in Ostasien nicht durch die Zentralbanken ausgelöst. Wie bei Hayek verknappte der private Finanzsektor die Liquidität (Kapitalabfluss), als das Vertrauen in das Wachstum sank. Die Devisenmarktinterventionen gegen den Abwertungsdruck trieben die Zinsen in die Höhe. Nachdem die Devisenreserven stark gefallen waren, wurden die Bindungen aufgegeben und die Währungen stürzten ab. Da die Verschuldung meist in ausländischer Währung denominiert war, kam es zur schmerzhaften Währungs-, Finanz- und Wirtschaftskrise. Die Zentralbanken reagierten mit Geldmengenexpansionen und Abwertungen ihrer Währungen, die eine rasche wirtschaftliche Erholung ermöglichten.

In Zeiten von Finanz- und Währungskrisen in aufstrebenden Märkten sucht das Kapital Zuflucht in den sicheren Häfen. Beflügelt von den Visionen des Internet-Zeitalters begannen die Kurse von IT-Unternehmen in den USA und Europa zu steigen. Alan Greenspan sprach von „irrationaler Überschwänglichkeit", während er die Zinsen nur zögerlich erhöhte.[16] Die Überschwänglichkeit erreichte im März 2000 ihren Höhepunkt (Abb. 3.4), als die Kurse am neuen Markt zu stürzen begannen. Um die Finanz- und Realwirtschaft zu schützen, senkte die Fed den Leitzins bis auf 1 %. Die Zinssenkungen erlaubten es den Finanzunternehmen die Verluste aus der New Economy Blase mit neuen Finanzgeschäften zu kompensieren. Es folgte ein Boom im US-Immobilienmarkt, der im Gegensatz zur japanischen Blase den Aktienmarkt weitgehend unberührt ließ.

Durch den Boom im US-Häusermarkt verdoppelten sich nach 2000 die Immobilienpreise binnen fünf Jahren wie der Verlauf des Case-Shiller-Hauspreisindex, der die Entwicklung der Hauspreise in den bedeutensten Metropolregionen der USA darstellt, zeigt. Der Boom übertrug sich auf die Gesamtwirtschaft. Solange die Zinsen niedrig waren und die Häuserpreise stiegen, fühlten sich die Hausbesitzer reicher. Die steigende Kreditwürdigkeit heizte über Konsum die Inlandswirtschaft und über den Importkanal die Weltwirtschaft weiter an.

Das niedrige Zinsniveau in den USA in den Jahren 2001 bis 2005 hatte auch internationale Implikationen. Der Dollar kam unter Abwertungsdruck, da die privaten Anleger nach lukrativeren Anlagemöglichkeiten (*hunt for yield*) in den aufstrebenden Märkten suchten. Vor allem die ostasiatischen Staaten, die ihren Wechselkurs an den Dollar banden, akkumulierten rasant Dollarreserven (Abb. 3.5). Die daraus resultierende Geldmengenexpansion bildete den Nährboden für neue Boomphasen, nun im Schwerpunkt auf China (Abb. 3.4). Kurzfristige Kapitalzuflüsse nährten einen Aktien- und Immobilienmarktboom. Langfristige Kapitalzuflüsse in Form von Direktinvestitionen ließen die Zahl der Exportunternehmen explodieren, deren Produktion den Konsumboom in den USA und anderen Industrieländern befriedigte.

Das niedrige Zinsniveau im Euroraum begünstigte auch Kapitalzuflüsse nach Mittel- und Osteuropa, meist in Form von Bankkrediten und insbesondere in Länder mit festen Wechselkursen. Die Kapitalzuflüsse spiegelten sich in florierenden

---
[16] Vgl. Shiller (2000).

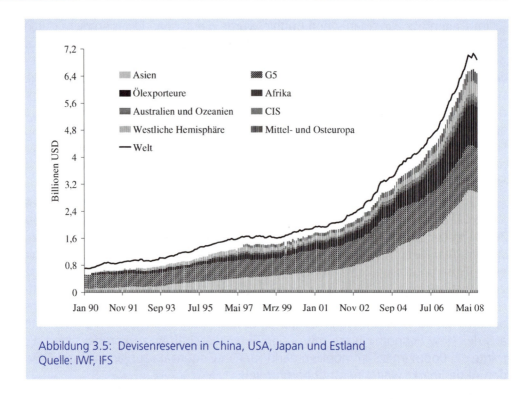

Abbildung 3.5: Devisenreserven in China, USA, Japan und Estland
Quelle: IWF, IFS

Aktien- und Immobilienmärkten, steigenden Devisenreserven und wachsenden Leistungsbilanzdefiziten wider. Auch die Rohstoffexportierenden Länder profitierten von der boomenden Weltwirtschaft. In Reaktion auf die Abwertung des Dollars und das beschleunigte Wachstum der Weltwirtschaft stiegen die Rohstoffpreise begünstigt von Spekulation rasant. Die florierenden Einnahmen der Rohstoffexporteure lösten Konsum- und wie in der Vereinigten Arabischen Emiraten Baubooms aus.[17]

3.4 Die Hypothekenmarktkrise und die politischen Reaktionen

Auf jeden Boom folgt die Krise.[18] Der weltweite vom US-Finanzzentrum ausgehende Boom verlangsamte sich, nachdem ab Sommer 2004 die Federal Reserve und seit Herbst 2005 die europäische Zentralbank bei steigendem, von den Rohstoff und Lebensmittelmärkten ausgehenden Inflationsdruck die Zinsen erhöhten. Wie in der Theorie von Wicksell und Hayek leitete dieser Schritt den Umschwung

---

[17] Vgl. Schnabl (2009).
[18] Vgl. Schumpeter (1912), S. 213.

3.4 Die Hypothekenmarktkrise und die politischen Reaktionen

ein, weil die Marktzinsen dem Zentralbankzins folgten und die zum niedrigen Zinsniveau getätigten Investitionen einer neuen Messlatte unterworfen wurden.

Im Sommer 2007 platzte die Blase im US-Immobilienmarkt, als durch die gestiegenen Zinsen die Verzerrungen im Markt deutlich wurden und immer mehr Schuldner zahlungsunfähig wurden. Durch die Zahlungsausfälle verzeichneten die großen amerikanischen Investmentbanken wie Bear Stearns, Goldman Sachs oder Meryll Lynch Verluste in Milliardenhöhe. Im September 2008 erschütterte die Insolvenz von Lehmann Brothers das Vertrauen in die Märkte. In einer Kettenreaktion fielen die US-Hypothekenfinanzierer und Investmentbanken. Merrill Lynch wurde an die Bank of America verkauft und die beiden großen Hypothekenfinanzierer Fannie Mae und Freddie Mac verstaatlicht.

Die Verluste und die Angst vor Kreditausfällen und Ansteckungseffekten ließen die Risikobereitschaft privater und institutioneller Anleger sinken. Auf den Geldmärkten wurde das Angebot knapp und die Spreads zwischen gesicherten und ungesicherten Anleihen schossen nach oben. Die Unsicherheit der Banken und drohende Insolvenzen führten dazu, dass sich die Banken untereinander nicht mehr vertrauten und die Geldmärkte austrockneten. Die Krise übertrug sich über Kreditausfälle auf den Kapitalmärkten auf große Kreditgeberländer wie Japan, China und Deutschland. Das Eigenkapital und die Aktienkurse der Finanzinstitute in aller Welt schmolzen dahin.

Mit drastischen Folgen für die Realwirtschaft. Zum einen zwingt geringeres Eigenkapital auf der Passivseite der Bankenbilanzen zur Reduzierung der Forderungen auf der Aktivseite. Die Folge ist eine Kreditklemme gegenüber dem Unternehmenssektor. Auf der Nachfrageseite bedeutete der Preisverfall bei den Immobilienpreisen auch das Ende des Konsumbooms in den USA. Auf internationaler Ebene spiegelte sich der Einbruch des Konsums in einem drastischen Rückgang der US-Importe wieder. Die US-Rezession wurde über den internationalen Gütermarktkanal auf Exportnationen wie Deutschland, China und Japan übertragen, wo die Exportproduktionsblasen platzten.[19]

Die aufstrebenden Märkte sind besonders durch die Auflösung der Carry Trades und die Kapitalflucht in die sicheren Häfen (USA, Japan) betroffen, weil deren Währungen (z.B. Russland, Malaysia, Estland) unter Abwertungsdruck geraten. Die durch Interventionen gegen die Abwertung ausgelöste monetäre Kontraktion bremst das Wachstum, da ehemals rentable Investitions- und Spekulationsprojekte abgebrochen werden. Auch der Geldsegen in den Öl- und Rohstoffexportierenden Ländern trocknete aus, als die Ernüchterung auf den Weltfinanzmärkten der Blase bei den Rohstoffpreisen ein Ende setzte.

Das Ergebnis ist eine weltweite reale Kontraktion, die Zentralbanken und Regierungen wenig Handlungsraum lässt. Zunächst kam es weltweit zu hastigen Zinssenkungen, die aufgrund der deutlich niedrigen Startpunkte im Vergleich zu 2000, schnell nahe Null ihre Grenzen fanden. In Japan, das über den Exportkanal

---

[19] Vgl. Freitag und Schnabl (2009).

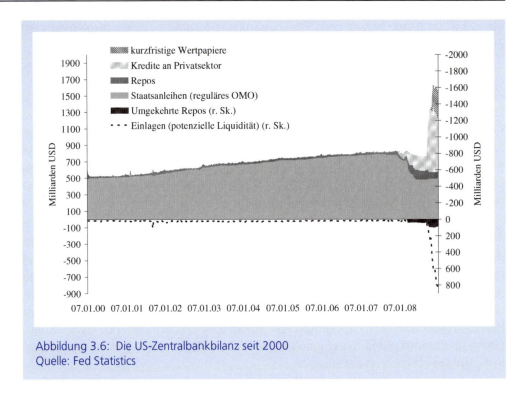

Abbildung 3.6: Die US-Zentralbankbilanz seit 2000
Quelle: Fed Statistics

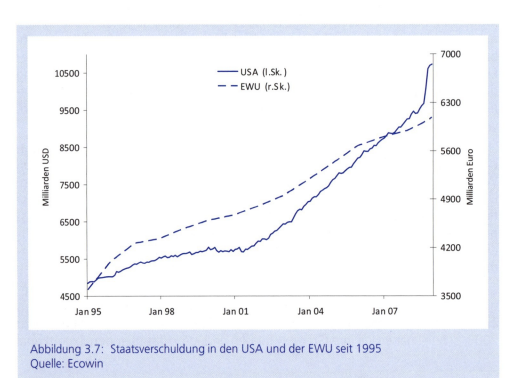

Abbildung 3.7: Staatsverschuldung in den USA und der EWU seit 1995
Quelle: Ecowin

überraschend stark getroffen wurde, war der geldpolitische Handelungsspielraum bereits minimal. Im Zentrum der geldpolitischen Rettungsaktionen stand deshalb die Federal Reserve, die nicht nur den Leitzins gegen Null senkte, sondern auf Basis einer schnell wachsenden Palette von „unkonventionellen Maßnahmen" dem Finanzsektor scheinbar unbegrenzt Liquidität zur Verfügung stellte. Abb. 3.6 zeigt wie sich im Verlauf der Krise das Volumen der US-Zentralbankbilanz schnell ausgeweitet hat und schlechte Vermögenswerte gegen US-Staatsanleihen mit guter Bonität getauscht werden. Ebenso weitete die Europäische Zentralbank das Volumen ihrer Geldmarktgeschäfte aus, um dem Misstrauen auf den Geldmärkten entgegen zu wirken.

Der schmelzende geldpolitische Spielraum macht den Weg für Konjunkturpakete keynesianischer Prägung frei. Eine ungewöhnlich schwere Krise erfordert ungewöhnlich große Konjunkturpakete, die den Einbruch privater Investitionen und privaten Konsums verhindern helfen sollen. Der Blase auf den Finanz- und Gütermärkten folgt die Blase bei den Staatsdefiziten. Abb. 3.7 zeigt den Anstieg der Staatsverschuldung in den großen Industrieländern, die neue Rekorde schlägt.

3.5 Ausblick

Die Aussichten bleiben trotzdem ungewiss. Der Verwerfungen nach dem Platzen der globalen Finanz- und Gütermarktblasen sind immens und haben aufgrund ihre Größe staatliches Handeln erzwungen. Kurzfristig könnten die deutlichen Zinssenkungen wie nach dem Platzen der New Economy Blase eine tiefe Rezession vermeiden helfen. Staatliche Konjunkturpakete mildern so den Einbruch auf den Gütermärkten. Da auf globaler Ebene und vor allem in den großen Ländern ähnliche Maßnahmen getroffen werden, könnte auf die kurze Sicht Schlimmeres vermieden werden.

Die langfristige Perspektive ist aus drei Gründen düster. Erstens, werden die Kosten der Spekulation durch die Rettungsmaßnahmen der Finanzinstitute in Form von höherer Staatsverschuldung und mehr Inflation sozialisiert. Dies könnte im nächsten Aufschwung den Finanzmarktsektor zu neuer Spekulation und noch größeren Blasen verleiten. Dies ist umso wahrscheinlicher, da derzeit mehr Liquidität als je zuvor in die Märkte gespült wird. Kann die Spekulation durch Regulierung verhindert werden, dann ist ein Preisauftrieb in den Gütermärkten wahrscheinlich.

Zweitens, verhindern die Zinssenkungen der Zentralbank in Reaktion auf die private Liquiditätsverknappung die strukturelle Bereinigung. Nach Hayek und Wicksell kommt es im Aufschwung zu einer verzerrten Produktionsstruktur, die im Abschwung durch steigende Zinsen bereinigt wird. Zwar rechtfertigen deflationäre Tendenzen und die Hysterie des privaten Finanzsektors kompensierende Geldmengenausweitungen der Zentralbank. Geht diese jedoch zu weit – was bei einem Nullzins wahrscheinlich ist – dann wird die strukturelle Bereinigung im Finanz-

und Gütermarktsektor verhindert bzw. verschoben. Die zukünftigen Wachstumsperspektiven sinken.

Schließlich zementieren staatliche Nachfrageprogramme und Subventionen die Rückkehr der Gütermarktproduktion auf ein nachhaltiges Niveau. Dies trübt die Wachstumsaussichten ein. Einmal in der Zins- und keynesianischen Nachfragefalle angekommen, wird es (ähnlich wie in Japan) politisch schwierig, die Zinsen wieder anzuheben, ohne das fragile Gleichgewicht zu gefährden. Die Gefahr für die Weltwirtschaft, die auf einem Nullzins basiert, könnte dann von der Inflation ausgehen, die durch die stark steigende Verschuldung in allen großen und kleinen Volkswirtschaften wahrscheinlicher geworden ist.

4 | Lässt sich die aktuelle Finanzkrise anhand von Behavioral Finance erklären?

Executive Summary

Die klassischen Modelle der Wirtschaftswissenschaften, wie z.B. der Homo oeconomicus, die Theorie der effizienten Märkte oder die Erwartungsnutzentheorie stoßen an ihre Grenzen, wenn es um die Erklärung von Marktanomalien geht. Behavioral Finance dagegen erweitert die Rationalität der klassischen Modelle um die Psychologie. Mit diesem neuen Ansatz wird im Folgenden die aktuelle Finanzkrise erklärt.

Das erste Modell, das psychologische Aspekte berücksichtigte, war die Neue Erwartungstheorie. Sie erklärt, welche Effekte bei der Entscheidungsfindung unter Risiko eine Rolle spielen. Generell werden zur Beurteilung von Situationen Heuristiken herangezogen. Dies sind Vereinfachungsmechanismen, die unbewusst und automatisch von statten gehen. Vor der Finanzkrise führten sie unter anderem dazu, dass Investoren ihr Portfolio ungenügend diversifizierten und strukturierte Finanzprodukte kauften, ohne sich deren Risiko bewusst gewesen zu sein. Heuristiken trugen auch dazu bei, dass nach dem Platzen der Immobilienblase ein Bankenkollaps als unwahrscheinlich erschien. Daraufhin wurde der Investmentbank Lehman Brothers die Staatshilfe verweigert und es kam zur Lehman-Pleite.

Heuristiken sind oft hilfreich, doch kommt es durch die Vereinfachung häufig zu Fehlern in der Beurteilung von Situationen. Diese verantworten z.B. den Vertrauensverlust in der Finanzbranche mit und brachten damit den Interbankenmarkt zum Erliegen. Über- und Unterreaktionen durch Aktionäre auf Ad-hoc-Nachrichten zogen ungerechtfertigt extreme Kursschwankungen nach sich.

Es gibt jedoch nicht nur psychologische Effekte auf Individuen, sondern auch solche, die sich auf Gruppen auswirken. So genanntes Herdenverhalten verursachte zuerst die Immobilienblase und führte anschließend zu flächendeckenden Milliarden-Abschreibungen in der Bankenwelt. In England verursachte Herdenverhalten ‚bank runs', d.h. viele Sparer wollten gleichzeitig ihre Einlagen abziehen.

> Weitere Ansätze zur Erklärung der Finanzkrise sind z.B. Ansteckungseffekte, durch die sich die Subprime-Krise zur globalen Finanzkrise ausbreitete.
>
> In diesem Kapitel wird aufgezeigt, dass die Finanzkrise anhand von Behavioral Finance erklärbar ist. Der Mensch ist in seinem Verhalten irrational, und seine Entscheidungsfindungen sind oft mit Fehlern behaftet. Dadurch werden die Wirtschaftswissenschaften in Zukunft nicht umhinkommen, sich mit diesen Themen auseinanderzusetzen und ihre Modelle und Theorien um psychologische Aspekte zu erweitern.

4.1 Klassische Modelle und Theorien

Im Folgenden werden die drei wichtigsten Grundmodelle der klassischen Wirtschaftswissenschaften skizziert, da ein Grundverständnis des Homo oeconomicus, der Hypothese der effizienten Märkte und der Erwartungsnutzentheorie wichtig für die folgenden Ausführungen ist.

Eine wichtige Grundlage vieler Wirtschaftstheorien ist der Homo oeconomicus. Er handelt und denkt ausschließlich nach wirtschaftlichen Gesichtspunkten, er agiert nur im Selbstinteresse und mit dem Ziel, seinen Nutzen und Profit zu maximieren. Eine weitere wichtige Eigenschaft ist, dass er vollständig rational handelt und dass er damit sämtliche Konsequenzen seiner Entscheidungen vorhersagen kann.

Die Preise eines Marktes reflektieren vollständig alle zur Verfügung stehenden Informationen; dies ist die Aussage der Hypothese der effizienten Märkte. Sie geht also davon aus, dass Informationen aus der Vergangenheit keinen Einfluss auf den aktuellen Preis haben, sondern allein aktuelle Informationen inklusive Insiderwissen den Preis bestimmen. Daraus entstand die allgemein gebräuchliche Aussage ‚Der Markt hat immer Recht', wonach eine Über- oder Unterbewertung von Aktien durch Arbitrageure korrigiert wird.

Als Grundlage für die Erwartungsnutzentheorie dient der Homo oeconomicus, der sich unter Risiko entscheiden muss. Dieser kann anhand seiner Erwartungsnutzenfunktion als risikoneutral, risikofreudig oder risikoavers eingestuft werden. Für die Funktion werden die Wahrscheinlichkeiten der einzelnen Alternativen mit ihrem jeweiligen Nutzen gewichtet und dann summiert. In dieser Theorie wird die finanzielle Ausgangslage des Handelnden nicht berücksichtigt. Das heißt, ein Gewinn von 100 Einheiten hat immer den gleichen Nutzen, unabhängig davon, ob sich die Ausgangslage bei 50 oder 1.000.000 Einheiten befindet.

Durch die generell höhere Verzinsung risikoreicher Anlagen lässt sich ableiten, dass Investoren grundsätzlich risikoavers sind. Die Risikoprämie des Capital Asset Pricing Models (CAPM) unterstützt diese Aussage.

4.2 Theorie und Anwendung der Behavioral Finance

Die eben vorgestellten klassischen Modelle stießen an ihre Grenzen, als sie gewisse Marktphänomene, wie z.B. die auffällige Überreaktion von Aktienkursen auf unerwartete Ereignisse, nicht erklären konnten. Als Erklärungsansatz für die Finanzkrise wird nun in diesem Abschnitt Behavioral Finance untersucht.

4.2.1 Definition Behavioral Finance

Die Wirtschaftswissenschaften begannen in den 1980er Jahren, den Homo oeconomicus psychologisch zu betrachten. In zahlreichen Studien und Untersuchungen wurde belegt, dass der Mensch nicht nur von der Rationalität geleitet wird, sondern durch vielerlei weitere Faktoren beeinflusst wird, wie beispielsweise Emotionen, Wissen oder Erfahrung. Dieses Feld wird seither als Behavioral Finance bezeichnet. Bis dato gibt es keine allgemein gültige Definition von Behavioral Finance. Jeder Wissenschaftler, der sich mit dem Thema auseinandersetzte, definierte Behavioral Finance für sich selbst neu. Thaler (1993) z.B. beschrieb Behavioral Finance folgendermaßen: *"I think of behavioral finance as simply 'open-minded finance'."* Eine Definiton von Shefrin (2000) lautete: *"Behavioral finance is a rapidly growing area that deals with the influence of psychology on the behavior of financial practitioners."*[1] Die Definition, die in den Kontext dieser Ausarbeitung am besten passt, ist Sewells (2005): *"Behavioural finance is the study of the influence of psychology on the behaviour of financial practitioners and the subsequent effect on markets."*[2]

4.2.2 Neue Erwartungstheorie: Entscheidungen unter Risiko

Die Neue Erwartungstheorie (*Prospect Theory*) wurde 1979 von den zwei Psychologen Daniel Kahneman und Amos Tversky entwickelt, den bis heute wohl meist zitierten Autoren im Bereich Behavioral Finance. Sie entwickelten die Neue Erwartungstheorie als Kritik und Alternative zur Erwartungsnutzentheorie, die bis dato als normatives Modell rationaler Entscheidungen galt. Die Erwartungsnutzentheorie konnte jedoch bei Entscheidungen mit Risiko auftretende Effekte nicht erklären. Im Folgenden werden die Erkenntnisse Kahnemans und Tverskys erklärt.

Sicherheitseffekt

In der Erwartungsnutzentheorie wird der Nutzen eines Ergebnisses durch dessen Wahrscheinlichkeit ermittelt. Kahneman und Tversky zeigen jedoch, dass diese Annahme systematisch verletzt wird: Sichere Ergebnisse werden überbewertet im Vergleich zu Ergebnissen, die lediglich wahrscheinlich sind. Dieser Sicherheitseffekt (*Certainty Effect*) führt dazu, dass der sichere Gewinn sogar dem höheren, aber nur

---

[1] Vgl. Sewell, M. (2008a)
[2] Vgl. Sewell, M. (2008b), S. 1

wahrscheinlichen Gewinn vorgezogen wird. Das gleiche psychologische Prinzip führt dazu, dass der wahrscheinliche Verlust dem sogar geringeren, aber sicheren Verlust vorgezogen wird.

Der Sicherheitseffekt lässt sich gut am Spar- und Anlageverhalten der deutschen Anleger beobachten. Zu Zeiten des New-Economy-Booms wurden Aktien als Anlageform in Deutschland immer beliebter. Die Zahl der Aktionäre, die direkt in Aktien investierten, stieg von 3,5 Millionen im Jahr 1996 auf 6,3 Millionen im Jahr 2000. Ein rationaler Anleger wäre zu Beginn der Internet-Krise ausgestiegen, da gravierende Verluste zu erwarten waren. Lediglich 1,2 Millionen Anleger stiegen jedoch in den folgenden zwei Jahren wirklich aus, der Rest hielt seine Aktien. Dieses Phänomen lässt sich mit dem Sicherheitseffekt erklären. Die haltenden Anleger zogen es vor, den sicheren Verlust nicht zu realisieren. Sie riskierten lieber einen höheren Verlust durch weiter sinkende Kurse, erhielten sich dadurch aber auch die Chance, bei sich erholenden Kursen die Verluste zu reduzieren oder sogar Gewinne zu erzielen. Als der Kurs sich zwischen 2003 und 2007 wieder erholte, rechnete man mit einer sich vergrößernden Aktionärsgemeinde, was aber nicht der Fall war. Ganz im Gegenteil, sie reduzierte sich weiter auf nur noch 4 Millionen Aktionäre. Nach Rehabilitierung ihrer Portfolios besannen sich viele Aktionäre auf sichere Anlageformen. Lebensversicherungen und festverzinsliche Anlagen z.B. verzeichneten im gleichen Zeitraum einen starken Zuwachs.

Nach negativen Erfahrungen mit Aktien ziehen Anleger also den sicheren Gewinn dem wahrscheinlich höheren vor. Mit steigenden Aktionärszahlen ist auch in naher Zukunft nicht zu rechnen. Die Deutschen gelten im internationalen Vergleich als besonders risikoscheu, was sich zusätzlich zur aktuellen Krise und der eingeführten Abgeltungssteuer negativ auf die Aktionärszahlen auswirken wird.

Isolationseffekt

Um die Wahl zwischen Alternativen zu erleichtern, werden oft Komponenten, die allen Optionen zu Eigen sind, ausgeblendet. Stattdessen werden nur die Komponenten, welche die Optionen unterscheiden, betrachtet. Dies kann jedoch zu unterschiedlichen Präferenzen führen, da manche Optionen in verschiedene Komponenten ‚aufteilbar' sind. Unterschiedliche Betrachtungsweisen führen manchmal zu unterschiedlichen Präferenzen, was auch als Isolationseffekt (*Isolation Effect*) bezeichnet wird.

Ein klassisches Beispiel ist der Handykauf. Es wird zunehmend schwerer, sich in der Modellflut zurechtzufinden. Die meisten Geräte weisen gleiche Eigenschaften auf. Grundfunktionen wie Telefonieren sind selbstverständlich, selbst Zusätze wie Digitalkameras sind kein Alleinstellungsmerkmal mehr. Trotzdem sind alle Geräte unterschiedlich und die Entscheidung wird meist aufgrund von einzelnen, subjektiven Komponenten wie etwa Design oder Gewicht getroffen. Wichtigere technische Bestandteile wie beispielsweise Software werden dabei kaum in Betracht bezogen.

In der Finanzwelt stehen Anlageexperten einem ähnlichen Dilemma gegenüber. Ihnen fällt es durch die steigende Komplexität der Finanzinstrumente zunehmend schwer, diese umfassend zu verstehen. Meistens fehlt die Zeit, sich bei der Entscheidung für eine Anlage- oder Finanzierungsmethode ausführlich mit den Instrumenten zu beschäftigen. Deshalb kommt es zu einer Vereinfachung: Die allen Instrumenten gemeinsame Komplexität wird ‚wegrationalisiert', und man konzentriert sich stattdessen auf die Alleinstellungsmerkmale. Diese Vereinfachung kann unter anderem dazu führen, dass in den Gemeinsamkeiten latente und eventuell risikoreiche Charakteristiken übersehen werden.

Investoren schätzen vor allem strukturierte Produkte, besonders die synthetischen ‚Collateralized Debt Obligations' (SCDOs), falsch ein. SCDOs sind für den Investor maßgeschneiderte Finanzinstrumente. Werden deren Feinheiten nicht genauer analysiert und sie mit ‚normalen' CDOs verglichen, überwiegen die Vorteile. Die Unterschiede der Risikostrukturen werden somit nicht beachtet; in vielen Fällen führte diese Missinterpretation zu schwerwiegenden Verlusten und Gerichtsverhandlungen zwischen Forderungsinhabern und Investoren.

Verlustaversion kombiniert mit Ankerheuristik

Ein wichtiger Aspekt der Neuen Erwartungstheorie ist, dass Änderungen von Wohlstand mehr Nutzen bringen als der Wohlstand an sich. Es werden Unterschiede und Veränderungen bewertet anstelle absoluter Größen. Nutzen wird deshalb in eine Funktion übertragen. Die (finanzielle) Ausgangsposition wird zum Referenzpunkt, also zum Ursprung der Funktion, von dort werden Wertveränderungen und ihr jeweiliger Nutzen in positiver und negativer Richtung abgetragen. Daraus ergibt sich die Wert-Funktion (vgl. Abb. 4.1). Die Wert-Funktion ist norma-

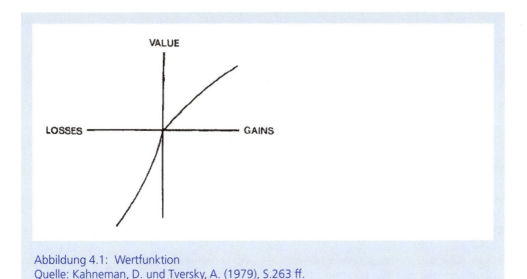

Abbildung 4.1: Wertfunktion
Quelle: Kahneman, D. und Tversky, A. (1979), S.263 ff.

lerweise konkav bei Gewinnen und konvex bei Verlusten und steiler bei Verlusten als bei Gewinnen. Verluste wiegen schwerer als Gewinne. Die Verlustaversion (*Loss Aversion*) lässt sich daher als eine wichtige Eigenschaft und Konsequenz der Wert-Funktion ablesen.

Die Ankerheuristik beeinflusst den Referenzpunkt der Wertefunktion, er wird dadurch variabel. Bei einer Wende der Werteentwicklung wird der Wendepunkt als neuer Referenzpunkt verankert.

Beim Aktienkauf z.B. ist der erste Referenzpunkt der Kaufpreis der Aktie. Zur Veranschaulichung wird der Kursverlauf der Commerzbank-Aktie zur Hilfe genommen (siehe Abb. 4.2). Beim Kauf der Aktie im Februar 2006 war der erste Referenzpunkt also 30 Euro. Nach einem Aufwärtstrend fällt die Aktie wieder, der höchste Wert von 33 Euro im April 2006 wird also zum neuen und damit zweiten Referenzpunkt. Jeder Kurs wird nun an diesem Punkt gemessen. Im Mai 2006 bei einem Kurs von 31,50 Euro nimmt der Aktionär den Kurs als einen Verlust von 1,50 Euro wahr, obgleich er seit dem Zeitpunkt des Kaufes einen Gewinn von 1,50 Euro verbuchen könnte. Die Aktie fällt bis August 2006 auf einen Tiefpunkt von 25,60 Euro, welcher nun den dritten Referenzpunkt darstellt. Der Kurs der Aktie betrug im Dezember 2006 28 Euro. Dies wird vom Aktionär als ein Gewinn von 2,40 Euro empfunden, obwohl der Kaufpreis darüber lag.

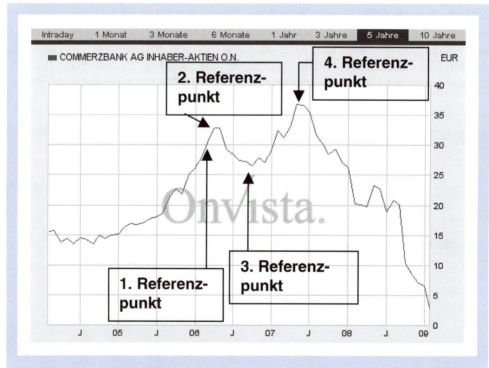

Abbildung 4.2: Ankerheuristik am Beispiel der Commerzbank
Quelle: Eigene Darstellung mit Daten von Onvista (2009)

4.2 Theorie und Anwendung der Behavioral Finance

Überträgt man dies angesichts der Finanzkrise nun auf die komplette Bankenbranche, setzten deren Aktionäre einen Referenzpunkt im Juni 2007. Als die Kurse zu sinken begannen, verbreitete sich durch den gefühlten Verlust eine schlechte Grundstimmung, obwohl für viele Aktionäre der Kurs noch über dem Kaufpreis lag und somit eigentlich einen Gewinn bedeute-te. Die Stimmung wird sich wieder verbessern, wenn der nächste Referenzpunkt gesetzt wird und die Kurse wieder steigen. Für viele Aktionäre wird sich die Aktie zwar dann noch in der Verlustregion befinden (verglichen zum Kaufpreis), dennoch werden sie dank des neuen Referenzpunktes den Kursanstieg als Gewinn empfinden.

4.2.3 Heuristiken

Mit der Betrachtung der Neuen Erwartungstheorie wurde gezeigt, wie der Mensch sich in Entscheidungssituationen verhält, bei denen unwägbare Risiken bestehen oder die Eintrittswahrscheinlichkeiten der künftigen Zustände unbekannt sind. In komplexen Situationen ohne Risiko bedient der Mensch sich generell Vereinfachungsmechanismen, so genannten Heuristiken.

Heuristiken werden vom Menschen unbewusst benutzt, um den komplexen Sachverhalt einer Entscheidungs- oder Beurteilungssituation zu vereinfachen. Dazu wird diese auf wenige Informationen reduziert, um daraus dann mit Hilfe von Erfahrung Schlüsse auf den gesamten Sachverhalt zu ziehen. Die drei wichtigsten Heuristiken, die Affektheuristik, die Verfügbarkeitsheuristik und die Repräsentativitätsheuristik werden im Folgenden kurz beschrieben.

Affektheuristik

Der Mensch reagiert auf Stimuli einer Entscheidungs- oder Beurteilungssituation, indem er diese automatisch mit ‚gut' oder ‚schlecht' belegt. Dieser Mechanimus geschieht aus dem ‚Affekt' und wird deshalb die Affektheuristik (englisch: *Affect Heuristic*) genannt. Der Begriff ‚Friede' wird als gut empfunden, wobei ‚Krieg' sofort als schlecht eingeordnet wird. Geht die Beurteilung über eine gut- oder schlecht-Einordnung hinaus und greifen anstelle rationaler Fakten subjektive Emotionen, so spricht man von *choosing-by-liking*.

Viele Portfoliomanager unterliegen dieser Heuristik. Sie treffen ihre Investitionsentscheidungen ‚aus dem Affekt heraus'. Beispielsweise investieren sie vermehrt in Unternehmen, denen sie sich emotional verbunden fühlen, weil die Unternehmen in ihrer Region ansässig sind, sie die Branche als Privatperson schätzen oder weil sie mit (leitenden) Angestellten bekannt sind. Die Folgen liegen auf der Hand: Solche Portfolios sind nicht genügend diversifiziert und anfälliger für Krisen.

Verfügbarkeitsheuristik

Die Verfügbarkeitsheuristik (*Availability Heuristic*) beeinflusst die Vorhersagen von Wahrscheinlichkeiten. Je einfacher man sich die verschiedenen Ergebnisse vorstellen kann, desto wahrscheinlicher erscheinen diese. Wird z.B. gefragt, ob es mehr Wörter gibt, die mit t oder mit k beginnen, fängt man automatisch an, Wörter zu suchen, die entweder mit t oder mit k beginnen. Jemand, der sich leichter t-Wörter ins Gedächtnis ruft, wird die Anzahl von t-Wörtern als höher beziffern, auch wenn es mehr k-Wörter gibt. Je nachdem, ob man an sich also leichter an k- oder t-Wörter erinnert, schätzt man die jeweilige Wahrscheinlichkeit ein.

Die Auswirkungen einer insolventen Investmentbank waren Politikern und Finanzexperten nicht vorstellbar. Darum wurde vor der Entscheidung, die Bank Lehman Brothers der Insolvenz zu überlassen, die Wahrscheinlichkeit einer Katastrophe unterschätzt. Man wollte eigentlich nur ein Exempel statuieren; die freie Marktwirtschaft, in diesem Fall die Wall Street, sollte sich ohne staatliche Hilfe selbst regulieren. Die Auswirkungen der Lehman-Pleite vom 15. September 2008 auf den Finanzsektor waren jedoch katastrophal. Deshalb griff die US-amerikanische Regierung bereits drei Tage später ein und rettete Amerikas größten Versicherer AIG mit einem 85 Mrd. US-Dollar-Paket.

Repräsentativitätsheuristik/Attributsersatzheuristik

Die von Kahneman erklärte Repräsentativitätsheuristik (*Representativeness Heuristic*) wurde im Laufe weiterer Detaillierungen in der Forschung umbenannt in Attributersatzheuristik (*Attribute Substitution Heuristic*). Diese tritt auf, wenn bei der Beurteilung von Attributen eines Objekts stattdessen andere, zugänglichere Eigenschaften des Objekts beurteilt werden. Es kommt zu Fehlern, denn die zu beurteilende Eigenschaft entspricht nicht der zur Hilfe genommenen.

In Zeiten komplexer und vielfältiger Finanzprodukte wird es zunehmend schwerer für Anleger, eine Anlageentscheidung zu treffen. Beispielsweise sollen die Renditen von ähnlichen Fonds unterschiedlicher Herausgeber eingeschätzt werden. Zur Beurteilung zieht man der Einfachheit halber statt deren Zusammensetzung ihre Emittenten heran. Dadurch kommt es zu Beurteilungsfehlern, da die Beurteilung so zwar einfacher ist, aber wesentlich weniger aussagekräftig als die Zusammensetzung der Fonds. Selbst Finanzexperten unterliegen dieser Heuristik: Sie investierten in CDOs, dabei orientierten sie sich an den Ratings und vernachlässigten die eigentliche Struktur dieses Finanzinstruments.

4.2.4 Beurteilungsfehler

Man kann sehen, dass Heuristiken Automatismen sind, denen man sich nur sehr schwer entziehen kann. Besonders im Alltag sind sie meistens sehr hilfreich und willkommen, jedoch kann es durch die systematische Vereinfachung des Öfteren zu Beurteilungsfehlern kommen. Die häufigsten Fehler, Selbstüberschätzung und der Rückschaufehler sowie die Über- und Unterreaktion, werden nun beschrieben und auf die Finanzkrise bezogen.

4.2 Theorie und Anwendung der Behavioral Finance

Selbstüberschätzung und Rückschaufehler

Der Fehler der Selbstüberschätzung und der Rückschaufehler sind eng miteinander verbunden. Bei gemeinsamem Auftreten verstärken sich ihre Auswirkungen, weshalb beide Fehler gemeinsam betrachtet werden.

Der Fehler der Selbstüberschätzung führt dazu, dass die meisten Investoren ihre eigenen Vorhersagefähigkeiten überschätzen. Sie ordnen ihren Vorhersagen eine Eintrittswahrscheinlichkeit zu, die generell zu hoch ist. Außerdem überschätzen sie die Genauigkeit gegebener Informationen; d.h. sie messen ihrem eigenen Informationsstand einen Wissensvorsprung gegenüber dem der anderen Marktteilnehmer bei.

Als Rückschaufehler (*Hindsight Bias*) wird bezeichnet, wenn Menschen sich, nachdem sie den Ausgang von Ereignissen erfahren, falsch an ihre früheren Prognosen erinnern. Ursprüngliche Schätzungen werden den tatsächlichen Ergebnissen angenähert. Nach Fehlentscheidungen wird oft geglaubt, dass vor der Entscheidung verfügbare Informationen bereits für die richtige Entscheidung gesprochen hätten.

Gepaart mit dem Fehler der Selbstüberschätzung entsteht bei dem Rückschaufehler eine Fehlerschleife. Wissenschaftler fanden heraus, dass Selbstüberschätzung viele Investoren dazu veranlasst, exzessiv zu handeln und ihr Portfolio ungenügend zu diversifizieren. Dadurch, dass sie das Verlustpotential unterschätzen, setzen sie sich einem größeren Risiko aus, als sie es normalerweise tun würden. Solche Portfolios wiesen über einen größeren Zeitraum eine unterdurchschnittliche Wertentwicklung auf. Analysieren Investoren ihre Fehlentscheidungen, ohne sich aber ihre eigenen Fehler einzugestehen, verhindern sie damit den für weitere Anlagen wichtigen Lerneffekt. Bei der nächsten Entscheidungssituation überschätzen sich die Investoren deshalb erneut, die Schleife ist im Gange. Sie kann nur durch Einsicht und kritische Betrachtung der eigenen Fehler durchbrochen werden.

Leiden z.B. Vermögensverwalter unter diesen Fehlern, so kann es bei deren Anlegern, die sich auf die Prognosen und Empfehlungen verlassen haben, zum Vertrauensverlust kommen. Verlieren die Vermögensverwalter an Glaubwürdigkeit, ziehen die Anleger daraufhin ihr Kapital ab, und der Reputationsverlust kann sich durchaus auf das Finanzinstitut oder sogar die ganze Branche übertragen.

Während der Finanzkrise hat die gesamte Bankenbranche das Vertrauen der Verbraucher verspielt. Innerhalb von 18 Monaten verloren viele Banken ein Vielfaches an Wert.

Über- und Unterreaktion

Gewichten Menschen aktuelle Nachrichten stärker als die historischen Durchschnittsdaten, kommt es automatisch zu einer Überreaktion. Andererseits kommt es zu einer Unterreaktion, wenn aktuellen Nachrichten weniger Beachtung geschenkt wird als den historischen. Verstärkt wird dies durch die Neigung des Menschen, hinter zufälligen Ereignissen ein Muster zu erkennen. Beim Fußball z.B.

traut das Publikum einem Spieler, der die letzten fünf Spiele getroffen hat, eher einen weiteren Treffer zu als einem, der die letzten Spiele nicht getroffen hat, aber in der Vergangenheit wesentlich erfolgreicher war. Eine Unterreaktion dagegen findet statt bei einem Tor von einem Spieler, welcher schon lange nicht mehr getroffen hat, denn ihm wird trotzdem eher kein weiterer Treffer zugetraut.

Unter- und Überreationen lassen sich an den Aktienmärkten jederzeit beobachten. Auf Ad-hoc-Nachrichten reagieren Anleger naturgemäß stärker als auf historische Daten oder Analysen. In der derzeitigen Finanzkrise liegt ein besonderes Augenmerk auf der Bundesregierung. Als Angela Merkel am 5. Oktober 2008 das Rettungspaket für die angeschlagene Hypo Real Estate ankündigte und in der folgenden Woche weitere ‚gute' Nachrichten veröffentlicht wurden, zeigte der deutsche Aktienmarkt einen extremen Verlauf und stieg in kürzester Zeit von 4.600 auf 5.200 Punkte. Diese Überreaktion korrigierte sich jedoch im Laufe der nächsten Tage wieder auf 4.620 Punkte. Dass eine Überreaktion auch nach unten möglich ist, zeigte die Forderung der drei größten US-Autobauer nach einem neuen Staatskredit in Milliardenhöhe. Der Dax brach daraufhin am 19. November 2008 von 4.600 auf 4.100 Punkte ein. Bereits nach zwei Tagen war die Überreaktion ausgeglichen, der Kurs erreichte nahezu sein ursprüngliches Niveau.

Wenn aber eine Reihe von Ad-hoc-Nachrichten überbewertet werden, dauert die Normalisierung der Kurse länger oder führt von einem Boom in eine Krise und umgekehrt. So trugen die Nachrichten von steigenden Immobilienpreisen sowie prächtigen Renditen zur Blasenbildung bei. Als die Nachrichten von überbewerteten Immobilien und ersten Kreditausfällen durch die Presse gingen, platzte die Blase. Beschleunigt durch mehr und mehr negative Nachrichten brach der Immobilienmarkt schließlich ein.

4.2.5 Herdenverhalten

Bis hierher wurden mit der Neuen Erwartungstheorie, den Heuristiken und den Beurteilungsfehlern intrinsische Einflüsse auf den Menschen aufgezeigt. Extrinsische Einflüsse, die von der Gesellschaft ausgehen, wirken ebenfalls auf das Verhalten des Individuums ein und können Herdenverhalten verursachen.

Am Finanzmarkt führt Herdenverhalten dazu, dass Investoren einer Herde gleich in eine Anlagemöglichkeit ein- oder aussteigen und damit starke Preisschwankungen hervorrufen. Damit wird Herdenverhalten zu einem wichtigen Krisenmechanismus. Ursachen dafür können Netzwerkeffekte, Investmentfonds und Reputation oder asymmetrische Informationen sein.

Netzwerkeffekte

Generell bedeuten Netzwerkeffekte, dass der Kauf eines Produktes dem Käufer einen umso höheren Nutzen bringt, je mehr Menschen das gleiche Produkt anschaffen. Speziell im Finanzsektor stellen sich Netzwerkeffekte vor allem als ‚bank runs' dar. Es gibt davon nur zwei Extreme, entweder belassen (fast) alle Anleger ihre Einlagen bei der Bank oder sie wollen sie abziehen.

Diesen Effekt konnte man bereits anfangs der Finanzkrise (September 2007) in Großbritannien beobachten. Anleger der in Schieflage geratenen Hypothekenbank Northern Rock standen Schlange, um ihre Einlagen abzuziehen, da sie nicht mehr an deren Sicherheit glaubten. Dieses Verhalten bereitete Banken und Politikern weltweit Sorgen. Schon nach den ersten Meldungen über anstehende Milliardenabschreibungen deutscher Banken griff die Regierung ein. Um ‚bank runs' zu vermeiden, garantierten viele europäische Regierungen im Oktober 2008 für die Sicherheit privater Spareinlagen.

Reputation

Das Gehalt von Managern bemisst sich oft an ihrer Reputation. Um diese zu erhalten, orientieren sich Manager häufig an Entscheidungen anderer. Keynes erklärte das wie folgt: *"Worldly wisdom teaches that it is better for reputation to fail conventionally than to succeed unconventionally."*[3] Somit kann es bei Investitionsentscheidungen von Managern ebenfalls zu Herdenverhalten kommen.

Bewiesenermaßen tendieren Analysten und Berater zu „bullishen", also optimistischen Prognosen. Diese fallen in eine enge Bandbreite und weichen nicht weit von der vorherrschenden Meinung im Finanzmarkt ab. Es liegt im Menschen, Isolation und Risiko zu vermeiden und mit der Herde zu laufen. Kein Analyst wurde entlassen, weil er keine Baisse vorhersagte. Dieses Wissen beeinflusst natürlich die Prognosen. Für die Reputation ist es also förderlicher, falsche optimistische Prognosen zu erstellen als zu versuchen, eine Rezession oder eine Baisse vorher zu sagen.

Obwohl das Risiko von CDOs Banken und Managern durchaus bekannt war, befanden sich diese Produkte in den meisten Portfolios. Die Renditen dieser Produkte waren viel versprechend und wurden gebraucht, um die eigenen Renditeziele zu erreichen. Kaum eine Bank blieb von Abschreibungen aufgrund von Kreditausfällen verschont, was zeigt, dass kein Manager in Sorge um Reputation und Gehalt hier gegen den Strom schwimmen (oder aus der Herde austreten) wollte. Wie wichtig die Reputation eines Managers ist, kann man gut am starken Widerwillen Josef Ackermanns sehen, das Banken-Rettungspaket anzunehmen. Er fürchtete, seinem Ruf als profilierter Manager zu schaden.

Asymmetrische und unvollkommene Informationen

Ein wesentlicher Grund für asymmetrische und unvollkommene Informationen stellt der mit der Informationsbeschaffung verbundene Kostenaufwand dar. Selbst institutionelle Investoren können nicht für alle Anlagen aktuelle und fundamentale Informationen beschaffen und verarbeiten. Relativ leicht zu beobachten sind jedoch Preisentwicklungen und damit das Verhalten anderer Anleger. Ein unvoll-

---
[3] Keynes, J. (1997), S. 158

kommen informierter Anleger weiß, dass auf dem Markt wesentlich mehr Informationen vorhanden sind. Für diesen Anleger ist es durchaus rational, vermeintlich besser informierten Anlegern in ihrer Entscheidung zu folgen. Verlässt sich also niemand mehr, selbst Top-Manager nicht, auf seine eigenen Informationen, sondern nur auf die Preisentwicklungen, so kommt es dazu, dass dem Preis mehr Gewicht beigemessen wird als den eigenen Informationen. Damit sind Preise nicht mehr informativ, entfernen sich von ihrem wirklichen Wert und es kann eine Blase entstehen. Mit der Zeit realisieren die Investoren, dass sie dem uninformativen Preis gefolgt sind und steigen aus, und dadurch platzt die Preisblase.

Genau dieses Szenario führte den amerikanischen Immobilienmarkt in die Krise. Wie in Abb: 4.3 ersichtlich, entfernten sich die Immobilienpreise (*Home Prices*) stark von ihren Baukosten (*Building Costs*). Die Häuserpreise entwickelten sich außerdem überproportional zum Bevölkerungswachstum. Seit Ende der 90er Jahre stiegen immer mehr nicht informierte Investoren in den Markt ein, um ihre Immobilien nach kurzer Zeit wieder mit Gewinn zu veräußern. Die ‚Herde' uninformierter Investoren machte den Preis uninformativ und trieb ihn in die Höhe, sodass es infolge dessen zu der Immobilienblase kam. Als Anfang des Jahres 2007 die Überbewertung von Immobilien immer offensichtlicher wurde, platzte die Blase. Das Herdenverhalten kehrte sich um, immer mehr Investoren wollten aus dem Markt aussteigen und ihre Immobilien verkaufen, woraufhin die Preise einstürzten.

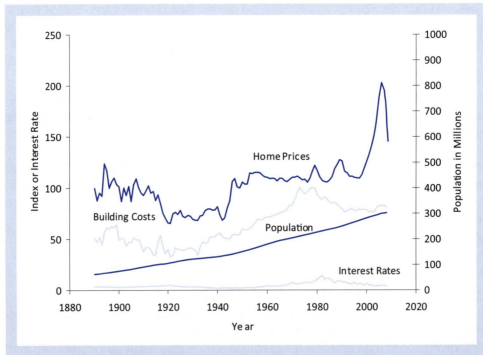

Abbildung 4.3: Entwicklung der Immobilienpreise in den USA
Quelle: Shiller, R. (2008)

4.3 Weitere Erklärungsansätze

Zusätzlich zur Behavioral Finance gibt es weitere Erklärungsansätze, die Marktanomalien zu erklären. Obwohl die Wissenschaft sie nicht direkt der Behavioral Finance zuordnet, gibt es insbesondere zwei Ansätze, die psychologische Aspekte berücksichtigen, nämlich Moral Hazard und die Selbsterfüllende Prophezeiung. Zur Ergänzung werden zum Abschluss Ansteckungseffekte betrachtet, da sie den Übergang einer Krise auf weitere Länder erklären.

4.3.1 Moral Hazard

Man spricht von Moral Hazard, wenn der Wegfall eines Risikos zu einer Verhaltensänderung führt. Dies kann durch einen Versicherungsvertrag zur Risikoübernahme zwischen zwei Parteien entstehen, bei dem der Versicherungsgeber das Verhalten des Versicherungsnehmers nicht kontrollieren kann. Dadurch hat der Versicherungsnehmer einen geringeren Anreiz, dem versicherten Risiko vorzubeugen.

Finanzinstitute handelten frei nach dem Motto ‚too big to fail'. Sie gingen davon aus, dass der Staat sie vor einer Insolvenz bewahren würde, um den Zusammenbruch des Finanzsystems zu verhindern. Damit waren die Fundamente für Moral Hazard gelegt. Große Banken fühlten sich auch ohne tatsächlichen Versicherungsvertrag, also inoffiziell, gegen eine Insolvenz versichert. Dieses Wissen führte dazu, dass Akteure sich bewusst übermäßig risikoreich verhielten, was meist durch eine größere Rendite belohnt wurde.

Die amerikanische Regierung wollte dieses Phänomen verhindern und ein Zeichen setzen, und ließ im September letzten Jahres daraufhin die Investmentbank Lehman Brothers in die Insolvenz gehen. Im Nachhinein stellte sich dies als Fehler heraus, da die Folgen schwerwiegender waren als erwartet. Der Staat musste eingreifen, um einen Zusammenbruch des Bankensystems zu verhindern. Er wurde somit doch zum Versicherer, ohne dafür je eine Prämie erhalten zu haben.

4.3.2 Selbsterfüllende Prophezeiung

Eine Vorhersage, die nach ihrem Bekanntwerden die prognostizierte Entwicklung beschleunigt und bestärkt, wird als Selbsterfüllende Prophezeiung bezeichnet.

Die optimistische Stimmung zu Beginn des Jahres, beispielsweise waren die Auftragsbücher des Mittelstandes damals für das ganze Jahr bereits gefüllt, verschlechterte sich zum vierten Quartal drastisch. Die sich häufenden Rezessionswarnungen in der Presse führten zu einer sich Selbsterfüllenden Prophezeiung. Die pessimistische Stimmung veranlasste Unternehmen, Aufträge zu stornieren. Innerhalb kürzester Zeit setzte sich die ‚Rezessionsspirale' in Gang. Durch ausfallende Aufträge reduzierte sich der zuvor noch immense Personalbedarf, vor allem Zeitarbeiter und freie Mitarbeiter wurden kurzfristig freigestellt. Die befürchtete

Rezession trat also schon deshalb ein, weil genügend Konsumenten und Unternehmen sich entsprechend verhielten.

Wird der Pessimismus zur vorherrschenden Grundstimmung, trauen sich die Menschen nicht, aus der Masse auszutreten. Der Effekt der Selbsterfüllenden Prophezeiung beschleunigt weiterhin die Rezession.

4.3.3 Ansteckungseffekte

Betrachtet wurde bis jetzt das individuelle irrationale Verhalten sowie die Auswirkungen von Irrationalität auf die Gruppe (in Form einer Herde). Als letzter Schritt folgen nun die Auswirkungen, die irrationales Verhalten auf die globalisierte Welt haben können. Löst das irrationale Verhalten im schlimmsten Falle eine Wirtschaftskrise aus, kann diese andere Volkswirtschaften anstecken. Je größer dabei die Volkswirtschaft des ansteckenden Landes, desto gravierender sind die Auswirkungen auf die Weltwirtschaft.

Es sind drei wichtige Übertragungsweisen zu beobachten, nämlich Monsoonal Effects, Spillover Effects und Contagion.

Monsoonal Effects

Wenn ökonomische Veränderungen in Industriestaaten Krisen in Emerging Markets auslösen, spricht man von *Monsoonal effects*.

Sowohl der schwache US-Dollar als auch der Konsumrückgang machten Exporte in die USA unrentabel. Dies bekamen Exportnationen wie Brasilien, Russland, Indien und China (BRIC) besonders zu spüren. Die jeweiligen Aktienmärkte zeigten starke Einbrüche. So brach die Shanghai Stock Exchange (SEE) im Zeitraum Oktober 2007 bis Oktober 2008 von 12.900 auf 4.300 Punkte ein. Dies ist ein Verlust von 66 %. Der Russian Trading System Index (RTSI) verlor innerhalb von fünf Monaten 75 %. Er stand im Juni 2008 bei 2.400 Punkten und fiel bis Ende Oktober 2008 auf 600 Punkte. Innerhalb eines halben Jahres büßte Brasiliens Bovespa Index (BVSP) 50 % ein. Am 1. Mai 2008 stand er bei 72.600 Punkten und am 1. November nur noch bei 36.500 Punkten. Ebenfalls 50 % verlor Indiens Sensex im Verlauf des Jahres 2008. Von Januar bis Dezember halbierte er sich von 20.000 auf 10.000 Punkte.

Spillover Effects

Spillover Effects treten auf, wenn die wirtschaftliche Verflechtung zwischen Ländern bewirkt, dass eine Krise in einem Land direkte Einflüsse auf die Fundamentaldaten der Handelspartner nimmt.

In der heutigen Zeit, der Zeit der Globalisierung, sind Länder unter anderem durch ihre Wirtschaft, Freihandelszonen, Abkommen, Verbünde und Organisationen unweigerlich miteinander verknüpft. Dadurch sind sie automatisch von Spillover Effects bedroht. So waren die Auswirkungen der ursprünglich amerikanischen

Finanzkrise schnell bei den wichtigsten Wirtschaftspartnern der USA spürbar. Die Fundamentaldaten Deutschlands z.B. bestätigen eine Rezession: das Wirtschaftswachstum sank im zweiten Quartal 2008 bereits um 0,4 %. Ebenso traf es die Europäische Union: 17 Staaten versuchten deshalb, mit Konjunkturpaketen eine drohende Rezession abzuwenden.

Contagion
Contagion bezeichnet die grundlose, also fundamental unbegründete Übertragung einer Krise von einem Land auf das andere.

Investoren, die durch die Subprime- und Finanzkrise Geld verloren, strukturierten ihr Portfolio um, um wieder liquide zu sein. Sie reduzierten also ihre Beteiligungen an Unternehmen oder Projekten im Ausland. Dadurch kam es auch in Ländern, die nicht oder nur unbedeutend bis dato von den Krisen betroffen waren, zu einem Kapitalabfluss. Dieser betrug beispielsweise in den Vereinigten Arabischen Emiraten geschätzte 100 Mrd. Euro allein im Zeitraum Juli bis Oktober 2008.

4.4 Fazit

Um auf die ursprüngliche Fragestellung zurückzukommen: Ja, die aktuelle Finanzkrise lässt sich mit Behavioral Finance erklären. Es wurde gezeigt, dass sogar der gesamte Verlauf der Krise mit Behavioral Finance begründet werden kann. Moral Hazard und Herdenverhalten waren maßgeblich an der Entstehung der Immobilienblase beteiligt. Herdenverhalten und Reputation sowie die Attributsersatzheuristik veranlassten Manager, in vielversprechende CDOs zu investieren. Überreaktionen auf Nachrichten über erste Kreditausfälle lösten das Platzen der Blase aus. Heuristiken und Beurteilungsfehler ließen das Vertrauen am Kapitalmarkt schwinden und brachten den Interbankenmarkt zum Erliegen. Politiker unterlagen der Verfügbarkeitsheuristik und überließen Lehman dem Bankrott. Regierungen garantierten für die Spareinlagen ihrer Bürger, da sie Netzwerkeffekte wie in Großbritannien fürchteten. Ansteckungseffekte führten zur weltweiten Übertragung der Krise.

Wie soll der Investor nun mit Behavioral Finance umgehen?

Natürlich gibt es keine Wunderstrategien. Generell gilt es, den gesunden Menschenverstand einzusetzen, nicht irrational dem Renditewahn nachzueifern, sondern aus der Herde auszubrechen. Die zweite Investitionsentscheidungskomponente, das Risiko, darf nie außer Acht gelassen werden. Ferner sollten Anlageentscheidungen in regelmäßigen Abständen kritisch reflektiert und die Motive dafür hinterfragt werden. Es sollte darauf geachtet werden, dass das Portfolio ausreichend diversifiziert ist. Ein grundlegendes Verständnis für Statistik und deren konsequente Anwendung hilft, Entscheidungsfehler zu reduzieren. Außerdem lohnt es sich, sich nicht nur mit klassischen Modellen und Theorien zu beschäftigen, sondern sich auch auf Neues einzulassen.

In diesem Kapitel wurde deutlich, dass der Mensch in seinem Verhalten irrational ist und seine Entscheidungsfindung oft mit Fehlern behaftet ist. Viele davon geschehen subtil, unterbewusst und automatisch, man kann sie also weder abschalten noch verleugnen. Der Homo oeconomicus als rationaler Gegensatz wird entlarvt als das, was er ist: Ein realitätsfremdes Modell. Ein Verbesserungsansatz der letzten Jahre war die Evolution des „Homo oeconomicus" zum „Homo sociologicus". Dieser handelt nicht nur nach individuellen Präferenzen, sondern er wird durch die Wechselbeziehungen seines sozialen Umfeldes und seine Rolle in der Gesellschaft beeinflusst. Wichtige Einflussgrößen sind außerdem Lerneffekte, Normen und eine auf die Gesellschaft bezogene Rationalität.

So wie die Erwartungsnutzentheorie durch die Neue Erwartungstheorie ersetzt wurde, so gibt es bereits Ansätze, die Hypothese der effizienten Märkte in ein evolutionäres Modell zu überführen. Die 2004 von Andrew Lo entworfene Adaptive Market Hypothesis zielt darauf ab, die gegensätzlichen Ansätze von Rationalität und Irrationalität miteinander zu vereinen. Weitere Erkenntnisse zu den Ursachen unseres Verhaltens sind aus der Neurobiologie zu erwarten. Die Gehirnforschung beschäftigt sich seit Kurzem mit dem Zusammenhang zwischen Emotionen und Entscheidungsfindung. Vorläufige Ergebnisse weisen darauf hin, dass psychologische Variablen in Verbindung mit dem Nervensystem stark mit Marktereignissen korrelieren. Dies bedeutet, dass Emotionen bei der Echtzeit-Verarbeitung von finanziellen Risiken eine wichtige Rolle spielen. Der Erfolg eines Investors würde also dann davon abhängen, wie gut er seine Emotionen kanalisieren kann.

Die Wirtschaftswissenschaften werden nicht umhinkommen, sich mit diesen Themen auseinander zu setzen und ihre Modelle und Theorien um die Behavioral Finance zu erweitern.

5 | Wie John Maynard Keynes und Adam Smith die Finanzkrise in Deutschland heute lösen würden

Executive Summary

In der gegenwärtigen Diskussion um Möglichkeiten der Eindämmung und Lösung der Finanzkrise werden die zwei großen Schulen der Volkswirtschaftslehre und deren Begründer häufig zitiert. Es handelt sich dabei um:
- Adam Smith, Begründer der Klassisch-Neoklassischen Volkswirtschaftslehre und
- John Maynard Keynes, Namensgeber und Begründer des Keynesianismus.

Beide Ökonomen erklären die Zusammenhänge einer Volkswirtschaft anhand unterschiedlicher Totalmodelle. Smith, dessen Theorie auf eine „unsichtbare Hand" aufbaut, die Ungleichgewichte in der freien Marktwirtschaft mittels Marktregulierungsmechanismen immer wieder zum Gleichgewicht bringt, wehrt sich vehement gegen Eingriffe des Staates, die über gesellschaftliche Rahmenbedingungen hinausgehen. Keynes dagegen verwirft das Saysche Theorem der Neoklassik, da das marktwirtschaftliche System nicht automatisch zur Vollbeschäftigung tendiert, sondern auch langfristig in einer Unterbeschäftigung verharren kann. In diesem Fall ist das Eingreifen des Staates mit fiskal- und geldpolitischen Mitteln unabdingbar. Der zentrale Unterschied zwischen den beiden Theorien liegt daher darin, dass Keynes nicht die Preisrelation und Preisanpassung in den Mittelpunkt der Betrachtung stellt, sondern die Gesamtnachfrage nach Waren und Dienstleistungen. Die effektive Nachfrage bestimmt demnach das Güterangebot und damit das Bruttoinlandsprodukt und nicht umgekehrt, wie in der Klassik-Neoklassik behauptet wird.

Aufbauend auf den jeweiligen Theorien bieten beide Ökonomen Lösungsansätze für die gegenwärtige Krise. Die Anhänger der Klassisch-Neoklassischen Wirtschaftstheorie lehnen ein fiskalpolitisches und geldpolitisches Eingreifen des Staates in die Märkte ab und bauen auf den technischen Fortschritt, um Wirtschaftswachstum und Konjunkturaufschwung zu erreichen. Die Anhänger des Keynesianismus fordern dagegen sowohl ein fiskalpolitisches Eingreifen des Staates als auch ein geldpolitisches Eingreifen der Europäischen Zentralbank in die Märkte, um der Finanz- und Wirtschaftskrise begegnen zu können.

Die Mehrheit der Ökonomen ist sich einig, dass die Keynesianische Politik aus der aktuellen Krise führt. Die kurzfristigen Effekte haben allerdings eine langfristige Perspektive. Die negativen Folgen der Keynesianischen Maßnahmen, die viele Staaten und Zentralbanken derzeit anwenden, wird vernachlässigt. Es ist kritisch zu hinterfragen, welche Anreiz- und Verschuldungsprobleme die Maßnahmen nach sich ziehen.

So konträr die Klassik-Neoklassik und der Keynesianismus diskutiert werden, so sehr können beide Theorien Lösungsansätze zur Bewältigung der Krise bieten. Zu empfehlen wäre eine sinnvolle Verbindung von Klassik-Neoklassik und Keynesianismus. Der Keynesianismus trägt durch eine aktive Fiskal- und Geldpolitik zur kurzfristigen Stabilisierung der Finanz- und Realwirtschaft bei, während die klassisch-neoklassischen Ansätze Beiträge zur Schaffung langfristiger ordnungspolitischer Strukturen liefern, die ein geld- und fiskalpolitisches Handeln des Staates auf ein Minimum reduzieren. Dadurch ergibt sich die Chance, nicht nur den Lösungsprozess der Krise zu unterstützen, sondern auch nachhaltig zukünftige Krisen abzuschwächen bzw. ganz zu vermeiden.

Im Folgenden werden die Funktionsmechanismen und Abhängigkeiten der wichtigsten Märkte aus Sicht der Klassik-Neoklassik und des Keynesianismus vorgestellt. Um die Zusammenhänge einer Volkswirtschaft zu verstehen, werden die Märkte in den jeweiligen Totalmodellen zusammengeführt. Dadurch wird das Verständnis dafür geschaffen, welche wirtschaftspolitischen Konzepte und Maßnahmen zur Bewältigung der gegenwärtigen Krise geeignet sind und welche Wirkungen sie haben können.

Aus den hier vorgestellten Grundmodellen wurden eine Reihe neuerer Konzepte entwickelt. Dazu zählen auf klassischer Seite beispielsweise die Neue Klassische Makroökonomik oder die Neue Klassische Synthese, auf Keynesianischer Seite die Postkeynesianische Wachstumstheorie oder die Neue Keynesianische Makroökonomik. Für das Verständnis wirtschaftspolitischen Handelns in der Finanzkrise sind die Grundmodelle im ersten Schritt ausreichend. Für die Lektüre neuerer Ansätze empfehlen wir die volkswirtschaftlichen Standardwerke.

5.1 Der Klassisch-Neoklassische Gedanke

5.1.1 Die Person Adam Smith (1723–1790)

Das Geburtsdatum von Adam Smith ist unbekannt. Getauft wurde er am 5. Juni 1723 in Kirkcaldy, einer kleinen Hafenstadt an der Ostküste Schottlands. Sein Vater, ein Zollrevisor, starb im April 1723. Seine Mutter, Tochter eines wohlhabenden Landeigentümers, zog den stets kränkelnden Adam alleine groß. Erst mit neun Jahren konnte er die Schule besuchen.

Der Schulbesuch bis zum 14. Lebensjahr an einer der renommiertesten Schulen Schottlands prägten Smiths spätere Haltung mit, denn der Unterricht beschränkte sich nicht allein, wie damals üblich auf philosophische Fächer, sondern thematisierte z.B. auch die Frage nach der Forderung eines tugendhaften Verhaltens des Einzelnen und den ökonomischen Erfordernissen. Diesem Thema, dem Spannungsfeld zwischen Ökonomie und Ethik, sollte sich Smith im Laufe seines Lebens immer wieder zuwenden. Im damals in Schottland üblichen Alter von 15 Jahren begann Smith sein Studium an der University of Glasgow, welches er mit dem „Master of Arts" abschloss. Mit einem Stipendium für seine bisher außergewöhnlichen Studienleistungen versehen, strebte er zunächst die Laufbahn zum anglikanischen Priester an. Doch das Studium am Balliol College in Oxford war für ihn enttäuschend, da die Universität ihm auf philosophischem Gebiet nichts zu bieten hatte.

Nach insgesamt sechs Jahren Studium hatte sich Smiths Interesse weg von der Priesterlaufbahn und hin auf die wissenschaftliche Tätigkeit an der Universität entwickelt. Er glaubte, hier am besten am deutlich spürbaren geistigen Aufbruch in Großbritannien mitwirken zu können.

Um in Schottland Professor zu werden, musste Smith sich einer Qualifikationsprozedur unterziehen und hielt dementsprechend von 1748 bis 1751 in Edinburgh Vorlesungen, die von Rhetorik, Geschichte und Ethik bis zu Ökonomie und Verteidigungspolitik einen weiten Bereich des damaligen Wissens abdeckten. Im Jahr 1751 wurde Smith Professor für Logik an der Universität Glasgow. Ein Jahr später wechselte er auf die besser bezahlte Stelle eines Professors für Moralphilosophie, wozu damals Theologie, Ethik, Jurisprudenz und politische Ökonomie gehörten.

Einer seiner Studenten, der später als Schriftsteller berühmt gewordene **James Boswell** (1740–1795), urteilte über Smith als Hochschullehrer wie folgt: *"Mr. Smith's sentiments are striking, profound and beautiful. He has nothing of that stiffness and pedantry which is too often found in professors."*

Im Jahr 1759 veröffentlichte Smith sein philosophisches Hauptwerk **„The Theory of Moral Sentiments"** (Theorie der ethischen Gefühle), das ihm schnell große Anerkennung einbrachte. Dadurch wurde **Charles Townshend** (1725 – 1767), der damals als Chancellor of the Exchequer für die Staatsfinanzen zuständig war, auf Smith aufmerksam. 1763 gab er sein Professorenamt in Glasgow auf und reiste im folgenden Jahr mit dem jungen Herzog nach Frankreich, wo sie sich vor allem in

Toulouse aufhielten. Dort begann Smith mit der Arbeit an seinem ökonomischen Hauptwerk **„Der Wohlstand der Nationen"** (Wealth of Nations).

Ende 1767 kehrte Smith in seinen Geburtsort Kirkcaldy zurück, wo er die nächsten sechs Jahre damit verbrachte, sein neues Buch zu diktieren und zu überarbeiten. Anschließend hielt sich Smith drei Jahre in London auf, wo er im British Museum ökonomische Statistiken und Quellen studierte, um seinem Werk eine sichere empirische Grundlage zu geben. **„An Inquiry into the nature and causes of the Wealth of Nations"** erschien am 9. März 1776 in London. Im Jahr 1779 wurde Smith zum Kontrolleur der Zollverwaltung in Edinburgh ernannt.

5.1.2 Die Klassisch-Neoklassische Theorie

Smith geht als Vertreter der Klassik von der Annahme einer grundsätzlich bestehenden Harmonie im Leben der Menschen und damit auch in ihren wirtschaftlichen Handlungen aus. Diese Harmonie ist weniger eine gottgewollte „natürliche Ordnung" als vielmehr das Ergebnis des rein mechanischen Ausgleichs jener Kräfte, die der vernünftig handelnde Mensch („homo oeconomicus") bei völliger individueller Freiheit zur Verfolgung seines Eigennutzes in Bewegung setzt. Jedem Individuum ist ein Maximum an Freiheit zu gewähren, die es in Konkurrenz mit anderen zur bestmöglichen Erfüllung seiner individuellen Interessen verwenden wird. Eigennutz und das Handeln nach dem ökonomischen Prinzip werden dafür sorgen, dass jedes Individuum dieses Ziel erreicht. Die Konkurrenz, der Mechanismus des Marktes, werden sicherstellen, dass zwischen der Summe der Einzelinteressen und dem Gesamtinteresse (der „gesellschaftlichen Wohlfahrt") kein Gegensatz besteht. Das Streben nach einem Maximum individueller Freiheit, die als naturgemäße Norm menschlichen Zusammenlebens gilt, bezeichnet Smith als Liberalismus.

> Die Leitsätze und Ziele des ökonomischen Liberalismus sind:
> - Die Freiheit vom Staat. Jeglicher Staatseingriff in die Wirtschaft wird abgelehnt; der Staat hat sich auf genau abgegrenzte Tätigkeitsbereiche zu beschränken (z.B. Sicherung der Rechtsordnung, Landesverteidigung). Träger aller wirtschaftlichen Handlungen ist das Individuum, das in freier Selbstbestimmung und wirtschaftlicher Selbstverantwortung über seine vom Eigeninteresse gelenkten Handlungen entscheidet.
> - Die Freiheit im Staat. Zur Sicherung dieser Selbstbestimmung und Handlungsfreiheit gehören folgende Rechte:
>   – die freie Verfügbarkeit über das Eigentum
>   – die freie Verfügbarkeit über die eigene Arbeitskraft
>   – das Recht auf Niederlassungs- und Gewerbefreiheit
>   – das Recht auf Vertragsfreiheit.

5.1 Der Klassisch-Neoklassische Gedanke

> - Die Durchsetzung des Freihandels. So wie auf dem Binnenmarkt die freie Konkurrenz als Voraussetzung für die Wohlstandsoptimierung aller Wirtschaftssubjekte angesehen wird, kann auch im Außenhandel nur der freie Verkehr zwischen den Staaten den Menschen die größtmögliche Wohlfahrt bringen.

Dabei spielt der Gedanke an eine naturgesetzlich-mechanistisch gestaltete Ordnung eine große Rolle. Dieser Prozess wird gelenkt durch eine „unsichtbare Hand". Die „natürlichen" Preise, Löhne, Zinsen usw. sind die wahren durch objektive Bestimmungsgründe determinierten Größen; die kurzfristigen Marktpreise, -löhne, -zinsen usw. „gravitieren" um die natürliche, objektiv festgelegten Werte und sind nur von sekundärem Interesse. Die Entstehung des ökonomischen Liberalismus in England war eine „Revolution des Wirtschaftsdenkens". Der Freiheitsgedanke fand hier seine klassische Ausformulierung für das Wirtschaftsleben.

Ein Vergleich der ersten Veröffentlichung seines Werkes „Theory of Moral Sentiments" (1759), das Smith noch als Professor der Moralphilosophie in Glasgow schrieb, mit dem später erschienenen Buch „Wealth of Nations" (1776) zeigt, dass viele Grundthesen wie auf Sympathie beruhende Harmonie des Wirtschaftslebens, der Interessenausgleich trotz Eigennutz u.a. in dem späten Werk nur noch in abgeschwächter Form vorkommen. Smith selbst sieht sich als Realist, der zahlreiche Ausnahmen zugeben kann, ja auch Zölle in bestimmten Fällen zugesteht. Gerade diese Kenntnis sowie die Beachtung historischer Wirklichkeit in Verbindung mit deduktiv-theoretischer Durchdringung der Zusammenhänge lassen sein Buch lebendig und den Zeitgenossen glaubwürdig erscheinen. Die ureigenste Leistung seines Werkes „Wealth of Nations" ist die Darstellung der Wirtschaft als Inbegriff von Tauschvorgängen. Tausch- und Wertgesetze, die Grundlagen der Preisbildung, sind ein zentrales Thema. Auch wenn für Smith als Reichtumsquelle die Arbeit im Vordergrund steht, geht er vom Zusammenwirken der drei Produktionsfaktoren Arbeit, Kapital und Boden aus, die mit den ihnen zufließenden Einkommen, Lohn, Zins und Rente, die klassische Gliederung bilden. Ein weiterer Schwerpunkt seiner Untersuchungen ist die Arbeitsteilung. Diese sieht Smith als wesentliche Ursache für eine höhere Produktivität an. Die Arbeitsteilung folgt aus dem Handel und ist mit diesem untrennbar verbunden. Die natürliche Grenze der Arbeitsteilung ist daher die Größe des Marktes. Der Handel beruht nach seiner Überzeugung nicht auf Wohlwollen, sondern auf Eigennutz. Das mag man bedauerlich finden, jedoch sieht er den Warentausch als wesentlich würdevoller an, als „wie ein Hund beim Herrn um Almosen betteln zu müssen". Wesentlich ist für Smith letztlich, dass arbeitsteilige und Handel treibende Gesellschaften ein höheres Einkommen erwirtschaften als andere. Der Wettbewerb hat dabei eine zentrale Bedeutung: Der Monopolist versorgt den Markt ständig mangelhaft und fordert den Preis, den man aus den Käufern herauspressen kann, während der Wettbewerb zum niedrigsten Preis führt, den der Verkäufer noch hinnehmen kann, ohne aus dem Markt ausscheiden zu müssen. Smith sieht, was Arbeiter,

Tagelöhner, Dienstboten in England seiner Zeit leisten mussten und wie sie litten. Er plädierte daher für die Legalisierung von Arbeiterorganisationen und für den Arbeitsschutz. Mit seiner Vorstellung, dass im freien Spiel der Kräfte am Markt eine „unsichtbare Hand" zur allgemeinen Harmonie der Interessen führt, weist Smith der Marktwirtschaft die letztlich entscheidende Rolle in der Vollendung einer natürlichen Ordnung zu. Jeder Staatseingriff kann dabei nur schaden. Allerdings muss dieser „Antriebsmotor" des Eigennutzes sehr wohl durch Gerechtigkeitserwägungen, durch ein Gefühl für das „sittlich Richtige" eingeschränkt werden. Smith sieht seine wesentliche Aufgabe darin, dem merkantilistischen System eine bessere Wirtschaftsordnung entgegenzusetzen.

> Zusammengefasst, besteht das Wirtschaftssystem von Adam Smith aus vier Hauptsäulen bzw. Erkenntnissen:
> 1. Alle Marktakteure handeln individuell Gewinn maximierend
> 2. Angebot und Nachfrage regeln den Preis
> 3. Der Markt wirkt „wie durch eine unsichtbare Hand" sozialverträglich regulierend
> 4. Der Staat wirkt nur indirekt am Markt, indem er für die Bereitstellung der öffentlichen Güter zuständig ist und die Rahmenbedingungen und Rechtsordnung schafft.

Dem Staat kommen dabei vier zentrale Aufgaben zu:
1. Organisation der Landesverteidigung
2. Schutz jedes Mitgliedes der Gesellschaft vor Ungerechtigkeit und/oder Unterdrückung
3. Errichtung und Unterhaltung von öffentlichen Anstalten, deren Einrichtung oder Erhaltung durch private nicht möglich wären, aber dennoch für die Allgemeinheit bedeutsam sind. Beispiele sind das Unterrichts- und Transportwesen
4. Durchsetzung des Privateigentums.

Die zentrale Funktion des Staates ist, das Privateigentum vor Übergriffen zu schützen. Damit gehörte Smith zu den ersten Vertretern des Nachtwächterstaates.

Die Produktionsfunktion

In einem Unternehmen werden Güter durch das Zusammenspiel von drei Produktionsfaktoren erstellt: Arbeit, Kapital und Boden. Die Arbeit besteht aus den Leistungen der Arbeiter und Angestellten. Die Leistung des Unternehmers wird aus dem erwirtschafteten Gewinn entlohnt. Das Kapital umfasst alle (reproduzierbaren) Güter, die für den Produktionsprozess notwendig sind. In erster Linie sind dies Maschinen, Anlagen und Gebäude. Der Boden ist die Gesamtheit aller

5.1 Der Klassisch-Neoklassische Gedanke

nichtreproduzierbaren sächlichen Produktionsfaktoren. Im Wesentlichen sind dies der Boden an sich, aber z.B. auch Erzlager und Ölquellen.

Die Produktionsfunktion ist wie folgt definiert[1]:

$$Y = Y(A, \overline{K})$$

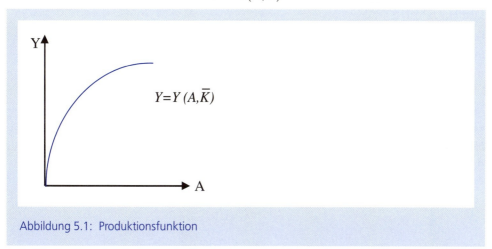

Abbildung 5.1: Produktionsfunktion

Die Produktionsfunktion zeigt den Zusammenhang zwischen dem Faktoreinsatz und der Güterproduktion. Die Kurve der Produktionsfunktion verläuft bei höherem Arbeitseinsatz flacher, was durch die Abnahme des Grenzprodukts begründet ist. Das Grenzprodukt ist der Zuwachs an Produktmenge, der durch eine zusätzliche Einheit an Faktoreinsatz erzielt wird. Die Abnahme des Grenzprodukts ist also eine Eigenschaft der Produktionsfunktion und sagt aus, dass die Zunahme der Produktionsmenge mit zunehmender Menge an Faktoreinsatz kleiner wird. Vor diesem Hintergrund ließe sich zeigen, dass Gewinn maximierende Unternehmen bei vollständiger Konkurrenz im Bereich fallender Grenzerträge produzieren.

Die Unternehmen

In der Klassisch-Neoklassischen Theorie handelt ein idealtypisches Unternehmen Gewinn maximierend. Der geplante nominale Gewinn entspricht dabei der Differenz von Umsatzerlösen sowie Arbeits- und Kapitalkosten. Dies zeigt die folgende Formel:

$$\text{Gewinn} = p * Y^S - ((l/p) * p) * A^D - i * B^S$$

Das idealtypische Unternehmen verhält sich auf den Märkten als Mengenanpasser d.h. es nimmt das Preisniveau, den Nominallohn und den Zins als gegebene Größen und wählt die Mengen so, dass der Gewinn maximiert wird. Im Fall der Arbeitsnachfrage bewirkt jede Zunahme des Reallohns einen Rückgang der Arbeitsnachfrage.

---

[1] Die Funktionsweise der neoklassischen und keynesianischen Modelle werden in den Standardlehrbüchern zur Makroökonomik ausführlich dargestellt. Dementsprechend wird hier auf Standardlehrbücher, wie z.B. Felderer, B., Homburg, S. (2005) oder auch Bofinger, P. (2003) verwiesen.

Diese ist wie folgt definiert:

$$A^D = A^D(l/p)$$
$$(-)$$

Die Haushalte

Der idealtypische Haushalt handelt nutzenorientiert und bezieht sein Einkommen aus Lohn-, Zins-, und Gewinneinkommen. Dies stellt folgende Gleichung dar:

$$p * Y = l/p * A^S + i * B^D + \text{Gewinn}$$

Bei der Wahl seines Arbeitsangebotes wägt der idealtypische Haushalt auf Basis seiner individuellen Nutzenfunktion die Vorteile der Einkommenserzielung mit den Nachteilen des Verzichtes auf Freizeit ab. Jede Zunahme des Reallohns bewirkt dabei eine Erhöhung des Arbeitsangebotes.

Daraus ergibt sich die Arbeitsangebotsfunktion:

$$A^S = A^S(l/p)$$
$$(+)$$

Der Arbeitsmarkt

Auf dem Arbeitsmarkt trifft die Arbeitsnachfrage der Unternehmen auf das Arbeitsangebot der Haushalte. Daraus kann die tatsächliche Beschäftigung sowie der Reallohn ermittelt werden. Da aus Klassisch-Neoklassischer Sicht Vollbeschäftigung besteht und das Preisniveau gegeben ist, ist der Nominallohn die entscheidende Größe, damit Angebot und Nachfrage übereinstimmen. Besteht auf dem Arbeitsmarkt aufgrund eines zu hohen Nominallohns ein Angebotsüberschuss, d.h. Arbeitslosigkeit, werden einige der Arbeitslosen dazu bereit sein, zu einem

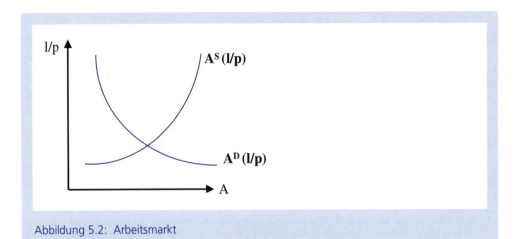

Abbildung 5.2: Arbeitsmarkt

geringeren Nominallohn zu arbeiten, so dass sie die Erwerbstätigen unterbieten. Alternativ könnten die Arbeitgeber eine Nominallohnsenkung durchsetzen. Beide Varianten führen beim gegebenen Preisniveau zu einem Anpassungsprozess, bei dem der Reallohn so lange sinkt, bis ein Gleichgewichtslohn erreicht ist und Vollbeschäftigung besteht. Im umgekehrten Fall eines zu niedrigen Lohnniveaus müssten die Unternehmen sich gegenseitig um den Reallohn der wenigen Arbeitskräfte überbieten, bis das Gleichgewicht gefunden ist. In der Klassisch-Neoklassischen Theorie kann es also nicht zu unfreiwilliger Arbeitslosigkeit kommen, da der Lohnmechanismus zu einem Gleichgewicht von Angebot und Nachfrage führt.

Der Kapitalmarkt

Auf dem Kapitalmarkt werden Wertpapiere von Unternehmen angeboten die von Haushalten nachgefragt werden. Die Nachfrage von Unternehmen nach Kapital für Investitionen ist abhängig vom Zins. Die Nachfrage nach Kapital steigt wenn der Zins sinkt, bzw. sinkt wenn der Zins steigt. Daraus ergibt sich die Investitionsfunktion der Unternehmen:

$$I = I(i) \atop (-)$$

Die Sparfunktion der Haushalte kann mit dem realen Kapitalangebot gleichgesetzt werden. Das Angebot an Kapital steigt wenn der Zins steigt bzw. sinkt wenn der Zins sinkt. Die Sparfunktion der Haushalte ist die folgende:

$$S = S(i) \atop (+)$$

Daraus ergibt sich ein Gleichgewicht auf dem Kapitalmarkt:

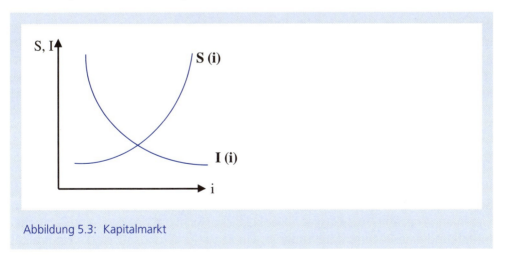

Abbildung 5.3: Kapitalmarkt

Aus Klassischer Perspektive sind Sparen und Investieren identische Vorgänge. Die Haushalte leisten durch Sparen einen Konsumverzicht. Sie verzichten auf den Verbrauch physischer Produktion. Diesen Teil der Produktion übertragen sie im

Austausch gegen eine Forderung (Wertpapier) an die Unternehmen, und die Unternehmen schließlich verwenden die so erhaltenen Güter zur Investition.

Dabei werden Sparen und Investieren durch den Zinsmechanismus ins Gleichgewicht gebracht. Der natürliche Zins, ist der Zins, der die Übereinstimmung von Angebot und Nachfrage bewirkt.

$$I(i) = S(i)$$

Der Gütermarkt

Der Gütermarkt ist der Ort an dem Güterangebot, Investitions- und Konsumnachfrage aufeinander treffen. Die Übereinstimmung von Güterangebot und Güternachfrage entspricht einem Gütermarktgleichgewicht.

$$Y^S(l/p) = C(i)+I(i)$$

Die beiden Sektoren einer Volkswirtschaft, Unternehmen und Haushalte, haben auf dem Gütermarkt die folgenden Entscheidungen zu treffen. Die Unternehmen entscheiden über das Güterangebot, die Arbeitsnachfrage und die Investitions- bzw. Kapitalnachfrage. Die Haushalte entscheiden über die Konsumnachfrage, das Arbeitsangebot und die Ersparnis, bzw. das Kapitalangebot. Die Unternehmen setzen nun ihre Investitionen und Arbeitsnachfrage fest und bestimmen zugleich ein Güterangebot. Die Haushalte entscheiden mit der Wahl des Arbeitsangebotes und der Ersparnis zugleich über den Konsum. Daraus folgt, dass wenn die Arbeitsnachfrage der Unternehmen mit dem Arbeitsangebot der Haushalte und die Kapitalnachfrage mit dem Kapitalangebot übereinstimmen, dann müssen die Güternachfrage und das Güterangebot ebenfalls übereinstimmen. Das Gleichgewicht auf dem Gütermarkt entsteht also durch ein Gleichgewicht auf dem Arbeits- und Kapitalmarkt. Entsteht auf einem der drei Märkte ein Ungleichgewicht, z.B. ein Überschussangebot, dann muss auf mindestens einem anderen Markt eine Überschussnachfrage bestehen, sodass die Summe der Überschussnachfragen und Überschussangebote verschwindet (Gesetz von Walras). Im Klassisch-Neoklassischen Modell ist eine Nachfragelücke auf dem Gütermarkt somit nicht möglich. Es ist wiederum der Zinsmechanismus, der Angebot und Nachfrage auf dem Kapital- und Gütermarkt in Übereinstimmung bringt.

Quantitätstheorie des Geldes

In der Quantitätstheorie des Geldes ist Geld in erster Linie Warengeld (z.B. Gold, Silber, und Edelmetallmünzen). Wechsel oder Banknoten werden dabei nicht zur Geldmenge gezählt. Aus Klassisch-Neoklassicher Sicht hat das Geld eine Zahlungsmittel- und eine Rechenmittelfunktion. Ein zentraler Grundsatz ist die Neutralität des Geldes, wonach das Geld lediglich einen Schleier über die realen Vorgänge bildet und keinen Einfluss auf das reale Geschehen einer Volkswirtschaft hat. Da Geld nur ein Tauschmittel ist, kann es als „Schmiermittel" ohne weitere Funktion angesehen werden. Es ist davon auszugehen, dass ein Produzent sein gesamtes

5.1 Der Klassisch-Neoklassische Gedanke

Einkommen wieder zum Kauf von Gütern verwenden wird. Das gilt selbst dann, wenn der Unternehmer seine Einnahmen zur Bank bringt, anstatt sie für Güterkäufe zu verwenden. Offensichtlich liegt es im Interesse der Bank, das Geld auszuleihen, in erster Linie an Unternehmen. Dadurch wird die Ersparnis wiederum nachfragewirksam, denn die Unternehmen fragen mit dem geliehenen Geld Investitionsgüter nach. Der Mechanismus des Zinses bringt dabei Angebot und Nachfrage von Leihkapital zum Ausgleich. Wird z.B. mehr gespart, als die Unternehmen investieren wollen, so muss der Zins sinken. Nach klassischer Auffassung senkt dies den Anreiz zu sparen und erhöht gleichzeitig den Anreiz zu investieren. Im Fall, dass Leute ihr Geld nicht zur Bank bringen und „unter das Kopfkissen legen" oder, dass die Banken das Geld nicht sofort ausleihen (z.B. da sie höhere Zinsen erwarten) sammelt sich Liquidität an, die nicht nachfragewirksam werden kann. In diesem Fall werden die Preise einfach sinken. Mit der verringerten Geldmenge könnten wiederum die gleichen Gütermengen gehandelt werden und auch an den relativen Preisen würde sich nichts ändern. Nur das absolute Preisniveau, also der Durchschnittspreis aller Güter, wäre dann entsprechend niedriger als vorher. Infolgedessen führt jede Änderung der Geldmenge zu reinen Preisanpassungen. Dieser Mechanismus beschreibt die klassische Dichotomie, d.h. die monetären und realen Größen einer Volkswirtschaft sind unabhängig voneinander.

Die Quantitätstheorie des Geldes erklärt auch die Höhe der Geldpreise bzw. das Preisniveau. Der Grundgedanke ist, dass eine Vermehrung von Gold und Silber die Güterpreise in die Höhe treiben. Weiter verfolgt hat diesen Gedanken Irving Fisher (1867–1947) der insbesondere die Umlaufgeschwindigkeit des Geldes als Erklärungskomponente hinzufügte. Demnach hängt das finanzierbare Transaktionsvolumen nicht nur von der Menge des umlaufenden Geldes ab, sondern auch wie oft ein Geldstück den Besitzer wechselt. Besteht der Geldumlauf beispielsweise aus 100 Geldstücken und wird jedes Geldstück zweimal pro Jahr für Zahlungszwecke verwendet, entspricht dies einem Transaktionsvolumen von 200 Geldstücken. Werden nun insgesamt 50 Güter gehandelt, beträgt der durchschnittliche Preis je Gütereinheit 4 Geldstücke. Diese Beziehung wird als Fisher'sche Verkehrsgleichung bezeichnet.

$$M * V = T * p$$

Da das Transaktionsvolumen als Mengengröße statistisch schwer zu erfassen ist, wird als Alternative oftmals das reale Bruttoinlandsprodukt verwendet:

$$M * V = Y^R * p$$

In etwas anderer Form wird diese Gleichung auch als Cambridge-Gleichung oder einfach als Quantitätsgleichung bezeichnet.

Alfred Marshall und Arthur C. Pigou formulierten die Fisher'sche Vergleichsgleichung um, in dem sie die Geldumlaufgeschwindigkeit gleichsetzten mit dem reziproken Wert der durchschnittlichen Kassenhaltungsdauer (k) : $V = 1/k$. Sie nehmen dabei an, dass die Größen die auf die Kassenhaltungsdauer einwirken, z.B. die Zahlungsgewohnheiten der Wirtschaftssubjekte, kurzfristig konstant sind.

Daraus folgt:

$$M = k * p * Y \quad \text{bzw.} \quad M = k * Y^R * p$$

Im Prinzip sind die Cambridge-Gleichung und die Fisher'sche Verkehrsgleichung identisch, da die Umlaufgeschwindigkeit des Geldes per Definition, mit dem reziproken Wert der durchschnittlichen Kassenhaltungsdauer übereinstimmt. Allerdings ermöglicht die Cambridge-Gleichung eine mikroökonomisch und verhaltenslogisch begründete Erklärung der Geldnachfrage, während sich die Fisher'sche Verkehrsgleichung auf den technischen Begriff der Umlaufgeschwindigkeit bezieht, die als nicht veränderbare Größe erscheint.

Betrachtet man nun die Quantitätsgleichung etwas näher, ist deutlich erkennbar was passieren wird, wenn die Geldmenge stärker steigt als das reale Transaktionsvolumen. Bei einer unveränderten Umlaufgeschwindigkeit des Geldes müssen zwangsläufig die Preise steigen, d.h. es kommt zu Inflation. Steigt umgekehrt die Geldmenge weniger stark als das Transaktionsvolumen oder sinkt diese sogar, so kommt es zu sinkenden Güterpreisen, d.h. es kommt zur Deflation.

Die Quantitätsgleichung ermöglicht somit eine Erklärung der Weltwirtschaftskrise in den 1930er Jahren. Die Geldmenge war aufgrund des Börsenkrachs und der nachfolgenden Bankenzusammenbrüche stark gesunken. Die Güterpreise fielen entsprechend und es kam zu einer allgemeinen Deflation. Jedoch konnten die Preise nicht annähernd so stark sinken wie die Geldmenge, da die Löhne und die Zinsen auf das Fremdkapital der Unternehmen vertraglich fixiert waren. Demnach mussten bei gegebener Umlaufgeschwindigkeit des Geldes das reale Transaktionsvolumen und damit auch das Sozialprodukt zurückgehen. Aus Unternehmenssicht ist dies einleuchtend: Wenn die gesamtwirtschaftliche Kaufkraft abnimmt, die Kosten aber nicht entsprechend gesenkt werden können, muss es zu Absatzeinbußen und Arbeitslosigkeit kommen.

Das Say'sche Theorem

Jean-Baptiste Say legte in seiner Abhandlung „Traité d'economie politique" im Jahr 1803 dar, wie Reichtum entsteht, verteilt und verbraucht wird. Sein Werk verfügt über einen zentralen Baustein der klassischen Nationalökonomie: Das Saysche Theorem. Darin wird das Geld als ein Schleier angesehen, durch den die wahren realwirtschaftlichen Vorgänge verhüllt werden. Produkte kauft man nur gegen Produkte, jedes Angebot schafft sich seine Nachfrage. Eine allgemeine Überproduktion und demnach eine allgemeine Arbeitslosigkeit sind daher unmöglich. Es kann nur zu einer teilweisen Überproduktion kommen, die an anderer Stelle der Volkswirtschaft einer Unterproduktion entspricht (Theorie der verstopften Absatzwege). Demnach ist das Geld nur ein Tauschmittel, durch das die Tauschakte (Ware gegen Ware) in zwei halbe Kaufakte (Ware gegen Geld, Geld gegen Ware) getrennt werden. Jeder Produzent bietet soviel an, wie er nachfragt. Eine gesamtwirtschaftliche Ungleichheit von Warenangebot und Warennachfrage kann somit nicht auftreten.

Gründe für Wirtschaftskrisen sind nicht in einer falschen Geldpolitik zu suchen. Die wirklichen Gründe einer Rezession sind vielmehr in der Produktion zu finden (beispielsweise durch zu hohe Preise, falsche Produkte, ungenügende Qualität). Eine Rezession zeigt, dass die Proportionen des Warenangebots nicht stimmen. Diesem Zustand kann nur durch eine angebotsorientierte Wirtschaftspolitik entgegengewirkt werden. Insbesondere dem Unternehmer kommt hier eine entscheidende Bedeutung zu. Der Unternehmer, „Entrepreneur", ist der einzige Schöpfer von Wohlstand, vorausgesetzt, der Staat hindert ihn nicht daran. Steuern sind ein wesentliches Hindernis für die Entwicklung einer Volkswirtschaft. Wer zu hoch belastet wird, kann weniger Geld ausgeben. Sinkt die Nachfrage, sinkt auch die Produktion und dies führt zu sinkenden Steuereinnahmen des Staates. Würde der Staat die Steuern senken, würde dies zu höheren Produktionsvolumina und Steuereinnahmen führen.

5.1.3 Das Klassisch-Neoklassische Totalmodell

Aus den vorangegangenen Erläuterungen kann nun das Klassisch-Neoklassische Totalmodell aufgestellt werden (vgl. Abb. 5.4). Darin fließen ein:
- Arbeitsnachfragefunktion
- Arbeitsangebotsfunktion
- Produktionsfunktion
- Sparfunktion
- Investitionsfunktion
- Cambridge-Gleichung

Quadrant I zeigt den Arbeitsmarkt. Die Kurven zeigen das Arbeitsmarktgleichgewicht (A_0).
Quadrant II bildet die Produktionsfunktion und führt zum Realeinkommen Y_0.
Quadrant III zeigt den Geldmarkt. Die abgebildete Hyperbel erhält man aus der Cambridge Gleichung.
Quadrant IV bildet die vorgegebenen Größen Reallohn und Preisniveau ab.
Quadrant V zeigt den Kapitalmarkt.

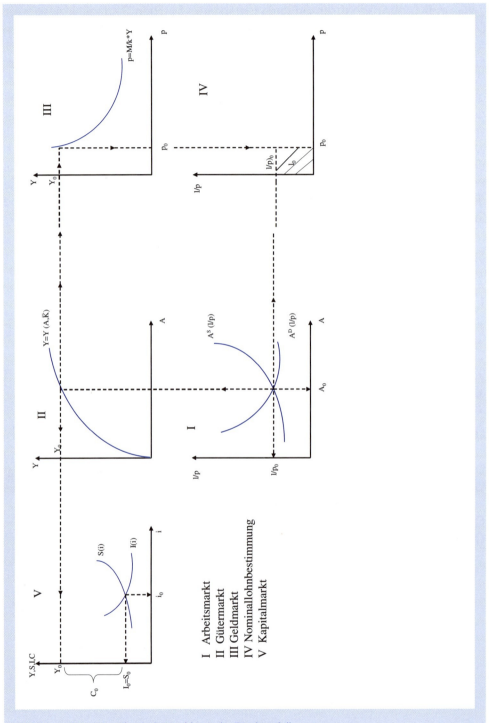

Abbildung 5.4: Das Klassisch-Neoklassische Totalmodell
Quelle: in Anlehnung an Hohlstein, M. (1988), Tübingen

5.2 Der Keynesianische Gedanke

5.2.1 Die Person John Maynard Keynes (1883–1946)

Am 5. Juni 1883 wurde John Maynard Keynes in Cambridge (England) geboren. Seine Mutter, Florence Ada Brown, war die Bürgermeisterin der Stadt, sein Vater, John Neville Keynes, war ein sehr bekannter Ökonomiemethodiker und Ökonomieprofessor an der hoch renommierten Universität Cambridge. Keynes Eltern ermöglichten den beiden Geschwistern und John Maynard eine erfolgreiche schulische Ausbildung sowie viele gesellschaftliche Vorteile wie z.B. Ferienreisen und die Teilnahme an den gesellschaftlichen Verpflichtungen der Eltern. Ab dem 14. Lebensjahr besuchte Keynes die Privatschule Eaton, an der er im Fach Mathematik sehr erfolgreich war.

Am King's College studierte Keynes zunächst Philosophie, Mathematik und Geschichte, anschließend Nationalökonomie. Alfred Marshall (1842–1924) und Arthur Cecil Pigou (1877–1959) lehrten ihn im Fach Ökonomie. Nach der erfolgreichen Beendigung seines Studiums fand Keynes 1906 eine Anstellung im Indien Ministerium. Er fühlte sich dort unterfordert, sodass er an das King's College zurückkehrte und eine Lehrtätigkeit übernahm. Keynes wollte promovieren, um anschließend eine Professorenstelle zu übernehmen. Aber seine mathematisch orientierte Dissertation „Treatise of Probability" stieß nicht auf das Interesse der Professoren und er bekam eine Absage. Er blieb Fellow[2] des King's-College Cambridge und wurde – trotz seiner Bedeutung als Ökonom – nie zum ordentlichen Professor berufen.

Im Jahr 1911 begann Keynes eine Herausgebertätigkeit des „Economic Journal" in Cambridge. Als 1933 **Milton Friedman** einen Beitrag in dem Journal veröffentlichen wollte, lehnte Keynes diesen ab, worauf eine lebenslange Gegnerschaft folgte. Von 1913 bis 1945 war Keynes als Sekretär der Royal Economic Society beschäftigt. Die Anstellung am Finanzministerium befreite ihn vom Kriegsdienst. Als Vertreter des britischen Schatzamtes führte Keynes die britische Delegation bei den Versailler Verhandlungen an. Unter Protest trat er von seinem Posten in der Delegation zurück, weil er die Reparationsforderungen gegenüber Deutschland nicht vertreten konnte. Mit seinem Buch **„The Economic Consequences of Peace"** kritisierte Keynes 1919 die Zahlungen ökonomisch gesehen als maßlos überfordert.

Neben seinen Tätigkeiten im Bereich Wirtschaft und Finanzen wurde Keynes Leiter einer Versicherung und gründete ein Theater. Durch seine Liebe zur Kunst lernte er die russische Ballettänzerin und Prima Ballerina Lydia Lopokowa kennen, die er 1925 heiratete. Die Flitterwochen in Russland brachten ihm weitere ökonomische Praxiserfahrungen. Durch Spekulationsgewinne baute Keynes sich ein

---

[2] Der Titel Fellow (*Gleichgestellter* bzw. *Gefährte*) bezeichnet im angelsächsischen Hochschulbetrieb ein (nicht im juristischen Sinn) zur Körperschaft gehörendes Mitglied.

Vermögen auf, mit dem er sich mehrere Wohnungen und andere Kostbarkeiten leisten konnte.

1930 veröffentlichte Keynes sein Werk **„A Treatise of Money"**, in dem er die bestehenden makroökonomischen Theorien in Frage stellte. Trotz Kritik in der Fachwelt setzen sich die Überlegungen von Keynes durch. Sein Hauptwerk mit dem Originaltitel **„The General Theory of Employment, Interest and Money"** veröffentlichte er 1936. Seine Theorien riefen eine nachhaltige und kontroverse Diskussion hervor und machten ihn zum Begründer einer neuen Denkrichtung der Nationalökonomie, die nach ihm benannt wurde – **Keynesiansimus**.

Die Weltwirtschaftskrise prägte Keynes. Er versuchte seine Kollegen von einer neuen Wirtschaftsordnung zu überzeugen, in der der Staat eine entscheidende Rolle spielt.

Nachdem sich Keynes 1940 von einem Herzinfarkt erholt hatte, wurde er ein Jahr später Berater der britischen Regierung zum Thema „Zweiter Weltkrieg" und zugleich Leiter der Bank of England. 1942 wurde er als „1st Baron Keynes of Tilton" von König George VI. in den Adelsstand erhoben. Er vertrat sein Land auf der Währungskonferenz in **Bretton Woods**, wo die internationale Finanzpolitik der Nachkriegszeit geplant wurde.

5.2.2 Die Konjunkturtheorie des Keynesianismus

Den historischen Hintergrund von Keynes Hauptwerk „The General Theory of Employment, Interest and Money" bilden seine Beobachtungen zur Weltwirtschaftskrise, die durch den Börsenkrach im Oktober 1929 an der New Yorker Börse ausgelöst wurde und sich schnell über die ganze Welt verbreitete. Die katastrophalen wirtschaftlichen und politischen Folgen zeigten sich u.a. in einem massiven Einbruch der weltweiten Industrieproduktion, Massenarbeitslosigkeit, Deflation und begünstigten radikale Bewegungen wie den Nationalsozialismus.

Die Diskrepanz zwischen dem Klassisch-Neoklassischen Vertrauen in die Selbstheilungskräfte einer marktwirtschaftlichen Ordnung und der weltweiten Depression Ende der 1920er bzw. Anfang der 1930er Jahre führte dazu, dass viele Ökonomen Arbeitsbeschaffungsmaßnahmen und andere Formen aktiven staatlichen Handelns forderten. In der damaligen Zeit glich dies einem Angriff gegen die Klassisch-Neoklassische ökonomische Lehre, deren Dogma verlangte, dass der Staat die Wirtschaft nicht antasten, geschweige denn – über gezielte Vergabe von Aufträgen – lenken oder gar von sich abhängig machen darf.

Es fehlte eine Theorie die erklärte, weshalb die wirtschaftliche Entwicklung so desaströs verlief und aus der sich staatliches Handeln überzeugend begründen ließ. Mit seiner „General Theory" wollte Keynes diese Lücke schließen, in dem er nicht die Preisrelation und Preisanpassung in den Mittelpunkt der Betrachtung stellte, sondern die Gesamtnachfrage nach Waren und Dienstleistungen. Das Ziel von Keynes war es, die Klassisch-Neoklassische Theorie als falsch zurückzuweisen und eine kreislauftheoretische Erklärung der Krise an ihre Stelle zu setzen.

5.2 Der Keynesianische Gedanke

> Die wesentlichen Aussagen der „General Theory" sind:
> - Das marktwirtschaftliche System tendiert auch bei flexiblen Preisen und Löhnen nicht automatisch zu Vollbeschäftigung.
> - Das marktwirtschaftliche System kann auch langfristig in einem Gleichgewicht bei Unterbeschäftigung verharren.
> - Die Güternachfrage bestimmt das Niveau von Produktion und Beschäftigung – mit Ausnahme des speziellen Falls der Vollbeschäftigung.
> - Die Investitionen bestimmen Realeinkommen und Ersparnis und nicht umgekehrt.
> - Schwankungen der Investitionstätigkeit und damit der Beschäftigung können nicht vom privaten Sektor durch flexible Preise und Löhne ausgeglichen werden.
> - Um die gesamtwirtschaftliche Nachfrage wieder auf das Niveau der Vollbeschäftigung zurückzuführen, bedarf es einer indirekten geld- und fiskalpolitischen Globalsteuerung der Investitionen und der Konsumgüternachfrage.
> - Staatsausgaben und -einnahmen müssen konjunktur-politisch eingesetzt werden, um Realeinkommen und Beschäftigung zu steuern.

5.2.3 Das allgemeine Keynesianische Totalmodell

Die effektive Nachfrage

Als effektive Nachfrage versteht Keynes die kaufkräftige aggregierte Güternachfrage in der Volkswirtschaft, welche die inländische Nachfrage nach Konsum- und Investitionsgütern sowie die Nachfrage des Auslands umfasst.

Die Zahl der Beschäftigten in einer Volkswirtschaft wird von der Menge an Gütern und Dienstleistungen bestimmt, die die Unternehmen zu verkaufen erwarten. Entsprechend dieser Güternachfrage produzieren sie und beschäftigen sie Arbeitskräfte. Entscheidend für die Zahl der Beschäftigten ist also die effektive Nachfrage, die Unternehmen annehmen und die sie in ihrer Produktionsplanung berücksichtigen.

Keynes stellt somit das Saysche Theorem, wonach sich jedes Angebot seine Nachfrage schafft, vollständig in Frage. Vielmehr wird die Produktion von der Absatzseite bestimmt. Ist die effektive Nachfrage zu gering, wird die Produktion von der Absatzseite begrenzt. Dies führt zu sinkenden Einkommen und einer weiter sinkenden effektiven Nachfrage bis gegebenenfalls ein Unterbeschäftigungsgleichgewicht erreicht ist. Demnach kommt Keynes zur Schlussfolgerung: Die Nachfrage schafft sich ihr Angebot, nicht umgekehrt.

Die Konsumnachfrage

Der reale Konsum der privaten Haushalte, als erste Komponente der effektiven Nachfrage, ist entscheidend vom laufenden Realeinkommen abhängig. Das Realeinkommen der Haushalte ergibt sich aus Löhnen, Zinsen, Gewinnen und Transfereinkommen, die dem Verbraucher inflationsbereinigt zufließen.

Im Gegensatz zur Klassisch-Neoklassischen Theorie, in der der Konsum und das Realeinkommen gleichzeitig gemäß der Präferenzen und der Preissignale geplant werden, ist für Keynes das Realeinkommen die einzig bedeutsame und kurzfristig veränderbare Einflussgröße. Daneben gibt es weitere Einflussgrößen wie z.B. die Spanne zwischen Brutto- und Nettoeinkommen, die Änderung von Vermögenswerten, die Änderung der Zeitpräferenz, der Zinssatz, die Einkommensverteilung sowie die Erwartung über zukünftige Einkommensentwicklung, die in seiner Theorie jedoch vernachlässigt werden sollen.

Daraus lässt sich folgende Konsumfunktion aufstellen:

$$C = C(Y)$$

Prinzipiell stehen den privaten Haushalten zwei Möglichkeiten offen, ihr Realeinkommen zu verwenden: Sie können es sparen oder für den Konsum verwenden.

Dies lässt sich wie folgt darstellen:

$$Y = C+S$$

Würde das gesamte Einkommen ausschließlich für Konsum ausgegeben werde, so läge die Konsumneigung bei 100 % und die Sparneigung bei 0 %. Dies ist aber aller Wahrscheinlichkeit nach nur in Haushalten so, die über ein relativ geringes Einkommen verfügen. Sie benötigen ihr gesamtes Einkommen für notwendige Ausgaben. Haushalte mit hohen Einkommen weisen meist eine höhere Sparquote auf. Sie sind eher in der Lage Geld auf die Seite zu legen.

Eine besondere Rolle spielt die Grenzneigung zum Konsum:

Der Konsum nimmt bei einer Einkommenserhöhung stets zu, allerdings fällt die absolute Konsumzunahme stets geringer aus als die Einkommenserhöhung. Beispielsweise würde bei einer marginalen Konsumneigung von 0,7 eine Einkommenserhöhung um 100 Euro zu einer Konsumzunahme von 70 Euro führen.

Der Verzicht auf Konsum, das Sparen, lässt sich wie folgt definieren:

$$S = Y - C$$

Sparen bedeutet nicht, wie die Klassisch-Neoklassische Theorie annimmt, dass dadurch langfristige Investitionen ausgelöst werden: Da bei einer erhöhten Sparquote der Zinssatz für geliehenes Geld sinkt, müsste dies durch eine erhöhte Investitionsnachfrage kompensiert werden. Wäre dies tatsächlich der Fall, könnte damit der durch das Sparen bedingte Konsumausfall aufgefangen werden (Gesamtnachfrage = Konsumnachfrage + Investitionsnachfrage). Dazu besteht oftmals keine Notwendigkeit. Da durch das Sparen zunächst einmal die effektive

5.2 Der Keynesianische Gedanke

Nachfrage ungünstig beeinflusst wird, erhalten die Unternehmen kein Signal ihre Investitionen zu erhöhen, sondern vielmehr ein Signal weniger zu produzieren. Infolgedessen wird die entstandene Nachfragelücke durch eine Verminderung der Produktion geschlossen. Daraus folgt eine Verringerung des Einkommens durch Arbeitsplatzabbau oder kürzere Arbeitszeiten. Die Volkswirtschaft stürzt in eine Rezession: Realeinkommen und Beschäftigung sinken. Im Gegensatz dazu, werden Sparen und Investition in der klassisch-neoklassischen Theorie nicht über das Realeinkommen und die Beschäftigung, sondern über den Zinsmechanismus in Übereinstimmung gebracht.

Daraus abgeleitet betrachten viele Ökonomen das Sparen aus volkswirtschaftlicher Sicht nicht mehr als positiv (weil es Investitionen und Wachstum verhindert), sondern als negativ, weil durch das Sparen Nachfrage ausfällt was zu Rezession und Unterbeschäftigung beiträgt.

Die Investitionsnachfrage

Die Investition ist die zweite Komponente der effektiven Nachfrage. Im Gegensatz zur Klassisch-Neoklassischen Theorie beruhen Investitionsentscheidungen laut Keynes nicht ausschließlich auf der gegenwärtigen Grenzproduktivität des Kapitals, sondern auch auf den erwarteten zukünftigen Kapitalerträgen.

Die Grenzproduktivität des Kapitals ist der Diskontierungsfaktor bzw. die Rendite eines Investors, bei dem die diskontierten Einzahlungen exakt der Investitionssumme entsprechen. Der Investor wird die Investition nur dann durchführen wenn die Grenzleistungsfähigkeit des Kapitals größer ist als der Marktzins für einen Bankkredit. Unterschiedliche Investitionsmöglichkeiten können nach diesem Kriterium verglichen werden. Dabei werden die erfolgversprechenden Investitionen zuerst durchgeführt, im Anschluss die weniger vorteilhaften und am Ende die Investitionen die beim aktuellen Marktzins gerade noch vorteilhaft wären. Daraus folgt, dass die Grenzleistungsfähigkeit des Kapitals mit wachsendem Investitionsvolumen abnimmt. Da die Grenzleistungsfähigkeit des Kapitals, zwar vom Marktzins unabhängig ist, sich jedoch an diesem orientiert, lenkt der Marktzins die Grenzleistungsfähigkeit des Kapitals und dadurch das Investitionsvolumen. Demnach hängt die Investitionsnachfrage vom Marktzins ab. Ein hoher Marktzins führt dabei zu einem Rückgang der Investitionsnachfrage, ein niedriger Marktzins führt zu einer Erhöhung der Investitionsnachfrage.

Dies lässt sich wie folgt darstellen:

$$I = I(i) \atop (-)$$

Die Gültigkeit dieser Investitionsfunktion wird nun durch die Zukunftserwartungen der Investitionen beeinflusst. Dies hat zur Konsequenz, dass bei pessimistischen Erwartungen bzw. Unsicherheit die Investitionsnachfrage keinen stabilen Zusammenhang mit dem Marktzins aufweist.

Die Unternehmen tätigen selbst bei niedrigen Marktzinsen keine Investitionen. Dies führt zu einer Liquiditätsfalle in der die Unternehmen es bevorzugen Liquidität zurückzuhalten anstatt zu investieren.

Der Multiplikatoreffekt

Da die Investitionen als sehr instabile Größe gelten, muss das Investitionsvolumen als die kritische Größe im Wirtschaftsprozess angesehen werden. Die Wirkung einer Änderung der Investitionsnachfrage auf das Realeinkommen wird durch den Multiplikatoreffekt dargestellt. Dieser definiert sich mit:

$$m = \frac{1}{1 - C'}$$

Zum Beispiel ergibt sich bei einer angenommenen marginalen Konsumneigung von 0,8 ein Multiplikator von 5. D.h. jede zusätzliche Investitionseinheit erhöht das Realeinkommen um 5 Einheiten. Die Zunahme der Investition führt zu einem Anstieg der Nachfrage und somit zu einer Erhöhung der Produktion. Mit der Produktion erhöht sich das Realeinkommen der privaten Haushalte wiederum um 5 Einheiten. Bei einer marginalen Konsumneigung von 0,8 hat dies Auswirkungen auf die Gesamtnachfrage von 4 Einheiten. Durch den Nachfrageanstieg erhöht sich wiederum das Realeinkommen der privaten Haushalte um 4 Einheiten. Folglich erhöht sich die Konsumnachfrage.

Zusammenfassend kann festgestellt werden, dass Konsumnachfrage und Realeinkommen sich einander in einem Wechselspiel immer weiter nach oben treiben. Allerdings wird sich das Realeinkommen einem neuen Gleichgewicht annähern, da durch zusätzliches Einkommen die marginale Sparneigung zunimmt und somit nicht nachfragewirksam wird. Demnach führt die erhöhte marginale Sparneigung zu einer geringeren marginalen Konsumneigung und zu einem kleineren Multiplikator.

Der Geld- und Wertpapiermarkt – Die LM-Kurve

Die LM-Kurve ist eine Geldmarktgleichgewichtskurve und gibt alle Kombinationen von Realeinkommen und Zins an, für die auf dem Geldmarkt ein Gleichgewicht besteht. Die Abkürzung LM steht für „liquidity = money supply", wobei „liquidity" die Geldnachfrage und „money supply" das Geldangebot bedeutet. Gegenüber dem Klassisch-Neoklassischen Modell der Quantitätstheorie, erklärt sich in diesem Modell die Geldnachfrage durch eine sogenannte Liquiditätspräferenztheorie und nicht ausschließlich aufgrund der Durchführung wirtschaftlicher Transaktionen (Transaktionsmotiv). Vielmehr hat das Geld zwei wesentliche Funktionen: Es dient dem Transaktionszweck sowie der Wertaufbewahrung. Beide Funktionen haben entscheidenden Einfluss auf die Geldnachfrage.

Hinsichtlich des Vermögens der Wirtschaftssubjekte lassen sich zwei Entscheidungen bestimmen:

5.2 Der Keynesianische Gedanke

- Die Wahl der Höhe der Ersparnis und damit des Vermögens. Dies hat Auswirkungen auf die Konsum- bzw. Sparfunktion.
- Die Form der Ersparnisse wobei zwischen den Alternativen Wertpapierhaltung und Geldhaltung gewählt wird.

Die Liquiditätspräferenztheorie ordnet dem Geld also zwei Motive zu: das Transaktionsmotiv sowie die Wertaufbewahrungsfunktion.

Das Transaktionsmotiv bzw. die Transaktionskasse entspricht der Geldmenge, welche es Wirtschaftssubjekten erlaubt Transaktionen durchzuführen. Die Transaktionskasse korreliert positiv mit dem Realeinkommen.

$$L_t = L_T(\underset{(+)}{Y})$$

Das Motiv der Wertaufbewahrung lässt sich weiter unterteilen. Es ist zu unterscheiden zwischen dem Vorsichtsmotiv und einem Spekulationsmotiv.

Das Vorsichtsmotiv bzw. die Vorsichtskasse entspricht der Geldmenge, die Wirtschaftssubjekte zurückhalten um unvorhergesehene Zahlungen leisten zu können. Dabei wird die Vorsichtskasse umso größer sein, je höher das Realeinkommen ist, da mit wachsendem Realeinkommen der Erwartungswert unvorhergesehener Ausgaben steigt. Zudem kann angenommen werden, dass sich die Vorsichtskasse mit steigendem Zins reduziert, da sich die Opportunitätskosten der Geldhaltung erhöhen. D.h. die Vorsichtskasse korreliert positiv mit dem Realeinkommen und negativ mit dem Zins.

$$L_V = L_V(\underset{(+)}{Y}, \underset{(-)}{i})$$

Das Spekulationsmotiv bzw. die Spekulationskasse entspricht der Geldmenge, die Wirtschaftssubjekte zurückhalten um die Gefahr des Kursverlustes festverzinslicher Wertpapiere zu berücksichtigen. Dabei spielt die Zinsentwicklung eine entscheidende Rolle. Übersteigt der Zinsertrag den erwarteten Kursverlust wird ein Wirtschaftssubjekt Wertpapiere halten. Beim kritischen Zins ist das Verhalten des Wirtschaftssubjektes unbestimmt. Sinkt der Marktzins unter den kritischen Zins wird die Geldhaltung vorgezogen. Es findet eine Umschichtung von Wertpapieren zu Geld aufgrund fallender Marktzinsen statt. D.h. die Spekulationskasse korreliert negativ mit dem Marktzins.

$$L_S = L_S(\underset{(-)}{i})$$

Demnach setzt sich die Geldnachfrage bzw. Liquiditätspräferenztheorie aus einer Transaktionskasse, einer Vorsichtskasse und einer Spekulationskasse zusammen.

Die LM-Kurve lässt sich demzufolge definieren als Ort aller möglichen Kombinationen von Realeinkommen und Zins, die einen Ausgleich von Angebot und Nachfrage auf dem Geldmarkt schaffen.

Es gilt:
$$L(Y, i) = L_T(Y) + L_V(Y, i) + L_S(i)$$

Das Geldangebot ist die von der Zentralbank gesteuerte Geldmenge. Die Geldpolitik der Zentralbank kann die Geldmenge, die Liquidität und den Zinssatz steuern. Das Geldangebot entspricht im Gleichgewicht der Geldnachfrage.

Es gilt:
$$M = L_T(Y) + L_V(Y, i) + L_S(i)$$

Nach Berücksichtigung des Preisniveaus ist die LM-Kurve wie folgt definiert:
$$L(Y, i) = \frac{M}{p}$$

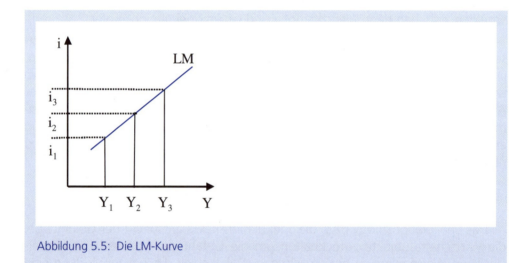

Abbildung 5.5: Die LM-Kurve

Die LM-Kurve weist dabei eine positive Steigung auf. D.h. höhere Realeinkommen werden höheren Zinsen zugeordnet. Dies erklärt sich wie folgt. Im Falle steigender Realeinkommen erhöht sich ebenso die Geldnachfrage aufgrund des Transaktions- und Vorsichtsmotivs. Dies führt zu einer Überschussnachfrage auf dem Geldmarkt. Um diese anzupassen muss der Zins ebenso steigen, was zur Folge hat, dass die Geldnachfrage aus dem Vorsichts- und Spekulationsmotiv zurückgeht und die vorangegangene Erhöhung der Geldnachfrage ausgleicht.

Ferner bildet die LM-Kurve ein Gleichgewicht auf dem Geld- und Wertpapiermarkt ab. Die Wirtschaftssubjekte werden den vorgegebenen Vermögensbestand auf die Geld- und Wertpapierhaltung aufteilen. Geld- und Wertpapiernachfrage sind deshalb abhängig voneinander. Der Wertpapiermarkt befindet sich nur dann im Gleichgewicht wenn der Geldmarkt ein Gleichgewicht aufweist. Die entscheidende Determinante zur Verteilung der Vermögenshaltung ist dabei der Zins.

Der Kapitalmarkt – Die IS-Kurve

Die IS-Kurve ist eine Kapitalmarktgleichgewichtskurve und gibt alle Kombinationen von Realeinkommen und Zins an, für die auf dem Kapitalmarkt ein Gleichgewicht entsteht. Die Abkürzung IS steht für „investment = savings". Die Bedingung für einen Ausgleich von Angebot und Nachfrage auf dem Kapitalmarkt resultiert aus Sparfunktion $S = S(Y)$ und Investitionsfunktion $I = I(i)$.

Durch Gleichsetzung der beiden Funktionen ergibt sich die IS-Kurve:

$$S(Y) = I(i)$$

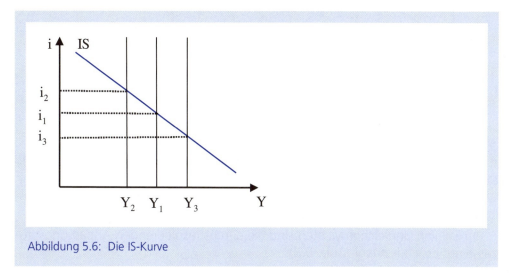

Abbildung 5.6: Die IS-Kurve

Die IS-Kurve weist dabei eine negative Steigung auf – d.h. niedrigere Realeinkommen werden höheren Zinsen zugeordnet. Demnach stehen Zins- und Einkommensbewegungen in einem gegenseitigen Zusammenhang.

Entscheidend ist hierbei der Anpassungsprozess im Fall von Ungleichgewichten. Da der Zins vom Geldmarkt gegeben ist, kann dieser sich nicht anpassen. Die Investitionen kompensieren ebenso nicht die Nachfragelücke die aus dem Sparen der privaten Haushalte entstand. Es muss also die Produktion und damit das Realeinkommen soweit zurückgehen bis ein neues Gleichgewicht zwischen Ersparnis und Investition gefunden wird – d.h. die Güterproduktion bringt Ersparnis und Investition zum Ausgleich.

Das IS/LM-Modell

Im IS/LM-Modell werden nun der Geldmarkt und der Kapitalmarkt verbunden. Ein gesamtwirtschaftliches Gleichgewicht liegt dann vor, wenn die Gleichgewichtsbedingung auf dem Kapitalmarkt und die Gleichgewichtsbedingung auf dem Geldmarkt simultan erfüllt sind. Im Gleichgewicht muss demnach gelten:

$$\text{IS}: \quad S(Y) = I(i)$$

$$\text{LM}: \quad L(Y,i) = \frac{M}{p}$$

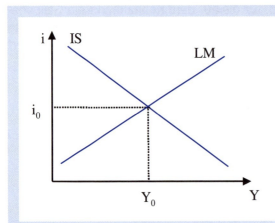

Abbildung 5.7: Das IS/LM-Modell im Gleichgewicht

Das reale Güterangebot ist gegeben und bildet in Verbindung mit der Liquiditätspräferenz die LM-Kurve. Durch die Sparfunktion und die Investitionsfunktion wird die IS-Kurve festgelegt. Daraus folgt, dass die Produktion bzw. das Realeinkommen wiederum von der Absatzseite bestimmt wird.

Im Fall von Ungleichgewichten sind die daraus resultierenden Anpassungsprozesse gut ersichtlich (vgl. Abb. 5.8):

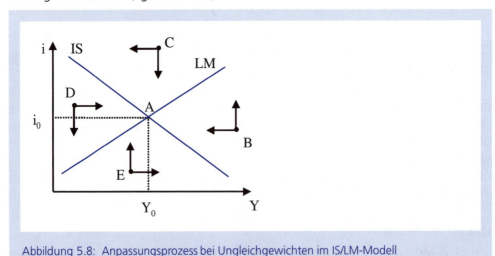

Abbildung 5.8: Anpassungsprozess bei Ungleichgewichten im IS/LM-Modell

Punkt A: Gleichgewicht auf Güter- und Geldmarkt
Punkt B: Nachfrageüberhang am Geldmarkt
Angebotsüberhang am Kapitalmarkt

5.2 Der Keynesianische Gedanke

Punkt C: Angebotsüberhang am Geldmarkt
Angebotsüberhang am Kapitalmarkt
Punkt D: Angebotsüberhang am Geldmarkt
Nachfrageüberhang am Kapitalmarkt
Punkt E: Nachfrageüberhang am Geldmarkt
Nachfrageüberhang am Kapitalmarkt

Beispiel Punkt C:

Bei gegebenem Zins ist das Einkommen gegenüber dem gleichgewichtigen Einkommen auf dem Kapitalmarkt zu hoch ausgefallen. Es ist somit ein Angebotsüberschuss am Kapitalmarkt entstanden, welcher abgebaut wird und zu einer Reduzierung des Einkommens führt.

Bei gegebenem Zins ist aber das Einkommen auf dem Geldmarkt gegenüber dem gleichgewichtigen Einkommen zu niedrig ausgefallen, so dass am Geldmarkt ein Angebotsüberschuss entstanden ist. Dies führt dazu, dass am Wertpapiermarkt die Nachfrage nach festverzinslichen Wertpapieren höher ist als das Angebot. Hierdurch steigen die Kurswerte und der Zins sinkt.

> Zusammenfassend kann das Modell wie folgt beschrieben werden:
> - Das Modell enthält drei Märkte: den Geldmarkt, den Wertpapiermarkt sowie den Kapitalmarkt.
> - Die LM-Kurve beschreibt das Gleichgewicht der Bestandsgrößen auf dem Geld- und Wertpapiermarkt.
> - Die IS-Kurve bildet das Gleichgewicht der Stromgrößen auf dem Kapitalmarkt, wobei Ersparnis und Investition übereinstimmen müssen.
> - Bei gegebenem Preisniveau werden Realeinkommen und Beschäftigung durch die effektive Nachfrage determiniert.
> - Das IS/LM-Modell ist das wesentliche Element innerhalb des Totalmodells.

Das allgemeine Keynesianische Modell

Aus den vorangegangenen Erläuterungen kann nun eine kreislauftheoretische Erklärung in Form eines Totalmodells aufgestellt werden. In dieses gehen der Angebotssektor der Klassisch-Neoklassischen Theorie, Arbeitsmarkt und Produktionsfunktion sowie das IS/LM-Modell als Nachfragesektor ein (vgl. Abb. 5.9).

Quadrant I   zeigt den Arbeitsmarkt. Die Kurven zeigen den Gleichgewichtslohn (A_0) und Vollbeschäftigung.
Quadrant II bildet die Produktionsfunktion und führt zum Realeinkommen Y^*.
Quadrant III ist entscheidend. In diesem Quadrant wird der Gütermarkt abgebildet und das Preisniveau p^* bestimmt.

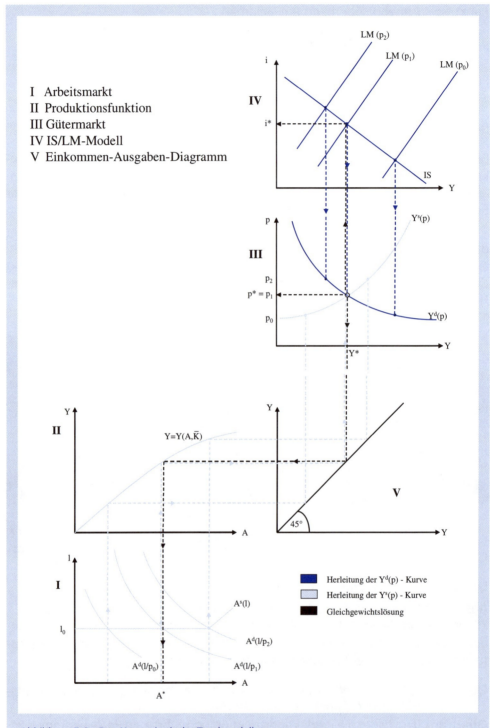

Abbildung 5.9: Das Keynesianische Totalmodell
Quelle: in Anlehnung an Hohlstein, M. (1988), Tübingen

Quadrant IV ist das IS/LM-Modell.
Quadrant V zeigt das Einkommen-Ausgaben-Diagramm.

Die Quadranten I und II bilden den Angebotssektor, durch den die Güterangebotsfunktion Y^S bestimmt wird. Quadrant IV hingegen ist der Nachfragesektor, aus dem sich die Güternachfragekurve Y^d ergibt. Im Quadranten III treffen diese beiden aufeinander, sodass durch Zusammenwirken von Güterangebot und Güternachfrage das Preisniveau ermittelt werden kann. Es besteht also ein indirekter Zusammenhang zwischen Güternachfrage und Preisniveau. Dieser Effekt lässt sich anhand der folgenden Wirkungskette beschreiben:

Höhere Geldmenge (Kassenbestände) → höhere Wertpapiernachfrage → steigende Kurse = sinkender Zins → steigende Investitions- und Güternachfrage → steigende Preise.

5.2.4 Die Krisenszenarien

Erste Situation: Die Investitionsfalle

Die Investitionsfalle bezeichnet eine Situation, in der die Investitionsnachfrage vollkommen unelastisch auf Zinsänderungen reagiert. Grund hierfür sind pessimistische Erwartungen der Unternehmer. Dies ist ein theoretischer Extremfall mit dem das Entstehen von Rezessionen erklärt werden kann. In dieser Situation zeigt die IS-Kurve einen senkrechten Verlauf. Damit ist das Realeinkommen bereits eindeutig bestimmt und unabhängig von der LM-Kurve.

Aufgrund der senkrecht verlaufenden IS-Kurve verläuft auch die Güternachfragekurve senkrecht. Ein Preisverfall senkt zwar den Zins, die Investitionsgüternachfrage reagiert darauf aber nicht.

Bei unzureichender Nachfrage liegt die Güternachfrage Y^d links vom Güterangebot Y^s. Diese beiden Kurven können weder durch Änderungen des Preisniveaus noch durch andere Maßnahmen in Einklang gebracht werden.

Die Unternehmer stehen am Markt einer Absatzbeschränkung gegenüber. Sie senken die Produktion und reduzieren die Nachfrage nach Arbeitskräften. Selbst wenn der Reallohn auf Null sinken würde, würde ein rational agierender Unternehmer keine zusätzlichen Arbeitskräfte einstellen als die, die zur Produktion des konstanten Realeinkommens Y_0 (Y_0 = Schnittpunkt der Senkrechten Y^d und Y, mit $Y_0 < Y^*$) erforderlich sind.

> Zusammenfassung:
> - Sind Investitionen vollkommen zinsunelastisch, so ist eine Nachfragelücke auf dem Gütermarkt möglich, da Angebot und Nachfrage nicht mehr in Übereinstimmung gebracht werden können.
> - Besteht diese Nachfragelücke kommt es zu Unterbeschäftigung.

> Nachfragedefizit und Unterbeschäftigung können nicht mehr durch eine allgemeine Deflation behoben werden. Preise, Löhne und Zinsen können beliebig fallen, ohne dass die effektive Nachfrage zunimmt.

Zweite Situation: Die Liquiditätsfalle

Die Liquiditätsfalle bezeichnet eine Situation, in der die Geldnachfrage aufgrund des Spekulationsmotivs unendlich zinselastisch wird. Der Grund hierfür ist, dass der Zins gemessen an den Erwartungen der Wirtschaftssubjekte als extrem niedrig eingeschätzt wird, sodass hohe Kursverluste bei den Wertpapieren die Folge wären und sie deshalb die Geldhaltung vorziehen. Sinkt der Zins noch weiter, dann wird die Geldnachfrage stark ansteigen, bis sie im Extremfall auf Zinsänderungen unendlich stark reagiert. Aufgrund dieser absoluten Liquiditätspräferenz kann der Zins nicht unendlich fallen, es gibt vielmehr eine Zinsuntergrenze.

Im Totalmodell hat das Realeinkommen im Bereich $Y < Y_0$ auf dem Gütermarkt (Y_0 = Schnittpunkt der Senkrechten Y^d und Y), keinen bedeutenden Einfluss auf die Geldnachfrage. Die Geldnachfrage aus der Transaktionskasse ist abhängig vom Einkommen und stellt nur einen sehr geringen Teil der Geldnachfrage dar. Deshalb reagiert die gesamte Geldnachfrage auf Veränderungen des Einkommens relativ schwach.

Fällt das Preisniveau, dann verschiebt sich die LM-Kurve nach rechts, da das reale Geldangebot zunimmt (und nur bei höherem Realeinkommen gehalten wird).

Im Fall absoluter Liquiditätspräferenz spielt das reale Geldangebot keine Rolle, weil jede Geldmenge nachgefragt wird. Der Preisverfall kann dadurch nicht zinssenkend wirken und somit bleiben auch die Investitionsnachfrage und das Realeinkommen Y_0 unverändert. Im Vergleich zur Investitionsfalle in der die Investoren nicht auf Zinssenkungen reagieren, kann es in der Liquiditätsfalle erst gar nicht zu Zinssenkungen kommen.

> Zusammenfassung:
> - Abhängig von der Einschätzung der Wirtschaftssubjekte kann es zu absoluter Liquiditätspräferenz kommen, die ein Absinken des Zinssatzes unter eine bestimmte Schranke verhindert.
> - Resultiert daraus am Gütermarkt eine Nachfragelücke, kommt es zu Unterbeschäftigung, unabhängig von der Höhe des Reallohns auf dem Arbeitsmarkt.
> - Nachfragelücke und Unterbeschäftigung werden nicht durch eine allgemeine Deflation behoben. Es besteht ein Gleichgewicht bei Unterbeschäftigung.

Dritte Situation: Starre Löhne

Die Annahme starrer Löhne sagt aus, dass die Löhne in gewissem Maße unabhängig von Angebot und Nachfrage sind und nicht unendlich schnell auf Änderungen der Marktverhältnisse reagieren.

Im Totalmodell führt ein erhöhtes Preisniveaus zu einem reduzierten Reallohn, da der Nominallohn bereits gegeben ist. Durch diese Reallohnsenkung steigt die Arbeitsnachfrage, damit steigen aber auch die Güterproduktion und das Güterangebot. Die Güterangebotsfunktion hat dadurch eine positive Steigung. Die Lösung des Modells liegt im Schnittpunkt des Gütermarktes. Dieser liegt auf der Y^s-Kurve sowie auf der Y^d-Kurve und impliziert damit ein Gleichgewicht von Preisniveau und Produktion sowie ein Gleichgewicht auf dem Geld- und Kapitalmarkt. Nur der Arbeitsmarkt ist im Ungleichgewicht. Daraus folgt, dass im Fall starrer Löhne, das Gleichgewicht bei Unterbeschäftigung stabil sein wird.

> Zusammenfassung:
> - Starre Löhne führen entweder zu einem Angebotsüberhang oder einem Nachfrageüberhang auf dem Arbeitsmarkt.
> - In beiden Fällen bleiben Beschäftigung und Produktion unterhalb der Niveaus A* und Y*.

5.3 Zusammenfassende Gegenüberstellung der beiden Theorien

Zusammenfassend stellt die Abb. 5.10 die unterschiedlichen Ansatzweisen der Theorien von Adam Smith und John Maynard Keynes gegenüber.

5.4 Was A. Smith zur Finanzkrise sagen würde

Adam Smith geht in seiner Klassisch-Neoklassischen Konjunkturtheorie davon aus, dass staatliche Eingriffe in das Wirtschaftssystem überflüssig sind. Vielmehr sorgen Preis-, Lohn-, und Zinsmechanismus dafür, dass alle Märkte mittelfristig immer ausgeglichen sind. Tritt jedoch der Fall eines Ungleichgewichtes ein, reagieren die Preise jeweils schneller als realisierte Angebots- und Nachfragemengen und führen direkt zum Gleichgewicht zurück (Stabilität des Gleichgewichts).

Um jedoch einer Rezession entgegenzuwirken, ist das Herbeiführen von Wirtschaftswachstum unausweichlich. Das Neoklassische Wachstumsmodell, das auf Robert Solow (1965) zurückzuführen ist, beinhaltet die Faktoren private Investitionen (die den Kapitalstock bilden), Bevölkerungswachstum und technischer

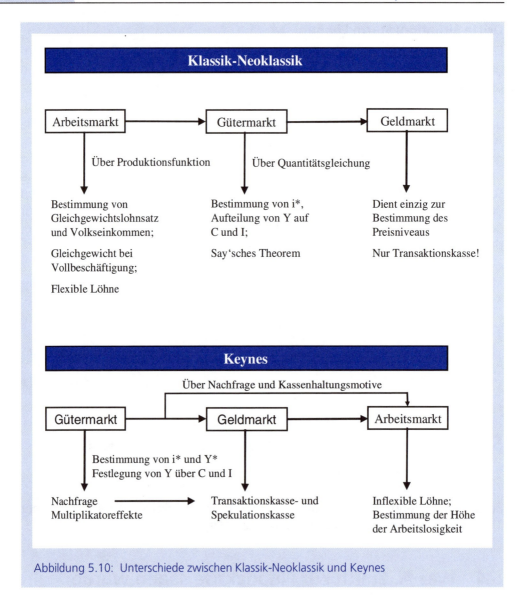

Abbildung 5.10: Unterschiede zwischen Klassik-Neoklassik und Keynes

Fortschritt. Der technische Fortschritt wird als wichtigster Punkt für Wirtschaftswachstum angesehen und daher im Folgenden näher erläutert.

5.4.1 Wirtschaftswachstum und Konjunkturaufschwung durch technischen Fortschritt

Nach A. E. Ott wird technischer Fortschritt wie folgt definiert:

„Technischer Fortschritt ist die Herstellung neuartiger (bisher unbekannter) oder wesentlich verbesserter Güter und die Anwendung neuer Produktionsverfahren,

5.4 Was A. Smith zur Finanzkrise sagen würde

die es gestatten, eine höhere (gegebene) Produktionsmenge mit gleichem (geringerem) Einsatz an Produktionsfaktoren zu erstellen."[3]

In der Klassisch-Neoklassischen Theorie gibt es nur den produktionstechnischen Fortschritt (inputbezogener technischer Fortschritt), d.h. mit gleichen Faktoreinsatzmengen kann eine höhere Produktionsmenge von gleicher Qualität produziert werden. Den produkttechnischen Fortschritt gibt es nicht. Bei der Betrachtung von Arbeit und Kapital gibt es prinzipiell drei Formen der Freisetzung dieser Produktionsfaktoren. Freisetzung von Arbeit und Kapital (Hicks-Neutralität), Freisetzung von Kapital (Solow-Neutralität) und Freisetzung ausschließlich von Arbeit (Harrod-Neutralität). Der Harrod-neutrale technische Fortschritt mit der Produktionsfunktion $Y = Y(TF, A, K)$ kann auch als arbeitsvermehrender Fortschritt (factor augmenting progress) aufgefasst werden. Nur diese Form ermöglicht einen Gleichgewichtspfad und ist deshalb für die Klassisch-Neoklassische Theorie von besonderer Bedeutung. Die Kapitalproduktivität bleibt hierbei gleich, während die Arbeitsproduktivität in Folge des technischen Fortschritts steigt. Die Arbeitseffizienz kann hierbei von vielen Faktoren wie Ausbildung, Wissen, der Geschicklichkeit im Produktionsprozess („learning by doing") oder individuellen Fähigkeiten abhängen. Durch den technischen Fortschritt verschiebt sich die Produktionsfunktion nach oben, d.h. Y_0 steigt auf Y_1. Der technische Fortschritt TF soll dabei wirken wie eine Erhöhung von A. Bei einem Null-Wachstum der Arbeitskräfte wirkt der technische Fortschritt so, als würde das Unternehmen aufgrund der gestiegenen Produktion (höherer Output) mehr Arbeitskräfte einstellen müssen. Der technische Fortschritt spart also zunächst Arbeitskräfte ein. Wirft man einen Blick auf den Arbeitsmarkt, wirkt sich der technische Fortschritt zunächst negativ auf die Zahl der Arbeiter aus. Die Arbeitsnachfragekurve würde sich nach links verschieben und der Lohn oder die Beschäftigung oder beides wären im neuen Gleichgewicht niedriger.

Bei der ersten Betrachtungsweise wird jedoch vernachlässigt, dass der arbeitsproduktivitätserhöhende technische Fortschritt langfristig neue Investitionsmöglichkeiten schafft. Durch die zusätzlichen Investitionen steigt der Output. Über den höheren Output steigt die Arbeitsnachfrage. Die Arbeitsnachfragekurve verschiebt sich im Endeffekt nach rechts, die Beschäftigung steigt von A_0 auf A_1. Abb. 5.11 verdeutlicht diese Situation.

Technischer Fortschritt führt nicht nur zu langfristigem Wirtschaftswachstum, er kann auch in der Konjunkturphase „Rezession" einen Aufschwung begünstigen. Zunächst einmal muss zwischen der Invention, d.h. Erfindung, Entdeckung und Entwicklung neuer Prozesse (produktionstechnischer Fortschritt) und Methoden und der Innovation, d.h. die kommerzielle Verwertung der Erfindungen in dem Unternehmen, unterschieden werden. Die Inventionen erfolgen gleichmäßig, während sich Innovationen in zyklischen Schwankungen ausbreiten. Die Ursache hierfür ist die grundsätzliche Skepsis der Menschen neue Methoden zu übernehmen, solange sie noch nicht erprobt sind. Einige mutige Unternehmen

---
[3] Vgl. Ott, A. (1959), S. 312.

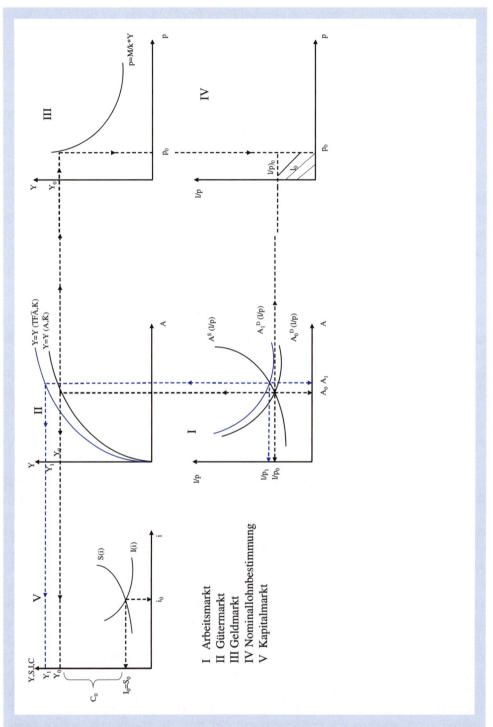

Abbildung 5.11: Technischer Fortschritt im Klassisch-Neoklassischen Totalmodell
Quelle: in Anlehnung an Hohlstein, M. (1988), Tübingen

sind jedoch bereit, neue Inventionen zu erproben. Ihnen winken hohe Gewinne. Weitere Unternehmen folgen dann diesen Unternehmen und imitieren die Invention. Es beginnt also eine zunehmende Investitionstätigkeit, welche die Ökonomie über die damit verbundenen Multiplikatoreffekte in eine Boomphase führt. Der Aufschwung ist dann beendet, wenn die neuen Anlagen erstellt sind und die Investitionstätigkeit wieder nachlässt.

5.4.2 Wirtschaftspolitische Implikationen

Fiskalpolitik im Klassisch-Neoklassischen Modell

Gemäß der Klassisch-Neoklassischen Konjunkturtheorie gilt es festzuhalten, dass Fiskalpolitik gar nicht erforderlich ist, da die Volkswirtschaft von selbst („unsichtbare Hand") ein Vollbeschäftigungsgleichgewicht erreicht. Im Folgenden sollen die theoretischen Folgen fiskalpolitischer Eingriffe dennoch erläutert werden. Wird vom Staat selbst Nachfrage generiert, erhöht sich zunächst die summierte Nachfrage. Das Güterangebot ist jedoch vom Arbeitsmarkt vorgegeben, d.h. das Angebot kann sich nicht erhöhen. Tritt der Staat nun als Nachfrager auf, muss das vorhandene Güterangebot nun sowohl auf die Haushalte, als auch auf den Staat aufgeteilt werden. Dies bedeutet faktisch, dass jede Zunahme der Staatsnachfrage die private Nachfrage im gleichen Umfang verdrängt, damit die Gesamtnachfrage weiterhin dem vorhandenen Güterangebot entspricht. Man spricht hier vom vollständigen Crowding-Out. Im Ergebnis ist festzuhalten, dass staatliche Nachfragepolitik im Klassisch-Neoklassischen Modell beschäftigungspolitisch wirkungslos ist. Solche Maßnahmen können darüber hinaus als schädlich abgelehnt werden, da hier private Ausgaben zugunsten von staatlichen verdrängt werden. Grundsätzlich wird argumentiert, dass bezüglich einer Substitution von Investitionen, privatwirtschaftliche Projekte aufgrund von besseren Informationen und größerem Know-How effizienter seien und daher durch die Verdrängung negative Effekte auftreten würden.

Geldpolitik im Klassisch-Neoklassischen Modell

Anhand der Cambridge-Gleichung können die Wirkungen einer Geldmengenänderung leicht abgeschätzt werden:

$$M = k * p * Y$$

Da das Realeinkommen Y im Klassisch-Neoklassischen Modell durch den Arbeitsmarkt und die Produktionsfunktion bestimmt wird, ist es für die Cambridge-Gleichung eine exogene Variable. Ebenso der Kassenhaltungskoeffizient k, der exogen und konstant sowie nicht vom Zins abhängig ist. Folglich ist die einzig freie Variable der Gleichung das Preisniveau p. Infolge expansiver Geldpolitik werden demnach nur die Preise steigen (siehe p_1 in Abb. 5.12), eine andere Änderung ergibt sich nicht. Zusammenfassend zeigt sich, dass eine aktive Geldpolitik

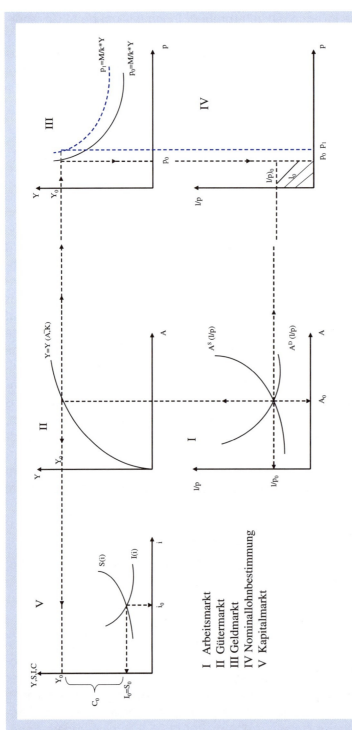

Abbildung 5.12: Technischer Fortschritt im Klassisch-Neoklassischen Totalmodell
Quelle: in Anlehnung an Hohlstein, M. (1988), Tübingen

in diesem Modell nicht nur beschäftigungspolitisch unwirksam ist, sondern sogar inflationsfördernd wirkt. Abb. 5.12 verdeutlicht dieses Szenario.

Auch eine expansive Geldpolitik kann deshalb abgelehnt werden. Im Endergebnis bestätigt sich die Klassisch-Neoklassische Theorie hinsichtlich des Eingriffs des Staates in das wirtschaftliche Geschehen.

A. Smith würde demnach keine staatlichen Eingriffe vornehmen, weder über Fiskal- noch über Geldpolitik. Um das Bruttoinlandsprodukt zu steigern und einen Aufschwung herbeizuführen, rät er zu arbeitsproduktivitätserhöhendem technischen Fortschritt, der auch zu einer Steigerung der Beschäftigung führt.

5.5 Was J. M. Keynes zur Finanzkrise sagen würde

Die Ursache der Finanzkrise lässt sich damit erklären, dass die Selbstheilungskräfte des Marktes zu hoch eingeschätzt und eine strengere Regulierung für nicht notwendig erachtet wurde. Es war falsch, auf eine Regulierung der Geschäfte mit Kreditversicherungen (Credit Default Swaps) zu verzichten. Eine marktwirtschaftliche Ideologie, die glaubt, dass Organisationen, insbesondere Banken, aufgrund von Eigeninteresse ihre Aktionäre und ihr Firmenkapital am besten schützen können, wurde wieder einmal widerlegt. Da Geld keinen Schleier darstellt, ist ein institutionelles Regelwerk unerlässlich, das Verwerfungen im monetär-finanziellen Bereich vermeidet. Ein solcher finanzinstitutioneller Rahmen hat in einer Marktwirtschaft eine ähnliche Qualität wie die Wettbewerbsregeln, die Monopole zu verhindern haben. Auf dem Finanzmarkt müssen Regeln in Kraft treten die sich Banken selbst geben (etwa Anreize für Manager). Für den Bankensektor müssen Sicherheitsnetze und Einlagensicherungsfonds geschaffen sowie gesetzliche Normen und Regulierungsansätze eingeführt werden. Das Krisenmanagement ist richtigerweise dadurch gekennzeichnet, dass die großen Notenbanken massiv Liquidität in das Finanzsystem gepumpt haben, um die Liquiditätskrise zu überwinden. Darüber hinaus müssen die Staatsausgaben erhöht und massive Konjunkturprogramme aufgelegt werden, um dem wirtschaftlichen Abschwung entgegen zu treten. Der Staat muss seine Ausgaben für Güter und Dienstleistungen erhöhen und beispielsweise Investitionen in Infrastruktur und in die Modernisierung von Schulen tätigen. Das entscheidende Argument dafür ist, dass der Schaden größer sein wird, wenn anstelle dieser Maßnahmen das Finanzsystem zusammenbrechen würde. Das Ziel ist, das Vertrauen zwischen den Banken wiederherzustellen.

5.5.1 Fiskalpolitik – Maßnahmen des Staates

Die Finanzpolitik beinhaltet alle Maßnahmen, die Budgets oder Haushaltspläne der Gebietskörperschaften betreffen. Durch Festlegung der Höhe und Art der Einnahmen und Ausgaben lassen sich Allokations-, Distributions- sowie Stabilisierungsziele verfolgen. Der Bereich, der Stabilisierungsziele verfolgt, kann als Fiskalpolitik bezeichnet werden. Im Zentrum der Fiskalpolitik steht das staatliche Budget bzw. der Haushaltsplan, der sich aus Ausgaben in Form von Staatsnachfrage bzw. Staatsausgaben und Einnahmen in Form von Steuereinnahmen und Kreditnahme zusammensetzt.

Modellbetrachtung

Staatliche Maßnahmen im Wirtschaftsprozess haben folgende Auswirkungen.

- die Budgetrestriktion der Haushalte muss korrigiert werden, da die Haushalte nun Steuerzahlungen zu leisten haben:

$$Y - -T = C+S$$

- auf dem Gütermarkt tritt die Staatsnachfrage neben die Konsum- und Investitionsnachfrage:

$$Y^d = C+I+G$$

- auf dem Kapitalmarkt tritt das Budgetdefizit des Staats neben die Kapitalnachfrage der Unternehmen:

$$S = I+(G-T)$$

Unter der Annahme, dass der Staat alle Ausgaben über Kredite finanziert, tritt er am Kapitalmarkt zusätzlich als Nachfrager auf. Dadurch erfolgt eine Verschiebung der IS-Kurve nach rechts (Abb. 5.13: IS_1). Wegen der gestiegenen Kapitalnachfrage durch den Staat muss zu jedem Zins das Realeinkommen und folglich die Ersparnis höher sein, damit sich ein Gleichgewicht am Kapitalmarkt einstellt. Die IS-Kurve verschiebt sich um den Betrag der Staatsausgaben multipliziert mit dem elementaren Multiplikator. Die Erhöhung der Staatsausgaben wirkt dadurch ähnlich einer Zunahme der Investitionsnachfrage. Es folgt eine Verschiebung der Güternachfragekurve Y_0^d etwas weniger weit nach rechts (Y_1^d), in Abhängigkeit von der Steigung der LM-Kurve. Daraus folgen zum einen ein Anstieg des Zinses und zum anderen ein Anstieg des Preisniveaus.

Der kurzfristige – und gewünschte – Effekt der Staatsausgaben bewirkt eine direkte, positive Beeinflussung der Produktion und der gesamtwirtschaftlichen Nachfrage.

Langfristig betrachtet wird durch die Überschussnachfrage auf dem Gütermarkt ein Preisanstieg ausgelöst. Daraus resultieren eine Minderung der realen Geldmenge sowie eine Linksverschiebung der LM-Kurve. Mit der Verschiebung steigt der Zins weiter an, was einen Rückgang der Investitionsnachfrage bewirkt. Dieser Prozess endet, wenn auf dem Gütermarkt ein Gleichgewicht zu Stande kommt. Im Ergebnis bleibt die Konsumnachfrage unverändert, da das Realeinkommen vorher und nachher dem Vollbeschäftigungseinkommen entspricht.

Der Staat stützt das deutsche Bankensystem

Der direkte Eingriff des Staates in das Wirtschaftssystem erfolgte im Oktober 2008 mit Beschließung des Rettungspakets für das Finanzsystem. Hierbei handelt es sich

5.5 Was J. M. Keynes zur Finanzkrise sagen würde

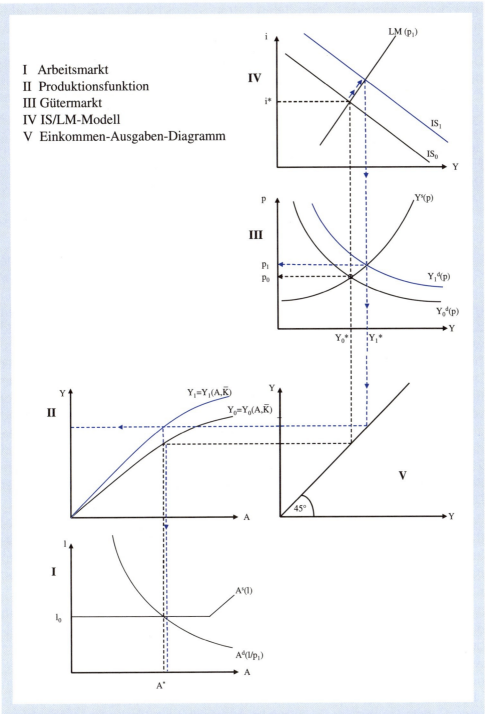

Abbildung 5.13: Fiskalpolitik im Keynesianischen Totalmodell
Quelle: in Anlehnung an Hohlstein, M. (1988), Tübingen

um einen treuhänderisch verwalteten Rettungsfonds (Sonderfonds Finanzmarktstabilisierung, kurz SoFFin) mit einem Volumen von bis zu 100 Mrd. Euro. 80 Mrd. Euro hiervon sind als direkte Finanzspritzen für notleidende Banken vorgesehen. Des Weiteren kann die Treuhand bis zu 400 Mrd. Euro Kreditbürgschaften vergeben, für welche die Banken eine angemessene Gebühr zu entrichten haben. Die Obergrenze für jede Bank beträgt 10 Mrd. Euro. Das Rettungspaket des Staates kann von jeder Bank mit Sitz in Deutschland in Anspruch genommen werden. Als Gegenleistung erhalten die Banken jedoch gewisse Auflagen, zu denen unter anderem die Beschränkung der Höhe der Managementgehälter zählt. Benötigt ein Finanzinstitut frisches Kapital, beteiligt sich der Staat durch eine Kapitalerhöhung. Der Staatsanteil wird jedoch maximal ein Drittel betragen, wobei die Hauptversammlung dem Staatseintritt nicht zustimmen muss.

Abb. 5.14 zeigt, welche Banken bereits die Hilfe des SoFFIn in Anspruch genommen haben.

Wie aus Abb. 5.14 hervorgeht, hat die Commerzbank als erste große deutsche Geschäftsbank das Rettungspaket in Anspruch genommen. Zunächst erhielt das Finanzinstitut eine Kapitalspritze vom Staat in Höhe von 8,2 Mrd. Euro. Weiterhin ist es der Commerzbank möglich 15 Mrd. Euro Staatsgarantien für Fremdschulden zu beanspruchen. Die Kapitalzufuhr wurde als „stille Einlage" geleistet. Der Bund wurde somit vorerst nicht Aktionär des zweitgrößten deutschen Geldinstituts. Diese Finanzspritze reichte jedoch nicht aus. Bei der Prüfung der Kreditrisiken der Dresdner Bank und Commerzbank wurde deutlich, dass das Eigenkapital beider Banken nach der Fusion unter das Minimum der Gesamtkapitalquote (Tier 2 ratio) von acht Prozent fallen könnte. Sollte dies eintreten, so müsste die Bank aufgrund einer zu niedrigen Eigenkapitalquote geschlossen werden. Die Commerzbank erhielt deshalb weitere 10 Mrd. Euro vom Staat, der im Gegenzug einen Anteil von 25,0 % und einer Aktie an der Bank erhält. Die Commerzbank ist somit die erste Bank, die im Zuge der Wirtschaftskrise teilverstaatlicht wurde. Aber auch an der Deutschen Bank ist der Staat nicht ganz unbeteiligt.

Um den Kauf der Postbank ohne eine Senkung der Eigenkapitalquote bei der Deutschen Bank planmäßig durchführen zu können, steigt der bisherige Mehrheitseigentümer der Postbank, die Deutsche Post, mit 8,0 % bei der Deutschen Bank ein. Die Deutsche Post wiederum gehört zu 31,0 % zu der staatseigenen KfW-Bankengruppe. Somit ist auch die Deutsche Bank indirekt teilverstaatlicht.

Die Bundesregierung will aktuell das Bankenrettungspaket nachbessern, denn die bisher zur Verfügung gestellten Gelder reichen nicht aus, um dem Abschreibungsbedarf der Banken aufgrund wertloser Papiere entgegenzuwirken. Eine wichtige Rolle spielte dabei zunächst die Frage, wie den Banken geholfen werden kann, ohne den Steuerzahler zu belasten. Die Einrichtung einer sogenannten „Bad Bank", die den Banken alle problematischen Wertpapiere abkauft und die Verluste dem Steuerzahler aufbürdet wird von der großen Koalition abgelehnt. Eine mögliche Lösung wäre auf das Instrument der Ausgleichsforderung zurückzugreifen („Bad Bank light"). Der Staat übernimmt die Wertpapiere im Tausch

5.5 Was J. M. Keynes zur Finanzkrise sagen würde

Bank/Datum	Betrag*	Art der staatlichen Zuwendung/Finanzquelle
IKB		
30.7.2007	8,10	Liquiditätslinie für Rhineland Funding/KfW
1.8.2007	3,50	Rettungsschirm/KfW
2.8.2007	1,00	Rettungsschirm/KfW, Bankenpool
27.11.2007	2,30	Rettungsschirm/KfW, Bankenpool
29.11.2008	0,35	Rettungsschirm/KfW, Bankenpool
8.1.2008	0,54	Wandelschuldverschreibung/KfW (Käufer)
13.2.2008	2,30	Rettungsschirm/KfW, Bund, Bankenpool
21.8.2008	0,14	verkauft/an Lone Star
21.10.2008	1,25	Kapitalhilfe/KfW
Hypo Real Estate		
6.10.2008	50,00	Liquiditätslinie/Bundesregierung, Bundesbank, Finanzkonsortium
21.11.2008	30,00	Garantie/Soffin
14.1.2009	circa 10,00	Beteiligung/Bund (wird geprüft)
HSH Nordbank		
21.11.2008	30,00	Garantie/Soffin
WestLB		
21.1.2008	2,00	Kapitalhilfe/Sparkassenverbände, Landschaftsverbände
8.2.2008	5,00	Garantie/Land NRW, Eigentümer
Commerzbank		
3.11.2008	8,20	Kapitalhilfe/Soffin
3.11.2008	15,00	Garantie/Soffin
8.1.2009	1,80	Emission von Stammaktien/Soffin
8.1.2009	8,20	Kapitalhilfe/Soffin
BayernLB		
1.12.2008	10,00	Kapitalhilfe/Land Bayern
1.12.2008	4,80	Rettungsschirm/Land Bayern
1.12.2008	15,00	Garantie/Soffin
Sachsen LB		
17.8.2007	17,30	Rettungsschirm/Sparkassen-Finanzgruppe Sachsen
13.12.2007	2,75	Garantie/Land Sachsen
LBBW		
Dez. 2007	328,00	Kaufpreis/LBBW übernimmt Sachsen LB
21.11.2008	5,00	Kapitalhilfe/Träger
geplant Ende Januar	15 – 20	Garantie/Soffin oder Träger
Deutsche Bank		
14.01.2009	1,10	indirekte Beteiligung/Post (staatseigene KfW)

* in Milliarden Euro;

Abbildung 5.14: Staatshilfen für den deutschen Bankensektor
Quelle: Auguster, S. (2009)

gegen eine Ausgleichsforderung in Höhe ihres Wertes zum Bilanzstichtag. Ein sofortiges zur Verfügung stellen von Liquidität wäre somit nicht nötig. Der Staat müsste allerdings bei Fälligkeit für die Wertverluste einstehen. Er bekäme jedoch von den Banken über 40 bis 50 Jahre einen Teil der Gewinne.

Das nachgebesserte Bankenrettungspakt sieht zwar keine einheitliche „Bad Bank" vor, will aber einzelne „Bad Bänkchen" innerhalb der angeschlagenen Kreditinstitute verankern. In diesen bankeigenen Zweckgesellschaften können die Banken ihre Risikoanlagen auslagern. Die Verantwortung für die jeweiligen Wertpapiere liegt dann bei der Bank und wird nicht beim Steuerzahler abgeladen. Sollten die Papiere – die mit Eigenkapital unterlegt sein müssen – fällig werden und der Marktpreis unter dem Einstandspreis in der Zweckgesellschaft liegen, müsste die Bank für den Verlust einstehen. In diesem Fall würde der Staat der betroffenen

Bank mit zusätzlichem Eigenkapital helfen. Schon jetzt ist es den Banken erlaubt, ausfallgefährdete Papiere gegen eine Gebühr an den SoFFin abzugeben, der so zur von vielen Banken ersehnten „Bad Bank" werden könnte. Allerdings gibt es die sogenannte „36-Monate Regel". Das bedeutet, dass die Banken die abgegebenen Wertpapiere nach 36 Monaten wieder zurücknehmen und bei weiterem Wertverlust einen Ausgleich zahlen müssen. In Ausnahmefällen ist es jedoch auch möglich, die Papiere ganz beim SoFFin zu belassen. Die Bedingungen hierfür müssen vorher direkt mit der Europäischen Union in Brüssel ausgehandelt werden.

Der Staat stützt deutsche Schlüsselindustrien

Obwohl das staatliche Rettungspaket nicht für Autobanken gedacht war, hat bereits die Volkswagenbank staatliche Hilfe aus dem SoFFin erhalten. Nun wollen auch die anderen Autobanken, wie beispielsweise Daimler oder BMW und Volkswagen staatliche Hilfe beantragen. Dabei handelt es sich zwar nicht um Eigenkapitalhilfen, dafür aber um Garantien in Höhe von mehreren Milliarden Euro. Für die Institute, die ihren Finanzbedarf auch auf den internationalen Kapitalmärkten decken müssen, ist es in letzter Zeit sehr viel schwieriger geworden, an frisches Geld zu kommen. Auch die gestiegenen Refinanzierungskosten lassen sich aufgrund des schwachen Automarktes nicht an die Kunden weitergeben. Die Institute sind nun mehr denn je auf die Finanzierung durch die Konzernmütter angewiesen, doch auch diese hat die Finanzkrise hart getroffen. Nachdem der Opel-Konzern um staatliche Hilfen gebeten hat und diese genehmigt wurden, gibt es in der

Unternehmen	Nennkapital in Mio. Euro	Anteil des Bundes in Mio. Euro	in Prozent	Über
Bax Global	855	855	100	Schenker Holding .
DB Netz	767	767	100	Deutsche Bahn
DEG	750	750	100	KfW
DB Fernverkehr	512	512	100	DB Mobility Logistics
DB Regio	410	410	100	DB Mobility Logistics
Deutsche Post	1208	368	30,5	KfW
DB Station &Service	256	256	100	Deutsche Bahn
Railion Deutschland	256	256	100	Railion
DB Mobility Logistics	200	200	100	Deutsche Bahn
Commerzbank	1,8 Mrd. 16,4 Mrd. Stille Einlage		25	Soffin

Quelle: Beteiligungsbericht des Bundes 2008; alle Angaben gerundet

Abbildung 5.15: Die zehn größten indirekten Beteiligungen des Bundes
Quelle: Auguster, S. (2009)

5.5 Was J. M. Keynes zur Finanzkrise sagen würde

Bundesregierung Pläne, neben Opel auch anderen Herstellern zu helfen. Es stellt sich nun die Frage, ob nach dem Rettungspaket für die Banken ein weiteres für die Autoindustrie und weitere Schlüsselindustrien geschnürt werden soll. Für ein großangelegtes Rettungspaket gibt es jedoch Bedenken. Der Staat kann nicht bei jedem Unternehmen einspringen, dies würde den Steuerzahler überfordern. Es besteht die Gefahr, dass sich eine Branche nach der anderen meldet und staatliche Hilfe fordert. Dennoch liegt ein Konzept vor, neben der Bankenhilfe auch einen Rettungsfonds in Höhe von 100 Mrd. Euro für Unternehmen aufzulegen. Da Unternehmen immer schwerer an Kredite kommen, würde ohne den Rettungsschirm eine Finanzierungsklemme drohen. Aus dem Fonds sollen Bürgschaften, Garantien und Haftungsfreistellungen für alle Arten von Krediten, Beteiligungen und beteiligungsähnliche Finanzierungen bereit gestellt werden. Auch die Risikoübernahme von Kreditversicherungen und Leasingfinanzierungen sei vorgesehen.

Unternehmen	Nennkapital*	Anteil des Bundes*	in Prozent
Deutsche Bahn	2 150	2150	100
KfW Bankengruppe	3 750	1769	47
(zusätzlich über ERP-Sondervermögen)		1230	33
Deutsche Telekom	11 165	1655	15
(zusätzlich über KfW)		1883	17
Bundesdruckerei (neu)	300	300	100
High-Tech Gründerfonds	272	239	88
(zusätzlich über KfW)		15	6
Deutsche Flugsicherung	153	153	100
Flughafen München	307	80	26
TLG Immobilien, Berlin	52	52	100
Internationale Mosel-Gesellschaft	52	26	49
GTZ	20	20	100
Duisburger Hafen	46	15	33

* in Millionen Euro; Quelle: Beteiligungsbericht des Bundes 2008, eigene Recherchen; alle Angaben gerundet

Abbildung 5.16: Die größten direkten Beteiligungen des Bundes
Quelle: Auguster, S. (2009)

Nach den Autobanken und Automobilherstellern trifft die Finanzkrise nun auch Automobilzulieferer. Das Unternehmen Schaeffler, das durch die Übernahme der Continental AG hoch verschuldet ist, hat den Staat ebenfalls um Hilfe gebeten. Neben der Anfrage nach Krediten oder Bürgschaften wirbt Schaeffler auch für einen direkten Einstieg des Staates. Nach Gesprächen zwischen beiden Parteien wurden der Schaeffler-Gruppe Kreditbürgschaften in Höhe von 5 Mrd. Euro in Aussicht gestellt. Dazu muss das Unternehmen jedoch erst ein Rettungskonzept vorlegen. Über eine Kreditgarantie will der Staat jedoch nicht hinausgehen. Zurzeit hält der Staat die Anzahl von Beteiligungen an Unternehmen noch gering. Es bleibt abzuwarten, welche Unternehmen der Commerzbank folgen werden. Abb. 5.15 und 5.16 geben einen Überblick über die aktuellen direkten und indirekten Beteiligungen des Staates.

Konjunkturprogramme

Der Kern keynesianischer Konjunkturprogramme ist das Bauen auf den Multiplikatoreffekt. Die staatlichen Impulse sollen ein Vielfaches an privaten Ausgaben anstoßen und somit die Konjunktur anregen. Rund 80 Mrd. Euro sind für die Konjunkturprogramme I und II vorgesehen, mit denen die Bundesregierung die Wirtschaft stärken und die Konjunktur ankurbeln will. Das Gesamtvolumen der beiden Pakete beläuft sich auf mehr als 1,5 % des Bruttoinlandsprodukts.

Das erste Konjunkturpaket zur Sicherung von Wachstum und Beschäftigung sowie der Entlastung privater Haushalte wurde Ende 2008 auf den Weg gebracht. Die 15 Maßnahmen umfassen die Jahre 2009 und 2010. Rund 31 Mrd. Euro werden aus den öffentlichen Gesamthaushalten zur Verfügung gestellt. Ziel ist die Förderung von Aufträgen und Investitionen von Unternehmen, Kommunen und privaten Haushalten in einer Höhe von rund 50 Mrd. Euro. Weiterhin gewährleisten Maßnahmen zur Sicherung der Finanzierung und Liquidität bei Unternehmen die Finanzierung von Investitionen im Umfang von rund 20 Mrd. Euro.

Aufgrund einer entscheidenden Verschlechterung nationaler und internationaler Bedingungen (Wachstumsprognose, inländische Kreditverknappung, Rückgang der Exporte etc.) hat die Bundesregierung im Januar 2009 ein zweites Konjunkturpaket mit einem Volumen von rund 50 Mrd. Euro auf den Weg gebracht.

Es ist damit das größte Konjunkturpaket der Nachkriegszeit. Die Maßnahmen des Pakets beinhalten staatliche Investitionen, Kredithilfen für Unternehmen und Aktionen um den Konsum anzukurbeln. Kernstücke sind ein Investitionsprogramm zum Ausbau der Infrastruktur besonders in den Kommunen sowie Entlastungen bei Steuern und Abgaben. Dafür werden allein 18 Mrd. Euro ausgegeben. 30 Mrd. des Pakets sollen 2009 wirksam werden, der Rest in 2010.

Für das größte Konjunkturprogramm sorgt allerdings derzeit die Rezession selbst. Der drastische Fall des Ölpreises entlastet die Verbraucher weltweit mit der gewaltigen Summe von 1.100 Mrd. US-Dollar. Diesen Betrag erhalten die Konsumenten in Form von Kaufkraft zurück.

5.5 Was J. M. Keynes zur Finanzkrise sagen würde

Wer profitiert wie vom Maßnahmenpaket?

Schutzschirm für Arbeitsplätze

Sicherheit für Beschäftigte schaffen
- Berufsbegleitende Weiterbildung verhindert Entlassungen
- Schnellere Vermittlung in den Anschlussjob
- Längere Auszahlung von Kurzarbeitergeld

Bürger entlasten
- Keine Kfz-Steuer für Neuwagen
- Handwerkerleistungen besser absetzbar

- Entlastungen für Familien
- Niedrigerer Beitrag zur Arbeitslosenversicherung
- Erhöhtes Wohngeld
- Förderung haushaltsnaher Dienstleistungen

Ins Land investieren
- Bessere Infrastruktur für strukturschwache Kommunen
- Schnellere Investitionen in den Verkehr
- Umweltfreundliche Sanierung von Gebäuden vorantreiben
- Regionale Wirtschaftsstruktur verbessern

Wirtschaft stärken
- Finanzierung von Unternehmen sichern (Kreditvergabe)
- Belastungen für Autoindustrie begrenzen
- Moderne Fahrzeugtechnologie vorantreiben
- Innovative Unternehmen und Branchen stärken
- Investitionen belohnen (degressive Abschreibungen / Sonderabschreibungen)

Quelle: Bundesfinanzministerium

Abbildung 5.17: Inhalte Konjunkturpaket I
Quelle: Bundesministerium für Finanzen (2008)

Deutschland stark machen - Konjunkturpaket 2

Maßnahmen mit kurz- und mittelfristiger Wirkung

Entlastungen
- Senkung der Einkommensteuer
- Senkung der Beiträge zur gesetzlichen Krankenversicherung
- Kinderbonus von 100 Euro je Kind
- Erhöhung der Regelsätze für 6 bis 13-jährige Kinder von Hartz-IV-Empfängern

Wirtschaftsstärkung
- Aufstockung des Kredit- und Bürgschaftsprogramms für den Mittelstand
- Kreditprogramm für größere Unternehmen
- Ausbau leistungsfähiger Breitbandnetze
- 2.500 Euro Umweltprämie bei Kauf eines Neuwagens und Verschrottung eines Altfahrzeugs

Beschäftigungssicherung
- Neue Ausgestaltung der Kurzarbeit und einfachere Beantragung
- Weitere Qualifizierungsmaßnahmen für Arbeitsuchende, junge Menschen ohne Berufsausbildung und Jugendliche ohne Lehrstelle
- Zuschüsse zur Qualifizierung von wieder eingestellten Leiharbeitern
- Schaffung von 5.000 zusätzlichen Vermittlerstellen in den Arbeitsagenturen

Maßnahmen mit mittel- und langfristiger Wirkung

Zukunftsinvestitionen

Bildung:
- Investitionen in Kindergärten, energetische Sanierung von Schulen und Hochschulen sowie Forschung

Infrastruktur:
- Finanzhilfen für Städtebau, Lärmschutz, Krankenhäuser; Ausbau und Erneuerung von Verkehrswegen

Klimaschutz:
- Weitere Maßnahmen zur Verringerung von CO_2-Emissionen

Beschleunigung von Investitionen:
- Unkomplizierte Vergabe von Finanzhilfen für Kommunen

Fundament

Schuldenbremse / nachhaltige Finanzpolitik
- Vorübergehende Erhöhung der Staatsverschuldung
- Die Bundesregierung macht sich für eine im Grundgesetz verankerte Schuldenbremse stark

Größtes Konjunkturprogramm in der Geschichte Deutschlands
Summe: 50 Mrd. Euro in 2009 und 2010

Quelle: Bundesfinanzministerium

Abbildung 5.18: Inhalte Konjunkturpaket II
Quelle: Bundesministerium für Finanzen (2009)

5.5.2 Geldpolitik – Maßnahmen der EZB

Die Geldpolitik umfasst im Wesentlichen die Geldmengenpolitik und die Zinspolitik. Im Euroraum wird diese unabhängig von den Regierungen durch die europäische Zentralbank durchgeführt und ist in erster Linie dem Stabilitätsziel verpflichtet.

Der Vorteil der Geldpolitik besteht in der einfachen Umsetzbarkeit. Da die Kreditwirtschaft einer ständigen Refinanzierung bedarf, muss die Zentralbank lediglich die Konditionen ihrer Geschäfte anpassen, um die gewünschten Nachfrageeffekte zu erzielen. Weiterhin gewährleistet die Unabhängigkeit der Zentralbank, dass die stimulierenden Maßnahmen zur gegebenen Zeit wieder zurückgeführt werden. Der Nachteil der Geldpolitik ist, dass eine Änderung des geldpolitischen Kurses mit einer hohen zeitlichen Verzögerung auf die Nachfrage wirkt (ca. ein Jahr).

> Die EZB wendet folgende drei Instrumente zur Steuerung der Geldpolitik an:
> - Offenmarktgeschäfte
> - Reserveanforderungen
> - Ständige Fazilitäten

Die Offenmarktgeschäfte sind das wichtigste Instrument der EZB. Sie dienen der Steuerung der Zinssätze, der Steuerung der Liquiditätsversorgung am Geldmarkt und der Signalisierung des geldpolitischen Kurses. Mit Hilfe der geldpolitischen Instrumente ist es der EZB möglich die Geldmenge direkt bzw. über den Zinssatz indirekt zu steuern.

Modellbetrachtung

Die Keynesianische Zinstheorie erklärt die Geldnachfrage mit der sogenannten Liquiditätstheorie und steht damit im Widerspruch zu den Klassisch-Neoklassischen Auffassungen der Quantitätsgleichung. Damit besteht der zentrale Unterschied der Theorie in der Zinsabhängigkeit der Geldnachfrage. Der Zins spiegelt die Liquiditätspräferenz der Wirtschaftssubjekte wider, bringt Geldnachfrage und Geldangebot zum Ausgleich und dient der Aufteilung der Vermögenshaltung auf Geld und Wertpapiere. Geld dient daher nicht mehr nur Transaktionszwecken.

Um die Finanzkrise zu lösen würde Keynes zu einer expansiven Geldpolitik greifen. Dies hat bei einem konstanten Realeinkommen und Preisniveau eine Rechtsverschiebung der LM-Kurve (LM_{p1}) zur Folge. Um das Gleichgewicht des monetären Bereichs wiederherzustellen, muss bei einem vorerst konstanten Preisniveau der Zins sinken. Die Geldmengenerhöhung bewirkt im Geldmarkt ein Ungleichgewicht, da die reale Geldmenge gestiegen ist. Erhöhte Transaktionskassen der

Banken werden durch Wertpapierkäufe abgebaut. Dadurch steigen die Wertpapierkurse und der Zins sinkt. Nichtbanken erhalten durch den Verkauf der Wertpapiere zusätzliches Geld, was in die Transaktions- oder Spekulationskasse fließt.

Das Sinken des Zinses (durch die Geldmengenerhöhung) führt zu einem Liquiditätseffekt (Abb. 5.19: Rechtsverschiebung der LM-Kurve (LM_{p1}), Zins sinkt von i_0 auf i_1).

Die Zinssenkung bzw. der Anstieg der Wertpapierkurse hat eine Erhöhung der Investitionsgüternachfrage der Nichtbanken zur Folge. Dadurch wird die Investitionsgüterproduktion gesteigert. Die Mehrproduktion schafft weiteres Einkommen, folglich steigt die Nachfrage nach Konsumgütern an und die Konsumgüterproduktion wird ausgeweitet. Dieser Prozess löst einen Multiplikatorprozess aus, der ein höheres Einkommen zur Folge hat.

> Zusammenfassung:
> - Zentralbank erhöht Geldmenge. Die Zinsen sinken.
> - Die Wertpapiernachfrage nimmt zu.
> - Die Zinsen nehmen ab aufgrund der erhöhten Wertpapiernachfrage.
> - Die Investitionen steigen in Folge der gesunkenen Zinsen in Verbindung mit geringeren Kreditkosten.
> - Das Volkseinkommen steigt.
> - Die Nachfrage nach Gütern nimmt zu.
> - Es folgt der Multiplikatoreffekt, der solange greift, bis die Wirkungen der Geldmengenerhöhung bzw. Zinssenkung über den Einkommensprozess erschöpft sind.

Die vorangegangene Modellbeschreibung betrachtet die kurzfristigen Auswirkungen einer expansiven Geldpolitik. Langfristig gesehen steigt das Preisniveau wodurch der reale Kassenbestand abnimmt. Daraus folgt eine Linksverschiebung der LM-Kurve. Einhergehend steigt der Zins und die Investitionsnachfrage ist rückläufig. Dieser Prozess hält solange an, bis sich die LM-Kurve wieder in ihrer Ausgangslage befindet. Im Ergebnis ist ein neues Gleichgewicht entstanden, das sich vom Ausgangsgleichgewicht durch eine höhere Geldmenge, ein höheres Preisniveau (p_1 statt p_0) sowie einen höheren Geldlohn unterscheidet. Die reale Geldmenge, der Reallohn und auch die übrigen Variablen gleichen den Ausgangswerten.

Schlussendlich bleibt festzuhalten dass eine Geldmengenerhöhung in der kurzfristigen Betrachtungsweise den gewünschten Effekt der Konsumsteigerung hervorruft. In der langfristigen Betrachtung allerdings bleibt sie real wirkungslos.

5.5 Was J. M. Keynes zur Finanzkrise sagen würde

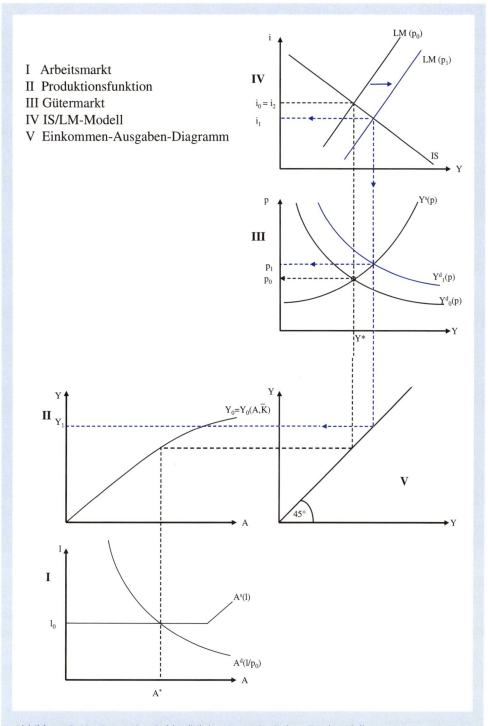

Abbildung 5.19: Expansive Geldpolitik im Keynesianischen Totalmodell
Quelle: in Anlehnung an Hohlstein, M. (1988), Tübingen

Zinspolitik der EZB und Fed im Vergleich

Der Leitzins ist das wichtigste geldpolitische Instrument. Die Zentralbanken steuern über die Festsetzung des Zinssatzes zu welchen Preisen sich die Geschäftsbanken Geld bei den Zentralbanken leihen können. Ist der Zinssatz niedrig, sind auch die Kredite an Unternehmen und Konsumenten, die die Banken vergeben, günstig. Ziel einer Niedrigzinspolitik ist das Ankurbeln der Wirtschaft. Während die US-Notenbank Fed die liquiditätspolitischen Interventionen frühzeitig mit der Senkung der Leitzinsen steuerte, hielt die EZB an ihrer vorsichtigen Geldpolitik fest und leitete erst im Oktober 2008 eine Zinswende ein (vgl. Abb. 5.20).

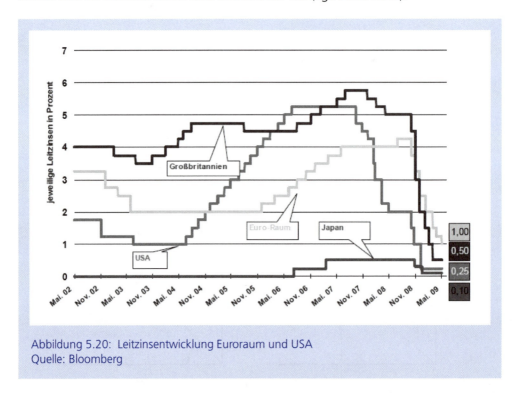

Abbildung 5.20: Leitzinsentwicklung Euroraum und USA
Quelle: Bloomberg

Zwar versorgten beide Zentralbanken die Märkte großzügig mit Liquidität, die Zinspolitik der EZB und Fed unterscheidet sich aber deutlich. Die Fed reagierte schon zu Beginn der Krise mit einer massiven Leitzinssenkung, ausgehend von 5,25 % im September 2007 auf zunächst 2,0 % im April 2008. Dagegen hielt die EZB ihren Leitzins konstant bei 4,0 % bis Juli 2008, mit einer zwischenzeitlichen Erhöhung auf 4,25 % um der hohen Inflationsrate im Euro-Raum zu entgegnen. Erst Anfang Oktober 2008 senkte die EZB in einer konzertierten Aktion mit der Fed ihren Leitzins.

Die Fed ist an einem Punkt angelangt, an dem der Leitzins seine Steuerungsfunktion verliert. Die Nullzinspolitik wirft somit die Diskussion auf zur Mengenpolitik zu wechseln. Beim so genannten „Quantitative Easing" steuern die Notenbanken die Liquiditätsversorgung nicht mehr über den Leitzins, sondern über die Geldmenge und direkte Interventionen. Ziel dieser Politik ist Geld zu schöpfen, damit eine Kreditklemme zu vermeiden, eine Rezession abzufedern und der Deflationsspirale zu entkommen. Bankvolkswirte rechnen im Jahr 2009 mit einem konstanten Zinsniveau der US-Notenbank. Gegen Ende des Jahres wäre eine leichte Anhebung des Leitzinses durch die Fed denkbar, vorausgesetzt die US-Wirtschaft erfährt eine moderate Erholung.

Der Vergleich der Zinspolitik der EZB und der Fed zeigt, dass die großen Zentralbanken bisher nicht zu einer einheitlichen Linie gefunden haben. Während die Fed Zinssenkungen in aufsehenerregender Weise durchführte, beharrte die EZB auf eine Politik, bei der lediglich veränderte Erwartungen bezüglich der Inflationsentwicklung eine Anpassung des Leitzinses erlauben. Die unterschiedlichen Ansätze sorgen für Schwierigkeiten bei der Kommunikation der Geldpolitik, die für Zentralbanken ein entscheidendes Politikinstrument zur Steuerung von Erwartungen darstellt. Während es der EZB noch möglich ist geldpolitische Maßnahmen über den Leitzins zu steuern, muss die Fed aufgrund ihrer Null-Zins-Politik auf die direkte Geldmengensteuerung ausweichen.

Geldmengensteuerung der EZB und Fed im Vergleich

Die Fed kauft verstärkt Wert- und Hypothekenpapiere auf, um mehr Geld in den Wirtschaftskreislauf einzuspeisen. Diese strikt geregelte Maßnahme gehört zum normalen Transaktionsgeschäft von Notenbanken. Wurden ursprünglich nur hochwertige Papiere mit realem Gegenwert akzeptiert, sind es aktuell auch Anleihen der bankrotten staatlichen Hypothekenfinanzierer Fanny May und Freddie Mac, die kaum noch Wert besitzen. Daraus folgt, dass die Fed Geld ohne Absicherung druckt und damit die Währung nicht mehr gegenfinanziert. Die Anleihen von Fanny May und Freddie Mac sind erst der Beginn eines großangelegten Ankaufprogramms der Fed. Insgesamt hat die US-Notenbank 500 Mrd. US-Dollar für den Ankauf der im Zentrum der Finanzkrise stehenden „toxischen" Wertpapiere vorgesehen. Ziel dieser Maßnahme ist die Versorgung des Wirtschaftskreislaufs mit frischem, zusätzlichem Geld. Gleichzeitig bedeutet dies die Ausweitung der Bilanzsumme für die Fed.

Vor der Insolvenz der Investmentbank Lehman Brothers (September 2008) betrug die Bilanzsumme der Fed noch weniger als 1.000 Mrd. US-Dollar. Anfang Januar 2009 summierten sich die Bilanzposten auf 2.140 Mrd. US-Dollar. Der Aufkauf „toxischer" Wertpapiere dürfte – laut Ökonomen – die Bilanzsumme der Fed auf knapp 3.000 Mrd. US-Dollar ausweiten. Richard Fisher, Präsident der Federal Reserve Bank of Dallas, hat angekündigt, dass die Fed ihre Bilanzen so weit wie nötig ausweiten werde, um das Finanzsystem und die Wirtschaft zu stützen. Experten rechnen mit bis zu 6.000 Mrd. US-Dollar in den nächsten Wochen und Monaten.

Bei Ausbruch der Finanzkrise (Juli 2007) war es undenkbar, dass die EZB den angeschlossenen Banken neben dem Leitzins beliebig viel Liquidität zur Verfügung stellt. Im Oktober 2008 hat sie den Geldmarkt mit 80 Mrd. US-Dollar geflutet, um den blockierten Interbankenmarkt zu beleben.

Nach dem Zusammenbruch der Investmentbank Lehman Brothers stieg die gesamte Refinanzierung durch die EZB innerhalb von vier Wochen von 477 Mrd. Euro auf 759 Mrd. Euro an. Erstmals akzeptiert die EZB für die Vergabe von Liquidität an Banken auch Sicherheiten in Dollar, Pfund und Yen. Ebenso senkt die EZB die Ratinganforderungen für zahlreiche Sicherheiten. Galt bisher die Bonitätsnote A als Grenze, akzeptiert die EZB Papiere von bis zu „BBB".

Die Bereitschaft der wichtigsten Zentralbanken die fehlenden Interbankenkredite durch direkte Notenbankkredite zu ersetzen, verhinderte das Austrocknen des Interbankenmarkts und damit den Kollaps des globalen Finanzsystems. Trotz umfangreicher Maßnahmen der Notenbanken sind die Geldmärkte von einem Normalzustand noch weit entfernt. Die anhaltende Vertrauenskrise im Bankensektor verhindert eine reibungslose Versorgung der Finanzinstitute mit Liquidität über den Markt. Zwar haben Fed und EZB viel Geld in den Bankenkreislauf gepumpt, doch anstatt dieses Geld in Kredite für die Wirtschaft zu stecken, legen es die Geldinstitute wieder bei den Notenbanken an. In der 2. Jahreshälfte 2008 sind die Bankeinlagen bei der Fed von rund 20 auf fast 600 Mrd. US-Dollar, bei der EZB von nahe Null auf fast 300 Mrd. Euro angestiegen (vgl. Abbildung 5.21).

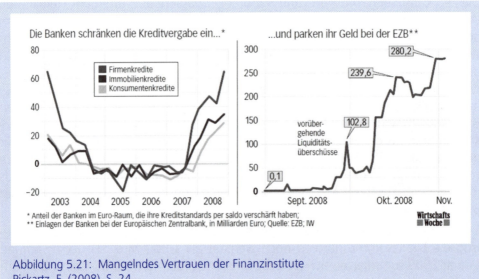

Abbildung 5.21: Mangelndes Vertrauen der Finanzinstitute
Pickartz, E. (2008), S. 24

5.6 Kritische Betrachtung der Theorien

5.6.1 A. Smith und die Klassisch-Neoklassiche Theorie

Obwohl das Klassisch-Neoklassische Modell in sich sehr schlüssig ist, stößt es wie jedes Modell bei komplexen Zusammenhängen an seine Grenzen. Dabei sind die Schwächen des Modells und der Theorie sehr offensichtlich. Das Klassisch-Neoklassische Modell geht bspw. davon aus, dass auf allen Märkten vollkommener Wettbewerb herrscht. Die meisten Märkte in der Realität sind jedoch durch unvollkommene Märkte mit oligopolistischen Strukturen gekennzeichnet. Des Weiteren wird davon ausgegangen, dass das technologische Know-how gegeben ist. Es gibt also keinen produkttechnischen, sondern nur einen produktionstechnischen Fortschritt. Unternehmen konkurrieren jedoch über die Produktentwicklung, technologischer Wandel ist demnach Bestandteil des Wettbewerbs. Obwohl der technische Fortschritt in einer Rezession Aufschwung bringen kann, darf nicht vergessen werden, dass nach dem Aufschwung und dem Boom auch wieder ein Abschwung folgt d.h. sobald die Investitionstätigkeit wieder nachlässt, wird auch die Nachfrage sinken, ebenso wie die Preise und Gewinne. Dadurch breitet sich eine pessimistische Stimmung aus und es folgen Abschwung und Rezession. Technischer Fortschritt sollte demnach nicht als alleiniges Mittel gesehen werden, eine Wirtschaft aus der Rezession zu führen. Ein weiterer Kritikpunkt besteht darin, dass nicht alle Marktteilnehmer über alle notwendigen Informationen verfügen, wovon in der Klassisch-Neoklassischen Theorie jedoch ausgegangen wird. Häufig sind die Käufer schlechter informiert als die Verkäufer und müssen sich auf das Image eines Unternehmens verlassen. Des Weiteren ist die Analyse der Klassiker und Neoklassiker statisch. In der Realität jedoch verändern sich die Präferenzen und Verhaltensweisen der Konsumenten, ebenso wie die Produktionstechnik und die Güter, ständig.

Die Klassisch-Neoklassische Theorie betrachtet Geld als reines Tauschmittel (Quantitätstheorie des Geldes), das den Wirtschaftsbetrieb zwar möglich macht, den Wirtschaftsprozess aber nicht beeinflusst. Realistisch gesehen hat aber das Horten von Geld, oder die Nutzung von Geld zu Spekulationszwecken erhebliche Auswirkungen auf das Wirtschaftsgeschehen. Ebenfalls kritisch zu betrachten ist der Arbeitsmarkt im Klassisch-Neoklassischen Modell. Er geht davon aus, dass der Lohnmechanismus stets einen Ausgleich von Angebot und Nachfrage schafft. Dies ist jedoch nur möglich, wenn der Arbeitsmarkt frei von institutionellen Hemmnissen ist. Es dürfen also keine Gewerkschaften vorhanden sein, die Arbeitnehmer bspw. vor zu niedrigen Löhnen schützen.

5.6.2 J. M. Keynes und die aktuelle Lage in Deutschland

Die Frage, ob der Staat eingreifen muss, ist derzeit relativ unumstritten. Es stellt sich aber die Frage wie und wann. 60 Jahre nach dem Tod von J. M. Keynes sind von den Regierungschefs bis hin zu Ökonomen wieder einmal alle Keynesianer. Die Wirtschaftskrise hat die Rezepte Keynes drastisch aufgewertet.

Fiskalpolitik

Die entscheidende Frage in der derzeitigen expansiven Fiskalpolitik ist, ob der private Konsum durch die kreditfinanzierten Staatsausgaben verdrängt wird oder nicht. Eine Verdrängung (Crowding-Out) würde den gewünschten Multiplikatoreffekt mindern d.h. der Verdrängungseffekt vermindert die Wirkung der Fiskalpolitik auf die aggregierte Nachfrage. Wenn beispielsweise die Regierung die Staatsausgaben um 20 Mrd. Euro erhöht, kann die aggregierte Nachfrage um mehr oder um weniger als 20 Mrd. Euro steigen, je nachdem ob der Multiplikatoreffekt oder der Verdrängungseffekt größer ist. Die deutsche Fiskalpolitik kann die Weltrezession alleine nicht mildern bzw. abwenden. Eine internationale Koordination fiskalpolitischer Maßnahmen ist besonders in der Eurozone notwendig, da hier die Länder wirtschaftlich eng verbunden sind. Die Nachfrage stimulierenden Programme führen in Deutschland zu Streuverlusten und damit zu einer geringeren Multiplikatorwirkung.

Unter Experten gehen die Meinungen zu Konjunkturprogrammen weit auseinander. Für die einen sind sie schlicht überflüssig, da sie zu spät oder am falschen Ort wirken, die anderen versprechen sich eine schnelle Heilung der Wirtschaft. Der amerikanische Ex-Finanzminister Larry Summers definierte die drei T-Kriterien für Erfolg versprechende Konjunkturprogramme: timely, targeted, temporary – sie müssen rasch umsetzbar, klar definiert und befristet sein. Staatliche Investitionen, insbesondere in die Infrastruktur, haben einen langen Planungsvorlauf und wirken überwiegend erst, wenn sich die Wirtschaft schon wieder erholt. Problematisch erweist sich, dass Politiker ihre politischen Ziele mit Hilfe von Konjunkturprogrammen verwirklichen wollen.

Vernachlässigt wird auch die Lernfähigkeit der Unternehmen und Bürger bei staatlichen Interventionen. Sie rechnen mit zukünftig höheren Steuern wenn der Staat seine Ausgaben und Schulden erhöht. Die Wirkung staatlicher Programme hält sich folglich in Grenzen wenn aufgrund erwarteter Steuererhöhungen Konsum und Investitionen eingeschränkt werden.

Die Rettungsprogramme schaffen für die Zukunft erhebliche Anreizprobleme. Die Bereitschaft der Regierungen, Gläubiger von Banken grundsätzlich vor Vermögensverlusten zu schützen, fördert ein Verhalten, welches die Risikobereitschaft vor allem von Kreditgebern massiv erhöht. Ebenso besteht die Gefahr, dass der Staat ineffiziente Banken durch Hilfsprogramme am Leben hält und den Wettbewerbsprozess verzerrt. Der Staat muss deshalb dafür sorgen, dass funktionsfähige marktwirtschaftliche Strukturen wieder geschaffen werden, damit er sich möglichst bald zurückziehen kann.

Das Bankensystem zählt weltweit zu den besonders stark kontrollierten Sektoren. Der drohende Kollaps des Systems, der nur durch außerordentliche staatliche

Eingriffe verhindert wurde ist der Beweis für massive Defizite nationaler und globaler Organisationen staatlicher Aufsicht, die das Finanzsystem betreffen. Die Politik trägt deshalb eine Mitverantwortung für die Krise.

Geldpolitk

Die Effekte einer expansiven Geldpolitik in der aktuellen Krise müssen hinterfragt werden. Während die amerikanische Notenbank den Leitzins auf Null und die EZB auf zwei Prozent senkt, reagieren die Märkte keineswegs nachhaltig positiv. Die Wirkung der geldpolitischen Instrumente verpufft. Die Aktionen führen weder zu einer Erholung der Finanz- und Devisenmärkte, noch zu einer Rückkehr des Vertrauens der Marktteilnehmer untereinander.

Dennoch ist ein Einschreiten der Zentralbanken derzeit wichtig. Die bedeutenden Zentralbanken weltweit haben in den ersten Phasen der Krise maßgeblich dazu beigetragen, dass die massiven Liquiditätsengpässe im Finanzsystem nicht zu einem systematischen Zusammenbruch führten. Mit der Bereitschaft als „Lender of Last Resort" zu handeln, konnte die Situation stabilisiert werden. Es ist davon auszugehen, dass die Anspannungen auf den Interbankenmärkten noch stärker ausgefallen wären, wenn die Zentralbanken die Finanzinstitute nicht in hohem Umfang mit Zentralbankgeld versorgt hätten.

Die Einführung spezieller Liquiditätsfazilitäten im Zuge der Finanzkrise hat dazu beigetragen kurzfristige Turbulenzen am Finanzmarkt zu beruhigen, birgt aber gleichzeitig ein Moral-Hazard-Problem. Die Zentralbanken wecken bei den Marktbeteiligten den Anreiz in Anlagen mit systematischem Risiko zu investieren, weil sie wissen, dass die Zentralbanken im Krisenfall als Käufer einspringen.

Aus makroökonomischer Sicht fällt der Fed, die eine viel zu expansive und damit Keynesianische Geldpolitik in den letzten Jahren betrieb, eine entscheidende Rolle in der Finanzmarktkrise zu. In den Jahren 2003 und 2004 schuf sie mit einem sehr niedrigen Leitzins von 1,0 % Anreize für Finanzmarktakteure ihre Eigenkapitalrendite durch eine äußerst hohe Fremdfinanzierung (Leverage) zu hebeln. Nach Meinung des Wirtschaftsweisen Peter Bofinger unterlief der US-Notenbank damit ein klarer Fehler, weil sie die Zinsen zu weit gesenkt und nicht schnell genug wieder angehoben hatte. Da alle Prognosen für die US-Wirtschaft positiv waren, hätten die Zinsen drei Prozentpunkte höher sein müssen. Stattdessen beließ die Fed in einer gesunden Phase die Zinsen bei einem Prozent. Mit dieser Politik des billigen Geldes hat sie die aktuelle Krise verursacht. Mit denselben Mitteln versucht sie nun, die Krise zu lösen, legt aber gleichzeitig den Grundstein für die nächste Blase.

John Taylor, Ökonomie-Professor und international angesehener Experte für Geldpolitik wirft der Fed vor, dass sie in der aktuellen Krise das zentrale Problem auf den Finanzmärkten nicht richtig diagnostiziert und somit auf die falschen Gegenmittel gesetzt habe. Taylor sieht die hohen Risikoaufschläge (Spreads), die sich Banken für kurzfristige Kredite untereinander in Rechnung stellen, als zentralen

Indikator für das Ausmaß der Krise. Die enormen Risikoaufschläge beruhen aber nicht auf den Liquiditätsproblemen der Banken, wie die Fed irrtümlich vermutete, sondern auf dem mangelnden Vertrauen der Banken untereinander. Diese Situation lässt sich jedoch nicht mit einer expansiven Geldpolitik lösen.

Die Wirtschaft der USA scheint in der Liquiditätsfalle zu stecken. Die Volkswirtschaft befindet sich in einer Rezession, der Leitzins liegt nahe Null und die Geldpolitik der Fed kann die Konjunktur nicht beleben. Verbraucher und Unternehmen horten das Geld statt es auszugeben. Die Keynesianische Politik zwingt die Fed zu unüblichen geldpolitischen Maßnahmen, den Aufkauf von Wertschriften oder Staatsanleihen. Langfristige Risiken für Währung und Inflation werden dabei übergangen. Auch muss die Zentralbank den richtigen Zeitpunkt finden, die geschaffene Liquidität in der richtigen Dosierung wieder abzuschöpfen. Handelt sie zu früh, riskiert sie den Aufschwung zu stoppen, handelt sie zu spät, könnte sich möglicherweise eine neue, noch größere Spekulationsblase bilden.

In dieser extremen Keynesianischen Situation der Liquiditätsfalle wird die Geldpolitik wirkungslos. Keynes veranschaulicht das Verhalten von Verbraucher und Unternehmen mit einem Pferd, das zu einem mit Wasser gefüllten Brunnen geführt wird, aber trotzdem nicht saufen will. In dieser Situation rät Keynes zur Fiskalpolitik zu wechseln, die wesentlich effizienter ist als die Geldpolitik von der keinerlei Impulse ausgehen.

Zusammenfassend zeigt sich, dass fiskal- und geldpolitische Instrumente, die nach Keynesianischer Art eingesetzt werden, nicht das Allheilmittel der aktuellen Krise sind. In der kurzfristigen Perspektive können Keynesianische Instrumente Lösungen aus der Krise bieten, eine Erfolgsgarantie bieten sie allerdings nicht. Die langfristige Perspektive wird dabei aber völlig ausgeblendet.

Keynes' Aussage: *„In the long run we are all dead"* ist dabei kritisch zu betrachten. Die massiven Schulden, die der Staat derzeit durch die Keynesianische Politik in Kauf nimmt, sind das Erbe der Nachfolgegenerationen.

5.7 Fazit

Die Aussage Keynes, dass *man die Pferde zwar zur Tränke führen, sie aber nicht zwingen kann, das Wasser zu saufen* wird derzeit häufig zitiert, spiegelt sie doch die aktuelle Situation der Krise wider. Ein zentraler Knoten, den es in der gegenwärtigen Krise zu lösen gilt, ist das mangelnde Vertrauen der Banken untereinander. Es müssen klare Konzepte und Prinzipien geschaffen werden, wann und wie ein Staat zur Rettung von Banken eingreift, um den Unsicherheiten im Finanzmarkt zu entgegnen. Folglich könnten Risikoaufschläge sinken, das Vertrauen zurück gewonnen und die Kreditklemme aufgehoben werden.

Konjunkturkrisen gehören zu den Korrekturmechanismen einer Marktwirtschaft. Sie sind kein Fehler, sondern notwendiger Bestandteil. Die Finanzkrise hätte

5.7 Fazit

mit Bankinsolvenzen das Geld vernichtet, welches die Fed in den letzten Jahren mit ihrer expansiven Geldpolitik unsinnigerweise in die Wirtschaft gepumpt hat. Es ist richtig, dass der Staat bzw. der Steuerzahler die wertlosen Papiere zum Schutze der Anlieger aus dem Markt aufkauft. Damit wird aber nicht das Markt- sondern das Staatsversagen korrigiert. Das Entgegenwirken der realwirtschaftlichen Krise wird ebenfalls mit staatlichen Interventionen begründet. Das Scheitern vergangener Konjunkturprogramme und der gleichzeitig wachsende Schuldenberg geraten dabei in Vergessenheit. Die Rechnung bezahlt die nächste Generation. Was aber passiert, wenn die Pferde nicht so schnell saufen sollten, der Staat dafür absäuft? Die US-Notenbank wirft die Notenpresse an und bringt die USA mit der gegenwärtigen Geldpolitik auf diesen (Inflations-)Kurs.

Die Skepsis, ob die derzeitige Krise mit Keynesianischer geld- und fiskalpolitischer Stimulierung lösbar ist, wird zunehmend größer. Eine Rezession bietet auch die Chance zur Bereinigung vorangegangener Verzerrungen. Gemäß Schumpeter ist jede wirtschaftliche Krise eine schöpferische Zerstörung, die unrentable Unternehmen vom Markt nimmt.

Die aktuelle Diskussion der Verstaatlichung von Unternehmen ist kritisch zu betrachten. Ob die Entscheidungsqualität und Risikoeinschätzung besser wird, wenn der Staat im Aufsichtsrat sitzt ist fraglich. Geradezu fatal ist der Glaube, dass der Staat mehr Sicherheit bietet. Das Gegenteil haben die IKB und deutsche Landesbanken bewiesen. Der Staat selbst sollte sich auf die Ausgestaltung des Ordnungsrahmens beschränken, die Einhaltung der Regeln überwachen und dafür sorgen, dass die Finanzmärkte ihre volkswirtschaftliche Aufgabe erfüllen und damit dem Wohl aller dienen. Dringender denn je sind national und international ein klarer rechtlicher Rahmen und wirksame Sanktionen erforderlich. Dann sind direkte Eingriffe in den Markt, die derzeit Milliarden kosten, vermeidbar.

Gegenwärtig ist es unvermeidbar, den Staat aktiv in das Wirtschaftsgeschehen eingreifen zu lassen. Insofern ist die Denkweise von Keynes nach Meinung der Autoren aktuell nicht der falsche Ansatzpunkt. Da die bisherigen Eingriffe jedoch keine Dauerlösung sein können – man bedenke die hohe Neuverschuldung – muss der richtige Zeitpunkt gefunden werden, wann der Staat sich wieder zurückzieht. Das bedeutet, dass Staatsbeteiligungen wieder verkauft und gewährte Kredite wieder zurückbezahlt werden müssen. Dies ist schon allein deswegen wichtig, um Unternehmen nicht das Gefühl zu geben, dass der Staat sie unterstützt, wenn es eng wird. Aus Klassisch-Neoklassischer Sicht sind Staatseingriffe nicht nötig. Sobald die Wirtschaft sich einigermaßen stabilisiert hat, sollte wieder auf die Selbstheilungskräfte der Märkte vertraut werden. Die von den Autoren herausgearbeitete Kritik an beiden Theorien und die Erfahrungen der Wirtschaft in den letzten Jahrzehnten stellt keines der beiden Modelle zur optimalen Lösung der Finanzkrise heraus. Denkbar wäre eine Verbindung aus beiden Theorien, bei dem Staatseingriffe zwar möglich sind, diese aber Beschränkungen unterliegen.

6 Welche Rolle spielen Bilanzausgliederungen in der Finanzkrise?

6.1 Definitionen und Erläuterungen

6.1.1 Begriffsbestimmung

Unter dem Begriff Asset Backed Securities (ABS) versteht man wörtlich übersetzt „durch Vermögensmasse gesicherte" Wertpapiere bzw. Schuldscheine. Dabei werden grundsätzlich im Rahmen einer Verbriefungstransaktion (engl. „Asset Securitization") einzelne Zahlungsansprüche (Forderungen) eines Unternehmens gebündelt und an eine für diese Transaktion gegründete Zweckgesellschaft abgetreten. Die Zweckgesellschaft platziert diese Forderungen wiederum in Form von handelbaren Wertpapieren am Kapitalmarkt und finanziert, durch den so generierten Mittelzufluss, den an das Unternehmen gezahlten Barwert der Forderungen. Als Beispiel für solch verbriefte Forderungen können Forderungen aus Lieferungen und Leistungen, Leasingforderungen oder auch Kreditkartenforderungen genannt werden.

6.1.2 Einordnung und Abgrenzung

Wenn von Verbriefungen gesprochen wird, kann grundsätzlich zwischen der klassischen und der synthetischen Verbriefung unterschieden werden. Unter der klassischen Verbriefung versteht man die Asset Backed Securities im weiteren Sinne (i.w.S.), wohingegen man unter der synthetischen Verbriefung Kreditderivate versteht. Das Unterscheidungskriterium liegt dabei beim Risikotransfer. So findet bei der klassischen Verbriefung bzw. den ABS i.w.S. ein Risikotransfer vom Verkäufer zum Käufer statt, womit die Vermögenspositionen nicht mehr Bilanzbestandteil beim Verkäufer sind. Man spricht hierbei auch von einem „True-Sale". Bei der synthetischen Verbriefung bzw. den Kreditderivaten wie Credit-Linked-Note und Credit-Default-Swap verbleiben Vermögenspositionen in der Bilanz des Verkäufers, er überträgt lediglich das Ausfallrisiko eines eindeutig bestimmten Portfolios auf den Sicherungsgeber. Abb. 6.1 veranschaulicht die Abgrenzung.

Da der Begriff „Asset Backed Securities" lediglich für die Besicherung von Wertpapieren durch Vermögen steht, verbergen sich hinter dem Obergriff inzwischen verschiedene Formen der Forderungsverbriefung, wie Abb. 6.2 zeigt.

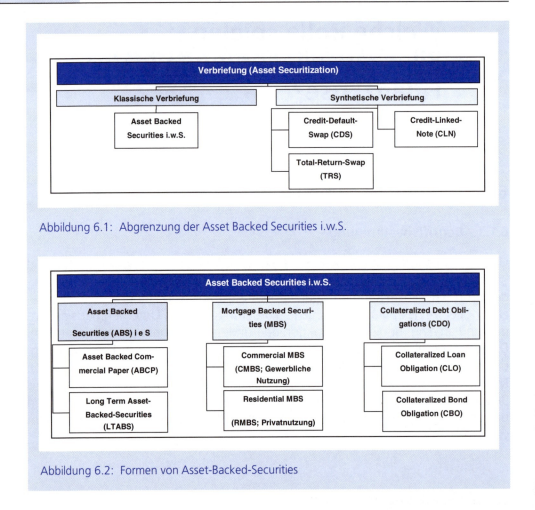

Abbildung 6.1: Abgrenzung der Asset Backed Securities i.w.S.

Abbildung 6.2: Formen von Asset-Backed-Securities

Wertpapiere die unter den Begriff ABS i.w.S. fallen, haben grundsätzlich die Gemeinsamkeit, zum einen durch Zahlungsansprüche besichert sowie zum anderen in verschiedenen Tranchen strukturiert zu sein (siehe für Tranchierung Abschnitt 6.6). Es kann innerhalb der Klasse ABS i.w.S. im Wesentlichen zwischen ABS im engeren Sinne (i.e.S.), Mortgage Backed Securities (MBS) und Collateralized Debt Obligations (CDO) unterschieden werden. ABS i.e.S. unterscheiden sich dadurch, dass sie speziell durch Unternehmensforderungen gedeckt sind. Dazu zählen beispielsweise Kreditkartenforderungen, Forderungen aus: Lieferungen und Leistungen, KfZ-Finanzierungen oder auch Leasing. Es kann hierbei weiter zwischen Wertpapieren mit kurzfristiger Laufzeit (Asset Backed Commercial Papers) und langfristiger Laufzeit (Long Term Asset-Backed-Securities) differenziert werden.

Bei Mortgage Backed Securities handelt es sich dagegen um Wertpapiere die durch Zahlungsansprüche aus Hypotheken gedeckt sind. Es lassen sich folgende Wertpapiere unterscheiden: Wertpapiere, die durch Hypotheken der gewerblichen

Nutzung (Commercial MBS) oder Wertpapiere der privaten Nutzung (Residential MBS) gedeckt sind. MBS sind nicht zu verwechseln mit Pfandbriefen die häufig ein weiteres Refinanzierungsmittel bei Hypothekengeschäften darstellen. Wesentliche Unterschiede sind vor allem, dass zum einen aufgrund der Tranchierung den MBS bestimmte Kreditportfolios zugeordnet werden, wohingegen Pfandbriefe durch alle Hypothekenkredite gedeckt sind. Weiter werden MBS durch die gegründete Zweckgesellschaft begeben wodurch der eigentliche Forderungsabtreter die Kredite und Wertpapiere nicht mehr in der Unternehmensbilanz trägt. MBS unterliegen außerdem weniger strengen gesetzlichen Bestimmungen als dies bei der Emission von Pfandbriefen der Fall ist.

Neben den aufgeführten ABS i.e.S. und MBS können auch Collateralized Debt Obligations (CDOs) der Form von ABS i.w.S. zugeordnet werden. Diese Wertpapiere sind hier durch Unternehmenskredite, Industriekredite und Unternehmensanleihen oder wiederum durch andere Asset Backed Securities gedeckt. Sind die Wertpapiere ausschließlich durch Kredite besichert, spricht man von Collateralized Loan Obligations (CLO). Bei einer Deckung durch längerfristige Anleihen spricht man hingegen von Collateralized Bond Obligation (CBO).

6.1.3 Grundstrukturen einer ABS-Transaktion

Grundsätzlich kann die Begebung von Asset Backed Securities in drei wesentliche Schritte untergliedert werden:
(1.) der Verkauf der Forderungen,
(2.) Emission der Wertpapiere und
(3.) die nachhaltige Berichterstattung des Forderungsverkäufers (=Posttransaktionsphase).

Neben den Phasen der Verbriefung kann weiter zwischen den Akteuren unterschieden werden. So zählen zu den beteiligten Parteien im engeren Sinne der Forderungsverkäufer (Originator), die Zweckgesellschaft (Special Purpose Vehicle) und die Investoren (Käufer von ABS). Im weiteren Sinne nehmen auch der Arrangeur (administrative Bank), der Service-Agent, der Treuhänder, das Bankenkonsortium und die Ratingagentur in der ABS-Transaktion eine entscheidende Rolle ein. Abb. 6.3 veranschaulicht den Prozess und die Beteiligten der ABS-Verbriefungstransaktion.

Vor dem eigentlichen Transaktionsbeginn mandatiert der Forderungsverkäufer (Originator) zunächst eine Bank, welche im Rahmen der ABS-Verbriefung als Arrangeur agiert. Dieser Transaktions- bzw. Programmadministrator prüft die zu verbriefenden Forderungen, erstellt eine detaillierte Transaktionsplanung und integriert die zu beteiligenden Parteien.

Verkauf der Forderungen

Nach der Mandatierung des Arrangeurs wird nach der Auswahl eines bestimmten Forderungsportfolios dieses an eine hierfür gegründete Special Purpose Vehicle

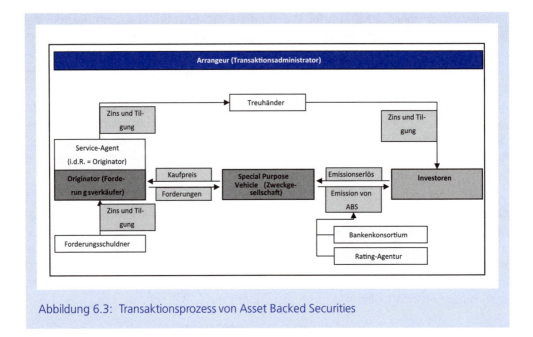

Abbildung 6.3: Transaktionsprozess von Asset Backed Securities

(SPV) verkauft. Es kann hierbei zwischen der vollen Ausgliederung (Pass-Through) und der lediglichen Abtretung von Zahlungsansprüchen (Pay-Through) unterschieden werden:

- Pass Through: die Vermögensgegenstände gehen rechts- und steuerwirksam auf die Zweckgesellschaft über und sind damit nicht mehr in der Bilanz des Originators.
- Pay Through: die Vermögensgegenstände bleiben Eigentum und Bilanzbestandteil des Originators. Aus den Vermögensgegenständen resultierende Zahlungen werden an die Zweckgesellschaft weitergeleitet.

Für die weitere Beschreibung des Transaktionsprozesses wird die volle Ausgliederung an die Zweckgesellschaft unterstellt. Die Zweckgesellschaft selbst befindet sich typischerweise im Eigentum von dritten errichteten Stiftungen („Trust").

Emission am Kapitalmarkt

Im Gegenzug zur Forderungsabtretung an das SPV erhält der Originator den Barwert der Forderungen abzüglich Transaktionskosten. Die Zweckgesellschaft refinanziert den gezahlten Kaufpreis indem sie mit Hilfe eines Bankenkonsortiums die Asset Backed Securities am Kapitalmarkt emittiert. Da die meisten Investoren keine Möglichkeit haben, die den Asset Backed Securities zugrunde liegenden Forderungsbestände selbst zu beurteilen verlassen sich die Investoren häufig bei ihren Investitionen auf Ratingagenturen. Die Ratingagenturen bewerten die Risiken der ABS zu einem bestimmten Zeitpunkt und überprüfen dabei im Wesentlichen ob die in einem Portfolio steckenden Risiken korrekt berücksichtigt wurden, eine rechtlich einwandfreie Forderungsübertragung stattfand und die rechtzeitige Rückzahlung der Wertpapiere vorgenommen werden kann. Auf Basis dieser Bewertungen erfolgt für das jeweilige Wertpapier und die zugrunde liegenden Risiken ein entsprechendes Rating.

Posttransaktionsphase

Sind die Asset Backed Securities am Kapitalmarkt platziert finden Funktionen von Service-Agent und Treuhänder ihren Einsatz. Der Service-Agent hat dabei die Aufgabe des Forderungsinkasso und der Forderungsverwaltung (festgelegt in einer Inkasso- und Verwaltungsvereinbarung) sowie die Koordination der Zahlungsströme zwischen Forderungsschuldner und Treuhänder. Dies bedeutet im Näheren insbesondere die Durchführung der Kreditüberwachung, des Mahnwesens, der Einziehung der Forderungen von Schuldnern, der Berichterstattung (von Forderungseinzug, Überfälligkeiten, Ausfälle) sowie die Durchleitung von Zins und Tilgung aus den Forderungen an den Treuhänder zu einem bestimmten Stichtag. Für die Inkasso- und Verwaltungstätigkeit erhält der Service-Agent eine angemessene Vergütung. Häufig ist der Service-Agent der Originator selbst. Dies hat den Vorteil, dass für Kunden der Forderungsverkauf nicht ersichtlich ist und damit der Ansprechpartner das Unternehmen bleibt. Alternativ kann die Rolle des Service-Agents aber auch von einem Kreditinstitut übernommen werden.

Der Treuhänder ist der Vermittler zwischen Service-Agent und Investoren. Das Aufgabenspektrum umfasst die Vertretung der Interessen seitens der Investoren, die Verwaltung bestehender Sicherheiten, die Überprüfung von Berichten vom Service-Agent sowie insbesondere die Weiterleitung von Zins- und Tilgungszahlungen vom Originator an die Investoren. Die Funktion des Treuhänders wird häufig von Wirtschaftsprüfungsgesellschaften übernommen.

Weitere Gestaltungsmöglichkeiten

Wie bereits erwähnt stellt der oben beschriebene Ablauf die Grundstruktur einer ABS-Transaktion dar. Anhand weiterer Optionen kann die Begebung von forderungsbesicherten Wertpapieren den Wünschen des Originators angepasst und damit individualisiert werden.

Nach Häufigkeit des Forderungsankaufs

Bei der Verbriefung von Asset Backed Securities kann zwischen einem ein- oder mehrmaligen Ankauf der Forderungen vom Originator durch die (gleiche) Zweckgesellschaft unterschieden werden. Bei einem einmaligen Forderungsankauf nimmt der Forderungsbestand im Maße der Rückzahlungen ab. Aus der gesammelten Liquidität können die Asset Backed Securities sofort oder bei Fälligkeit getilgt werden.

Beim mehrmaligen (revolvierenden) Forderungsankauf werden für zurückgeführte Forderungen neue Forderungen erworben. Dies führt dazu, dass der Forderungsbestand auf einem konstanten Level gehalten wird. Eine Abnahme des Forderungsbestands in Höhe der Rückzahlungen erfolgt erst gegen Ende der revolvierenden Phase.

Nach Anzahl der Originators

Eine weitere Gestaltungsmöglichkeit bei der Verbriefung von ABS ist die Anzahl der Forderungsverkäufer. So kann die Zweckgesellschaft Forderungen von ausschließlich einem oder von mehreren Originators beziehen.

Bei der Single-Seller-Transaktion kauft, verbrieft und refinanziert die Zweckgesellschaft Forderungen von lediglich einem Forderungsverkäufer. Dadurch ist die gesamte Transaktion individuell, sehr transparent und bietet eine leicht nachvollziehbare Zusammensetzung des Forderungsportfolios. Die Individualität wirkt sich dabei auch im Rating aus, da dieses keinen negativen Einflüssen anderer Forderungsportfolios unterliegt. Als Nachteil kann das selbst aufzubringende Transaktionsvolumen und die eigene Kostenübernahme gesehen werden.

Bei der Multi-Seller-Transaktion (Conduit) kauft die Zweckgesellschaft dagegen Forderungen von mehreren Originators. Eine Differenzierung der Forderungsbestände erfolgt anhand unterschiedlicher Buchungskreise. Die verschiedenen Zahlungsansprüche werden gebündelt und am Kapitalmarkt platziert. Zwar sind bei dieser Art von Transaktion die Kosten der Durchführung höher, jedoch können diese auf mehrere Originators verteilt werden und sind damit im Vergleich zur Single-Seller-Transaktion geringer. Zusätzlich kann eine weitere Senkung der Transaktionskosten durch einen revolvierenden Forderungsankauf erreicht werden. Aufgrund der Tatsache, dass das Transaktionsvolumen von mehreren Forderungsverkäufern eingebracht wird, bietet sich die ABS-Verbriefung auch für kleinere Institute an. Für den Investor ergibt sich der Nachteil der verlorenen Transparenz und damit die Einschränkung sich nur am Rating, nicht aber am Originator orientieren zu können.

Transaktionskosten

Die Kosten einer ABS-Transaktion sind i.d.R. vom Verkäufer zu tragen. Sie setzen sich im Wesentlichen aus laufenden und Einmalkosten zusammen. Die Einmalkosten umfassen im einfachen Fall (einmaliger Forderungsankauf und ein Originator) die Strukturierungsgebühr für die Arrangierung der Verbriefung, die Ratingkosten, die Rechtsberatungskosten für Transaktionsdokumente und die Emissionskosten. Zu den laufenden Kosten zählen die Zinsaufwendungen der Wertpapiere, Kosten der Kreditsicherung, Liquiditätsfazilitäten und Verwaltungskosten. Die Höhe der Kosten richtet sich nach dem Grad der Standardisierung, des Transaktionsvolumens und der Bonitäts- und Liquiditätshilfen.

6.1.4 Voraussetzungen

Für Asset-Backed-Finanzierungen eignen sich grundsätzlich alle Arten von Forderungen, sofern folgende Kriterien gegeben sind:

Losgröße bzw. Transaktionsvolumen: Damit die Begebung von ABS unter hohen Fixkosten den Aspekt der Rentabilität beibehält, sollte ein Mindestvolumen erreicht sein. Große internationale Investmentbanken führen ABS-Transaktionen etwa ab einem Volumen von 80 Mio. Euro bis 100 Mio. Euro durch. Mittelstandsorientierte Banken bieten dagegen Transaktionen bereits ab einem Volumen von rund 20 Mio. Euro an.

Berechenbarkeit und Homogenität: Um Einzelprüfungen der Forderungsbestände und daraus resultierende hohe Kosten zu vermeiden, ist es notwendig, dass die Gesamtheit der Forderungen einen berechenbaren Cashflow aufweist und die Forderungen homogen (mit standardisierten Verträgen) sind.

Diversifikationsaspekt: Eine hohe Diversifikation wird erreicht, indem der Forderungsbestand gegenüber einer großen Anzahl von Schuldnern besteht und die Forderungsschuldner aus unterschiedlichen Branchen stammen.

Niedrige Ausfallraten: Um den Einsatz von Besicherungsinstrumenten im Maße zu halten und eine breite Investorenbasis anzusprechen, sollten die Forderungsausfallquoten sich als historisch gering erweisen.

Ökonomische und juristische Bestimmbarkeit: Dies stellt die Bedingung für einen regresslosen Forderungsverkauf dar.

6.1.5 Geschichtliche Entwicklung

USA

Das amerikanische Bankensystem ist durch die Teilung in verschiedene Bereiche im Rahmen des Glass-Steagall Acts geprägt. So ergab sich, dass amerikanische Sparkassen und Hypothekenbanken neben einer regionalen Einschränkung des Geschäftsbereiches wesentliche Einnahmen aus der Fristentransformation erzielten. Durch längere Laufzeiten der Passiva gerieten diese Einnahmen bei steigenden Zinsen unter Druck. Deshalb suchten diese Thrift Institutions im Zeitraum steigender Zinsen ab den 60er Jahren nach alternativen Einnahmequellen.[1]

Es wurde ein Gesetz geschaffen, um Thrift Institutions die Möglichkeit zu geben, Zins- und Tilgungsleistungen ihrer Hypothekenkredite zu veräußern. So konnte das steigende Zinsrisiko an Investoren weitergegeben werden. Es wurde die staatliche Körperschaft Government National Mortgage Association gegründet, um Hypothekendarlehen in nachfrageschwachen Gebieten aufzukaufen. Im Jahr 1970 wurden die ersten Mortgage Backed Securities emittiert, bei der die

---
[1] Vgl. Marx (2006)

laufenden Zins- und Tilgungsleistungen an Investoren weitergegeben wurden. Die erste private Emission von MBS erfolgte im Jahr 1977 durch die Investmentbank Salomon Brothers.[2]

Diese Verbriefungstransaktionen stellten für alle beteiligten Banken einen erheblichen Vorteil dar. Hypothekenbanken wurde es ermöglicht, in Gebieten starker Hypothekennachfrage die Nachfrage zu decken, da eine neue Refinanzierungsquelle erschlossen wurde. Durch die Investition in MBS konnten Hypothekenbanken und auch Geschäftsbanken ihre regionalen Geschäftsbeschränkungen überwinden. Darüber hinaus konnten Investmentbanken durch die Bereitstellung der Servicefunktion Provisionserträge in einem neuen Geschäftsbereich erzielen.[3]

Im Jahr 1985 wurden erstmals Aktiva des nicht hypothekarischen Bereiches durch ABS ausgegliedert, da Kunden der Banken einen steigenden Bedarf an Finanzdienstleistungen hatten und diese somit die Bilanzsummen erhöhten und einen höheren Eigenmittelbedarf der Kreditinstitute zur Folge hatten. Dieser konnte durch die Emission von ABS mit nahezu allen Arten von Forderungen gedeckt werden.[4]

Unter diesen Verbriefungen waren auch Bilanzausgliederungen von Subprime-Krediten zu finden. Bereits in den 1980er Jahren ergaben sich Insolvenzen von Subprime-Anbietern. Grund hierfür war laut Federal Reserve neben einem Zinsanstieg ein Einbruch des Immobilienmarktes und eine zu expansive Kreditvergabe der Kreditinstitute.[5] Hier zeigt sich, dass die zugrunde liegenden Risiken bereits früh bekannt waren.

Wie in Abb. 6.4 veranschaulicht wird, hat das Emissionsvolumen von ABS bis zur aktuellen Finanzkrise stark zugenommen. Trotz eines starken Rückgangs werden weiterhin Bilanzausgliederungen mittels ABS vorgenommen, so dass diesem Produkt auch in Zukunft eine wichtige Bedeutung zukommen wird.

Deutschland

In Europa entstanden ABS deutlich später. Es gab keine staatlichen Institutionen, die die Gestaltung von Verbriefungen förderten. In Deutschland gab es aber die Möglichkeit der Refinanzierung über Pfandbriefe, die Gemeinsamkeiten zu Verbriefungsprodukten aufweisen.[6]

Nachdem die erste deutsche Kreditverbriefung 1990 wenig Erfolg hatte, wurden 1997 aufsichtsrechtliche Regeln erstellt, die eine Veräußerung von Aktiva ermöglichen sollten. Da wegen diverser steuerlicher und rechtlicher Probleme ein Rückstand zu anderen europäischen Märkten entstand, entwickelte die Bundesregierung 2003 zwei Maßnahmen zur Förderung des deutschen Verbriefungsmarktes. Darüber hinaus starteten zwölf in Deutschland tätige Banken gemeinsam

---

[2] Vgl. Ohl (1994)
[3] Vgl. Ohl (1994)
[4] Vgl. Ohl (1994)
[5] Vgl. Sommer (2008)
[6] Vgl. Marx (2006)

6.2 Gestaltung von Bilanzausgliederungen

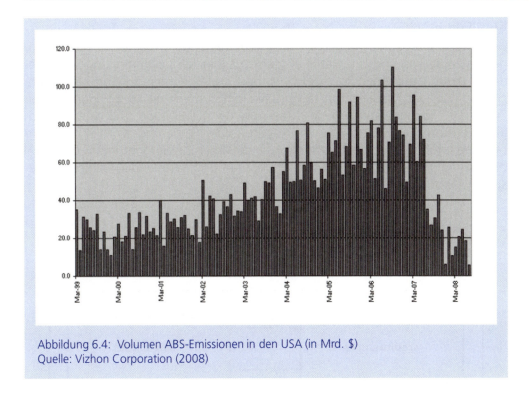

Abbildung 6.4: Volumen ABS-Emissionen in den USA (in Mrd. $)
Quelle: Vizhon Corporation (2008)

mit der KfW Bankengruppe die so genannte True-Sale-Initiative. Hier wurden verbesserte Rahmenbedingungen geschaffen, die es unter anderem ermöglichten, deutsche Zweckgesellschaften zu gründen.[7]

Das Ergebnis war ein sprunghafter Anstieg von Bilanzausgliederungen, die sich im Wesentlichen auf werthaltige Kredite bezogen. Eine erste Subprime Transaktion fand im Dezember 2006 statt.

6.2 Gestaltung von Bilanzausgliederungen

6.2.1 Ablauf einer ABS-Transaktion

Eine ABS-Transaktion lässt sich in drei Phasen unterteilen. Die erste Phase umfasst die klassische Kreditvergabe, bei der das als Originator bezeichnete Kreditinstitut eine Vertragsbeziehung zu einem Kreditnehmer eingeht. In der zweiten Phase werden vergebene Kredite an eine Zweckgesellschaft weitergegeben, die Wertpapiere an Investoren ausgibt. In der dritten Phase erfolgen verschiedene Zahlungsströme während der Laufzeit dieser ausgegebenen Wertpapiere.[8]

---

[7] Vgl. Ricken (2008)
[8] Vgl. Ricken (2008)

Kreditvergabe

Der erste Schritt der klassischen Kreditvergabe zeigt den Kreditnehmer als Schuldner der Forderung und eine Kredit ausgebende Bank als Originator. Die Schuldner der Forderungen können Privatpersonen oder Unternehmen sein, die eine Finanzierung über das Kreditinstitut tätigen. Sie leisten durch die Aufbringungen von Zins- und Tilgungsleistungen den Cashflow der Transaktion und werden nach aktueller Rechtslage nicht über die Abtretung der Forderung im Falle einer Verbriefung informiert, so dass auch nach einer Forderungsverbriefung in der Regel die ursprüngliche Geschäftsbeziehung zwischen Originator und Kreditnehmer bestehen bleibt.[9]

Der Originator gewährt den ursprünglichen Kredit und erhält Zins- und Tilgungsleistungen. Abb. 6.5 zeigt die Geschäftsbeziehung vor Durchführung einer Verbriefungstransaktion.

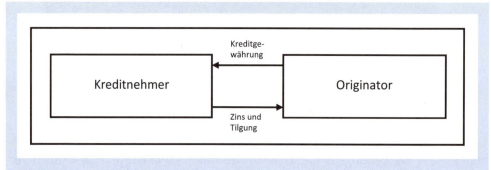

Abbildung 6.5: Geschäftsbeziehung zur Gestaltung einer Verbriefungstransaktion
Quelle: Ricken (2008), S. 22, modifiziert

Ausgabe der Verbriefungstransaktion

Um ausgewählte Kredite aus der Bankbilanz auszugliedern, verwenden Kreditinstitute in der Regel die Dienste eines Arrangers. Diese Investmentbank ist üblicherweise auf strukturierte Finanzierungen spezialisiert und strukturiert die ausgewählten, bisher nicht handelbaren Vermögenswerte in Wertpapiere, die am Kapitalmarkt platziert werden können. Abb. 6.6 und die folgenden Ausführungen geben einen Überblick über die an der Ausgestaltung der Grundstruktur einer ABS-Transaktion beteiligten Parteien.

Hier spielen die Zweckgesellschaften, die auch als Conduits, Structured Investment Vehicles (SIVs) und Special Purpose Vehicles (SPVs) bezeichnet werden, eine wesentliche Rolle. Ihre Aufgabe besteht im Ankauf von Forderungen des Originators zu einem frei vereinbarten Preis und der Emission von Wertpapieren zur Refinanzierung.[10] Die Zweckgesellschaft wird ausschließlich zur Verbriefung der

---
[9] Vgl. Marx (2006)
[10] Vgl. Marx (2006)

6.2 Gestaltung von Bilanzausgliederungen

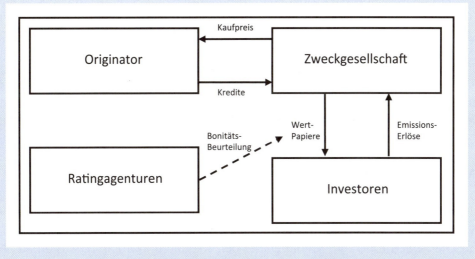

Abbildung 6.6: Geschäftsbeziehung zur Gestaltung einer Verbriefungstransaktion
Quelle: Ricken (2008), S. 22, modifiziert

Forderungen gegründet. Es kann sich um unterschiedliche Rechtsstrukturen handeln, wobei in der Regel gewisse Grundstrukturen bestehen. Die SPVs verfolgen lediglich den Zweck der Erfüllung der Forderungsverbriefung. Ihre Tätigkeit ist durch ein sehr umfangreiches Vertragsbündel abgesichert. Somit bestehen keine unternehmerischen Freiheiten zur Gestaltung der Geschäftstätigkeit.

Aus steuerlichen Gründen werden Zweckgesellschaften in der Regel in steuergünstigen Gebieten errichtet. Die Zweckgesellschaft ist in der Regel insolvenzsicher ausgestaltet, so dass im Falle der Zahlungsunfähigkeit auf den Originator zurückgegriffen werden kann.[11]

Vor Übertragung der Forderungen an die Zweckgesellschaft legt der Originator in einem Vertrag mit der Zweckgesellschaft eine angemessene Struktur der Wertpapiere fest. Die verschiedenen Formen des Credit Enhancements, die die Qualität der Wertpapiere verbessern sollen, werden im nächsten Kapitel dargestellt.

Durch eine komplexe Transaktionsstruktur und eine hohe Anzahl verschiedener Kredite ist es schwierig, die Bonität der ABS zu bestimmen. Diese Aufgabe kommt in der Regel mehreren Ratingagenturen zu. Kredite werden für Investoren attraktiver gemacht, wenn diese ein positives externes Rating von mehreren bekannten Ratingagenturen erhalten. Durch verschiedene Maßnahmen zur Kreditverbesserung liegt das Rating der ABS in der Regel über dem des Originators. Durch diese Maßnahmen ist es möglich, Investoren von der Qualität der Wertpapiere zu überzeugen.[12]

---
[11] Vgl. Ricken (2008)
[12] Vgl. David (2001)

Der Investor kauft die ausgegebenen ABS, um einen Anspruch auf zukünftige Zins- und Tilgungsleistungen des Portfolios zu erhalten. Auch wenn Investoren kein eigenes Zugriffsrecht auf die Forderungen besitzen, ist der Vertrag in der Regel so ausgestaltet, dass sie den Anspruch erhalten, dass entsprechende Zahlungen an sie weitergeleitet werden. Ein wesentlicher Grund für ein Investment in ABS ist, dass Investoren mit ABS-Produkten eine höhere Rendite als mit Unternehmensanleihen erzielen können.[13] In Kombination mit den zum Credit Enhancement durchgeführten Maßnahmen ist es somit ein Investment, das vor der aktuellen Finanzkrise sehr attraktiv erschien.

Während der Laufzeit

Da die Zweckgesellschaft in der Regel über keine Mitarbeiter verfügt, wird die Verwaltung der Kredite an einen Servicer weitergegeben. Diese Funktion wird in der Regel vom Originator erfüllt, da dieser so die Möglichkeit hat, die ursprüngliche Geschäftsbeziehung zum Kreditnehmer beizubehalten. Darüber hinaus erhält der Originator für diese Serviceleistung während der Laufzeit der Kredite eine Gebühr von der Zweckgesellschaft, welche als Provisionsertrag realisiert wird.[14]

Um den Investoren einen regelmäßigen Erhalt von Zins- und Tilgungsleistungen zu gewährleisten, werden verschiedene Maßnahmen durchgeführt. So soll der Fortbestand der Zweckgesellschaft sichergestellt werden.[15]

Ein Treuhänder ist dafür verantwortlich, verschiedene Verwaltungsaufgaben zu übernehmen.

Dazu zählen die Verwaltung von Zahlungseingängen, Sicherheiten und Daten der beteiligten Parteien. Er dient somit der Erhaltung einer schlanken Struktur des SPVs und ist per Vertrag dafür verantwortlich, die Rechte der Investoren zu vertreten. Im Insolvenzfall, der im Rahmen der aktuellen Finanzkrise häufiger vorgekommen ist, verwertet der Treuhänder die dem ausgegebenen Wertpapier zugeordneten Sicherheiten.[16]

Um die Qualität der ausgegebenen Wertpapiere zu verbessern (Credit Enhancement), übernehmen in der Regel externe Sicherungsgeber einen Teil bestehender Risiken. Hier richtet sich der Originator nach den Interessen der Investoren, die für gewöhnlich ein möglichst günstiges und sicheres Investment anstreben. So ist z.B. eine Versicherung über einen so genannten Monoliner denkbar, der mögliche entstehende Verluste des ABS absichert. Außerdem ist es möglich, dass ein Kreditinstitut mit guter Bonität mittels eines Letter of Credit (LoC) eine Zahlungsgarantie für ABS übernimmt. Hierbei handelt es sich in der Regel um ein Zahlungsversprechen, dass die Cashflows der Wertpapiere sichergestellt werden. Darüber hinaus besteht die Möglichkeit der Schaffung eines Cash Collateral Accounts, das über

---

[13] Vgl. Marx (2006)
[14] Vgl. Ricken (2008)
[15] Vgl. Ricken (2008)
[16] Vgl. Marx (2006)

6.2 Gestaltung von Bilanzausgliederungen

kurzfristige Finanzinstrumente eine Ratingverschlechterung des Originators ausschließen soll.[17]

Neben diesen externen Möglichkeiten der Kreditverbesserung kann der Originator auch intern das ABS verbessern, indem z.B. die Sicherheiten die ABS-Summe übersteigen (Overcollaterisation), die Emission in unterschiedliche Tranchen aufgesplittet wird (Subordination), Konten mit einer Barreserve angelegt werden (Spread-Reserve Accounts) oder Rückkaufzusagen vom Originator übernommen werden (Originator Recourse).[18] Die aktuelle Finanzkrise zeigt, dass die den ABS zu Grunde liegenden Aktiva mit Unsicherheiten verbunden sind. Abb. 6.7 gibt einen ersten Überblick über bestehende Möglichkeiten zum Credit Enhancement von ABS.

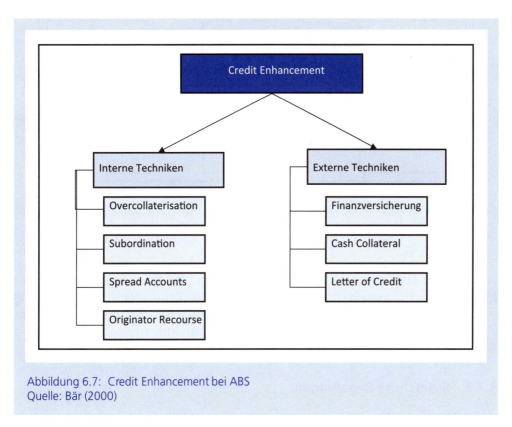

Abbildung 6.7: Credit Enhancement bei ABS
Quelle: Bär (2000)

In der Regel wird der Zweckgesellschaft eine Liquiditätslinie zur Verfügung gestellt, um sicherzustellen, dass diese ihre täglichen Verbindlichkeiten gegenüber Investoren bedienen kann. So kann sichergestellt werden, dass kurzfristig auftretende Zahlungsschwierigkeiten gedeckt werden können. Falls es wie während der Finanzkrise zu Zahlungsstörungen kommt, wird die von einer Bank bereitgestellte

---
[17] Vgl. Bär (2000)
[18] Vgl. Bär (2000)

Liquiditätslinie verwendet, um die dem ABS zu Grunde liegenden Sicherheiten zu verwerten.[19]

Abb. 6.8 gibt einen zusammenfassenden Überblick über den Ablauf einer ABS-Transaktion während ihrer Laufzeit.

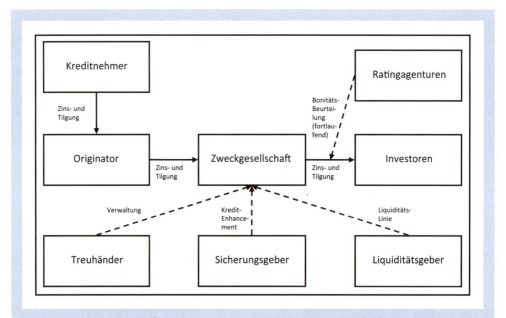

Abbildung 6.8: Geschäftsbeziehung während der Laufzeit einer Verbriefungstransaktion
Quelle: Ricken (2008), S. 22, modifiziert

Nachdem die Grundstruktur einer ABS-Transaktion erläutert wurde, gibt der folgende Abschnitt einen Überblick über bestehende Regelungen zur Bilanzierung von Bilanzausgliederungen. So ist es möglich, darzustellen, welche Auswirkungen eine Ausgliederung auf eine Bankbilanz haben kann, um im Anschluss mögliche Chancen und Risiken darzustellen.

6.2.2 Gesetzliche Regelungen

In der Regel verfolgen ABS-Transaktionen das Ziel, dass das zugrunde liegende SPV als nicht zu konsolidierende Gesellschaft dargestellt wird. Sollte dieses Ziel nicht erreicht werden, können mögliche Gründe für eine Bilanzausgliederung nicht realisiert werden. Wäre eine Konsolidierung erforderlich, müssten alle Aktiva und Passiva des SPVs in die Konzernbilanz übernommen werden, ohne dass eine Beteiligung ausgewiesen werden kann. Dies hätte zur Folge, dass die veräußerten Aktiva weiterhin in der Konzernbilanz gezeigt werden müssen. Darüber hinaus würden die gesamten Verbindlichkeiten des SPVs in die Bilanz des Originators

---
[19] Vgl. Ricken (2008)

6.2 Gestaltung von Bilanzausgliederungen

aufgenommen werden, so dass verschiedene Gesichtspunkte zur Ausgestaltung der Transaktion berücksichtigt werden sollten.[20]

In den folgenden Abschnitten werden bilanzrechtliche Fragestellungen nach HGB und IFRS erläutert. Darüber hinaus werden aktuelle aufsichtsrechtliche Fragestellungen beschrieben, da deren aktuelle Diskussion eine Bedeutung für die Zukunft von ABS-Transaktionen besitzt. Auf eine Beschreibung der Anforderungen nach US-GAAP wird verzichtet, da diese Bilanzierungsstandards in europäischen Märkten keine Bedeutung haben und die Vereinigung der Wirtschaftsprüfer in den USA (American Institute of Certified Public Accountants, AICPA) von einem mittelfristigen Wechsel zu einer Bilanzierung nach IFRS ausgeht.[21]

HGB

In einem ersten Schritt ist zu beurteilen, welche Möglichkeiten zur Gestaltung des Bilanzabgangs von Aktiva bestehen. Da die deutsche Rechnungslegung keine speziellen Vorschriften bei der Bilanzierung von ABS-Transaktionen vorgibt, sind diese gemäß den allgemeinen deutschen Rechnungslegungsvorschriften zu bilanzieren.[22]

Die zentrale Frage bei der Beurteilung, ob ein Bilanzabgang beim Originator vorzunehmen ist, stellt die Zurechnung des wirtschaftlichen Eigentums an den verbrieften Forderungen dar. Um dieses wirtschaftliche Eigentum beurteilen zu können, ist zu überprüfen, ob Originator oder Zweckgesellschaft nach Abschluss der Transaktion im Wesentlichen das Bonitätsrisiko aus den betroffenen Forderungen tragen.

Um das Bonitätsrisiko beurteilen zu können, gibt das Institut der Wirtschaftsprüfer in Deutschland (IDW) Regelungen aus, die nach deren Einfluss zu überprüfen sind. Wichtige zu überprüfende Kriterien sind demnach Ausfallgarantien, bei denen der Originator auftretende Verluste der ABS-Transaktion übernimmt. Außerdem ist zu beachten, dass es möglich ist, einen variablen Kaufpreis zu vereinbaren, der die betroffenen Vermögensgegenstände erst während der Laufzeit der Verbriefung in Bezug auf tatsächlich eingetretene Verluste bewertet. Erst daraufhin wird der Kaufpreis zwischen Zweckgesellschaft und Originator festgelegt.

In diesen Regelungen des IDW ist das Bonitätsrisiko daraufhin zu beurteilen, ob vereinbarte Abschläge marktübliche Konditionen beinhalten, indem ein angemessener Risikoabschlag bei Wertpapieren in der Vergangenheit analysiert wird. Darüber hinaus ist zu beurteilen, ob eine Beteiligung des Originators am Eigenkapital der Zweckgesellschaft vorliegt und ob nachrangige Wertpapiere der Zweckgesellschaft übernommen wurden. Bei diesen Kriterien ist im Einzelfall zu beurteilen, ob die durchgeführten Sicherungstechniken in einem marktüblichen Umfang vorliegen. Darüber hinaus muss es sich bei der Veräußerung um eine endgültige Trans-

---

[20] Vgl. Schultz (2001)
[21] Vgl. American Institute of Certified Public Accountants (2008)
[22] Vgl. Ricken (2008)

aktion handeln, um beurteilen zu können, ob das Bonitätsrisiko und somit das wirtschaftliche Eigentum an die Zweckgesellschaft übertragen werden kann.[23]

Wenn unter Berücksichtigung aller Vereinbarungen ein angemessener Kaufpreis für übertragene Vermögenswerte bezahlt wird, können diese an die Zweckgesellschaft weitergegeben werden. Hierbei ist der Differenzbetrag aus Buchwert und Kaufpreis erfolgswirksam in der GuV des Originators zu buchen.[24] Abb. 6.9 gibt einen Überblick über die Darstellung des Bilanzabganges nach HGB.

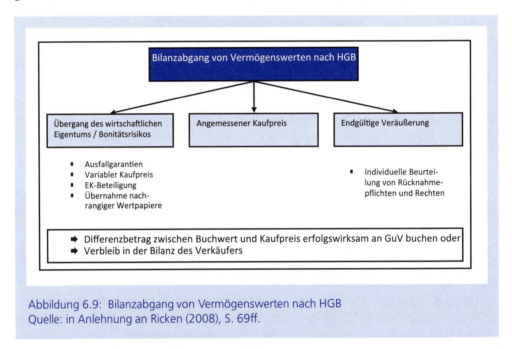

Abbildung 6.9: Bilanzabgang von Vermögenswerten nach HGB
Quelle: in Anlehnung an Ricken (2008), S. 69ff.

Nachdem Vermögenswerte aus der Bilanz ausgebucht wurden, ist im nächsten Schritt sicherzustellen, dass keine Konsolidierung der Zweckgesellschaft erforderlich ist. Da es im HGB keine speziellen Regelungen zu ABS gibt, sind auch hierzu die allgemeinen Konsolidierungsvorschriften des HGB zu überprüfen.

Wenn bei einer inländischen Kapitalgesellschaft eine einheitliche Leitung und eine Beteiligung vorliegen, so ist die Zweckgesellschaft als Tochterunternehmen zu sehen, welches in einen Konzernabschluss einbezogen werden muss. Darüber hinaus ist eine Zweckgesellschaft zu konsolidieren, wenn die Muttergesellschaft eine Stimmrechtsmehrheit oder einen beherrschenden Einfluss bei der Gesellschaft besitzt.[25] Bei übrigen Rechtsformen im Inland ist eine Konsolidierung vorzunehmen, falls eine einheitliche Leitung vorliegt und zwei der drei Größenkriterien nach § 11 Abs. 1 PublG[26] erfüllt sind.

---

[23] Vgl. Schuler (2007)
[24] Vgl. Ricken (2008)
[25] Vgl. § 290 HGB
[26] Die 3 Größenkriterien sind, dass die Bilanzsumme 65 Mio. Euro übersteigt, die Umsatzerlöse 130 Mio. Euro übersteigen und im Konzernunternehmen mehr als 5.000 Mitarbeiter beschäftigt sind.

6.2 Gestaltung von Bilanzausgliederungen

Das HGB setzt ab dem 01. Januar 2009 im Rahmen des Bilanzrechtsmodernisierungsgesetzes (BilMoG) eine Anpassung dieser Vorschriften um, so dass bei der Bilanzierung von Zweckgesellschaften ein realistischeres Abbild der wirtschaftlichen Situation des Originators erreicht werden soll. Bei den Regelungen des BilMoG ist das Vorliegen einer einheitlichen Leitung ausreichend, um zu einer Konsolidierungspflicht zu gelangen. Darüber hinaus müssen Unternehmen künftig im Anhang über Art, Zweck und finanzielle Auswirkungen von nicht in der Bilanz erscheinenden Geschäften berichten, soweit dies für die Beurteilung der Finanzlage notwendig ist.[27] So wird erreicht, dass Risiken zukünftig besser abgebildet werden und Investoren diese besser erkennen können. Auch wenn zu beachten ist, dass aktuell bestehende ABS-Transaktionen nach alten HGB-Richtlinien am Markt platziert wurden, zeigt Abb. 6.10 neue Regelungen des HGB zur Verpflichtung der Konsolidierung einer Zweckgesellschaft.

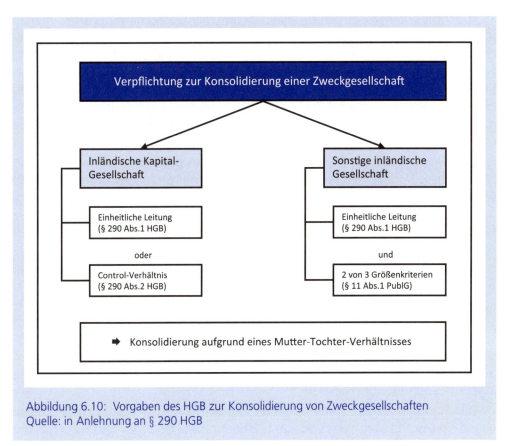

Abbildung 6.10: Vorgaben des HGB zur Konsolidierung von Zweckgesellschaften
Quelle: in Anlehnung an § 290 HGB

Die Struktur des ABS sollte sicherstellen, dass der Originator die Voraussetzungen zur Konsolidierung nach § 290 HGB nicht erfüllt. So ist es möglich, alle Vorteile der Verbriefungstransaktion zu nutzen und ABS losgelöst von Positionen der Kon-

---
[27] Vgl. Bundesministerium der Justiz (2008)

zernbilanz zu emittieren. Allerdings ist festzustellen, dass durch eine komplexe Struktur der Transaktion weiterhin Risiken vorhanden sein können. Darüber hinaus ist zu bedenken, dass allgemeine Risiken für den Originator bestehen bleiben können, wenn diese keinen erheblichen Umfang ausweisen.[28]

IFRS

Auch nach IFRS ist zu untersuchen, welche Bedingungen zu erfüllen sind, um einen Bilanzabgang der Vermögenswerte zu erreichen. Dabei ist zu beachten, welche Regelungen zur Konsolidierung zu überprüfen sind. Bilanzierungsvorschriften zum Bilanzabgang von Vermögenswerten werden in IAS 39 beschrieben. In IAS 39 AG 36 wird ein Prüfschema vorgegeben, nach welchem überprüft werden kann, ob und in welchem Umfang ein finanzieller Vermögenswert einschließlich Zweckgesellschaften ausgebucht wird.

Nach IFRS werden in einem ersten Schritt alle Zweckgesellschaften gemäß IAS 27 und SIC 12 konsolidiert, um erst in einem zweiten Schritt einen möglichen Bilanzabgang näher zu untersuchen. Somit sind zuerst Richtlinien nach IFRS zur Konsolidierung von Zweckgesellschaften zu untersuchen.[29] So hat ein Mutterunternehmen gemäß IAS 27.13 die Verpflichtung, einen Konzernabschluss zu erstellen, wenn eine direkte oder indirekte Beherrschung des Tochterunternehmens vorliegt. Dies ist der Fall, wenn eine Mehrheit der Stimmrechte oder diese gemäß anderen Vereinbarungen vorliegt.[30]

Detailvorschriften zur Konsolidierung von Zweckgesellschaften finden sich in SIC 12. Diese Vorschriften wurden vom Standing Interpretations Committee (SIC) verabschiedet, dem Vorgänger des heutigen International Financial Reporting Interpretations Committee (IFRIC). Die Aufgabe dieses Gremiums liegt in der Veröffentlichung von Interpretationen zu IAS Standards, die falsch interpretiert werden können.[31]

SIC 12.10 gibt Beispiele für Situationen vor, die ergänzend zu IAS 27.13 zur Beherrschung einer Zweckgesellschaft führen. Diese Beispiele geben eine wirtschaftliche Betrachtungsweise des Verhältnisses zwischen Originator und Zweckgesellschaft. Die Beispiele beschreiben detailliert, in welcher Form die Zweckgesellschaft so arbeiten kann, dass der Originator nach Übertragung der Vermögensgegenstände einen weiteren wirtschaftlichen Nutzen ziehen kann. Sollte ein Hinweis auf solche beherrschenden Umstände vorliegen, muss der Originator folglich die Zweckgesellschaft konsolidieren.[32]

Der Standard fordert weiterhin, dass in jedem Einzelfall genau zu beurteilen ist, ob ein Control-Verhältnis vorliegt. Hierbei sind alle Chancen und Risiken in der Gesamtheit abzuwägen, um zu einem abschließenden Bild zu gelangen. SIC 12.9

---

[28] Vgl. Ricken (2008)
[29] Vgl. IAS 39.15
[30] Vgl. IAS 27.13
[31] Vgl. IASB (2009)
[32] Vgl. SIC 12.10

6.2 Gestaltung von Bilanzausgliederungen

hebt hier hervor, dass dies auch vorliegen kann, wenn der Originator kein Eigenkapital an der Zweckgesellschaft hält und eines der unter SIC 12.10 genannten Kriterien erfüllt wird.

Das International Accounting Standard Board (IASB) überarbeitet derzeit bestehende Regelungen zu den Konsolidierungsrichtlinien für Zweckgesellschaften, die nach IAS 27 und SIC 12 bilanziert werden. Es ist eine Ablösung der Standards geplant, um die Regelungen unter einem Standard neu zu definieren.[33]

Abb. 6.11 gibt einen Überblick über das nach IAS 39 anzuwendende Prüfschema. Dieses Prüfschema veranschaulicht, ob und in welchem Umfang ein finanzieller Vermögenswert ausgebucht wird.

Nachdem die Konsolidierung der Zweckgesellschaft geklärt wurde, sind zahlreiche Vorschriften zu überprüfen, um die bilanzielle Behandlung der zu verbriefenden Vermögensgegenstände zu analysieren. So ist in einem ersten Schritt nach IAS 39.16 zu beurteilen, ob die Ausbuchung den gesamten Vermögenswert betrifft. Im Gegensatz zum HGB ist es möglich, nur einen Teil des Vermögenswertes auszubuchen, falls nur ein Teil der Zahlungsströme an die Zweckgesellschaft übertragen wird.[34]

Nachdem festgestellt wurde, welcher Anteil der Vermögenswerte ausgebucht werden soll, ist im nächsten Schritt zu überprüfen, ob der Originator weiterhin Rechte an Cashflows aus den Vermögenswerten besitzt. Falls dies nicht der Fall ist, können die Vermögenswerte an die Zweckgesellschaft übertragen werden. Sind weiterhin Rechte an den Cashflows vorhanden, sind die weiteren Kriterien des Diagramms zu untersuchen.[35]

Es ist zu begutachten, ob die noch bestehenden Rechte des Originators an den Cashflows an die Zweckgesellschaft übertragen werden. So kann ein Vermögenswert an die Zweckgesellschaft übertragen werden, wenn entweder die vertraglichen Rechte auf den Bezug der Cashflows übertragen werden oder eine vertragliche Verpflichtung zur Übertragung der entsprechenden Cashflows besteht. Falls nur eine vertragliche Verpflichtung zur Übertragung der Cashflows bestehen sollte, sind darüber hinaus noch verschiedene Bedingungen zu erfüllen, die in IAS 39.19 näher beschrieben werden.[36] So ist beispielsweise zu beachten, dass eine weitere Verpfändung oder Übertragung der Vermögenswerte an einen Dritten nicht erlaubt ist, um sicherstellen zu können, dass die zugesicherten Cashflows übertragen werden können.[37]

Bevor eine Ausbuchung der Vermögenswerte möglich ist, sind weitere Schritte zu überprüfen. Es ist nun das Ausmaß festzustellen, in dem Risiken und Chancen, die mit dem Eigentum des Vermögenswertes zusammenhängen, geregelt sind. Hier gibt es mehrere Möglichkeiten, die jeweils unterschiedliche Vorgehenswei-

---

[33] Vgl. Ricken (2008)
[34] Vgl. Ricken (2008)
[35] Vgl. IAS 39.17
[36] Vgl. IAS 39.18
[37] Vgl. IAS 39.19(b)

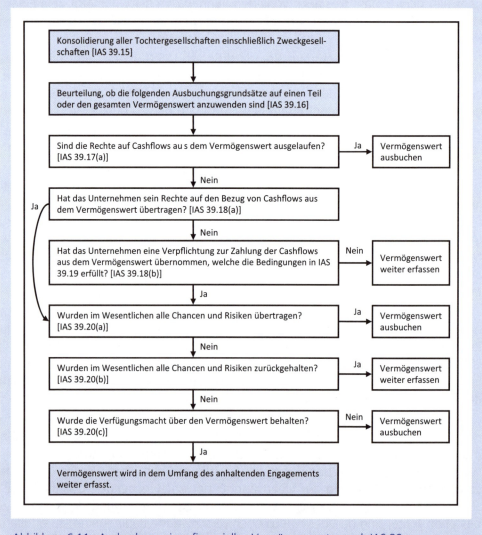

Abbildung 6.11: Ausbuchung eines finanziellen Vermögenswertes nach IAS 39
Quelle: IAS 39.AG36

sen vorschreiben. Sind alle wesentlichen Chancen und Risiken an die Zweckgesellschaft übertragen, bucht der Originator den Vermögenswert aus, so dass dieser in der Bilanz der Zweckgesellschaft erfasst werden kann. Sollten Chancen und Risiken beim Originator verbleiben, so hat dieser die Vermögenswerte in der Bilanz zu belassen. Sollten Chancen und Risiken weder übertragen noch behalten worden sein, so ist der Bilanzabgang in Bezug auf die tatsächliche Verfügungsmacht auf die Vermögenswerte zu beurteilen. Liegt die Verfügungsmacht bei der Zweckgesellschaft, ist eine Übertragung der Aktiva möglich. Wenn dies nicht der Fall ist, sind sie in der Bilanz des Originators zu belassen.[38]

Diese strengen Konsolidierungsregelungen führen häufig dazu, dass der Vermögenswert in der Bilanz des Originators belassen werden muss. So verbleiben im Gegensatz zur Bilanzierung nach HGB rechtlich verkaufte Vermögenswerte in der Bilanz des Originators, da dieser häufig noch als wirtschaftlicher Eigentümer angesehen wird.[39] Da keine genauen Kriterien zur Beurteilung der wirtschaftlichen Eigentumsverhältnisse vorgegeben werden, besteht an dieser Stelle ein Interpretationsspielraum für bilanzierende Unternehmen.[40] Durch eine hohe Komplexität der Transaktion sind diese für Unternehmensexterne schwer nachvollziehbar und ähnliche Transaktionen verschiedener Unternehmen sind nur begrenzt vergleichbar. Mit dieser Situation sind Chancen und Risiken verbunden, die nach einer Betrachtung der aufsichtsrechtlichen Regelungen analysiert werden.

Aufsichtsrecht

Die Bankenaufsicht ist zur Überwachung des Liquiditätsrisikos von Kreditinstituten erforderlich. Ein Grund hierfür ist der Schutz von Gläubigern, da diese nicht die Möglichkeit haben, die Bank selbst zu überwachen. Das liegt daran, dass eine ausreichende Überprüfung zu zeitintensiv wäre und nicht alle zur Kontrolle benötigten Informationen vorhanden sind. Darüber hinaus rechtfertigt eine geringe Einlage den entsprechenden Aufwand nicht. Zudem haben Kreditinstitute einen geringeren Eigenkapitalanteil als andere Unternehmen. Dies führt dazu, dass bei Krisen wie der aktuellen Finanzkrise eine geringere Liquiditätsreserve besteht. Zusätzlich ist die Passivseite von Kreditinstituten kurzfristiger finanziert als die Aktivseite, wodurch ein Refinanzierungsrisiko besteht. Regulierung kann somit das Vertrauen in Kreditinstitute erhöhen und mehr Sicherheit geben, so dass die Bankkunden ihre Einlagen dauerhaft den Banken anvertrauen.[41]

Die Eigenkapitalvorschriften nach Basel II werden durch verschiedene Gesetzesvorschriften umgesetzt, wobei nach der ersten Säule Forderungen entsprechend des Risikos mit Eigenkapital unterlegt werden. Allerdings wird die Eigenmittelunterlegung der BaFin monatlich neu überprüft, so dass laufend eine Beurteilung der BaFin abzuwarten bleibt, welche der ausgegliederten Aktiva weiterhin mit Eigenkapital zu unterlegen sind.[42]

Die aufsichtsrechtlichen Regelungen werden aufgrund der aktuellen Finanzkrise neu diskutiert, so dass verschiedene Änderungen zu erwarten sind. Allerdings decken aktuelle Gesetzesnormen bereits wesentliche Themenfelder der Finanzkrise ab. Zum 1. Januar 2008 traten in Deutschland in Verbindung mit den MaRisk qualitative Liquiditätsnormen in Kraft, die in Detailpunkten Nachbesserungsbe-

---

[38] Vgl. IAS 39.20
[39] Vgl. Ricken (2008)
[40] Vgl. Kuhnle, O., Schäfer, H. (2006)
[41] Vgl. Moch (2007)
[42] Vgl. Marx (2006)

darf aufweisen. Aufgrund der aktuellen Finanzkrise wird unter anderem überlegt, besonders riskante Produkte wie einzelne Verbriefungsprodukte zu verbieten oder diese durch hohe Kapitalanforderungen unattraktiver zu machen.[43]

Um die Europäische Kommission zu diesem Thema zu informieren, wurde das Committee of European Banking Supervisors (CEBS) beauftragt. Dieses Gremium setzt sich aus verschiedenen hochrangigen Vertretern der Bankenaufsichten und der Zentralbanken der EU-Mitgliedsstaaten zusammen. CEBS ist ein Unterausschuss der Europäischen Kommission, dessen Aufgabe in der Aufarbeitung von komplexen Themen besteht, die das Bankwesen betreffen.[44] Auch wenn noch keine Beschlüsse zur Anpassung aufsichtsrechtlicher Regelungen getroffen wurden, sind bereits verschiedene Vorschläge veröffentlicht. So wird beispielsweise vorgeschlagen, alle Risiken aus verschiedenen Formen von Verbriefungsprodukten zu konsolidieren.[45]

Die konsolidierte Betrachtung aller Risiken wird vorgeschlagen, da somit alle ABS-Transaktionen in der Bilanz erfasst werden. Da diese die Liquiditätssituation verschiedener Banken verschlechtert haben, wird aktuell innerhalb der Europäischen Kommission eine Verschärfung der derzeit geltenden Eigenkapitalbestimmungen diskutiert.[46]

Die Anzahl der Bilanzausgliederungen hat bis zur Finanzkrise zugenommen. Dies liegt auch daran, dass Kreditinstitute Eigenkapitalanforderungen nach Basel II umgehen können, da weniger Vermögenswerte mit Eigenkapital unterlegt werden müssen.[47] Da dies zu großen Verlusten bei Kreditinstituten geführt hat, überlegen Aufsichtsgremien unter anderem, die Anzahl möglicher Verbriefungen der Bankbilanz zu begrenzen. Eine genaue Entwicklung der aufsichtsrechtlichen Regelungen ist derzeit nicht abzusehen, so dass eine abschließende Beurteilung zum aktuellen Zeitpunkt nicht möglich ist.

6.3 Vor- und Nachteile von Bilanzausgliederungen

6.3.1 Gründe für Bilanzausgliederungen

Wenn eine Finanzierung direkt durch ein Kreditinstitut durchgeführt wird, stellt es dem Kapitalnehmer Mittel zur Verfügung, die dieser zur Finanzierung von verschiedenen Vorhaben verwenden kann. Wenn die finanzielle Lage des Kapitalnehmers nicht ausreichend ist, kann dieser vereinbarte Zinszahlungen nicht leisten.[48] Bei einer klassischen Kreditvergabe, bei der die Bank ausgegebene Kredite nicht

---
[43] Vgl. Paul (2008)
[44] Vgl. Committee of European Banking Supervisors (2008a)
[45] Vgl. Ebd., Tz. 113ff.
[46] Vgl. Europäische Kommission (2008)
[47] Vgl. Jamin/Niemann/Stegemann (2008)
[48] Vgl. Fest (2008)

6.3 Vor- und Nachteile von Bilanzausgliederungen

weiterveräußert, entstehen hierdurch Abschreibungen, die ein unmittelbares Verlustrisiko für das Kreditinstitut darstellen.

Dieses Verlustrisiko kann durch verschiedene Maßnahmen begrenzt werden. So kann eine Bank beispielsweise die Kreditvergabe einschränken oder in nicht das Kerngeschäft betreffende Aktivitäten investieren, um Risiken der Kreditvergabe zu mindern oder zu diversifizieren. In der Praxis zeigt sich, dass Banken ihr Kreditportfolio einem aktiven Risikomanagement unterziehen, welches die Ausgliederung von Kreditrisiken durch verschiedene Verbriefungsformen wie ABS beinhaltet.[49] Die in Abb. 6.12 dargestellten Gründe von Bilanzausgliederungen werden in den folgenden Abschnitten näher beschrieben.

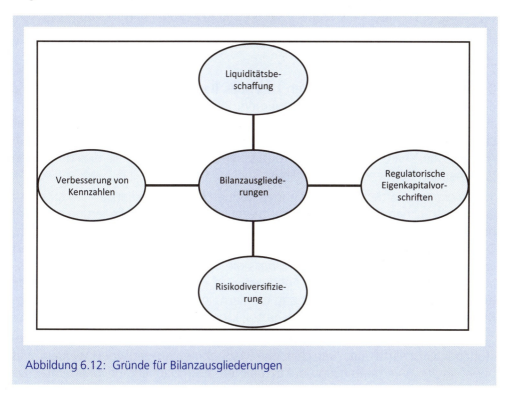

Abbildung 6.12: Gründe für Bilanzausgliederungen

Liquiditätsbeschaffung

Durch die Auslagerung von Aktiva in Zweckgesellschaften und deren Verbriefung hat ein Kreditinstitut die Möglichkeit, die eigene Liquiditätssituation zu verbessern. Da bei der Durchführung des Tagesgeschäfts die Liquidität eine zentrale Rolle spielt, handelt es sich hierbei um einen zentralen Faktor des Bankmanagements.

Werden Kredite komplett ausgegliedert, handelt es sich um einen Aktivtausch zwischen Krediten und Barmitteln. Je nach Gestaltungsform der Transaktion ist es auch denkbar, dass es sich um eine Bilanzverkürzung handelt, die dazu führt,

---
[49] Vgl. Sidki (2007)

dass eine geringere Liquiditätsposition benötigt wird. Somit kann durch eine Bilanzausgliederung die Liquidität des Kreditinstituts sichergestellt werden, was eine Steuerung von unerwarteten Kreditinanspruchnahmen oder Einlagenabzügen ermöglicht.[50]

Durch die Ausgabe von ABS können neue Investoren angesprochen werden. Somit ist es möglich, den Investorenkreis zu verbreitern,[51] um höhere Mittelzuflüsse für das Kreditinstitut zu erreichen. Durch diese zusätzliche Finanzierungsquelle haben Banken somit eine weitere Refinanzierungsmöglichkeit aufgetan, um ihre Zahlungsansprüche fristgerecht zu bedienen.

Liquiditätsbeschaffung über Bilanzausgliederungen ist eine gute Möglichkeit, Liquidität zu erlangen. Die Qualität dieser erlangten Liquidität ist eng im Zusammenhang mit dem Verbleib der Restrisiken zu betrachten.

Steuerung von Risiken

Durch eine Steuerung von Risiken kann das Bankmanagement erreichen, dass die vorhandenen Risiken begrenzt werden. Risikodiversifikation kann ein Kreditinstitut erreichen, indem Risiken auf verschiedene Anlageformen, Branchen oder Länder verteilt werden.[52] So kann eine Bank Risikostreuung betreiben, indem in ABS investiert wird, die eine breitere Basis bedienen können, als dies durch den bestehenden Kundenstamm möglich ist.

Die eigenen Forderungen an Kunden können sich bei Kreditinstituten stark auf einzelne Branchen oder Länder konzentrieren. Durch eine Ausgliederung der eigenen Bilanzaktiva können daraus resultierende Klumpenrisiken transferiert werden. Durch die Entscheidung des Managements, welche Forderungen ausgegliedert werden, kann hier erreicht werden, dass die Struktur des eigenen Kreditportfolios nach Risikogesichtspunkten optimiert wird.[53] So ist es möglich, bestehende Konzentrationen in der Bankbilanz zu mindern, indem Kredite bestimmter Rating-Klassen, Größenklassen oder Wirtschaftssektoren[54] weitergegeben werden.

Bei der Schaffung eines ideal diversifizierten Kreditportfolios können bereits bestehende Geschäfte durch verschiedene Maßnahmen ausgegliedert werden, was ebenfalls durch Verbriefungsprodukte realisierbar ist. Der Verkauf von Kreditaktiva ermöglicht eine aktive Risikosteuerung, die dem Kreditinstitut die Möglichkeit gibt, zu entscheiden, welche Kredite oder Risiken in der Bankbilanz belassen werden und welche weiter veräußert werden.

---

[50] Vgl. David (2001)
[51] Vgl. Ricken (2008)
[52] Vgl. Kirmße/Lister/Schierenbeck (2008)
[53] Vgl. Kirmße/Lister/Schierenbeck (2008)
[54] Vgl. Kirmße/Lister/Schierenbeck (2008)

6.3 Vor- und Nachteile von Bilanzausgliederungen

Eigenkapitalvorschriften

Ein weiterer Grund für eine Bank, Risiken aus der Bilanz auszugliedern, hängt mit bestehenden regulatorischen Eigenkapitalanforderungen zusammen.[55] Die derzeit bestehenden Eigenmittelanforderungen orientieren sich an durch den Basler Ausschuss für Bankenaufsicht veröffentlichten Regelungen, die in der Veröffentlichung von Basel II im Jahr 2004 beschrieben wurden. Diese Veröffentlichung, die Eigenmittelanforderungen in drei Säulen unterteilt, dient als Grundlage für internationale und nationale Gesetzgebungsverfahren, weil die Vorschläge des Basler Ausschusses in EU-Recht umgesetzt wurden. So ergeben sich verschiedene in nationales Recht umgesetzte Richtlinien wie die Solvabilitätsverordnung, die Eigenmittelanforderungen definieren. Abb. 6.13 gibt einen Überblick über den konzeptionellen Aufbau der Eigenmittelanforderungen nach Basel II.

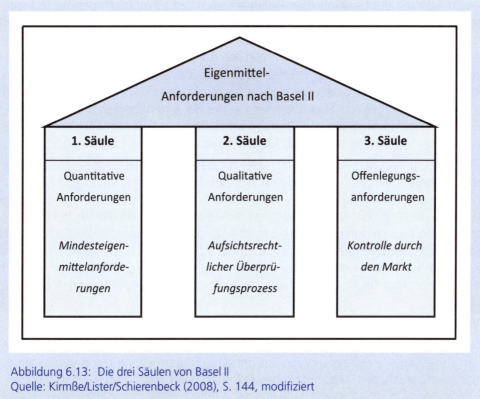

Abbildung 6.13: Die drei Säulen von Basel II
Quelle: Kirmße/Lister/Schierenbeck (2008), S. 144, modifiziert

Hervorzuheben ist die Bedeutung der ersten Säule von Basel II, die quantitative Eigenmittelanforderungen an Kreditinstitute stellt, während die zweite Säule aufsichtsrechtliche Überprüfungsverfahren im Rahmen der qualitativen Banken-

---

[55] Vgl. Sidki (2007)

aufsicht beschreibt. In der dritten Säule werden Maßnahmen vorgeschlagen, die zu einer Verbesserung der Transparenz von Kreditinstituten führen.[56]

In der ersten Säule von Basel II wird die Unterlegung von bestimmten Risiken mit Eigenmitteln verlangt. Im Rahmen dieser Regelung sind die Risiken des Kreditinstituts mit Eigenkapital zu hinterlegen, die aus verschiedenen Risiken des Bankgeschäfts resultieren.[57] Um dem potenziellen Ausfall von Forderungen Rechnung zu tragen, ist der Betrag der risikobehafteten Aktiva zu berechnen. Das bankenaufsichtliche Eigenkapital darf acht Prozent dieser Aktiva nicht unterschreiten.[58] Zu beachten ist hier, dass es zur Eigenmittelunterlegung nach einer IFRS-Bilanzierung somit keine Rolle spielt, ob die Möglichkeit eines Bilanzabgangs der Aktiva besteht. Da auch bei einer Konsolidierung der Zweckgesellschaft Risiken transferiert werden, können somit die aufsichtsrechtlichen Eigenmittelanforderungen reduziert werden.

Im Rahmen der bankinternen Risikosteuerung ist es möglich, benötigte Eigenmittel genauer zu berechnen als es durch quantitative Berechnungen von Eigenmittelbeständen gemäß der ersten Säule von Basel II möglich ist. Diese höheren Anforderungen der Bankenaufsicht werden auch als regulatorische Arbitrage bezeichnet, die Kreditinstitute beispielsweise über die Ausgabe von ABS reduzieren können.[59] Da Banken einen Kredit nicht bis zu dessen Endfälligkeit halten, werden sie vom Risikoträger zum Risikohändler. Ziel des Bankmanagements ist es daher, die Behandlung und Ausgabe von Krediten unter Risiko- und Renditegesichtspunkten zu beurteilen, um entsprechende Kredite flexibel managen zu können.[60]

Da entsprechende Aktiva nicht mehr zur Berechnung der Eigenmittelanforderungen herangezogen werden, kann das Ziel der Kreditinstitute erreicht werden, nur begrenzt vorhandene Eigenmittel besser zu nutzen.[61] Ein zentraler Betrachtungspunkt bleibt die Risikoexposition der Kreditinstitute, da alle für die Bank bestehenden Risiken durch Risikomanagementprozesse abgedeckt werden müssen, um die Zahlungsfähigkeit des Kreditinstituts sicherstellen zu können.[62] Mögliche Risiken müssen abgewogen werden, um zu beurteilen, welche Risikoexposition für ein Kreditinstitut sinnvoll ist und welche Zukunft Bilanzausgliederungen besitzen.

Verbesserung von Kennzahlen

Durch eine Veränderung der Bankbilanz ist es möglich, Kennzahlen zu verbessern, die Aktiv- und Passivpositionen berücksichtigen. Durch diese Verbesserung der Kennzahlen des Kreditinstituts wird der Shareholder-Value erhöht, so dass durch eine ABS-Transaktion neben einer allgemeinen Liquiditätssicherung auch der Unternehmenswert gesteigert werden kann. Es ist festzustellen, dass von die-

---

[56] Vgl. Paul (2007)
[57] Vgl. Paul (2007)
[58] Vgl. Lister/Kirmße/Schierenbeck (2008)
[59] Vgl. Kirmße, Lister, Schierenbeck (2008)
[60] Vgl. Ricken (2008)
[61] Vgl. Sidki (2007)
[62] Vgl. Fiack, Nielsen (2007)

6.3 Vor- und Nachteile von Bilanzausgliederungen

ser Bankbilanzsteuerung eine Vielzahl von Kennzahlen betroffen sind. Neben Liquiditätskennzahlen ist es möglich, Kapital- und Rentabilitätskennzahlen zu verbessern.[63] Um diese Veränderungen beispielhaft aufzuzeigen, haben wir wichtige Kennzahlen ausgewählt, die eine positive Wirkung der Transaktion aufzeigen und gleichzeitig einen Überblick über die wirtschaftliche Situation eines Unternehmens geben können.

Bei einer Forderungsabtretung im Rahmen eines realen Verkaufs von Aktiva erhält das Kreditinstitut Barmittel für den Verkauf von Forderungen. Das folgende einfach gehaltene Beispiel geht, wie Abb. 6.14 veranschaulicht, vor der Transaktion von einer Aktivseite der Bankbilanz mit Barmitteln von 100, kurzfristigen Forderungen von 200 und langfristigen Forderungen von 800 aus. Die Passivseite zeigt bei einem Eigenkapital von 80 kurzfristige Verbindlichkeiten von 900 und langfristige Verbindlichkeiten von 120.

Kreditinstitut A			
Aktiva		Passiva	
Barmittel	100	Kurzfristige Verbindlichkeiten	900
Kurzfristige Forderungen	200	Langfristige Verbindlichkeiten	120
Langfristige Forderungen	800	Eigenkapital	80
Summe	1.100	Summe	1.100

Abbildung 6.14: Beispielbilanz vor der Verbriefungstransaktion

Abb. 6.15 zeigt auf, dass das Kreditinstitut zur Transaktion langfristige Forderungen in Höhe von 200 ausgliedert und sich auf der Aktivseite der Barmittelbestand um 200 erhöht, während die langfristigen Forderungen abnehmen. Zur Vereinfachung sei hier die Gewinn- und Verlustrechnung (GuV), die 30 ausweist, nicht betroffen. Im nächsten Schritt nutzt das Kreditinstitut nun die Möglichkeit, mit dem zusätzlichen Barmittelbestand kurzfristige Verbindlichkeiten um 200 zu reduzieren. Die Entwicklung der ausgewählten Kennzahlen ist in Abb. 6.16 näher veranschaulicht.

Kreditinstitut A			
Aktiva		Passiva	
Barmittel	100	Kurzfristige Verbindlichkeiten	700
Kurzfristige Forderungen	200	Langfristige Verbindlichkeiten	120
Langfristige Forderungen	600	Eigenkapital	80
Summe	900	Summe	900

Abbildung 6.15: Beispielbilanz vor der Verbriefungstransaktion

---

[63] Vgl. David (2001)

Kennzahl	Formel	Wert vor Verbriefung	Wert nach Verbriefung	Auswirkung der Verbriefung
Liquidität 1. Grades	Zahlungsmittel/ kurzfristiges FK	100/900 = 11,1 %	100/700 = 14,3 %	Verbesserung
Eigenkapitalquote	EK / GK	80/1100 = 7,3 %	80/900 = 8,9 %	Verbesserung
Fremdkapitalquote	FK / GK	1020/1100 = 92,7 %	820/900 = 91,1 %	Verbesserung
Eigenkapitalrentabilität	Gewinn / EK	30/80 = 37,5 %	30/80 = 37,5 %	keine Auswirkung
Gesamtkapitalrentabilität	Gewinn / GK	30/1100 = 2,7 %	30/900 = 3,3 %	Verbesserung

Abbildung 6.16: Auswirkungen der beispielhaften Verbriefungstransaktion

Somit zeigt sich, dass eine Bilanzausgliederung den Unternehmenswert durch Kennzahlenverbesserungen steigern kann. Wesentliche Kennzahlen sind betroffen, und je nach Gestaltung der Transaktion können diese so modifiziert werden, dass durch Bilanzausgliederungen eine Verbesserung in gewünschten Bereichen erzielt werden kann. Sollte allerdings die Gestaltung der ABS-Transaktion so gestaltet sein, dass eine Übertragung der Vermögenswerte nicht möglich ist, profitieren die Kennzahlen des Unternehmens nicht von der Bilanzausgliederung.

Je nach Gestaltungsform kann eine Bilanzausgliederung auch die Gewinn- und Verlustrechnung beeinflussen. So weicht in der Regel der Verkaufspreis der Kredite vom Buchwert ab, so dass ein Veräußerungsgewinn oder -verlust entsteht. So kann die Bank das Jahresergebnis beeinflussen, da mögliche Verkaufspreise der Aktiva bekannt sind und der Transaktionszeitpunkt frei bestimmt werden kann.[64] Da durch die Verbriefungstransaktion zukünftige Ergebnisse bereits zum Transaktionszeitpunkt vereinnahmt werden, ist diese Steuerung der Erträge kritisch zu beurteilen

6.3.2 Mögliche Risiken

Für Investoren in ABS ergeben sich zahlreiche Risiken. Es ist festzustellen, dass in der Literatur häufig Vorteile von ABS-Transaktionen umfassend dargestellt werden, während Nachteile nur in geringem Maße aufgezeigt werden. Diese Risiken sind relevant dafür, welche Ansicht entsprechende Produkte bei Investoren haben und ob diese ein Investment tätigen möchten. Somit sind die Risiken das Kriterium, das die Zukunft von Bilanzausgliederungen am stärksten bestimmt. In der aktuellen Finanzkrise finden die Vorteile der Transaktionen weniger Beachtung. Nachfolgend geben wir einen Überblick über wesentliche Risikoarten, wobei eine Unterteilung nach Kredit- und Ausfallrisiken, strukturellen Risiken und rechtlichen

---
[64] Vgl. Ricken (2008)

6.3 Vor- und Nachteile von Bilanzausgliederungen

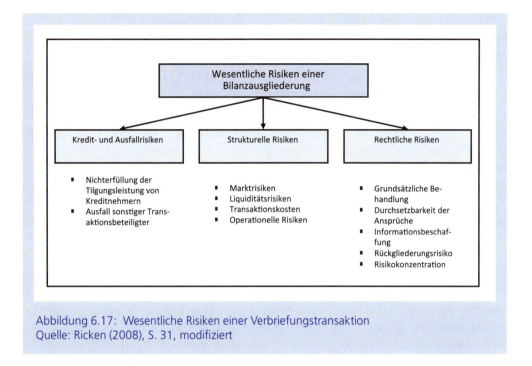

Abbildung 6.17: Wesentliche Risiken einer Verbriefungstransaktion
Quelle: Ricken (2008), S. 31, modifiziert

Risiken vorgenommen wird. Abb. 6.17 gibt einen Überblick über mögliche Risiken bei Bilanzausgliederungen, die in den folgenden Abschnitten dargestellt werden.

Kredit- und Ausfallrisiken

Da Zahlungsverpflichtungen aus ABS-Transaktionen mit einer gewissen Unsicherheit verbunden sind, kommen verschiedene Besicherungstechniken zum Einsatz, um die Qualität der Transaktion zu erhöhen.

Die Käufer besitzen in der Regel über die Ansprüche aus den Cashflows der Wertpapiere keine Rückgriffsrechte auf den Originator der ABS-Transaktion.[65] Sollte es somit zu Verlusten über die abgesicherten Rahmenbedingungen hinaus kommen, haben Investoren entsprechende Zahlungsausfälle aus den Verbriefungsprodukten zu verzeichnen. Es zeigt sich, dass die Nichterfüllung von Zahlungsverpflichtungen seitens der Kreditnehmer zwar in einem gewissen Rahmen abgesichert ist. In Krisenzeiten ist es allerdings möglich, dass höhere Verluste entstehen können, die verschiedenen Beteiligten der Transaktion Verluste bringen können.

Diese Situation verschärfte sich dadurch, dass Kredit ausgebende Institute Risiken aus der Bilanz ausgliederten und somit durch eine Erhöhung des Kreditvolumens ihre Erträge maximieren konnten. So hat die Bank einen verminderten Anreiz, das eigene Portfolio auf dessen Qualität zu überprüfen, da durch eine

---
[65] Vgl. Ricken (2008)

entsprechende Ausgliederung Kreditrisiken übertragen werden.[66] Somit werden nicht werthaltige Kredite vergeben, die das Ausfallrisiko der am Markt zu platzierenden Produkte erhöhen.

Die aktuelle Finanzkrise zeigt, dass eine Beurteilung dieser Risiken aufgrund von Vergangenheitswerten nur schwer möglich ist.[67]

Eine große Anzahl von nicht erfüllten Zahlungsverpflichtungen kann dazu führen, dass Beteiligte an der Transaktion Verbindlichkeiten nicht erfüllen können. Dieses Risiko betrifft die Sicherungsgeber der ABS-Transaktion und kann zu erheblichen weiteren Zahlungsausfällen führen. Die externen Versicherungsgeber, in der Regel Versicherungsgesellschaften (Monoliner) oder Banken, übernehmen Risiken des ABS gegen die Zahlung einer festgelegten Prämie.[68] Während der aktuellen Finanzkrise haben die Zahlungsausfälle der besicherten ABS den Betrag der gezahlten Prämie deutlich überschritten, so dass ein Verlust bei den Sicherungsgebern entstand.

Gerade Monoliner konnten vor der Finanzkrise durch eine geringe Kapitalbindung hohe Gewinne aus den erbrachten Versicherungsleistungen erzielen. Die Verluste der Finanzkrise haben allerdings dazu geführt, dass Liquiditätsprobleme entstanden sind, die auch zu einer Krise bei Monolinern führten.[69] Somit zeigt die aktuelle Finanzkrise, dass alle Beteiligten an ABS-Transaktionen erhebliche Verluste erleiden können. Ein Investment in großem Umfang kann neben Renditechancen zu Ausfallrisiken führen, die den Fortbestand eines Unternehmens gefährden können.

Neben den Ausfallrisiken aus den ABS bestehen weitere Risiken, die im Folgenden näher betrachtet werden.

Strukturelle Risiken

Strukturelle Risiken lassen sich in mehrere Bereiche unterteilen. Es sind Risiken, die sich aus der Struktur der Bilanzausgliederung ergeben und die für Investoren zu erheblichen Ausfällen führen können.

Ein wesentliches Risiko stellen Marktrisiken dar. Sie können in Währungs- und Zinsänderungsrisiken unterteilt werden und führen dazu, dass vereinbarte Zinszahlungen im Betrag variieren.[70] Wenn Einnahmen und Ausgaben auf unterschiedliche Währungen lauten, kann dies zu Zahlungsengpässen bei SPVs führen. So können Kredite amerikanischer Schuldner in Euro verbrieft an europäische Kunden ausgegeben werden. Während der aktuellen Finanzkrise hat ein steigender Eurokurs dazu geführt, dass die Verbindlichkeiten der Zweckgesellschaft an Investoren angestiegen sind.

---

[66] Vgl. Kirmße, Lister, Schierenbeck (2008)
[67] Vgl. Bär (2000)
[68] Vgl. Ricken (2008)
[69] Vgl. Basel Committee on Banking Supervision (2008), S.25
[70] Vgl. Ricken (2008)

6.3 Vor- und Nachteile von Bilanzausgliederungen

Zinsänderungsrisiken entstehen, wenn Einnahmen und Ausgaben eine unterschiedliche Verzinsungsart aufweisen. So ist es denkbar, dass nur die Einnahmen- oder die Ausgabenseite eine feste Verzinsung aufweist und die andere Seite variabel verzinst ist.[71] Beispielsweise können Zinsausgaben der Zweckgesellschaft fest vereinbart sein, während Kreditnehmer in den USA häufig eine variable Zinsvereinbarung aufweisen. Wenn hier nun die Referenzzinssätze gesenkt werden, weist die Zweckgesellschaft bei konstanten Ausgaben sinkende Einnahmen aus.

Liquiditätsrisiken entstehen neben der Fristentransformationsfunktion einer Bank aus fremdbestimmten Kundendispositionen.[72] Es wird hier zwischen Terminrisiken, Abrufrisiken und Refinanzierungsrisiken unterschieden.[73] Falls Investoren die Möglichkeit besitzen, erworbene Wertpapiere vorzeitig zurückzugeben, sind für Zweckgesellschaften Abrufrisiken relevant. So kann ein SPV Verbindlichkeiten nicht weiter bedienen, falls eine große Anzahl der Investoren ein außerordentliches Kündigungsrecht nutzt. Darüber hinaus können Liquiditätsengpässe entstehen, wenn ABS nicht vollständig am Markt platziert werden können. Somit besteht die Gefahr, dass die Zweckgesellschaft den vereinbarten Kaufpreis für übertragene Forderungen nicht begleichen kann.[74]

Operationelle Risiken entstehen durch ein Versagen der bestehenden Prozesse in den beteiligten Unternehmen.[75] Beispiele für operationelle Risiken sind die Missachtung von Kriterien zur Forderungsauswahl, eine mangelnde Überwachung der Transaktionsabläufe oder eine fehlende Überwachung der Kreditnehmer durch den Servicer. Operationelle Risiken können von den beteiligten Transaktionsparteien ausgeschlossen werden, wenn diese eine effektive Überwachung aller relevanten Abläufe sicherstellen.[76]

Bevor eine ABS-Transaktion am Markt platziert werden kann, sind verschiedene Bewertungen und Verfahren durchzuführen, so dass eine Vorlaufzeit von mehreren Monaten einzuplanen ist. Somit ist eine kurzfristige Liquiditätsbeschaffung über Bilanzausgliederungen nicht möglich. Hierbei entstehen hohe Strukturierungskosten, die bis zu 50 Basispunkte kosten können. So sind beispielsweise Provisionen an betreuende Investmentbanken und Ratingagenturen zu entrichten.[77] Neben hohen Kosten ist eine Platzierung von ABS an den Kapitalmärkten im Rahmen der Finanzkrise nur schwer möglich.

Nach einer Betrachtung der rechtlichen Risiken bei Bilanzausgliederungen sind abschließend Chancen und Risiken abzuwägen, um beurteilen zu können, welche Bedeutung Bilanzausgliederungen in Zukunft haben können.

---

[71] Vgl. Ricken (2008)
[72] Vgl. Zeranski (2007)
[73] Vgl. Bundesaufsichtsamt für das Kreditwesen (1998)
[74] Vgl. Ricken (2008)
[75] Vgl. Sidki (2007)
[76] Vgl. Ricken (2008)
[77] Vgl. Marx (2006)

Rechtliche Risiken

Bei Bilanzausgliederungen handelt es sich um Finanzinnovationen, deren Bilanzierung im Einzelfall geklärt wird und nicht abschließend festgelegt ist. Es ist zu beachten, dass die Beurteilung einer Zweckgesellschaft in Verbindung mit den Ländern steht, in denen diese ansässig ist. Darüber hinaus spielen bei der rechtlichen Beurteilung die Herkunft der Kredite und der Sitz des Originators eine wesentliche Rolle.[78] So sind stets verschiedene individuelle Faktoren zu berücksichtigen, die keine einheitlichen Rechtsverhältnisse bei Bilanzausgliederungen schaffen.

Kommt es zu einer Insolvenz von einer an der Bilanzausgliederung beteiligten Partei, ist es möglich, dass vertraglich zugesicherte Zahlungsansprüche nicht durchsetzbar sind. Durch komplexe vertragliche Ausgestaltungen kann sich eine Zurechnung der Sicherheiten zu verschiedenen Parteien schwierig gestalten.[79] So ist es beispielsweise möglich, dass eine Insolvenz des Originators dazu führt, dass Investoren keine Cashflows erhalten, obwohl die jeweiligen Kreditnehmer den zuzuordnenden Kapitaldienst erbringen. Die Vergangenheit hat hier gezeigt, dass ein entsprechender Interessenskonflikt zu Gerichtsverhandlungen führen kann.[80]

Bei der Durchführung von Bilanzausgliederungen sind verschiedene grundsätzliche Rechtsnormen zu betrachten. Neben den handelsrechtlichen und aufsichtsrechtlichen Normen sind steuerrechtliche Anforderungen zu berücksichtigen. So kann durch eine jeweilige Gestaltung des SPV die Steuerlast gemindert werden. Allerdings ist zu beachten, dass durch die Ansiedlung der Zweckgesellschaft im Ausland ein hoher Aufwand entstehen kann, der nicht im Verhältnis zu den Einsparungen steht und daher keine Ersparnisse bringen kann.

Die aktuelle Finanzkrise hat gezeigt, dass weitere erhebliche Risiken bei Bilanzausgliederungen bestehen können. Um den aus der Bilanz ausgegliederten Wertpapieren ein besseres Rating durch Credit Enhancement zu ermöglichen, hat der Originator der Bilanzausgliederung Kreditzusagen an Zweckgesellschaften gegeben. Diese unwiderruflichen Kreditaussagen können je nach vertraglicher Ausgestaltung dazu führen, dass die ausgegliederten Risiken auf den Originator zurückfallen, obwohl diese bereits übertragen wurden. So ist es je nach Ausgestaltung der Ausgliederung denkbar, dass alle Risiken vom Kreditinstitut zu übernehmen sind.[81] Diese Konstellation führte während der Finanzkrise zu Abschreibungen bei Kreditinstituten. Allerdings ist hierbei zu beachten, dass durch diese Rückkaufzusagen des Originators eine Auslagerung aus der Bilanz des Originators verhindert werden kann, so dass diese Technik des Credit Enhancements von europäischen Kreditinstituten, die nach IFRS bilanzieren, in der Regel nicht angewendet wird.[82]

Eine abschließende Beurteilung der Entwicklung des Gesamtrisikos des Originators ist erst möglich, wenn näher untersucht wird, wie die von der Zweck-

---

[78] Vgl. Ricken (2008)
[79] Vgl. Ricken (2008)
[80] Vgl. Bloss, Eil, Ernst, Häcker (2009)
[81] Vgl. Trading-House.net Aktiengesellschaft (2009)
[82] Vgl. Bär (2000)

gesellschaft erhaltenen Barmittel verwendet werden. Wenn davon ausgegangen wird, dass der Originator zum Credit Enhancement die Erstverlustposition von beispielsweise 5% übernimmt, bleibt bei jeder Ausgliederung dieser Prozentsatz an konzentrierten Risiken bestehen. Den Restbetrag erhält der Originator in Barmitteln von der Zweckgesellschaft.[83] Da Banken vor der aktuellen Finanzkrise dazu tendierten, zur Steigerung der Rendite neue Risiken einzugehen, wurden erhaltene Barmittel eher dazu verwendet, in weitere unterschiedlichste Verbriefungsprodukte zu investieren. Durch diese Technik entstehen somit zusätzliche Risiken, die allerdings in Widerspruch mit den bereits beschriebenen Regelungen von Basel II stehen, die eine Eigenmittelunterlegung nach der Risikoexposition des Kreditinstitutes vorsehen.

Durch eine komplexe Ausgestaltung der Bilanzausgliederungen ist es für Investoren schwierig, alle Aspekte der ABS zu erfassen. So sind die bestehenden Risiken in jedem Produkt unterschiedlich und es ist für Investoren nicht möglich, nötige Informationen zur umfassenden Risikobeurteilung zu erhalten.[84]

6.4 Kritische Würdigung von Bilanzausgliederungen

6.4.1 Bewertung von Chancen und Risiken

Abb. 6.18 gibt einen Überblick über wichtige Gesichtspunkte, die im Rahmen der Finanzkrise im Zusammenhang mit Bilanzausgliederungen stehen.

Durch Bilanzausgliederungen kann erreicht werden, dass die Struktur des Kreditportfolios nach Risikogesichtspunkten optimiert wird. So ist es möglich, bestehende Konzentrationen in der Bankbilanz zu mindern, indem Kredite bestimmter Ratingklassen, Größenklassen oder Wirtschaftssektoren weitergegeben werden. Somit ist es ein Ziel von Bilanzausgliederungen, die Risikoexposition des Kreditinstituts zu verringern.

Die Finanzkrise zeigt, dass dies in der Praxis nicht geschehen ist. Auch wenn Bilanzausgliederungen diese Möglichkeit bieten, sind Banken durch Ausgliederungen neue Risiken eingegangen, die zu erheblichen Abschreibungen geführt haben. Durch verschiedene Ausfälle bei Bilanzausgliederungen kam es somit zu Verlusten bei Originators, Sicherungsgebern und Investoren. Auch wenn bestehende Transaktionen in Zukunft noch zu weiteren Abschreibungen führen können, ist derzeit zu überlegen, wie die Risikoexposition begrenzt werden kann und was bei neu zu treffenden Anlageentscheidungen zu beachten ist.

Um eine sinnvolle Risikogewichtung zu erreichen, sind verschiedene Gesichtspunkte zu beurteilen. So kann ein Kreditinstitut nicht verhindern, dass bestimmte Risiken zu Verlusten führen können. Allerdings ist hier ein Risikotragfähigkeitskonzept zu erstellen, anhand dessen beurteilt wird, welche eventuell auftretenden

---
[83] Vgl. Ricken (2008)
[84] Vgl. Bär (2000)

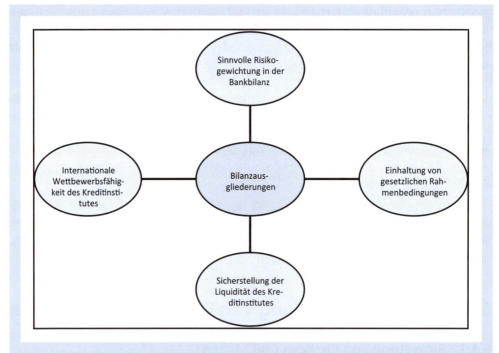

Abbildung 6.18: Gesichtspunkte bei Bilanzausgliederungen im Rahmen der Finanzkrise

Verluste sich die Bank leisten kann.[85] Hier sind Risiken konsequent mit bestimmten Limits zu begrenzen. Im Rahmen dieser Limits ist es wichtig, dass Szenarien wie die aktuelle Finanzkrise, soweit möglich, einkalkuliert werden.[86] So ist es weiterhin sinnvoll, ABS-Transaktionen zu nutzen, um Konzentrationen der Bankbilanz wie regionale oder branchenspezifische Klumpenrisiken zu begrenzen.

Die Ausgestaltung der Transaktionen sollte für Originators sicherstellen, dass die Transaktion keine neuen Risiken wie die Rücknahme aller Risiken auf die Bankbilanz beinhaltet. Sicherungsgeber sollten sicherstellen, dass mögliche Verluste getragen werden können und die in der Finanzkrise auftretenden Risiken bei Preisgestaltung und Volumenbestimmung berücksichtigen. Investoren müssen sich der bestehenden Verlustrisiken bewusst sein und ein Investment anhand von Chance-Risiko-Abwägungen beurteilen.

Ebenfalls ist zu berücksichtigen, wie sichergestellt werden kann, dass Kreditinstitute weiterhin ausreichend Kredite an Privatpersonen und Unternehmen vergeben. Hierzu muss das Interbankengeschäft wieder funktionieren, so dass Kreditinstituten ausreichend Kapital zur Refinanzierung der auszugebenden Kredite zur Verfügung steht. Um diese Refinanzierung sicherstellen zu können, müssen Ban-

---

[85] Vgl. Duttweiler (2008)
[86] Vgl. Kirmße, Lister, Schierenbeck (2008)

6.4 Kritische Würdigung von Bilanzausgliederungen

ken eine Möglichkeit zur Kapitalvergabe besitzen. Dies ist in aktuellen Krisenzeiten wegen fehlenden Vertrauens nicht möglich.[87]

Falls diese Refinanzierung im Rahmen von Bilanzausgliederungen erfolgt, besteht aus verschiedenen Gründen eine Gefahr für die Liquidität der Kreditinstitute. Durch geringe oder nicht vorhandene Handelsvolumina kann der Preis der Produkte stark schwanken, in Extremsituationen auch nicht ermittelbar sein. Durch große Nachfrageverschiebungen kann es dazu kommen, dass Refinanzierungskosten stark schwanken und Cashflows nicht vorhersagbar sind.[88] Im Allgemeinen wird die Verwendung von Seiten der Kreditinstitute derzeit stark eingeschränkt, da entsprechende Märkte nur noch bedingt funktionieren.

Eine Refinanzierung über Bilanzausgliederungen gibt einerseits die Möglichkeit der Liquiditätsschaffung aus eigentlich illiquiden Vermögensgegenständen wie Kreditportfolios. Andererseits entsteht eine Abhängigkeit von funktionierenden Verbriefungsmärkten zur Wahrung der Zahlungsfähigkeit. Dieser zentrale Zusammenhang wird in Abb. 6.19 näher beschrieben.

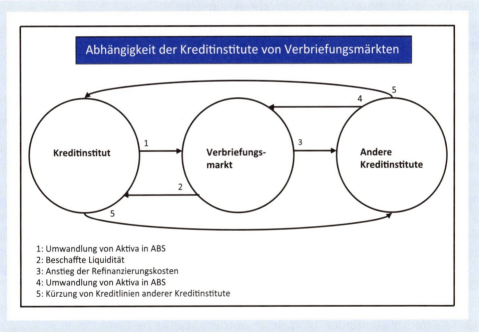

Abbildung 6.19: Zusammenhang zwischen Bilanzausgliederungen und Liquidität
Quelle: Committee of European Banking Supervisors (2008b), Tz. 51, modifiziert

Um zusätzlichen Liquiditätsbedarf decken zu können und die kurzfristige Refinanzierung sicherzustellen, sind Banken auf die Veräußerbarkeit der ausgegebenen ABS angewiesen. Die Vermögensgegenstände werden in einem ersten Schritt

---
[87] Vgl. Handelsblatt (2009)
[88] Vgl. Committee of European Banking Supervisors (2008b), Tz. 33f.

am Markt platziert, woraufhin das Kreditinstitut im zweiten Schritt Liquidität erhält. Der Verkauf von Vermögensgegenständen kann dazu führen, dass durch ein zu hohes Marktangebot die Erträge allgemein sinken. In einem dritten Schritt haben andere Institute neuen Refinanzierungsbedarf, so dass diese weitere Vermögensgegenstände am Markt platzieren. Diese Platzierungen erfolgen mit einem Abschlag, da der Preis der ABS durch ein steigendes Angebot sinkt. Falls diese Maßnahme nicht zur Liquiditätsbeschaffung ausreicht, müssen weitere Maßnahmen ergriffen werden. Die Kreditlinien von anderen Instituten können in einem letzten Schritt gekürzt werden, um zusätzliche Liquidität zu erzielen. Dies führt wiederum zu einer Verschlechterung der Liquiditätslage.[89] Diese zusammenhängenden Maßnahmen ergeben einen Abwärtstrend am Markt, der zur Entstehung der Finanzkrise beigetragen hat.

Somit müssen Banken neue Wege der Refinanzierung suchen. Auch wenn die kurzfristige Refinanzierung derzeit durch Finanzhilfen des Staates erfolgt, ist es erforderlich, mittelfristig eine unabhängige Finanzierung der Kreditinstitute sicherzustellen. Der durch die Finanzkrise wegfallende Teil der Refinanzierung kann durch die Nutzung anderer Finanzprodukte geschehen.

Hier sind klassische Instrumente wie Factoring, Pfandbriefe oder Eigenkapitalemissionen denkbar. Beim Factoring findet ein regressloser Verkauf von Forderungen an die Investoren statt. Eine Bündelung in Wertpapiere wird nicht vorgenommen, so dass keine zusätzlichen Risiken aus Credit Enhancement entstehen können. Pfandbriefe bieten im Vergleich zu ABS den Vorteil, dass sie einem strengen gesetzlichen Rahmen unterliegen sowie kein Credit Enhancement vorgenommen wird, aus dem sich weitere Risiken für Transaktionsbeteiligte ergeben können. Allerdings ist festzustellen, dass der Pfandbrief eine Form der Schuldverschreibung ist, bei der das Kreditinstitut mit dessen Eigenkapital haftet und somit keine Risiken übertragen werden.[90] Eine Eigenkapitalemission gibt dem Kreditinstitut eine Möglichkeit der Kapitalbeschaffung, die nicht unbegrenzt nutzbar ist und somit kein ausreichendes Volumen bietet, um die tägliche Refinanzierung eines Kreditinstitutes sicherzustellen. Um die langfristige Refinanzierung ohne Staatshilfen sicherzustellen, ist es daher nötig, Produktinnovationen zu schaffen, die bei Investoren und anderen Kreditinstituten ein angemessenes Vertrauen besitzen. Denkbar ist hier auch eine Neugestaltung von ABS-Transaktionen.

Die Diskussion, welche Eigenkapitalregulierungen und Bilanzierungsvorschriften für Bilanzausgliederungen umgesetzt werden, spielt eine wesentliche Rolle. Wie oben dargestellt wurde, können ABS auch genutzt werden, um regulatorische Eigenmittelanforderungen zu reduzieren. Da wegen der Finanzkrise diese Möglichkeit nur begrenzt vorhanden ist, stellt sich die Frage, wie bestehende Anforderungen zur Eigenkapitalunterlegung erfüllt werden können. Auch hier sollte die Bank neue Möglichkeiten zur Refinanzierung nutzen, um die Erfüllung neuer Anforderungen sicherzustellen. Auch wenn derzeit nicht absehbar ist, welche neuen

---

[89] Vgl. Committee of European Banking Supervisors (2008b), Tz. 49ff.
[90] Vgl. Bär (2000)

6.4 Kritische Würdigung von Bilanzausgliederungen

Anforderungen bezüglich Bilanzausgliederungen gestellt werden, ist davon auszugehen, dass erhöhte Regulierungs- und Bilanzierungsanforderungen getroffen werden. Somit ist es erforderlich, dass Kreditinstitute neue Refinanzierungsquellen finden, um in der Zukunft in der Lage zu sein, gesetzliche Eigenkapitalanforderungen zu erfüllen und eine angemessene Kapitalausstattung aufzuweisen.

Darüber hinaus ist sicherzustellen, dass Kreditinstitute international wettbewerbsfähig bleiben können. Neben einer einheitlichen Regelung der möglichen Staatseingriffe zur Erhaltung der Zahlungsfähigkeit von Kreditinstituten ist insbesondere darauf zu achten, dass gesetzlich einheitliche Rahmenbedingungen geschaffen werden, die keinem der global agierenden Kreditinstitute einen Wettbewerbsvorteil gegenüber in einem anderen Land ansässigen Banken verschaffen. Dies ist erforderlich, weil durch die internationale Vernetzung zwischen Kreditinstituten ein enger Zusammenhang besteht, der eine einheitliche Prüfung erforderlich macht. Somit ist es notwendig, dass die Staaten eine Einigung erzielen, um Krisen wie die Finanzkrise künftig vermeiden zu können.[91]

Derzeit haben verschiedene Länder keinen einheitlichen Ansatz, der die Bilanzierung von Verbriefungsprodukten regelt, wodurch gerade für international agierende Banken ein Nachteil entsteht. So müssen diese beispielsweise für Tochtergesellschaften in anderen Ländern unter Umständen andere Bestimmungen erfüllen, was einen erheblichen regulatorischen Aufwand bedeutet.[92] Um in Zukunft ein angemessenes Liquiditätsrisikomanagement zu schaffen, sind ausreichende Vorbereitungen zu Zeiten von normalen Marktbedingungen zu treffen. So ist es erforderlich, dass ein Umfeld geschaffen wird, in dem sich Aufsichtsgremien bereits zum Beginn von Krisen absprechen können, um einheitliche Notfallmaßnahmen ergreifen zu können. Eine wichtige Forderung ist die Schaffung eines zentralen Gremiums, das Maßnahmen der Aufsichtsinstanzen steuern kann.[93]

Während der Finanzkrise zeigt sich, dass verschiedene EU-Regierungen unterschiedliche Ansätze zur Krisenbewältigung haben und die globale Finanzkrise nicht harmonisiert bewältigen, so dass zum aktuellen Zeitpunkt von national unterschiedlichen Regelungen auszugehen ist[94], da eine detaillierte Einigung im Gesetzgebungsverfahren unwahrscheinlich scheint. Eine unterschiedliche Regelung verschiedener Staaten kann zu einem Wettbewerbsvorteil für einzelne Kreditinstitute führen.[95] Sollte es z.B. dazu kommen, dass außerbilanzielle Risiken nur in einzelnen Staaten mit Liquidität zu hinterlegen sind, würde dies zu einer vergleichsweise höheren Kapitalbindung bei diesen Banken führen. Daher ist es das Ziel der Aufsichtsgremien, ein Rahmenwerk zu schaffen, das wenig Interpretationsspielraum für nationale Einzelregelungen lässt. Es ist nicht absehbar, ob die

---

[91] Vgl. Europäische Zentralbank (2008b)
[92] Vgl. Europäische Zentralbank (2008a)
[93] Vgl. Europäische Zentralbank (2008b)
[94] Vgl. Committee of European Banking Supervisors (2008c), Tz. 12
[95] Vgl. Deutsche Bundesbank (2008)

Anstrengungen zu einer Harmonisierung der bestehenden Liquiditätsregeln führen.[96]

Es gibt verschiedene Möglichkeiten, eine Verbesserung herbeizuführen. Eine Möglichkeit ist eine konsequente Ausweitung auf eine Heimatlandkontrolle. Sie würde einer nationalen Aufsichtsinstanz die Befugnis geben, weltweit alle der Gruppe zugehörigen Tochterunternehmen zu überwachen.[97] Eine andere Möglichkeit stellt die Schaffung einer internationalen Aufsichtsbehörde dar, die weltweit für die Überwachung der Kreditinstitute zuständig ist. So könnte eine höhere Wettbewerbsgleichheit garantiert werden, die für alle Kreditinstitute einheitliche Bedingungen zur Liquiditätsrisikosteuerung liefert. Diese Änderung ist mit einem erheblichen nationalen Einflussverlust verbunden. Deshalb sind mittelfristig zwar leichte Fortschritte bei internationalen Kooperationen zu erwarten, die allerdings nicht weit reichend genug sein werden.[98] Hier erscheint eine Ausweitung der Heimatlandkontrolle sinnvoller, da diese eine nähere Überwachung aller Risiken durch Bilanzausgliederungen ermöglicht. Um die internationale Wettbewerbsfähigkeit von Kreditinstituten sicherstellen zu können, ist aber der relevanteste Punkt, dass vorhandene Risiken einheitlich begrenzt werden. Durch effiziente gesetzliche Rahmenbedingungen kann es in Zukunft möglich sein, einen Rahmen zu schaffen, der verhindern kann, dass Banken übermäßige Risiken eingehen und international keine Wettbewerbsnachteile entstehen.

Da ABS-Transaktionen die Möglichkeit bieten Risiken abzubauen, können sie einen stabilisierenden Effekt haben. Das Problem von Bilanzausgliederungen besteht somit in enthaltenen Fehlanreizen, die verursachen, dass eine Erhöhung des Kreditvolumens zu einer Erhöhung der Erträge des Originators führt.[99] Weder eine Erhöhung der Eigenmittelanforderungen, noch eine bessere Abstimmung verschiedener Staaten können dieses Problem beseitigen. Wichtig ist somit, dass ein Umfeld geschaffen wird, in dem Kreditinstitute nach sinnvoller Bonitätsprüfung Darlehen an kreditwürdige Kunden vergeben. Ob diese dann durch Bilanzausgliederungen an Investoren weitergegeben werden, ist zweitrangig.

6.4.2 Fazit: Die Zukunft von Bilanzausgliederungen

Dieser abschließende Punkt stellt die mögliche Zukunft von Bilanzausgliederungen dar, die im Rahmen der aktuellen Finanzkrise im Zentrum der allgemeinen Betrachtung standen. Durch erheblichen Wertverfall von strukturierten Produkten haben Investoren das Vertrauen in ABS verloren, da diese häufig zu komplex sind. Die daraus resultierenden Risiken sind dann oftmals nicht erkennbar.[100] Als Ergebnis besteht für zahlreiche Produkte kein aktiver Markt, so dass bestehende ABS kaum noch gehandelt werden können. Neben einem allgemeinen Vertrauensver-

---

[96] Vgl. Albert (2007)
[97] Vgl. Massenberg (2008)
[98] Vgl. Massenberg (2008)
[99] Vgl. Deutsches Institut für Wirtschaftsforschung (2008)
[100] Vgl. Bechthold, Papenfuß (2008)

6.4 Kritische Würdigung von Bilanzausgliederungen

Beurteilung der Chancen und Risiken bei Bilanzausgliederungen	
Gesichtspunkt	Mögliche Ansatzpunkte
Risikogewichtung der Bankbilanz	Risikotragfähigkeit ist konsequenter zu beurteilen
	Szenarien des Risikomanagements sind an die Finanzkrise anzupassen
	Begrenzung der durch ABS-Transaktionen eingegangenen Risiken
	Berücksichtigung der Marktgegebenheiten bei Kreditvergabe des Originators der ABS
Sicherstellung der Refinanzierung	Neue Refinanzierungsquellen erörtern (klassische und innovative Bankprodukte)
	Falls dies nicht möglich ist, muss eine Begrenzung der Kreditvergabe zur Liquiditätssicherung erfolgen
	Bilanzausgliederungen in geringem Umfang als sinnvolles Refinanzierungsinstrument
Einhaltung von Eigenkapitalvorschriften	Neue Refinanzierungsquellen zur Einhaltung der Kapitalanforderungen
	Gefahr der Überregulierung besteht
Wettbewerbsfähigkeit von Kreditinstituten	Einheitliches Handeln aller Staaten erforderlich
	Erweitertes Heimatlandprinzip ist einer Weltfinanzaufsicht vorzuziehen
	Fehlanreize bei der Kreditvergabe sollten durch Gesetzgeber beseitigt werden, anstatt eine Überregulierung zu erwirken

Abbildung 6.20: Beurteilung der Chancen und Risiken bei Bilanzausgliederungen

lust der Kreditwirtschaft kommt in diesem Bereich annähernd kein Neugeschäft mehr zustande, wodurch die Bedeutung von Kreditverbriefungen im Allgemeinen abnimmt.[101]

Das Vorgehen, Verbriefungsprodukte zu verbieten oder diese durch hohe Kapitalanforderungen unattraktiver zu machen, ist innovationsfeindlich, da Banken möglicherweise in der Produktneuentwicklung behindert werden. Außerdem kann ein Verbot bestimmter Produktgruppen dazu führen, dass Banken noch gleichförmiger werden und somit die Krise eines einzelnen Instituts noch bedeutender für den Gesamtmarkt wäre.[102] Die aktuelle Finanzkrise hat allerdings gezeigt, dass Maßnahmen erforderlich sind, um Risiken im Gesamtmarkt zu begrenzen.

ABS-Transaktionen werden wohl weiterhin eine wesentliche Rolle spielen, da durch sie eine aktive Steuerung des Kreditportfolios möglich ist. Die Ausgliederung von bestimmten Krediten stellt eine günstige Refinanzierungsform für Kreditinstitute dar. Durch deren Struktur ist es möglich, Risiken zu diversifizieren, da institutsspezifische Risiken auf mehrere Parteien verteilt werden können.

[101] Vgl. Hahlbrock, Jansen, Schmidt (2008)
[102] Vgl. Paul (2008)

Allerdings wurden bei der Verwendung von Bilanzausgliederungen Fehler begangen, die zur aktuellen Finanzkrise geführt haben. Für die verschiedenen Produkte waren keine einheitlichen Qualitätsstandards vorhanden und ihre Bonität wurde nicht ausreichend überprüft, da Kreditinstitute sich auf externe Ratings verlassen haben.[103] Ein alleiniges Abstellen auf ein Rating einer externen Ratingagentur ist allerdings nicht sinnvoll, da diese Ratings nicht immer aussagekräftig sind. Sie sollten daher durch eine eigene Überprüfung der Kreditportfolios ergänzt und eventuell von einer unabhängigen Finanzaufsicht bestätigt werden. Um die Wettbewerbsfähigkeit zu erhalten, sollte die zusätzliche interne Überprüfung verpflichtend vorgeschrieben werden. Diese Aufgaben könnten beispielsweise in Deutschland von der BaFin oder der Deutschen Bundesbank übernommen werden.

> **Als Fazit der Autoren ergibt sich folgender Vorschlag: Durch eine Standardisierung der Produkte sollten ABS ähnlich wie Futures über eine öffentliche Marktplattform gehandelt werden.**

Durch klare, einfache und transparente Verbriefungsstrukturen kann es gelingen, für Verbriefungen einen neuen Markt zu schaffen. Durch eine Ähnlichkeit der Produkte und kleine Tranchen könnte verhindert werden, dass eine Bewertung nicht möglich ist, da die Wahrscheinlichkeit von stets vorhandenen vergleichbaren Transaktionen durch die Standardisierung des Handels steigt.[104] Wenn es gelingt, Bewertungsverfahren ähnlich dem TÜV-Verfahren oder der DIN-Norm einzuführen, kann das Verbrauchervertrauen in Verbriefungen wieder erhöht werden.[105]

---

[103] Vgl. Syring, Thelen-Pischke (2008)
[104] Vgl. Hahlbrock, Jansen, Schmidt (2008)
[105] Vgl. Bechthold, Papenfuß (2008)

7 | Die Rolle von IFRS und US-GAAP bei der Fair Value-Bewertung in der Finanzkrise?

Executive Summary

Vor dem Hintergrund der Finanzkrise wird die Bedeutung und die Rolle des Fair Value Accounting kritisch hinterfragt. Dabei beziehen sich die Ausführungen zum Fair Value hauptsächlich auf Finanzinstrumente.

Das Ziel der internationalen Rechnungslegungsstandards ist die „decision usefulness", d.h. die Vermittlung von entscheidungsrelevanten Informationen für Investoren. Um diese Entscheidungsrelevanz zu erreichen, stellen IFRS und US-GAAP auf den Fair Value als Bewertungsmaßstab ab. Dabei ist die Definition des Fair Value nach IFRS und US-GAAP nicht einheitlich. Zur Durchführung der Fair Value-Bewertung enthalten die Rechnungslegungsstandards Bewertungshierarchien.

Nach IFRS werden Finanzinstrumente vier verschiedenen Kategorien zugeordnet. Die Erstbewertung erfolgt für alle Kategorien zum beizulegenden Zeitwert. In der Folgebewertung findet der Bewertungsmaßstab des Fair Value bei den Kategorien „Erfolgswirksam zum beizulegenden Zeitwert bewertet" und „zur Veräußerung verfügbar" Anwendung. Die Kategorien „Kredite und Forderungen" und „bis zur Endfälligkeit gehaltene Finanzinvestitionen" werden zu fortgeführten Anschaffungskosten bewertet. Die Bilanzierung zum Fair Value bewirkt die Pflicht umfangreiche Anhangangaben zu machen.

Die aktuell bestehende Bewertungshierarchie nach IFRS sieht fünf Stufen vor und stellt dabei auf die angewendeten Bewertungsmethoden ab. Kann der Fair Value eines zu bilanzierenden Finanzinstruments auf einem aktiven Markt abgeleitet werden, dann erfolgt die Bewertung „Mark-to-Market", d.h. auf Stufe 1 oder 2 der Bewertungshierarchie. Ist kein aktiver Markt vorhanden, dann finden Stufe 3 bis 5 Anwendung und die Bewertung erfolgt „Mark-to-Model". Die Ermittlung des Fair Value auf Stufe 3 erfolgt dabei unter Verwendung jüngster Geschäftsvorfälle mit ein- und demselben Finanzinstrument. Auf Stufe 4 wird ein Vergleich mit dem Fair Value eines anderen, im Wesentlichen identischen Finanzinstrumentes vorgenommen. Stufe 5 sieht die Anwendung von Bewertungsmodellen zur Ermittlung des Fair Value vor. Das Fair Value

Konzept wird bei der Bewertung von finanziellen und nicht finanziellen Vermögenswerten angewendet und ist in den Standards IAS 16, IAS 38, IAS 39, IAS 40, IAS 41, IFRS 2 und IFRS 3 verankert.

Nach US-GAAP werden Finanzinstrumente drei verschiedenen Kategorien zugeordnet. Die Erstbewertung erfolgt zu Anschaffungskosten. In der Folgebewertung werden Wertpapiere der Kategorien „zum Handel bestimmt" und „zur Veräußerung verfügbar" mit ihrem Fair Value bewertet. Derivative Finanzinstrumente werden grundsätzlich zum Fair Value bewertet. Die Bemessung des Marktwertes wird dabei in einem gesonderten Standard, dem FAS 157, geregelt. Dieser gilt für alle Standards übergreifend und enthält eine Bewertungshierarchie zur Ermittlung des Fair Value. Für zum Fair Value bilanzierte Vermögenswerte sind nach FAS 157 zudem umfangreiche Anhangangaben zu machen.

Die Bewertungshierarchie nach US-GAAP sieht drei Stufen vor und stellt dabei auf die verwendeten Inputparameter ab. Bei Level 1 werden zur Berechnung des Fair Value aktuelle Preisnotierungen auf einem aktiven Markt verwendet. Auf der nächsten Stufe wird der Fair Value anhand von am Markt beobachtbaren Kursen und Daten von vergleichbaren Vermögenswerten berechnet. Zur Berechnung des Marktwertes bei Level 3 werden aktuell am Markt nicht beobachtbare Daten und Parameter sowie eigene Annahmen und Schätzungen des zu bilanzierenden Unternehmens verwendet.

Da es Unterschiede in der Definition des Fair Value und den Bewertungshierarchien nach IFRS und US-GAAP gibt, wurde das Konvergenzprojekt ins Leben gerufen. Im Rahmen dieses Konvergenzprojektes soll die Harmonisierung der Rechnungslegungsstandards vorangetrieben werden. Es wird eine einheitliche Fair Value Richtlinie entwickelt, von welcher bald ein erster Entwurf veröffentlicht werden soll. Im Zuge der Finanzkrise wurde jedoch auch Kritik am Harmonisierungsprozess geübt.

Nicht nur durch die veränderte Marktsituation im Rahmen der Finanzkrise ergeben sich einige Probleme, denen sich die Fair Value-Bewertung stellen muss. Diese Probleme betreffen z.B. den Verlust des Vertrauens in die Rechnungslegung, die Frage einer zeitnahen Berichterstattung, den Informationsverlust durch Aggregationen, die Transaktionskosten sowie vertragliche Bindungen. Aber auch auftretende Schwierigkeiten bei der Umsetzung und Anwendung der Bewertungshierarchie und der Marktbewertung im Allgemeinen stellen für die Unternehmen vor allem in Zeiten der Finanzkrise Herausforderungen dar. Diese Probleme spiegeln sich bei einer Betrachtung der Anwendung und der Auswirkung der Fair Value-Bewertung in der Praxis wider.

Um die Krisen verstärkende Wirkung der Fair Value-Bewertung einzuschränken und die Unternehmen von Seiten der Bilanzierung in der Krise zu unterstützen, werden einige Ansätze aufgezeigt, die helfen sollen, die Volatilitäten in der GuV der Unternehmen zu vermeiden. So hat das FASB das Umgliederungsverbot nach IAS 39.50 aufgehoben und eine Umklassifizierung von Finanzinstrumenten aus den Kategorien „zu Handelszwecken gehalten" und „zur Veräußerung verfügbar" in eine der Kategorien „bis zur Endfälligkeit gehalten" oder „Kredite und Forderungen" ermöglicht. Die Umgliederung erfolgt dabei zu dem am Umgliederungszeitpunkt vorliegenden Fair Value. Eine Umklassifizierung löst weitere Angabepflichten im Anhang aus, z.B. soll im Anhang die Situation erläutert werden, die sich ohne eine Umklassifizierung ergeben hätte.

In den US-GAAP waren bereits vor der Finanzkrise Regelungen verankert, die eine Umgliederung von Finanzinstrumenten unter besonderen Umständen möglich macht.

Neben der Umklassifizierung werden auch einige andere mögliche Lösungswege von Problemen diskutiert, die durch die Finanzkrise ausgelöst wurden. Dabei handelt es sich z.B. um Leitlinien des IASB, die eine Hilfestellung bei

- der Bewertung zum Fair Value bei inaktiven Märkten,
- Bewertungsmodellen oder
- der Wiedergewinnung des Vertrauens der Bilanzleser

bieten sollen.

Wegen der Vielzahl an Problemen und Schwierigkeiten bei der Fair Value-Bewertung wird die Anwendung des Fair Value Accounting von einigen Betrachtern als Auslöser der Finanzkrise gesehen. So wird von einer die Krise verstärkenden Spirale der Abwertungen gesprochen. Die Schuld würde die Bilanzierung zu Marktwerten tragen. Stark diskutiert wird auch die Vermutung, dass eine Bilanzierung nach HGB zu anderen Ergebnissen geführt hätte.

Auf der anderen Seite wird nicht der Fair Value-Bewertung, sondern einem unzureichenden Risikomanagement und unzuverlässigen Ratings die Schuld an der Krise zugewiesen. Auch das Streben nach hohen Renditen und die damit verbundenen Boni-Zahlungen an Mitarbeiter haben ihren Teil zur Krise beigetragen.

7.1 Grundlagen der Fair Value-Bewertung

Vor dem Hintergrund der weltweiten Finanzkrise wird das Fair Value Accounting momentan stark diskutiert. Die Bewertung zum Fair Value führte zu einer hohen Volatilität der Ergebnisse und löste durch hohe Abschreibungen marktbedingte Verluste aus.

7.1.1 Konzeption des Fair Value

„Zielsetzung von Abschlüssen ist es, Informationen über die Vermögens-, Finanz- und Ertragslage sowie Veränderungen in der Vermögens- und Finanzlage eines Unternehmens zu liefern, die für einen weiten Adressatenkreis bei dessen wirtschaftlichen Entscheidungen nützlich sind."[1] Das im Rahmenkonzept erklärte Ziel der International Financial Reporting Standards ist die Vermittlung von entscheidungsrelevanten Informationen für Anleger („decision usefulness").[2]

Wie im Rahmenkonzept erläutert, werden für die Entscheidung der Investoren Informationen über die Fähigkeit des Unternehmens, Cashflows zu generieren, benötigt.[3] Diese Informationen soll ein Anleger durch ein den tatsächlichen Verhältnissen entsprechendes Bild der Vermögens- Finanz- und Ertragslage erhalten. Dieser „tatsächliche" Einblick in die Vermögens- Finanz- und Ertragslage („true and fair presentation")[4] eines Unternehmens soll durch Anwendung der im Rahmenkonzept („Framework") geregelten Grundsätze der IFRS (wie z.B. Grundsatz der Verständlichkeit, Relevanz, Verlässlichkeit und Vergleichbarkeit) sichergestellt werden.

Um die Informationsfunktion der Abschlüsse für Anleger zu verbessern, ist in den IFRS die Bewertung zum Fair Value verankert. Anstatt der nach dem HGB dem Gläubigerschutz dienenden Bewertung zu Anschaffungskosten tritt die Bewertung zu aktuellen Zeitwerten in den Vordergrund.

Die Anwendung des Fair Value in den IFRS wird dabei häufig mit den Grundlagen der Investitionstheorie begründet. Demnach basieren die Investitionsentscheidungen der Anleger auf dem inneren Wert des Unternehmens.[5] Eine Investition wird nur dann als vorteilhaft betrachtet, wenn der innere Wert den Börsenwert übersteigt. Die IFRS Rechnungslegungsstandards versuchen durch eine Bewertung zum Fair Value stille Reserven und Lasten aufzudecken, um die Differenz zwischen Börsenwert und innerem Wert des Unternehmens zu verringern und so eine Annäherung der Bilanzwerte an den inneren Wert zu erreichen. Aufgrund der Marktnähe, dem Zukunftsbezug und der Cashflow-Orientierung des Fair Value wird das

---

[1] Vgl. RK. 12.
[2] Vgl. RK. 12; RK. 10.
[3] Vgl. RK.15.
[4] Vgl. RK.46; IAS 1.13.
[5] Vgl. Dohrn, M (2004), S. 97–101.

7.1 Grundlagen der Fair Value-Bewertung

Konzept der Fair Value-Bewertung aus Sicht der Investoren als entscheidungsrelevant betrachtet.

Der IASB definiert den Begriff des Fair Value[6] als „den Betrag, zu dem ein Vermögenswert zwischen sachverständigen, vertragswilligen und voneinander unabhängigen Geschäftspartnern getauscht werden könnte".[7] In diesem Kontext wird von einem fiktiven Verkauf des zu bewertenden Wirtschaftsguts ausgegangen, wobei persönliche Verhältnisse unberücksichtigt bleiben.[8]

Auch die amerikanischen Rechnungslegungsvorschriften die „Generally Accepted Accounting Principles" (US-GAAP) verfolgen das Ziel der „decision usefulness", um dem Bilanzleser entscheidungswichtige Informationen zu vermitteln.[9] Auch hier wird auf den Fair Value zur entscheidungswichtigen Bilanzierung zurückgegriffen. Seit 2006 gibt es den FAS 157, der sich mit der Fair Value-Bewertung befasst. Der FASB definiert dabei den Fair Value als „den Preis, der am Bewertungsstichtag im Rahmen einer ordnungsgemäßen Transaktion zwischen Marktteilnehmern für den Verkauf eines Vermögenswertes oder die Übernahme einer Verbindlichkeit erzielt würde."[10]

Somit versuchen sowohl die IFRS als auch die US-GAAP das Ziel der „decision usefulness" mit Hilfe des Fair Value zu erreichen. Jedoch ist die Definition des Fair Value nach IFRS und US-GAAP nicht die Gleiche.

7.1.2 Fair Value nach IFRS

Nach IFRS ist eine Bewertung zum Fair Value derzeit bei Sachanlagevermögen (IAS 16), immateriellen Vermögenswerten (IAS 38), Finanzinstrumenten (IAS 39), als Finanzinvestition gehaltene Immobilien (IAS 40), bei der Bilanzierung von landwirtschaftlichen Tätigkeiten (IAS 41) sowie bei Aktienoptionen (IFRS 2) und Unternehmenszusammenschlüssen (IFRS 3) vorgeschrieben. Somit werden sowohl finanzielle als auch nicht finanzielle Vermögenswerte zum Fair Value bewertet. Da im Rahmen der Finanzkrise überwiegend finanzielle Vermögenswerte betroffen sind, beziehen sich die folgenden Ausführungen hauptsächlich auf solche.

Finanzinstrumente nach IFRS

Die Erfassung von Finanzinstrumenten im Jahresabschluss erfolgt mit Hilfe von drei Standards, welche für alle Arten von Finanzinstrumenten gelten. Diese sind IAS 32, IAS 39 und IFRS 7. Im Folgenden werden Regelungen der erwähnten Standards erläutert. Zudem wird ausführlich auf die einzelnen Vorgehensschritte des IAS 39 wie Ansatz, Bewertung, Ausbuchung, etc. eingegangen.

---

[6] Fair Value = beizulegender Zeitwert in der deutschen Übersetzung.
[7] Vgl. IAS 32.11.
[8] Vgl. Mujkanovic, R. (2002), S. 113.
[9] Vgl. Alves, W. (2007), S. 19f.
[10] Vgl. FAS 157.5.

IAS 32 „Finanzinstrumente: Angaben und Darstellung" befasst sich mit Darstellungs- und Definitionsfragen, Klassifizierung von Finanzinstrumenten als Eigen- oder Fremdkapital und Behandlung von hybriden Finanzinstrumenten sowie eigener Anteile.[11]

IAS 39 „Finanzinstrumente: Ansatz und Bewertung" regelt die Bilanzierung von Finanzinstrumenten. Der Standard beinhaltet Regelungen zur Klassifizierung von Finanzinstrumenten, sowie Regelungen zur Verwendung der „Fair Value Option".[12]

Laut IAS 39.2 wird in diesem Standard die Behandlung von allen Finanzinstrumenten geregelt, mit Ausnahme unter anderem folgender Vermögenswerte: Anteile an Tochterunternehmen, assoziierten Unternehmen und Joint Ventures, Rechte und Pflichten aus Leasingverhältnissen, Rechte und Pflichten eines Arbeitgebers aus Altersversorgungsplänen und Finanzinstrumente, welche der Definition eines Eigenkapitalsinstruments entsprechen.[13] IAS 39 leistet außerdem theoretische Hilfe für den Ansatz und die Bewertung „von finanziellen Vermögenswerten, finanziellen Verbindlichkeiten und einigen Verträgen bezüglich eines Kaufs oder Verkaufs nicht finanzieller Posten".[14]

IFRS 7 „Finanzinstrumente: Angaben" schreibt den bilanzierenden Unternehmen vor, Anhangangaben zu machen, die es den Bilanzadressaten ermöglichen, die Bedeutung und die Risiken der Finanzinstrumente einzuschätzen.[15] IFRS 7 wurde 2005 verabschiedet und ersetzt Vorschriften, die bisher in IAS 30 und IAS 32 geregelt wurden.

Nach IAS 32.11 ist „ein Finanzinstrument ein Vertrag, der gleichzeitig bei dem einen Unternehmen zu einem finanziellen Vermögenswert und bei dem anderen Unternehmen zu einer finanziellen Verbindlichkeit oder einem Eigenkapitalinstrument führt." Neben finanziellen Vermögenswerten gehören auch Passivposten wie finanzielle Schulden und Eigenkapital, Derivate und Sicherungsgeschäfte zum Anwendungsbereich der drei Standards, die sich mit Finanzinstrumenten befassen.

Klassifizierung

Finanzielle Vermögenswerte werden nach IAS 39.45 einer der in Abb. 7.1 dargestellten vier Kategorien zugeordnet.

Die vier Kategorien, denen die finanziellen Vermögenswerte zugeordnet werden, können wie folgt beschrieben werden:

---

[11] Vgl. IAS 32.2.
[12] Vgl. IAS 39.1.
[13] Vgl. IAS 39.2.
[14] Vgl. IAS 39.1.
[15] Vgl. IFRS 7.1.

7.1 Grundlagen der Fair Value-Bewertung

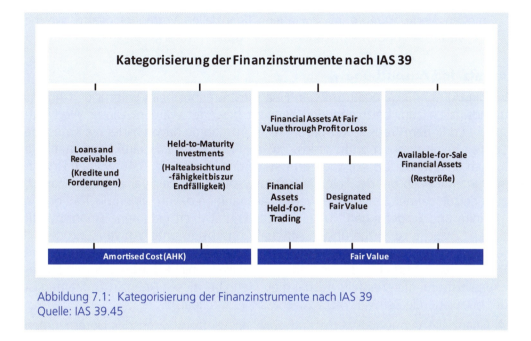

Abbildung 7.1: Kategorisierung der Finanzinstrumente nach IAS 39
Quelle: IAS 39.45

- Kredite und Forderungen („Loans and Receivables"), d.h. nicht derivative Finanzinstrumente[16] mit festen oder bestimmbaren Zahlungen, die nicht in einem aktiven Markt notiert sind, nicht für Handelszwecke gehalten werden und nicht einer anderen Kategorie zugeordnet werden.
- Bis zur Endfälligkeit gehaltene Finanzinvestitionen („Held-to-Maturity Investments"). Im Falle, dass das Unternehmen einen wesentlichen Teil dieser Art von Finanzinstrumenten veräußert, ohne dass bestimmte Ausnahmefälle vorliegen, müssen die restlichen Finanzinstrumente dieser Kategorie in die Kategorie „zur Veräußerung verfügbare finanzielle Vermögenswerte" umklassifiziert werden. Der Regelung des IAS 39.46b zufolge dürfen bei einer Umklassifizierung der sich in dieser Kategorie befindenden Finanzinstrumente, auch keine neu erworbenen Finanzinstrumente dieser Kategorie zugeordnet werden.
- Finanzielle Vermögenswerte, die erfolgswirksam zum beizulegenden Zeitwert bewertet werden („Financial Assets at Fair Value through Profit and Loss"). Diese Kategorie ist wiederum in zwei Unterkategorien aufgeteilt:
  - auf Basis der Fair Value Option designierte Vermögenswerte, welche beim erstmaligen Ansatz dieser Kategorie zugeordnet werden
  - zu Handelszwecken gehaltene finanzielle Vermögenswerte
- Zur Veräußerung verfügbare finanzielle Vermögenswerte („Available-for-Sale Financial Assets" – kurz AFS). Dieser Kategorie werden nicht-derivative Ver-

---

[16] Derivative Finanzinstrumente nach IAS 39.9 sind Finanzinstrumente, deren Preis sich aufgrund der Änderung einer Basisgröße, z.B. eines Zinssatzes oder Wechselkurses, ändert. Außerdem erfordert ein Derivat keine Anschaffungsauszahlung und wird zu einem in der Zukunft liegenden Zeitpunkt beglichen.

mögenswerte zugeordnet sowie jene finanziellen Vermögenswerte, welche die Voraussetzungen einer anderen Kategorie nicht erfüllen.

Ansatz und Ausbuchung

Wie in IAS 39.43 geregelt, müssen Finanzinstrumente beim erstmaligen Ansatz grundsätzlich zum beizulegenden Zeitwert bewertet werden. Dieser Wert entspricht i.d.R. dem Transaktionspreis.[17] Eine Ausnahme davon bildet die Kategorie „at Fair Value through profit or loss", wobei laut IAS 39.43 direkt zurechenbare Kosten unmittelbar als Aufwand erfasst werden. Nach IAS 39.46 werden Finanzinstrumente auch bei der Folgebewertung, sofern der Fair Value ermittelbar ist, zum beizulegenden Zeitwert bewertet. Ausnahmen davon bilden die Kategorien „Kredite und Forderungen" und „bis zur Endfälligkeit gehaltene Finanzinvestitionen", welche zu fortgeführten Anschaffungskosten unter Anwendung der Effektivzinsmethode bewerten werden. Des Weiteren bilden nicht börsennotierte Eigenkapitalinstrumente, sowie Derivate auf solche nicht börsennotierten Eigenkapitalinstrumente ebenfalls Ausnahmen, denn bei diesen Finanzinstrumenten ist der beizulegende Zeitwert nicht zuverlässig ermittelbar.[18]

Finanzielle Vermögenswerte sind dann anzusetzen, wenn das Unternehmen Vertragspartei der Regelung des Finanzinstrumentes wird.[19] Der finanzielle Vermögenswert ist bei einem marktüblichen Kauf oder Verkauf entweder zum Handelstag oder zum Erfüllungstag anzusetzen bzw. auszubuchen.[20] Die Ausbuchung erfolgt dabei nur dann, wenn die vertraglichen Rechte aus den dem Unternehmen zufließenden Cashflows ausgelaufen sind oder der Vermögenswert übertragen wird.[21] Dies geschieht, wenn alle Risiken und Chancen, die mit dem Eigentum des finanziellen Vermögenswertes verbunden sind, zum neuen Eigentümer übergegangen sind („Risk and Rewards Approach"). Ist dies nicht eindeutig zu bestimmen, erfolgt die Beurteilung auf Basis der Verfügungsmacht („Control Approach").[22] Im Falle einer finanziellen Verbindlichkeit erfolgt die Ausbuchung wenn die im Vertrag genannte Verpflichtung beglichen, aufgehoben oder ausgelaufen ist.[23]

Bewertung

Bei der Bewertung von Finanzinstrumenten nach IFRS wird ein „Mixed-model-Ansatz" verwendet, da verschiedene Bewertungskonzeptionen (Fair Value und fortgeführte Anschaffungskosten) angewendet werden.

---

[17] Vgl. IAS 39.AG64.
[18] Vgl. Deloitte Österreich (2008), S. 430–433.
[19] Vgl. IAS 39.14.
[20] Vgl. IAS 39.38.
[21] Vgl. IAS 39.17.
[22] Vgl. IAS 39.20.
[23] Vgl. IAS 39.39.

7.1 Grundlagen der Fair Value-Bewertung

→ **Erstbewertung**

IAS 39.43 regelt den erstmaligen Ansatz von finanziellen Vermögenswerten sowie finanziellen Verbindlichkeiten. Diese sind grundsätzlich zu ihrem beizulegenden Zeitwert zu bewerten. Dabei sind bei einer erfolgswirksamen Bewertung zum beizulegenden Zeitwert die Transaktionskosten[24] nicht mit einzubeziehen.

→ **Folgebewertung**

Nach erstmaligem Ansatz werden die Finanzinstrumente im Zuge der Folgebewertung einer der genannten vier Kategorien zugewiesen.[25] Die Folgebewertung erfolgt zum beizulegenden Zeitwert, mit Ausnahme der in IAS 39.46 genannten Kategorien „Kredite und Forderungen" und „bis zur Endfälligkeit gehaltene Finanzinvestitionen", welche mit fortgeführten Anschaffungskosten unter Anwendung der Effektivzinsmethode bewertet werden.[26] Nach IAS 39.9 werden die fortgeführten Anschaffungskosten als der Betrag bezeichnet, „mit dem ein Finanzinstrument beim erstmaligen Ansatz bewertet wurde, abzüglich Tilgungen, zuzüglich oder abzüglich der kumulierten Amortisation einer etwaigen Differenz zwischen dem ursprünglichen Betrag und dem bei Endfälligkeit rückzahlbaren Betrag unter Anwendung der Effektivzinsmethode sowie abzüglich etwaiger Wertminderungen".

Änderungen des Fair Value von Finanzinstrumenten der Kategorie „at Fair Value through profit or loss" sind zu jedem Abschlussstichtag und auch bei Abgang erfolgswirksam in der GuV zu erfassen. Bei finanziellen Vermögenswerten der Kategorie „Available for sale" dagegen, wird eine Änderung des beizulegenden Zeitwertes zunächst erfolgsneutral im Eigenkapital erfasst und erst bei Abgang des Finanzinstrumentes in die GuV gebucht.

→ **Impairment Test**

Alle Finanzinstrumente, außer denen, die erfolgswirksam zum beizulegenden Zeitwert bewertet werden, sind auf Wertminderung zu prüfen. Nach IAS 39.58 hat jedes Unternehmen „an jedem Bilanzstichtag zu ermitteln, ob objektive Hinweise darauf schließen lassen, dass eine Wertminderung eines finanziellen Vermögenswertes oder einer Gruppe von finanziellen Vermögenswerten vorliegt. Bestehen derartige Hinweise, hat das Unternehmen (...) den angesetzten Betrag einer Wertberichtigung" zu unterziehen. Diese Wertberichtigung anhand eines Werthaltigkeitstest wird als „Impairment Test" bezeichnet. Die Höhe des Impairment-Verlustes ergibt sich aus der Differenz zwischen dem Buchwert des Vermögenswertes und dem Barwert der erwarteten künftigen Cashflows mit dem ursprünglichen

---

[24] Vgl. IAS 39.AG13: „Zu den Transaktionskosten gehören an Vermittler (einschließlich als Verkaufsvertreter agierende Mitarbeiter), Berater, Makler und Händler gezahlte Gebühren und Provisionen, an Aufsichtsbehörden und Wertpapierbörsen zu entrichtende Ausgaben sowie Steuern und Gebühren. Unter Transaktionskosten fallen weder Agio oder Disagio für Schuldinstrumente, Finanzierungskosten oder interne Verwaltungskosten."
[25] Vgl. IAS 39.45.
[26] Vgl. IAS 39.46.

Effektivzinssatz des finanziellen Vermögenswertes. Der Verlustbetrag ist laut IAS 39.63 erfolgswirksam zu erfassen.

Gliederungs- und Erläuterungsvorschriften

IAS 39.1 verweist bezüglich der Angabepflichten zu Finanzinstrumenten auf IFRS 7.[27] Dieser Standard verlangt ausführliche Angaben zu Finanzinstrumenten. IFRS 7 gilt auch für solche Finanzinstrumente, die nicht in den Anwendungsbereich von IAS 39 fallen.[28] Der Zweck der Angaben nach IFRS 7 ist „den Bilanzadressaten ein Urteil zur Signifikanz von Finanzinstrumenten und deren Auswirkungen auf die Vermögens-, Finanz- und Ertragslage zu ermöglichen."[29]

Zu den Angabepflichten gehören laut IAS 39.6 die Angabe der Kategorie der Finanzinstrumente, deren Wesensart, Charakteristika sowie ihr Buchwert. Außerdem hat das Unternehmen Nettogewinne und Nettoverluste für jede Kategorie darzustellen. Nach der Effektivzinsmethode sind Zinsaufwendungen und Zinserträge in einer Summe anzugeben, wobei die Angabe von Zinsen für die Kategorie „at Fair Value through profit and loss" nicht erforderlich ist.[30] Bei einer Umgliederung ist nach IFRS 7.12 der Grund für die Neueinstufung zu benennen. Des Weiteren sind Vermögensübertragungen anzugeben, die zu keiner Ausbuchung führen.[31] Zusammenfassend muss ein Unternehmen folgende Pflichtangaben entweder in der Bilanz oder im Anhang angeben:

- Kategorien und Zeitwert der einzelnen Instrumente innerhalb dieser Kategorie gegenüber dem Buchwert
- Bewertungsmethoden, sofern von keinem aktiven Markt ausgegangen werden kann
- Art und Ausmaß von Risiken, wobei Kredit-, Liquiditäts- und Marktrisiko ausführlich beschrieben werden müssen

Fair Value Hierarchie

Die Hierarchie des Fair Value nach IAS 39 ist fünfstufig und wird in Abb. 7.2 dargestellt.[32]

Jedoch wird die Fair Value Hierarchie von vielen Autoren und Unternehmen auch als dreistufig dargestellt.[33] Der IASB hat in seiner Sitzung im September 2008 darauf hingewiesen, dass viele Unternehmen die mit FAS 157 (US-GAAP) übereinstimmende dreistufige Hierarchie übernommen haben. Dennoch hat sich der IASB für die Beibehaltung der in IAS 39 bestehenden fünfstufigen Fair Value Hierarchie ausgesprochen. Die Entscheidung wurde damit begründet, dass die

---

[27] Vgl. IAS 39.1.
[28] Vgl. IFRS 7.4.
[29] Vgl. Grüneberger, D. (2008), S. 319.
[30] Vgl. IFRS 7.20.
[31] Vgl. IFRS 7.13.
[32] Vgl. Brinkmann et al. (2008), S. 4f.
[33] Vgl. Zeranski, S. (2008), S. 460–467; PWC (2006).

7.1 Grundlagen der Fair Value-Bewertung

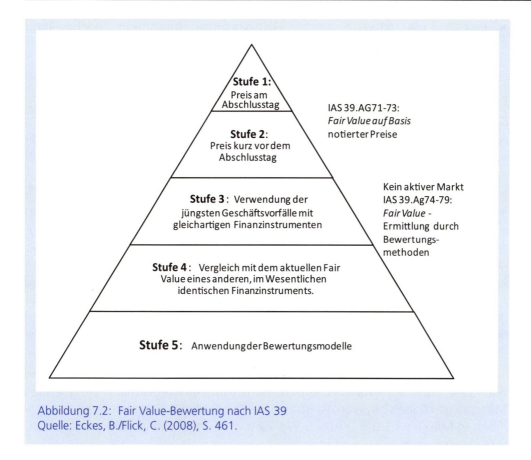

Abbildung 7.2: Fair Value-Bewertung nach IAS 39
Quelle: Eckes, B./Flick, C. (2008), S. 461.

fünfstufige Hierarchie die Unternehmenspraxis widerspiegelt, um sowohl die Angabeerfordernisse in IAS 39 als auch die in IFRS 7 zu erfüllen.[34] Der am 15. Oktober 2008 vorgelegte Standardentwurf der Änderungen an IFRS 7 enthält jedoch die Einführung einer dreistufigen Fair Value Hierarchie, welche im Rahmen der Konvergenz zwischen IFRS und US-GAAP übernommen werden soll. Die Änderungen des Entwurfs sollen am 1. Juli 2009 in Kraft treten. Demnach werden sich die drei Hierarchiestufen wie folgt darstellen:

- beizulegende Zeitwerte, die den Börsen- oder Marktpreisen auf einem aktiven Markt für dieses Instrument (ohne Preisanpassung) entsprechen (Level 1);
- beizulegende Zeitwerte, die den Börsen- oder Marktpreisen auf einem aktiven Markt für ähnliche Vermögenswerte oder Schulden entsprechen oder beizulegende Zeitwerte, die mit Hilfe von Bewertungsmethoden bestimmt werden, bei denen die Eingaben, die für den beizulegenden Zeitwert bedeutend sind, auf beobachtbaren Marktdaten basieren (Level 2);

---
[34] Vgl. Deloitte IAS Plus (2008a).

- beizulegende Zeitwerte, die mit Hilfe von Bewertungsmethoden bestimmt werden, bei denen die Inputparameter, die für den beizulegenden Zeitwert bedeutend sind, auf nicht beobachtbaren Marktdaten basieren (Level 3).[35]

Beurteilung der Märkte

Bei der Anwendung der Fair Value Hierarchie ist als erstes zu klären, ob für das Finanzinstrument ein aktiver Markt im Sinne der IFRS vorliegt oder nicht. Folgende Voraussetzungen müssen kumulativ erfüllt werden, um von einem aktiven Markt ausgehen zu können:

- Homogenität der auf dem betreffenden Markt gehandelten Produkte
- in der Regel jederzeitige Verfügbarkeit vertragswilliger Verkäufer und Käufer
- die auf dem Markt geltenden Preise stehen der Öffentlichkeit zur Verfügung

Darüber hinaus gelten für Finanzinstrumente zusätzliche präzisierende Erfordernisse. Zum einen müssen die notierten Preise leicht und regelmäßig von einer Börse, einem Händler oder Broker, einer Branchengruppe, einer Preis-Service-Agentur (z.B. Bloomberg oder Reuters) oder einer Aufsichtsbehörde verfügbar gemacht werden.[36] Zum anderen sollen den Preisnotierungen tatsächliche und regelmäßig auftretende („actual and regularly") Markttransaktionen auf einer „arm's-length"-Basis zu Grunde liegen.[37]

Da an den organisierten Märkten Preise leicht und regelmäßig verfügbar sind und diese auch auf tatsächlichen, sich im Normalfall regelmäßig ereignenden Markttransaktionen basieren, ist grundsätzlich bei allen Preisnotierungen an organisierten Märkten i.S.d. § 2 Abs. 5 WpHG von einem aktiven Markt auszugehen.

Im Laufe der Finanzkrise können aber vormals bestehende aktive Märkte verschwunden sein, weil sie in direktem Zusammenhang zu Subprime-Hypotheken stehen, oder weil aufgrund des Vertrauensverlusts keine Transaktionen mehr stattfinden.

Ein aktiver Markt liegt nicht mehr vor, wenn:

- „aufgrund des vollständigen und längerfristigen Rückzugs von Käufern und/oder Verkäufern aus dem Markt eine Liquidität nicht mehr festzustellen ist"[38] und
- keine oder nur die Transaktionen stattfinden, die aus nachweislich erzwungenen Geschäften, Zwangsliquidationen oder Notverkäufen hervorgehen.

Keine Voraussetzungen eines inaktiven Marktes sind dagegen tiefe Transaktionsvolumina per se oder ein kurzfristiger Handelsausfall.

Der Umstand, dass kein aktiver Markt mehr besteht, muss im Einzelfall dokumentiert und nachgewiesen werden. Zudem soll der andauernde Wandel der Märkte berücksichtigt werden. Dabei ist die Gegebenheit eines aktiven Marktes

---

[35] Vgl. PWC (2008b), S. 7.
[36] Vgl. IAS 39.AG71.
[37] Vgl. IAS 39.AG71.
[38] Vgl. Schaber, M. et al. (2008), S. 43.

7.1 Grundlagen der Fair Value-Bewertung

beim Erwerb jedes Finanzinstruments individuell zu beurteilen und das Vorliegen eines aktiven Marktes ist zu jedem Abschlussstichtag erneut zu überprüfen.

Markt-to-Market

Es ist zunächst von der Existenz eines aktiven Marktes auszugehen, sofern kein gegenteiliger Nachweis erbracht wird. Die Ermittlung des Fair Value erfolgt dann nach den Regelungen des IAS 39.AG71-73, d.h. „Mark-to-Market" (Stufe 1 und 2 der Fair Value-Bewertungshierarchie).

→ Stufe 1
Preis am Abschlussstichtag

In zeitlicher Hinsicht ist für die Bewertung eines Finanzinstruments in erster Linie der notierte Preis auf einem aktiven Markt am Abschlussstichtag zu verwenden. Die Bewertung von Finanzinstrumenten auf aktiven Märkten erfolgt dann anhand der Kursnotierungen. Der Marktpreis ist selbst dann maßgeblich, wenn dieser durch den Verkauf der Gesamtposition einbrechen würde.[39] Es dürfen also keine Paketabschläge, aber auch keine Zuschläge für Kontroll- und Einflussrechte gemacht werden.[40]

Beispiel zum Fair Value und Stichtagsprinzip[41]

Darstellung der Situation

Ein Unternehmen U hält Anteile an diversen börsennotierten Fondsgesellschaften, die in ABS-Papiere investiert haben. U hat diese als „Trading assets" (Kategorie „zur Veräußerung verfügbar") qualifiziert.

Kurz vor dem Stichtag sind die Börsenkurse um mehr als 50 % gegenüber den Anschaffungskosten und dem vorherigen Kurs gesunken. Noch im Bilanzerstellungszeitraum hat allerdings eine Stabilisierung der Kurse eingesetzt.

Noch sechs Wochen nach dem Bilanzstichtag beträgt der Wert 80 % des vorherigen Buchwerts.

U möchte an dem Buchwert vor dem Bilanzstichtag festhalten, mindestens aber den des Werterhellungszeitraums ansetzen und verweist auf die außerordentliche Marktsituation zum Bilanzstichtag. Im Übrigen sei langfristig von einer vollständigen Werterholung auszugehen.

---

[39] Vgl. IAS 39IG E 2.2.
[40] Vgl. Grüneberger, D.(2008), S. 150.
[41] Vgl. Beyer, S. (2008).

> **Lösung**
> Nimmt man das der Fair Value-Bewertung inhärente Stichtagsprinzip ernst, ist ein Festhalten an dem vorherigen Buchwert ebenso wenig zulässig wie der Ansatz des nach dem Stichtag erreichten 80 %-Werts. Das Ziel der Fair Value-Ermittlung ist unabhängig davon, ob diese auf Marktpreisen basiert oder auf der Anwendung von Bewertungstechniken, den Wert zu bestimmen, der am Stichtag hätte realisiert werden können (IAS 39.AG75). Zum Stichtag ist der Buchwert der Anteile daher erfolgswirksam im Wert zu berichtigen

→ **Stufe 2**
Preis kurz vor dem Abschlussstichtag
Auf Märkten mit stark verminderter Handelsaktivität liegen häufig keine notierten Preise am Abschlussstichtag vor. Unter der Voraussetzung der unveränderten wirtschaftlichen Verhältnisse gibt der Preis der letzten durchgeführten Transaktion Hinweise auf den Fair Value am Abschlussstichtag, falls keine aktuellen Preisnotierungen verfügbar sind.[42] Ein konkreter Zeitrahmen für die letzte durchgeführte Transaktion ist dabei nicht vorgegeben.

Bei einer wesentlichen Veränderung der wirtschaftlichen Verhältnisse soll der Transaktionspreis gemäß IAS 39.AG72 sachgerecht angepasst werden. Dies kann der Fall sein, wenn der letzte Transaktionspreis nicht unter freien Marktbedingungen zustande gekommen ist, sondern lediglich den Betrag repräsentiert, den ein Unternehmen aufgrund von Notverkäufen, erzwungenen Geschäften oder zwangsweisen Liquidationen erzielen würde. Diese Anpassung kann z.B. durch Zu- bzw. Abschläge in Abhängigkeit von der Entwicklung eines Index erfolgen.[43] Preisverzerrungen aufgrund der Überreaktionen der Marktteilnehmer oder ein Überwiegen des Angebots über die Nachfrage stellen dagegen keinen Grund für Preisanpassungen dar, da die Marktpreise trotzdem den bestmöglichen, objektiven Hinweis für die Höhe des Fair Value darstellen.

Bei der Bewertung der Finanzinstrumente am Stichtag können die Stichtagswerte oder aber gewichtete zeitnahe Transaktionswerte herangezogen werden.

Markt-to-Model
Falls kein aktiver Markt vorliegt, müssen Bewertungsmethoden herangezogen werden, d.h. die Bewertung erfolgt „Mark-to-Model" (Stufe 3 bis 5 der Bewertungshierarchie). Die Ermittlung des beizulegenden Zeitwertes mit Hilfe von Bewertungsmethoden ist in IAS 39.48f. i.V.m. IAS 39.AG74–AG79 geregelt.

---
[42] Vgl. IAS 39.AG72.
[43] Vgl. Brinkmann et al. (2008), S. 333–340.

7.1 Grundlagen der Fair Value-Bewertung

Es ist zu beachten, dass das Verschwinden eines früher aktiven Marktes keinen Einfluss auf die Zuordnung der Finanzinstrumente in die Kategorien des IAS 39 hat. Umklassifizierungen sind nur in Übereinstimmung mit den engen Vorgaben in IAS 39.50–54 zulässig.

→ **Stufe 3**

Verwendung der jüngsten Geschäftsvorfälle mit einem und demselben Finanzinstrument

Wenn sich keine Preise auf dem aktiven Markt bestimmen lassen, soll auf Vergleichswerte aus zeitnahen, tatsächlichen Transaktionen mit denselben Finanzinstrumenten, d.h. identische WKN/ISIN, zurückgegriffen werden. Die Preise, zu denen diese Transaktionen ausgeführt wurden, sind der beste Indikator für den beizulegenden Zeitwert, auch wenn extreme Volatilität und/oder Liquiditätsengpässe bestehen.

→ **Stufe 4**

Vergleich mit dem Fair Value eines anderen, im Wesentlichen identischen Finanzinstrumentes

Die vierte Stufe der Hierarchie des IAS 39 schlägt einen Vergleich mit dem aktuellen Fair Value eines anderen, jedoch in den wesentlichen Punkten identischen Finanzinstruments vor. Dieser Vergleich ist allerdings bei komplexen Finanzinstrumenten kaum möglich.

→ **Stufe 5**

Anwendung von Bewertungsmodellen

Wenn eine Ermittlung des beizulegenden Zeitwertes auf Stufe 4 ebenfalls nicht möglich ist, dann kommen DCF-Verfahren, Optionspreismodelle oder andere etablierte Bewertungsverfahren zur Anwendung.[44] Dabei soll das angewendete Bewertungsmodell mit den anerkannten, wirtschaftlichen Methoden für die Preisfindung von Finanzinstrumenten konsistent sein.

Ziel der Bewertungsverfahren ist es, den Transaktionspreis festzustellen, der sich am Bewertungsstichtag zwischen unabhängigen Vertragspartnern bei Vorliegen normaler Geschäftsbedingungen ergeben hätte.[45] Dabei ist zu beachten, dass der Fair Value verlässlich bestimmt werden kann. Sollte dies nicht der Fall sein, sind die Finanzinstrumente zu fortgeführten Anschaffungskosten zu bilanzieren.[46]

Die Bewertungsmethoden sollen möglichst auf Marktgrößen beruhen, selbst wenn diese auf illiquiden Märkten gebildet werden. Aussagen des GPPC zufolge, sollen unternehmensspezifische Daten und Annahmen erst dann herangezogen werden, wenn nicht auf aktuelle Marktdaten zurückgegriffen werden kann. Zu-

---
[44] Vgl. IAS 39.AG74.
[45] Vgl. IAS 39.48.
[46] Vgl. IAS 39.46 (c).

dem sind alle Faktoren, die Marktteilnehmer bei einer Preisfindung beachten würden, zu berücksichtigen.[47]

Beobachtbare Marktdaten sind unter anderem der risikolose Zinssatz, das Ausfallrisiko, Wechselkurse, Warenpreise, Kurse von gehandelten Eigenkapitalinstrumenten, Volatilitäten, das Risiko der vorzeitigen Rückzahlung sowie Verwaltungs- und Abwicklungsgebühren für finanzielle Vermögenswerte.[48]

Ein maßgeblicher Inputfaktor der Bewertungsmodelle, der sich unmittelbar auf die Höhe der prognostizierten Zahlungsströme auswirkt, ist das Ausfallrisiko der verbrieften Vermögenswerte. Neben der Höhe der Zahlungsströme sind auch Aussagen über den Zeitpunkt möglicher Ausfälle zu beachten.

Die Operationalisierung der Fair Value-Bewertung bei illiquiden Vermögenswerten wird international unterschiedlich gehandhabt. In der Praxis dominieren analytische DCF-Modelle. Diese basieren auf dem sog. Durchschauprinzip, d.h. prognostiziert werden die Cashflows aus den zugrunde liegenden Vermögenswerten und ihre Verwendung zur Bedienung der Schuldtitel entsprechend der individuellen Bedienungsrangfolge (sog. „Wasserfall").[49]

Der beizulegende Zeitwert muss nicht zwangsweise von dem bilanzierenden Unternehmen selbst ermittelt werden. Die Einhaltung der Anforderungen des IAS 39 ist auch dann gewährleistet, wenn der beizulegende Zeitwert von einem Dritten, z.B. einem Kreditinstitut, ermittelt wird.[50] Häufig werden in diesem Fall die Bewertungsmethode und die Bewertungsparameter nicht offen gelegt.

Der IDW weist darauf hin, dass sofern ein Unternehmen nicht über ein eigenes Bewertungsmodell verfügt bzw. dieses nicht ausgereift ist, indikative Kurse als Grundlage der Bewertung dienen sollen. Diese sollen aber durch einen Vergleich mit anderen Preisquellen plausibilisiert werden.[51]

Laut IDW ist die Illiquidität des Marktes bei der Mark-to-Model-Bewertung als Aufschlag auf den fristenkongruenten risikolosen Zinssatz bei der Diskontierung der Zahlungsströme des Finanzinstruments zu berücksichtigen. Ergibt sich auf der Grundlage der beobachtbaren Marktlage ein höherer Zinssatz, so ist dieser bei der Diskontierung der Zahlungsströme zwingend heranzuziehen.

7.1.3 Fair Value nach US-GAAP

Bewertung von Finanzinstrumenten

Nach FAS 115.6 werden Wertpapiere einer der drei nachfolgenden Kategorien zugeordnet:

- bis zur Endfälligkeit gehalten („held to maturity")
- zum Handel bestimmt („trading")

---
[47] Vgl. GPPC (2008), S. 3.
[48] Vgl. Kuhn, S. (2006), S. 348.
[49] Vgl. IDW (2007), S. 7.
[50] Vgl. IDW (2007); RS HFA 9, Tz. 75.
[51] Vgl. IDW (2007), S. 7.

7.1 Grundlagen der Fair Value-Bewertung

- zur Veräußerung verfügbar („available for sale")

Dabei erfolgt die Erstbewertung in allen Kategorien zu Anschaffungskosten. In der Folgebewertung werden Wertpapiere der Kategorien „zum Handel bestimmt" und „zur Veräußerung verfügbar" mit ihrem Fair Value bewertet.

Derivative Finanzinstrumente werden nach FAS 133.3 grundsätzlich zum Fair Value bewertet.

Die Bemessung des Fair Value wird in einem gesonderten Standard geregelt, dem FAS 157. Dieser Standard wurde vom FASB im September 2007 verabschiedet und muss seit dem 15. November 2007 verbindlich angewendet werden.[52]

"Fair Value is the price that would be received to sell an asset or paid to transfer a liability in an orderly transaction between market participants at the measurement date."[53] Laut FAS 157.5 ist der Fair Value der Preis, der am Bewertungsstichtag im Rahmen einer ordnungsgemäßen Transaktion zwischen Marktteilnehmern für den Verkauf eines Vermögenswertes oder die Übernahme einer Verbindlichkeit erzielt würde. Dabei ist unter einer ordnungsgemäßen Transaktion eine Transaktion zu verstehen, die keinen Notverkauf darstellt und bei der der Vermögenswert vor der eigentlichen Veräußerung bereits auf dem Markt gehandelt wurde.[54] FAS 157.7 verweist in diesem Zusammenhang auf den Exit Price, welcher bei Vermögenswerten den Verkaufspreis darstellt.[55]

Der Fair Value wird auf dem Hauptmarkt („principal market") oder wenn dieser nicht verfügbar ist, auf dem vorteilhaftesten Markt („most advantageous market") bestimmt.[56] Unter dem Hauptmarkt ist dabei der Markt zu verstehen, auf dem das jeweilige Unternehmen hauptsächlich seine Geschäfte betreibt. Der vorteilhafteste Markt ist der Markt, auf dem das Unternehmen den best möglichen Preis für seine Vermögenswerte (oder Schulden) erzielen würde. Bei der Bewertung ist grundsätzlich der Preis auf dem Hauptmarkt anzuwenden (selbst wenn es einen Markt gibt, auf dem ein vorteilhafterer Preis erzielbar wäre), sofern ein Hauptmarkt existiert.[57] FAS 157.9 zufolge soll der erzielbare Preis nicht um Transaktionskosten gemindert werden. Die Marktteilnehmer einer solchen Transaktion sollten unabhängig, sachverständig und vertragswillig sein und die Transaktion durchführen können.[58]

Bei der Ableitung des Fair Value sollte der bestmögliche Nutzen für den Marktteilnehmer unter Berücksichtigung der physikalischen, rechtlichen und finanziellen Realisierbarkeit unterstellt werden.[59]

---

[52] Mit dem FAS 157 wurde eine einheitliche Definition des Fair Value geschaffen, die für alle anderen Standards gilt, FAS 157 enthält aber keine Pflicht zur Bewertung einzelner Posten zum Fair Value, dies ist in den jeweiligen Standards geregelt.
[53] FAS 157.5.
[54] Vgl. FAS 157.7.
[55] Vgl. Eckes, B. / Flick, C. (2008), S. 456–466.
[56] Vgl. FAS 157.8.
[57] Vgl. FAS 157.8.
[58] Vgl. FAS 157.10.
[59] Vgl. FAS 157.11.

FAS 157: Fair Value Measurement

„Fair Value is the price that would be received to sell an asset or paid to transfer a liability in an orderly transaction between market participants at the measurement date"(FAS 157.5)

Fair Value

Hauptmarkt   Vorteilhaftester Markt
               (nur wenn kein Hauptmarkt existiert)

Annahmen zum Fair Value:

- keine erzwungene Transaktion (FAS 157.7)
- nicht um Transaktionskosten gemindert (FAS 157.9)
- Zugang zum jeweiligen Markt muss gegeben sein
- erst wenn kein Hauptmarkt existiert, dann Preis auf dem vorteilhaftesten Markt (FAS 157.8)
- Marktteilnehmer sind unabhängig, vertragswillig, sachverständig und können die Transaktion durchführen (FAS 157.10)
- Preis soll auf Annahmen der Marktteilnehmer beruhen (FAS 157.11)

Abbildung 7.3: Fair Value Measurement nach FAS 157

Abb. 7.3 zeigt eine Zusammenfassung der grundlegenden Annahmen für die Berechnung des Fair Value.

Für die Bewertung zum Fair Value ist der Marktansatz, Ertragsansatz oder Kostenansatz zu wählen.[60] Beim Marktansatz fließen Informationen wie z.B. Preise und Kurse aktueller Transaktionen von vergleichbaren Vermögenswerten in die Bewertung ein.[61] Beim Ertragsansatz werden Bewertungstechniken verwendet, die zukünftige Beträge (z.B. Cashflows oder Umsätze) in einen einzelnen diskontierten Betrag umrechnen. Dies geschieht unter Berücksichtigung der aktuellen Markterwartungen. Solche Bewertungstechniken sind z.B. die Barwertmethode, Optionspreismodelle (z.B. die Black Scholes-Formel) und Binominale Modelle.[62]

---

[60] Vgl. FAS 157.18.
[61] Vgl. FAS 157.18(a).
[62] Vgl. FAS 157.18(b).

7.1 Grundlagen der Fair Value-Bewertung

Der Kostenansatz greift auf die aus Sicht der Marktteilnehmer aktuellen Wiederbeschaffungskosten zurück.[63]

Die gewählte Bewertungstechnik ist grundsätzlich stetig anzuwenden, es sei denn ein Wechsel würde zu einer verlässlicheren Ermittlung des Fair Value führen.[64] Die Wahl der Bewertungsmethode kann jedoch Einfluss auf die zu verwendenden Ausgangswerte für die Bewertung haben und wirkt sich somit auch auf die Zuordnung zu einer Bewertungsstufe innerhalb der Bewertungshierarchie aus.

Bewertungshierarchie

Unabhängig von der Bewertungstechnik gibt der FAS 157.22-23 eine Bewertungshierarchie vor, die sich nach den einfließenden Parametern und Annahmen („inputs") richtet. Es wird zwischen 3 Bewertungsstufen („levels") unterschieden (vgl. Abb. 7.4):

- Level 1: Aktuelle Preisnotierung auf einem aktiven Markt
- Level 2: Aktuell am Markt beobachtbare Kurse und Daten für vergleichbare Vermögenswerte
- Level 3: Aktuell am Markt nicht beobachtbare Daten und Parameter/ eigene Annahmen und Schätzungen des zu bilanzierenden Unternehmens

Der Bewertungshierarchie zufolge, ist ein notierter Preis auf einem aktiven Markt, z.B. ein Börsenkurs der verlässlichste Ausgangswert und nicht beobachtbare Daten, d.h. Schätzungen des zu bilanzierenden Unternehmens die am wenigsten verlässlichen Ausgangswerte.

→ Level 1

"Level 1 inputs are quoted prices (unadjusted) in active markets for identical assets or liabilities that the reporting entity has the ability to access at the measurement date."[65] Zu den Level 1 Ausgangswerten gehören ausschließlich notierte Preise für identische Vermögenswerte auf einem aktiven Markt. Bei einem aktiven Mark handelt es sich dabei um einen Markt, auf dem die entsprechenden Transaktionen mit ausreichender Regelmäßigkeit und in einem ausreichenden Volumen stattfinden um eine Preisfeststellung über einen längeren Zeitraum hinweg zu garantieren. Auch hier gilt der Grundsatz, dass der Fair Value auf dem Hauptmarkt ermittelt werden muss. Falls ein solcher nicht vorhanden ist, ist auf den vorteilhaftesten Mark zurückzugreifen. Der Fair Value, der mit Hilfe von Level 1 Inputs bestimmt wurde, darf nicht angepasst werden, z.B. um evtl. Paketzu- oder -abschläge.[66] Falls es Ereignisse gibt, die nach der Kursfeststellung stattfinden und die den Fair Value beeinflussen können, sind diese zu berücksichtigen (z.B. außerbörsliche Transaktionen zwischen Eigentümern). Solche den Fair Value beeinflussenden Ereignisse

---

[63] Vgl. FAS 157.18(c).
[64] Vgl. FAS 157.20.
[65] FAS 157.24.
[66] Vgl. FAS 157.27.

führen allerdings zu einer Einordnung in ein niedrigeres Level der Bewertungshierarchie.[67]

→ **Level 2**

"Level 2 inputs are inputs other than quoted prices included within Level 1 that are observable for the asset or liability, either directly or indirectly."[68] Sind die Ausgangswerte von Level 1 nicht zu ermitteln, wird auf der nächsten Stufe (Level 2) auf notierte Preise für vergleichbare Vermögenswerte auf aktiven Märkten zurückgegriffen. Falls kein aktiver Markt vorhanden ist, sind notierte Kurse für vergleichbare Vermögenswerte auf anderen Märkten zu verwenden. Als Ausgangswert auch möglich sind andere beobachtbare Parameter, z.B. Zinssätze, Renditen, Ratings etc. sowie andere Marktdaten und Korrelationen, mit denen sich der Fair Value bestimmen lässt.[69] Dabei kann der Fair Value eines Vermögensgegenstandes direkt oder indirekt über z.B. Korrelationen bestimmt werden. Diese Ausgangswerte müssen allerdings für die gesamte Laufzeit des Vermögenswertes beobachtbar sein.[70]

In FAS 157.A24 werden einige Beispiele für Ausgangswerte der Stufe 2 genannt: z.B. die beobachtbare Marktzinskurve (z.B. LIBOR) für die Bewertung von Zinsswaps oder die Lizenzgebühr für die Bewertung von Lizenzverträgen.[71]

Die Einordnung in Level 2 der Bewertungshierarchie setzt eine überwiegende Verwendung von am Markt beobachtbaren Daten zur Ermittlung des Fair Value voraus. Werden nicht überwiegend solche Daten zur Bewertung verwendet, dann führt dies zu einer Einordnung in Level 3 der Bewertungshierarchie.

Dies bedeutet für die Bewertung von Wertpapieren, dass diese nur dann in Level 2 eingeordnet werden, wenn für die Ermittlung ihres Fair Value beobachtbare Ausgangswerte auf Basis von Markttransaktionen vorhanden sind (dies trifft zu, wenn z.B. Market Maker[72] eine Preisstellung vornehmen).[73]

→ **Level 3**

"Level 3 inputs are unobservable inputs for the asset or liability, that is, inputs that reflect the reporting entity's own assumptions about the assumptions market participants would use in pricing the asset or liability (including assumptions about risk) developed based on the best information available in the circumstances."[74] Können weder Ausgangswerte aus Level 1 und Level 2 ermittelt werden, so ist auf der letzten Stufe auf nicht am Markt beobachtbare Daten zurückzugreifen. Diese Daten umfassen Schätzungen und Ausgangswerte des zu bilanzierenden Unternehmens, z.B. interne Ausfalldaten. Zu den Level 3 Ausgangswerten zählen

---

[67] Vgl. FAS 157.26.
[68] FAS 157.28.
[69] Vgl. FAS 157.28 (a)–(d).
[70] Vgl. FAS 157.28.
[71] Vgl. FAS 157.A24 a, e.
[72] Market Maker sind Börsenmakler, die die Handelbarkeit von Wertpapieren sicherstellen.
[73] Vgl. Eckes, B./ Flick, C. (2008), S. 456–466.
[74] FAS 157.A25.

7.1 Grundlagen der Fair Value-Bewertung

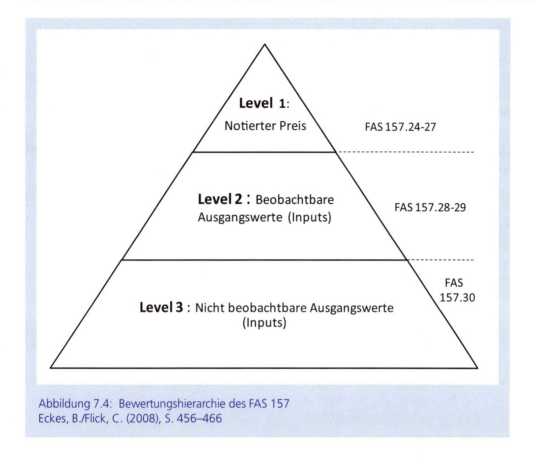

Abbildung 7.4: Bewertungshierarchie des FAS 157
Eckes, B./Flick, C. (2008), S. 456–466

zudem indikative Kurse, die nicht auf Markttransaktionen basieren.[75] Auch auf dieser Bewertungsstufe hat das zu bilanzierende Unternehmen den Fair Value auf der Basis der bestmöglichen Informationen, d.h. unter Berücksichtigung von Risikoannahmen und Annahmen die auch andere Marktteilnehmer treffen würden, zu ermitteln. Beispiele für Ausgangswerte der Stufe 3 mit denen der Fair Value ermittelt werden kann sind: historische Volatilitäten der Aktienkurse für die Bewertung von Aktienoptionen oder erwartete Cashflows und finanzielle Prognosen für die Bewertung von Cashflows oder Erträgen des zu bilanzierenden Unternehmens.

→ Anhangangaben

Ziel der Anhangangaben ist es, dass Bilanzleser die Bewertungstechnik und die zu Grunde gelegten Ausgangswerte einschätzen und die entsprechenden Auswirkungen auf das Ergebnis nachvollziehen können.[76] Dabei unterscheidet der Standard zwischen zwei Arten von Vermögenswerten: Vermögenswerte, die regelmäßig zum Fair Value bewertet werden und solche Vermögenswerte, die un-

---

[75] Vgl. FAS 157.A 25(c) Bewertungsbeispiel eines Zinsswap auf Basis indikativer Preise.
[76] Vgl. FAS 157.32.

regelmäßig zum Fair Value bewertet werden (z.B. Vermögenswerte, für die nur im Zusammenhang mit einer Wertminderung eine Ermittlung des Fair Value notwendig wird).[77] FAS 157 spricht vor allem solche Vermögenswerte an, die auch in der Bilanz mit dem Fair Value angesetzt werden.[78] Dabei wird empfohlen, neben den in FAS 157 geregelten Angabepflichten auch die Bestimmungen zu Anhangangaben des jeweilig geltenden Standards zu erfüllen.[79]

Die Angabepflichten für Finanzinstrumente sind in FAS 107 geregelt. Der Standard verlangt für alle Finanzinstrumente eine Erläuterung der Ermittlung des Fair Value und dessen Gegenüberstellung mit dem Buchwert.

Folgende Angaben sind für einen regelmäßig zum Fair Value bewerteten Vermögenswert nach FAS 157 zu machen, um ein umfassendes Bild der durchgeführten Fair Value-Bewertung zu erhalten (jeweils getrennt nach Klassen von Vermögenswerten)[80]:

- Fair Value am Bilanzstichtag
- Fair Value je Hierarchiestufe
- Für Vermögenswerte in Level 3 eine Überleitung der Anfangs- und Endbestände mit weiteren Angaben
- Angaben zum Gesamtbetrag der unrealisierten Gewinne und Verluste von noch im Bestand befindlichen Vermögenswerten, die in der GuV und im Eigenkapital erfasst sind
- Erläuterung der Bewertungsmethoden zur Ermittlung des Fair Value und die Angabe eventueller Änderungen der Bewertungsmethode mit Begründung (jeweils nur im Jahresabschluss)

Um dem Interesse der Bilanzleser gerecht zu werden verlangt der FAS 157 die Darstellung der quantitativen Angaben in tabellarischer Form.[81] Dabei werden unterschiedliche Angaben für Vermögenswerte, die regelmäßig zum Fair Value bewertet werden, Vermögenswerte die unregelmäßig zum Fair Value bewertet werden und für Vermögenswerte die nicht regelmäßig zum Fair Value bewertet werden verlangt. Abb. 7.5 und Abb. 7.6 zeigen Beispiele des FASB für die Darstellung der Anhangangaben.[82]

7.1.4 Konvergenz zwischen US-GAAP und IFRS

Die Regelungen bezüglich der Fair Value-Bewertung sind nach US-GAAP und IFRS nicht konsistent. Es ergeben sich Unterschiede und Unstimmigkeiten, z.B. bei der Definition des Fair Value.

Das Konvergenzprojekt des IASB und FASB hat die Zielsetzung, die Harmonisierung der Rechnungslegung voranzutreiben und adressiert unter anderem die

---

[77] Vgl. FAS 157.33; FAS 157.32.
[78] Vgl. FAS 157.A33.
[79] Vgl. FAS 157.35.
[80] Vgl. FAS 157.32.
[81] Vgl. FAS 157.34.
[82] Vgl. FAS 157.A34 – A36.

7.1 Grundlagen der Fair Value-Bewertung

Anhangangaben zu Vermögenswerten, die regelmäßig zum Fair Value bewertet werden: ($ in '000)		Fair Value-Bewertung am Stichtag unter Verwendung von Ausgangswerten der Stufen ...		
Beschreibung	Gesamtbetrag zum 31.12.XX	Notierte Preise von aktiven Märkten für identische Vermögenswerte (Level 1)	Signifikante andere beobachtbare Ausgangswerte (Level 2)	Signifikante nicht beobachtbare Ausgangswerte (Level 3)
Handelsbestände	115	105	10	
Zur Veräußerung gehaltene Finanzanlagen	75	75		
Derivate	60	25	15	20
Venture Capital Beteiligungen	10			10
Gesamt	**260**	**205**	**25**	**30**

Abbildung 7.5: Anhangangaben zu Vermögenswerten, die regelmäßig zum Fair Value bewertet werden

Angaben für Vermögenswerte die regelmäßig zum Fair Value bewertet werden und Ausgangswerte des Level 3 als Basis für die Berechnung des Fair Value haben:			
	Fair Value-Bewertung auf Basis signifikanter nicht beobachtbarer Ausgangswerte (Level 3)		
($ in '000)	Derivate	Venture Capital Beteil.	Gesamt
Anfangsbestand	14	11	25
Gesamter Gewinn/Verlust (realisiert/unrealisiert)			
In der GuV erfasst	11	(3)	**8**
In der Neubewertungsrücklage erfasst	4		**4**
Käufe, Emissionen, Tilgungen	(7)	2	**(5)**
Umgliederungen aus/in Level 3	(2)	0	**(2)**
Endbestand	20	10	**30**
In der GuV/Eigenkapital erfasste unrealisierte Gewinne und Verluste aus Vermögenswerten, die zum Stichtag noch im Bestand sind	7	2	**9**

Abbildung 7.6: Anhangangaben für Vermögenswerte, die regelmäßig zum Fair Value bewertet werden und Ausgangswerte des Level 3 als Basis für die Berechnung des Fair Value haben

Probleme einer einheitlichen Definition des beizulegenden Zeitwertes, des Marktpreises und der Marktteilnehmer. Außerdem wird die Anwendung der Bemessung zum Fair Value auf Sachanlagen bzw. Verbindlichkeiten überarbeitet. Schließlich werden die Ermittlungsmethodik und Anhangangaben diskutiert.[83]

Fair Value Konzeption nach US-GAAP und IFRS im Vergleich

Schon bei der Definition des Fair Value nach IFRS und US-GAAP gibt es Unterschiede. So verweist der IAS 39 auf den Transaktionspreis zwischen sachverständigen Dritten und FAS 157 auf den Veräußerungspreis zwischen Marktteilnehmern. Hier ist deutlich erkennbar, dass die Definition nach IFRS offener ist und mehr Ermessensspielraum lässt. So führt die Verwendung eines Veräußerungspreises bei anfallenden Transaktionskosten zu einem anderen Wertansatz als der Transaktionspreis.

Bei einem Vergleich der Bewertungshierarchien nach IFRS und US-GAAP unter der Annahme einer einheitlichen Definition des Fair Value werden weitere Unterschiede deutlich. Wenn man einen aktuellen Marktpreis von einem aktiven Markt für die Bewertung zu Grunde legt (Stufe 1 beider Hierarchien), zeigt sich eine Übereinstimmung der beiden Bewertungshierarchien. Dabei sind auch die Merkmale eines aktiven Marktes vergleichbar. Da jedoch nach US-GAAP für eine Einordnung in Level 1 keinerlei Anpassungen gemacht werden dürfen, dies aber nach IFRS durchaus erlaubt ist und noch zu einer Zuordnung zu Stufe 1 führt (nach US-GAAP bereits Level 2), zeigt sich hier ebenfalls ein bedeutender Unterschied auf.

Sobald kein aktiver Marktpreis oder kein aktiver Markt mehr vorhanden ist, gibt die Bewertungshierarchie nach IAS 39 eine Unterscheidung nach Bewertungsmethode vor. Im Gegensatz dazu unterscheidet die Hierarchie nach FAS 157 lediglich nach der Qualität und Herkunft der vorhandenen Ausgangswerte. Stufe 2 bis 4 der IFRS-Hierarchie kann man dem Level 2 der US-GAAP-Hierarchie gleichsetzen, da auf diesen Stufen bei beiden Bewertungshierarchien auf am Markt beobachtbare Werte (von identischen Vermögenswerten) zurückgegriffen wird.

Ein Vergleich von Stufe 5 der Bewertungshierarchie nach IFRS mit der nach US-GAAP ist aufgrund der Tatsache, dass nach US-GAAP auf die verwendeten Ausgangswerte abgestellt wird, nicht direkt vorzunehmen. Werden für ein Bewertungsmodell Annahmen getroffen und unternehmensinterne Schätzungen verwendet, dann führt dies zu einer Einordnung in Level 3 der FAS 157 Bewertungshierarchie. Dies dürfte bei der Anwendung von internen Bewertungsmodellen häufig der Fall sein. Bei der Verwendung von beobachtbaren Daten als Input für ein Bewertungsmodell führt dies zur Einordnung in Level 2 der Bewertungshierarchie nach US-GAAP. Im Gegensatz dazu ist für eine Einordnung in Stufe 5 der Hierarchie nach IFRS lediglich die Verwendung von Bewertungsmodellen zur Ermittlung des Fair Value erforderlich. Doch nach IFRS 7 ist eine Unterscheidung

---

[83] Vgl. IASB (2006).

7.1 Grundlagen der Fair Value-Bewertung

der Inputwerte als Angabepflicht im Anhang erforderlich. Deshalb könnte eine Aufteilung der Stufe 5 in Bewertungsmodelle mit am Markt beobachtbaren Ausgangswerten und Bewertungsmodellen mit nicht am Markt beobachtbaren Ausgangswerten vorgenommen werden. In diesem Fall könnte ein Vergleich mit der Bewertungshierarchie nach US-GAAP durchgeführt werden. Demnach könnten die Bewertungsmodelle mit am Markt beobachtbaren Ausgangswerten dem Level 2 der Bewertungshierarchie nach FAS 157 zugeordnet werden und die Bewertungsmodelle mit nicht am Markt beobachtbaren Ausgangswerten dem Level 3 der Hierarchie nach US-GAAP.[84] Ein Vergleich beider Bewertungshierarchien könnte wie in Abb. 7.7 dargestellt aussehen.

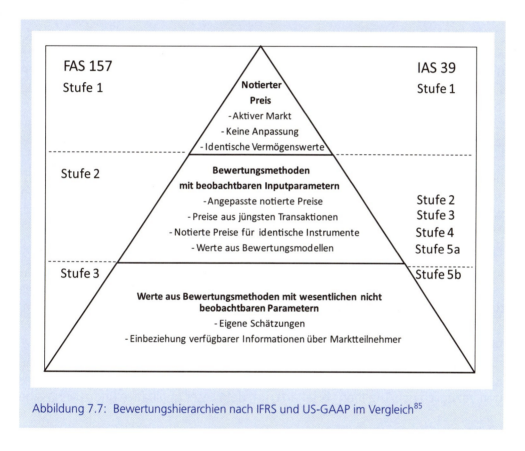

Abbildung 7.7: Bewertungshierarchien nach IFRS und US-GAAP im Vergleich[85]

Bei den Angabepflichten verlangen beide Rechnungslegungsstandards neben der Stichtagsangabe des Fair Value für alle Finanzinstrumente auch die Erläuterung der Ermittlung des Fair Value. Weitere Angaben sind bei beiden Standards für eine Bewertung auf der Grundlage von nicht am Markt beobachtbaren Ausgangswerten erforderlich.

---
[84] Vgl. Eckes, B./ Flick, C. (2008), S. 456–466.
[85] Eckes, B./Flick, C. (2008), S. 465.

Der größte Unterschied zwischen beiden Bewertungshierarchien ist das Abstellen auf Bewertungsmethoden nach IFRS und auf Seiten der US-GAAP die Unterscheidung nach den verwendeten Ausgangswerten.

Konvergenzprojekt

Am 29. Oktober 2002 haben das International Accounting Standards Board[86] und das US Financial Accounting Standards Board[87] die Absicht verlautbart, ein gemeinschaftliches Konvergenzprojekt ins Leben zu rufen. Diese Absicht wurde in einem so genannten „Memorandum of Understanding"[88] zusammengefasst. Damit soll die Annäherung der europäischen und der US-amerikanischen Rechnungslegungsstandards erreicht werden.[89]

Das Projekt wurde in mehrere Phasen eingeteilt, angefangen mit den kurzfristigen, dringenden Änderungen bis zur späteren Aufnahme neuer Sachverhalte unter Einbeziehung der Interpretationskörper Public Company Accounting Oversight Board (PCAOB)[90] seitens des FASB und International Financial Reporting Interpretations Committee (IFRIC)[91] seitens des IASB.[92]

Das Ziel des Gesamtkonvergenzprojekts besteht in der Harmonisierung der jeweiligen Standards. Es sollen Unterschiede eliminiert werden, welche die Transparenz verhindern und sowohl für den Leser des Abschlusses als auch für die bilanzierenden Unternehmen irreführend sind. Sich durch die verschiedenen Bilanzierungsstandards ergebende Wettbewerbsvor- und -nachteile sollen ausgeräumt werden.

Entwicklung der Fair Value Richtlinie

Im Februar 2006 unterzeichneten die Standardsetter das „Memorandum of Understanding" in welchem sie die Absicht beteuerten, eine qualitative, gemeinsame Rechnungslegungsgrundlage im Rahmen des Konvergenzprojekts zu schaffen. Auf dem Programm steht nun die Entwicklung einer Fair Value Richtlinie unter der Aufsicht von SEC, FASB, IASB und der Europäischen Union.

Das Ziel im Bezug auf die Anpassung des „Fair Value" ist es, eine einheitliche Richtlinie zu schaffen, welche die Berichterstattung erleichtert und die Regelungen bezüglich der Angaben verschärft, um dem Leser qualitative und zuverlässige

---

[86] Privatrechtlich organisierte Rechnungslegungsinstitution gegründet 1973 mit Sitz in London, mit der Aufgabe, weltweit akzeptierte, internationale Rechnungslegungsstandards (IAS/IFRS) zu schaffen.
[87] Privatrechtlich organisierte Rechnungslegungsinstitution gegründet 1972 mit Sitz in Norwalk (Connecticut), welche die Rechnungslegungsstandards der US-GAAP entwickelt.
[88] Auch bekannt als „Norwalk Agreement".
[89] Vgl. FASB (2008b).
[90] Private, ehrenamtliche US-Organisation gegründet im Rahmen des Sarbanes-Oxley Act 2002 zur Überwachung der Wirtschaftsprüfer. Die Mitglieder des PCAOB werden von der SEC ernannt.
[91] Das IFRIC wurde 1997 unter dem Namen Standing Interpretations Committee (SIC) eingeführt und 2001 im Rahmen der Umstrukturierung neu konstituiert. Zu den Aufgaben des IFRIC gehört das Entwerfen von Interpretationen und Hilfestellungen unter Berücksichtigung der Konvergenz zwischen den nationalen Rechnungslegungsvorschriften.
[92] Vgl. Deloitte IAS Plus (2008b).

7.1 Grundlagen der Fair Value-Bewertung

Informationen über die Methoden zur Berechnung des beizulegenden Zeitwerts zu liefern.[93] Der IASB weist im Entwurf zur Fair Value Richtlinie darauf hin, dass das Projekt in keiner Weise das Ziel verfolgt, die Fair Value Anwendung auszuweiten, sondern beabsichtigt, die bereits vorhandene Regelung zu vereinfachen und klarer zu gestalten.[94]

Bereits vor der Aufnahme des Projekts veröffentlichte der FASB den FAS 157: Fair Value Measurements. Der Standard befand sich bereits in fortgeschrittenem Zustand, weshalb FAS 157 als Grundlage für die künftige Fair Value Richtlinie gilt.

Stand der Konvergenz

Nach den eingegangenen Kommentaren zum „Discussion Paper" bereiten nun die Standardsetter einen Entwurf zur Fair Value Richtlinie vor. Dieser wird voraussichtlich im ersten Halbjahr 2009 herausgegeben. Und schon 2010 wird mit der Herausgabe einer Leitlinie zur Bemessung des beizulegenden Zeitwertes die Beendigung des Projektes erwartet.

Doch angesichts der jüngsten Entwicklungen in der internationalen Rechnungslegung verliert die Fair Value Richtlinie an Bedeutung, da der Konvergenzprozess eine andere Richtung einschlägt. So hat die SEC im August 2008 einen IFRS-Fahrplan veröffentlicht, der den US-amerikanischen Emittenten ab 2016 die Anwendung der IFRS vorschreibt.

Im Zuge dieses IFRS-Fahrplans der SEC ist vermutlich die zeitnahe Verabschiedung der neuen Standards bis 2010 für die 110 größten US-Unternehmen mit Geschäftsbetrieben auf der ganzen Welt vorgesehen.[95] Bis 2016 soll dann der Übergang auf IFRS für alle Firmen abgeschlossen sein.[96] Ziel ist es, Geschäftsberichte für Anleger transparenter zu machen und Wettbewerbsnachteile für amerikanische Firmen abzubauen. Wirtschaftsprüfer schätzen, dass die Unternehmen in den USA mit einer Bilanzierung nach IFRS im Durchschnitt höhere Gewinne ausweisen werden als nach US-GAAP.[97]

Der Vorsitzende der SEC, Christopher Cox, glaubt, dass der Übergang zu weltweit gültigen Standards im Interesse der Vereinigten Staaten liegt. Grund für den Plan sei „die wachsende internationale Akzeptanz von IFRS und die Tatsache, dass immer mehr amerikanische Anleger Aktien ausländischer Firmen besitzen", sagte Cox. Unter anderem dürfte es auch der überraschende Erfolg der IFRS sein, der die SEC zum Umdenken bewegt hat. Möglicherweise spielt auch die Finanzkrise eine Rolle.[98]

---

[93] Vgl. IASB (2008a).
[94] Vgl. IASB (2006).
[95] Vgl. Bogoslaw, D. (2008).
[96] Vgl. AICPA (2008).
[97] Vgl. Piper, N. (2008).
[98] Vgl. Piper, N. (2008).

Die gegenwärtige Regelung schreibt den US-amerikanischen Unternehmen die Rechnungslegung nach US-GAAP vor. Ausländische Unternehmen, deren Aktien in den USA notiert sind, dürfen jedoch seit 2007 nach IFRS berichten.

Mit der Einführung der IFRS werden die USA ihre bisherige Sonderrolle aufgeben und schrittweise eine Bilanzierung nach IFRS vornehmen. Der Weg bis zur Umstellung auf IFRS ist allerdings schwierig, da die aktuelle Diskussion um das Fair Value Accounting den seit 2002 laufenden Konvergenzprozess in Richtung einheitlicher internationaler Finanzberichterstattungs-Standards zu bremsen droht.[99]

Kritik am Konvergenzprozess

In letzter Zeit ist die Konvergenz nicht mehr ganz unumstritten. Es stellt sich die Frage, ob der IASB alleine überhaupt in der Lage ist, adäquate Lösungen für die aktuellen Probleme zu präsentieren.[100]

Die größten Hindernisse auf dem Weg zur Konvergenz bestehen Kritikern zufolge unter anderem in der Tendenz des IASB politischem Druck nachzugeben.

Das CFA Institute stellt in Frage, ob IASB und FASB tatsächlich unabhängig handeln können unter dem Druck, dem sie infolge der Finanzkrise seit einigen Monaten seitens der Regulierungsbehörden ausgesetzt sind und unterstellt, dass dadurch die Gefahr entsteht ein niedrigeres Qualitätsniveau zu bekommen.[101]

Zudem ist die Unabhängigkeit des IASB umstritten, da es mit Unternehmensbeiträgen finanziert wird. Bis 2003 (Sarbanes-Oxley-Act) wurde auch der FASB auf diese Weise finanziert. Jetzt wird die Behörde über Pflichtabgaben des Public Company Accounting Oversight Board finanziert.

Die Kritiker der Konvergenz behaupten, dass die SEC und das US-Finanzministerium in erster Linie daran interessiert sind, Kapital in die amerikanischen Märkte zu ziehen und weniger die Qualität der Bilanzierungsstandards zu gewährleisten. Es ist fraglich, ob die SEC überhaupt ihren Regulierungs- und Aufsichtsaufgaben nachgehen kann, wenn amerikanische Unternehmen die IFRS-Standards übernehmen. Daher wäre einigen Wissenschaftlern ein Wettbewerb mehrerer Standards lieber, als ein kleiner gemeinsamer Nenner für alle Länder, der Innovationen bremsen würde.[102]

---

[99] Vgl. Bogoslaw, D. (2008).
[100] Vgl. Baldia, P. (2008).
[101] Vgl. Bogoslaw, D. (2008).
[102] Vgl. Die Welt (2008) v. 12.10.2008.

7.2 Probleme und Auswirkungen der Fair Value-Bewertung

7.2.1 Probleme der Fair Value-Bewertung

Die Bewertung von Finanzinstrumenten zum beizulegenden Zeitwert kann zu einer Verzerrung der Finanzlage eines Unternehmens führen. Dies resultiert zum einen aus Grauzonen, die in der Gesetzgebung zu finden sind und ist zum anderen bedingt durch die aktuelle Lage, die zum Verschwinden von beständigen Märkten und nicht der Realität entsprechenden Preisen führt. Doch nicht nur durch die veränderte Marktsituation im Zuge der Finanzkrise ergeben sich einige Probleme, denen sich die Fair Value-Bewertung stellen muss.

Die folgenden Ausführungen beziehen sich auf die IFRS, gelten jedoch für US-GAAP analog.

Allgemeine Probleme der Fair Value-Bewertung
→ **Mangelndes Vertrauen in die Rechnungslegung**

Die Bilanzierung zum Fair Value hat zum Ziel, den Adressaten der Rechnungslegung entscheidungsrelevante Informationen über die Vermögens-, Finanz- und Ertragslage des bilanzierenden Unternehmens zu liefern.[103]

Die Informationen gelten als entscheidungsrelevant, wenn sie es insbesondere den Kapitalgebern ermöglichen, die durch die Unternehmung erwarteten künftigen Einzahlungsüberschüsse und daraus folgende Zahlungen in Form von Dividenden, Zinsen und Tilgungen möglichst verlässlich einzuschätzen.

Den Anwendern stehen neben den Standards zahlreiche Interpretationen und Stellungnahmen wie etwa vom RIC und dem IDW zur Verfügung. Nichtsdestotrotz ist die Transparenz der Fair Value-Bewertung nicht immer ausreichend gewährleistet. Deswegen werden die aktuell am Markt beobachtbaren Risikozuschläge auch als Zuschläge für fehlende Transparenz bezeichnet.[104] Es wird oft diskutiert, ob den aktuellen Marktturbulenzen auch eine Krise der Berichtserstattung zu Grunde liegt.[105] Nicht zuletzt durch die hohen marktbedingten Abschreibungen, die die Unternehmen im Zuge der Finanzkrise vornehmen mussten, ist das Vertrauen der Bilanzleser in die im Jahresabschluss dargestellten Zahlen gesunken.

Auch die Vergleichbarkeit ist bei einer Bewertung zum Fair Value nicht immer gegeben, da es durch die Verwendung von Bewertungsmodellen zu einer subjektiven Ausgestaltung kommt. Die für die Bewertungsmodelle verwendeten Faktoren, können unternehmensindividuell abweichen und damit die Aussagefähigkeit der Bilanzen im Unternehmensvergleich minimieren.[106]

---
[103] Vgl. RK 12.
[104] Vgl. Leibfried, P.(2007), S. 835–838.
[105] Vgl. Brinkmann et al.(2008), S. 333–340; Fockenbrock, D. (2008).
[106] Vgl. Baetge, J. (2005), S. 311–329.

→ Zeitnahe Berichterstattung

Wie im RK43 verankert, müssen die im Abschluss vermittelten Informationen nicht nur inhaltlich verlässlich, sondern auch zeitnah sein, um den Jahresabschlusslesern relevante Daten vermitteln zu können. Durch unangemessene Verzögerungen können Informationen ihre Relevanz verlieren.

Die bestehenden Rechnungslegungsvorschriften verlangen jedoch fast ausschließlich Informationen über die Vergangenheit. Eine zukunftsorientierte Berichterstattung ist zum einen nicht in den IFRS verankert, zum anderen wäre sie auch kaum durchführbar.

Die meisten Börsenplätze haben hierauf reagiert, indem sie die Berichterstattung in immer kleineren Intervallen und in immer kürzeren Abständen zum Bilanzstichtag verlangten. Zum Beispiel ist eine der Voraussetzungen in den Prime Standard zu gelangen, neben der Veröffentlichung von Jahresabschlüssen auch die Aufstellung von Quartalsabschlüssen.

In Zeiten der Marktturbulenzen sind allerdings auch diese laufenden Anforderungen nicht ausreichend, insbesondere für Positionen wie Finanzinstrumente, die sehr raschen Veränderungen unterliegen. Auf diese Weise kann ein Raum für Gerüchte und Spekulationen entstehen, die die Preise negativ beeinflussen können.

→ Informationsverlust durch Aggregation

Dadurch, dass die Informationen über Risiken bei Finanzinstrumenten aggregiert berichtet werden, entsteht ein Informationsverlust. Die wahren Risikostrukturen von Anlagen in Finanzinstrumenten sind somit nur sehr schwer oder gar nicht zu erkennen.[107]

Allerdings würde bei der Einzelberichterstattung der Umfang des Risikoberichts auf ein unerträgliches Maß anschwellen. Außerdem würden bei der Einzelberichterstattung der Risiken Informationen offen gelegt, die zu einer Benachteiligung des Unternehmens im Wettbewerb führen könnten. IFRS 7 fordert deswegen einen angemessenen Aggregationsgrad bei der Berichterstattung, wie z.B. Kategorisierung nach Klassen der Vermögenswerte, Detailinformationen für zentrale Risikofelder. Allerdings gibt es in diesem Bereich großes Verbesserungspotenzial.

→ Transaktionskosten

Der Fair Value-Bewertung wird das theoretische Ideal vollkommener Märkte im Gleichgewicht bei vollständiger Konkurrenz zu Grunde gelegt. Der Fair Value eines Vermögenswertes ist somit sein objektiver Marktwert. Tatsächlich befinden sich die Unternehmen allerdings auf Märkten, die durch Unvollkommenheit und Unvollständigkeit gekennzeichnet sind. So ist beispielsweise jede Transaktion auf diesen Märkten mit Transaktionskosten verbunden.[108]

Zu den Transaktionskosten gehören an einen Vermittler gezahlte Gebühren und Provisionen, an Aufsichtsbehörden und Wertpapierbörsen zu entrichtende

---

[107] Vgl. Leibfried, P. (2007), S. 835–838.
[108] Vgl. Olbrich, M. (2007), S. 1543–1549.

7.2 Probleme und Auswirkungen der Fair Value-Bewertung

Abgaben sowie auf die Transaktion anfallende Steuern und Gebühren. Agien und Disagien sowie interne Verwaltungs- und Haltekosten stellen dagegen keine Transaktionskosten im Sinne des IAS 39.AG 13 dar.

Die anfallenden Transaktionskosten verzerren somit den Wertmaßstab des Fair Value.

→ Vertragliche Bindungen

Unter einer vertraglichen Bindung versteht man die Verpflichtung eines Unternehmens, einen Vermögenswert zu einem bestimmten Preis in der Zukunft zu veräußern.

Weicht der in einem solchen „bindenden Verkaufsvertrag" vereinbarte Preis von dem am Markt zu beobachtenden Preis ab, stellt sich die Frage, welche dieser Größen als Zeitwert in die Bilanz zu übernehmen ist.

Während IAS 36 verlangt, den Preis des bindenden Verkaufsvertrags als Fair Value anzusetzen, verbietet IAS 40 einen solchen Ansatz. IAS 16, 38 und 39 machen überhaupt keine Angaben, ob und wie sich ein Verkaufsvertrag im Zeitwert niederschlagen soll. Die bilanzierenden Unternehmen stehen in diesem Zusammenhang vor einem Bewertungsproblem.

Probleme bei der Anwendung der Fair Value Hierarchie
→ Grenzen der Marktbewertung

Für 95 % aller Vermögenswerte, so eine Schätzung von K. Küting, lässt sich de facto kein objektiver Marktwert ermitteln. Die Wertermittlung beruht stattdessen in hohem Umfang auf subjektiven Schätzungen des Managements.[109]

„Wenn der letzte Transaktionspreis nicht unter freien Marktbedingungen zustande gekommen ist, sondern lediglich den Betrag repräsentiert, den ein Unternehmen aufgrund von Notverkäufen, erzwungenen Geschäften oder zwangsweisen Liquidationen erzielen würde"[110], ist die Bewertung der Finanzinstrumente zum Fair Value bei der Anwendung von Marktpreisen problematisch. Dabei ist es schwierig zu beurteilen, wann es sich tatsächlich um eine erzwungene Transaktion handelt.[111]

Die Anpassung des Transaktionspreises bei einer wesentlichen Veränderung der wirtschaftlichen Verhältnisse gemäß IAS 39.AG72 stellt eine Quelle für Wertschwankungen dar.

Zudem wird es nur auf einem vollkommenen Markt einen „wahren" Marktpreis für den jeweiligen Vermögensgegenstand geben. Bei unvollkommenen Märkten stellt der Fair Value keinen eindeutigen Wert mehr dar, da er in einer solchen Situation nicht als einziger Wert bestimmt werden kann.[112] Nur unter der Annahme

---
[109] Vgl. Fockenbrock, D. (2008).
[110] IAS 39.AG72 Satz 6.
[111] Vgl. Brinkmann et al. (2008), S. 337.
[112] Vgl. Freidank, C. (2005), S. 37–54.

eines vollkommenen Marktes kann ein einziger Fair Value existieren, da dann für jeden Vermögenswert lediglich ein Preis existiert, in den alle verfügbaren Marktinformationen einfließen. Wird der Fair Value auf einem unvollkommenen Markt ermittelt, kann er nicht als einziger Wert bestimmt werden. In diesem Fall muss zwischen „Entry price" (Preis auf Beschaffungsmarkt), „Exit price" (Verkaufspreis) und „Value in use price" (Nutzungswert) unterschieden werden. Der Fair Value wäre somit kein eindeutiger Wert.[113]

→ **Probleme bei der Anwendung von Vergleichswerten**

Durch die Einbeziehung von Benchmarks, die entweder nicht ausreichend repräsentativ sind oder deren Preisableitung qualitativ nicht gut genug ist, können bei dem bilanzierenden Unternehmen Wertverzerrungen entstehen.[114]

Bei der Anwendung von Vergleichswerten soll beachtet werden, wie die Drittpartei (z.B. Broker oder Pricing Services[115]) den Preis abgeleitet hat. Die Preisinformationen müssen aktuell sein und den Preis widerspiegeln, zu dem das Unternehmen das Finanzinstrument unter den aktuellen Marktbedingungen tatsächlich veräußern könnte. Ein weiteres Problem ist, dass die externen Pricing Services oft nicht die vollständige Bandbreite der vorhandenen Finanzinstrumente abdecken können.

Bei der Verwendung von Vergleichswerten in der Fair Value Hierarchie können Schwierigkeiten hinsichtlich der Vergleichbarkeit der vertraglichen Grundlagen der Produkte, dem Zeitpunkt und Volumina der Transaktionen sowie der Transaktionsgestaltung entstehen.

→ **Probleme bei der Anwendung von spezifischen Annahmen, Einschätzungen und Erfahrungswerten**

Gerade in Situationen, in denen kein aktiver Markt mehr vorliegt, hat die Fair Value-Bewertung für starke Diskussionen gesorgt.

Wenn die Inputparameter für ein Bewertungsmodell am Markt nicht beobachtbar sind, müssen Schätzwerte herangezogen werden. Die Schätzungen und die zu Grunde liegenden Annahmen resultieren aus marktorientierten Vergangenheitserfahrungen sowie aus weiteren relevanten Faktoren, z.B. LIBOR oder Ausfallrisiken.

Bei wenig standardisierten Finanzinstrumenten gibt es keinen wirklichen Markt, auf dem die Marktparameter beobachtet werden können. Zudem ist bei einigen Instrumenten die vollständige Erfassung der Wert bestimmenden Faktoren aufgrund ihrer Vielzahl gar nicht möglich.

Die Schätzwerte in der Fair Value-Bewertung können Schwankungen beim zu ermittelnden Wert verursachen. Daher sollen die den Schätzungen zu Grunde liegenden Annahmen regelmäßig überprüft werden. Schätzungsänderungen wer-

---

[113] Vgl. Freidank, C. (2005), S. 50–53.
[114] Vgl. Röseler, R. (2008).
[115] Ein Pricing Service erlaubt mehrfach täglich die aktuelle und individuelle Bewertung von Portfolios zu gewünschten Zeiten.

7.2 Probleme und Auswirkungen der Fair Value-Bewertung

den nur in der aktuellen Periode berücksichtigt, sofern nur sie betroffen ist. Falls auch die Folgeperioden betroffen sind, muss die Schätzungsänderung in der aktuellen und den folgenden Perioden beachtet werden.[116]

Die Konsistenz der Bewertungsprozesse kann außerdem durch Maßnahmen wie Dokumentation der Bewertungsprozesse, Bestimmung der eindeutigen Hierarchie der Preisquellen und Plausibilisierung der ermittelten Werte sichergestellt werden.

Da der Fair Value auch auf Basis „Mark-to-Model" berechnet werden kann und sich so lediglich eine Annäherung an den Marktwert erreichen lässt, hat der Bilanzierende in dieser Situation erhebliche Ermessensspielräume. Zudem hält der IASB durch seine Verweise auf Bewertungsmodelle, diese für entscheidungsnützlicher als andere objektivere Wertansätze.[117] Durch Anwendung von Bewertungsmodellen verringert sich die objektive Nachprüfbarkeit der in der Bilanz veröffentlichten Werte.[118]

→ **Behandlung von Steuern**

Die Berücksichtigung von Steuern in den Bewertungsmodellen ist nicht eindeutig geregelt. IAS 39 macht keinerlei Angaben, wie mit Auswirkungen der Steuern auf den Zeitwert umzugehen ist.

Auch in IAS 16 und IAS 38, welche sich ebenfalls mit der Fair Value-Bewertung beschäftigen, finden sich keine Hinweise darauf. IAS 40 verbietet dagegen lediglich die Berücksichtigung solcher Steuereffekte, die „nur für den gegenwärtigen Eigentümer" bestehen.

7.2.2 Auswirkungen der Fair Value-Bewertung auf die Bilanz

Mit welchen Methoden und Inputs der Fair Value in der Praxis von im SDAX, MDAX und DAX notierten Unternehmen ermittelt wird, zeigt Abb. 7.8.[119] Bei der Bewertung von Vermögenswerten und Verbindlichkeiten wird hauptsächlich auf vorhandene Marktwerte bzw. Bewertungsmodelle zurückgegriffen, nur selten werden zur Berechnung des Fair Value Inputdaten wie z.B. Referenzkurse verwendet.

Viele Banken haben die Risiken, die im Subprime-Bereich zu verzeichnen sind, falsch eingeschätzt. Dies führte aufgrund des Verfalls der Marktpreise zu erheblichen Abschreibungen. Wertberichtigungen wurden auf in Zusammenhang mit dem US-Subprime Markt stehende Asset Backed Securities (ABS) oder Collateralized Debt Obligations (CDO) vorgenommen.[120]

Als Beispiel dafür, wie sich die Fair Value-Bewertung im Zuge der Finanzkrise auf die Bankbilanzen ausgewirkt hat, wird der Fall der IKB näher erläutert. Die

---
[116] Vgl. Deloitte Österreich (2008), S. 61.
[117] Vgl. Kessler, H. (2005), S. 69–70.
[118] Vgl. Küting, K. (2005), S. 105.
[119] Vgl. Beyer, S. (2008), S. 144.
[120] Vgl. Eidgenössische Bankenkommission (2008).

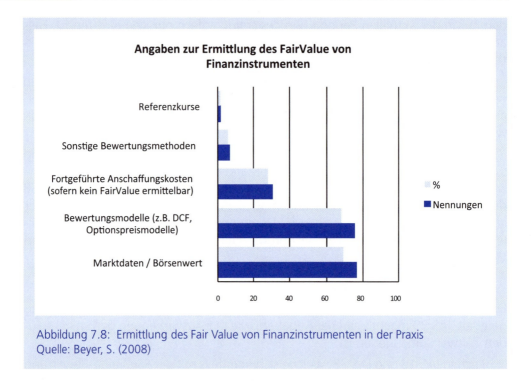

Abbildung 7.8: Ermittlung des Fair Value von Finanzinstrumenten in der Praxis
Quelle: Beyer, S. (2008)

IKB zeigt im Halbjahresbericht zum 30. September 2008 erstmals die Auswirkungen der Finanzkrise, welche sich deutlich im operativen Ergebnis der Bank von EUR –889,2 Mio. widerspiegeln. Dieser Verlust resultiert hauptsächlich aus dem negativen Fair Value-Ergebnis und dem Ergebnis aus Finanzanlagen. Für die Bank ergaben sich im Zuge der Finanzkrise erhebliche Bewertungsverluste, da die IKB in strukturierte Wertpapierportfolios, die auch US-Immobilienkredite enthielten, investiert hatte. Dadurch ergaben sich für die Bank, vor allem bei diesen Investments, im Zuge der Zuspitzung der Krise enorme Risiken, die die Risikotragfähigkeit der IKB überstiegen. Die Bewertung dieser risikobehafteten Portfolioinvestments wurde anhand von Modellen, d.h. „Mark-to-Model" vorgenommen.

Aus dem Lagebericht der IKB kann man entnehmen, dass für die Bewertung von ABS-Wertpapieren Preisquotierungen von Marktdatenanbietern oder DCF-Modelle verwendet wurden. CDOs wurden anhand von Modellen, die ebenfalls auf DCF-Modellen beruhen, bewertet.[121]

Abb. 7.9 gibt einen Überblick über die GuV der IKB. Besonders hervorzuheben sind die aus der Fair Value-Bewertung entstehenden Verluste von ca. 2 Mrd. EUR.

---

[121] Vgl. IKB (2008).

7.3 Auswirkung der Finanzkrise auf die Fair Value-Bewertung

	Notes	1.4.2007 – 30.9.2007 in Mio. € nach Änderungen	1.4.2006 – 30.9.2006 in Mio. €	Veränderung in %
Zinsüberschuss	(1)	268,4	321,3	–16,5
Zinserträge		1 827,8	1 721,7	6,2
Zinsaufwendungen		1 559,4	1 400,4	11,4
Risikovorsorge im Kreditgeschäft	(2)	166,1	138,5	19,9
Zinsüberschuss nach Risikovorsorge		102,3	182,8	–44,0
Provisionsüberschuss	(3)	34,4	26,6	29,3
Provisionserträge		41,0	32,6	25,8
Provisionsaufwendungen		6,6	6,0	10,0
Fair-Value-Ergebnis	(4)	–2 027,1	68,2	
Ergebnis aus Finanzanlagen	(5)	–1 044,1	7,8	
Verwaltungsaufwendungen	(6)	183,1	142,5	28,5
Personalaufwendungen		92,0	84,6	8,7
Andere Verwaltungsaufwendungen		91,1	57,9	57,3
Sonstiges betriebliches Ergebnis	(7)	–9,7	–7,8	24,4
Ergebnis aus Risikoübernahme	(8)	2 238,1	–	–
Operatives Ergebnis		–889,2	135,1	
Steuern vom Einkommen und vom Ertrag	(9)	75,4	45,1	67,2
Sonstige Steuern		0,5	0,7	–28,6
Konzernüberschuss/-fehlbetrag		–965,1	89,2	
Ergebnis Konzernfremde		0,0	–0,1	–100,0
Konzernüberschuss/-fehlbetrag nach Ergebnis Konzernfremde		–965,1	89,2	

Abbildung 7.9: Gewinn- und Verlustrechnung der IKB zum 30.09.2007[122]
Quelle: IKB (2008)

7.3 Auswirkung der Finanzkrise auf die Fair Value-Bewertung

Um einer Krisen verstärkenden Wirkung der Fair Value-Bewertung entgegenzuwirken, wurde unter anderem der Vorschlag unterbreitet, das Umkategorisierungsverbot nach IAS 39.50 aufzuheben und eine Umgliederung von Finanzinstrumenten unter bestimmten Voraussetzungen zuzulassen.

Es wurden Regelungen veröffentlicht, die es erlauben Finanzinstrumente unter bestimmten Bestimmungen umzugliedern, so wie dies bereits bei einer Bilanzierung nach US-GAAP möglich war.

7.3.1 Änderungen bei den US-GAAP

FAS 115 erlaubt unter „außergewöhnlichen Umständen" die Umgliederung der Finanzinstrumente aus der Kategorie „zu Handelszwecken gehalten" nach „zur Veräußerung verfügbar" oder „bis zur Endfälligkeit gehalten".[123]

---
[122] Vgl. IKB (2008).
[123] Vgl. Ernst&Young (2008a).

Nach FAS 65 ist es möglich, Kredite von der Kategorie „zur Veräußerung gehalten" nach „zu Anlagezwecken gehalten" umzugliedern, wenn das Unternehmen die Absicht und die Möglichkeit hat, Kredite in der Zukunft oder bis zur Fälligkeit zu halten.[124]

Allerdings muss erwähnt werden, dass die Umklassifizierung nach FAS 115 und FAS 65 in der Praxis sehr selten stattfindet.[125]

Diese Möglichkeit zur Umgliederung war schon vor der Finanzkrise in den US-GAAP verankert. Im Zuge der Krise betonten die SEC und der FASB in ihrer Presseerklärung vom 30. September 2008, dass im Falle inaktiver Märkte, der Fair Value auch durch den Barwert der zu erwartenden Zahlungen unter Anwendung von Schätzungen und Annahmen des Managements ermittelt werden kann.[126]

7.3.2 Änderungen des IAS 39 und IFRS 7

Die Presseerklärung der SEC und des FASB bezüglich der Ermittlung des Fair Value in inaktiven Märkten, nahm der IASB zum Anlass über Änderungen des IAS 39 nachzudenken. Der IASB bemerkte in einer Presseerklärung am 03. Oktober 2008, dass die Vorgehensweise nach US-GAAP bei inaktiven Märkten mit IAS 39 konform sei. Um Wettbewerbsverzerrungen zwischen nach US-GAAP und IFRS bilanzierenden Unternehmen zu vermeiden und auch auf Druck der Regulierungsbehörden, beschlossen die Finanzminister in der Sitzung des ECOFIN am 7. Oktober 2008 eine Änderung des IAS 39.[127]

Am 13. Oktober 2008 wurde dann eine Änderung zum IAS 39 veröffentlicht. Diese Änderung und die entsprechenden erweiterten Angabepflichten des IFRS 7 wurden angesichts der aktuellen Marktsituation ohne den üblichen Prozess[128] verabschiedet und von der EU am 15. Oktober 2008 in EU-Recht übernommen. Die Änderungen sind rückwirkend zum 1. Juli 2008 und somit bereits für die Quartalsabschlüsse, die zum 30. September 2008 enden, anzuwenden.[129] Umgliederungen vor dem 1. Juli 2008 sind nicht zulässig. Der 31. Oktober 2008 stellt den letzten Zeitpunkt dar, zu dem die rückwirkende Umgliederung eines finanziellen Vermögenswerts zum 1. Juli 2008 möglich ist. Umgliederungen in Perioden, die nach dem 1. November 2008 beginnen, sind ab dem Zeitpunkt der jeweiligen Umgliederung wirksam.

Die Änderungen der Standards IAS 39 und IFRS 7 geben den bilanzierenden Unternehmen die Möglichkeit Finanzinstrumente, für die kein aktiver Markt mehr vorhanden ist, zu fortgeführten Anschaffungskosten zu bewerten, um so Schwankungen beim ausgewiesenen Ergebnis zu reduzieren. Dabei sind die Änderungen

---

[124] Vgl. Ernst&Young (2008a).
[125] Vgl. IASB (2008b).
[126] Vgl. SEC (2008b).
[127] Vgl. IASB (2008c).
[128] Prozess der Entwicklung von Standards und Interpretationen. Unter anderem durchlaufen die Standards und Interpretationen einen vorgegebenen Prozess unter Einbindung der Öffentlichkeit.
[129] Vgl. PWC (2008b), S. 2.

7.3 Auswirkung der Finanzkrise auf die Fair Value-Bewertung

nicht nur für Kreditinstitute, sondern für alle Unternehmen, die finanzielle Vermögenswerte halten, die als „zu Handelszwecken gehalten" oder „zur Veräußerung verfügbar" klassifiziert sind, gültig.[130]

Die Änderung des IAS 39 ermöglicht unter bestimmten Voraussetzungen die Umgliederung von Finanzinstrumenten aus der Kategorie „zu Handelszwecken gehalten" in eine der Kategorien „bis zur Endfälligkeit gehalten", „Kredite und Forderungen" oder „zur Veräußerung verfügbar".[131] Außerdem können zukünftig unter bestimmten Voraussetzungen die Finanzinstrumente aus der Kategorie „zur Veräußerung verfügbar" in die Kategorie „Kredite und Forderungen" umgegliedert werden.[132]

Bisher war nur ein Wechsel von der Kategorie „bis zur Endfälligkeit gehalten" in die Kategorie „zur Veräußerung verfügbar" möglich[133], wurde aber aufgrund der daraus resultierenden Restriktionen nur selten angewendet.[134]

Abb. 7.10 zeigt die Umgliederungsmöglichkeiten für Finanzinstrumente auf.

in von	designated at fair value Derivat	zu Handelszwecken gehalten	zur Veräußerung verfügbar	Kredite & Forderungen	Bis zur Endfälligkeit gehalten
designated at fair value Derivat	–	Verbot	Verbot	Verbot	Verbot
zu Handelszwecken gehalten	Verbot	–	neu möglich	neu möglich	neu möglich
zur Veräußerung verfügbar	Verbot	Verbot	–	neu möglich	bisher möglich
Kredite & Forderungen	Verbot	Verbot	Verbot	–	Verbot
Bis zur Endfälligkeit gehalten	Verbot	Verbot	bisher möglich, aber Sanktionen	Verbot	–

Abbildung 7.10: Umgliederung von Finanzinstrumenten nach dem 15.10.2008
Quelle: Schildbach, T. (2008), S. 2384

Die neuen Regelungen zur Umgliederung von Finanzinstrumenten unterscheiden dabei zwischen Finanzinstrumenten, die die Voraussetzungen für eine Einordnung in die Kategorie „Kredite und Forderungen" erfüllen und Finanzinstrumenten, die die Voraussetzungen einer Klassifizierung dieser Kategorie nicht erfüllen.

---

[130] Vgl. Gilgenberg, B./ Weiss, J. (2008), S. 2062–2064.
[131] Vgl. Ernst&Young (2008a).
[132] Vgl. PWC (2008b), S. 2.
[133] Vgl. IAS 39.51.
[134] Vgl. Niehaus, H. (2008), S. 39f.

Wenn ein finanzieller Vermögenswert die Voraussetzungen der Kategorie „Kredite und Forderungen" erfüllt, dann kann eine Umgliederung aus den Kategorien „zu Handelszwecken gehalten" und „zur Veräußerung verfügbar" in die Kategorie „Kredite und Forderungen erfolgen".

Werden die Voraussetzungen für eine Klassifizierung als „Kredite und Forderungen" nicht erfüllt, dann darf eine Umgliederung aus der Kategorie „zu Handelszwecken gehalten" in „zur Veräußerung verfügbar" oder „bis zur Endfälligkeit gehalten" nur unter außergewöhnlichen Umständen („rare circumstances") erfolgen.[135] Was unter außergewöhnlichen Umständen zu verstehen ist, wird nicht näher erläutert. Es wird jedoch von Seiten des IASB angenommen, dass die aktuelle Situation auf den Finanzmärkten den Begriff eines außergewöhnlichen Umstandes nach IAS 39.50B erfüllt.[136]

Derivate und Finanzinstrumente, die unter Anwendung der Fair Value Option erfolgswirksam zum beizulegenden Zeitwert bewertet werden, können nicht umgegliedert werden.[137]

Wenn ein aktiver Markt für ein bereits umgegliedertes Finanzinstrument wieder besteht, führt dies nicht zu einer Rückumgliederung.

Abb. 7.11 gibt einen Überblick über den Prozess der Umgliederung von Finanzinstrumenten.

Umgliederung aus „zu Handelszwecken gehalten"

Finanzinstrumente, die bisher als „zu Handelszwecken gehalten" eingestuft waren, dürfen in die Kategorie „Kredite und Forderungen" umklassifiziert werden, wenn das Unternehmen nicht mehr beabsichtigt, diese kurzfristig zu veräußern oder zurückzukaufen, d.h. nicht mehr die Absicht hat, mit diesen zu handeln. Somit ist eine Umklassifizierung erst möglich, wenn keine Handelsabsicht mehr besteht.

Für eine mögliche Umgliederung müssen die finanziellen Vermögenswerte die Voraussetzungen für eine Klassifizierung in die Kategorie „Kredite und Forderungen" erfüllen.[138] Diese Voraussetzungen werden erfüllt, wenn die Finanzinstrumente ohne Absicht einer kurzfristigen Veräußerung gehalten werden, feste oder bestimmbare Zahlungen beinhalten und nicht auf einem aktiven Markt notiert sind.[139] Bei der Prüfung dieser Kriterien wird auf den Zeitpunkt ab dem 01. Juli 2008 abgestellt.[140]

Erfüllen die finanziellen Vermögenswerte diese Kriterien für eine Klassifizierung als „Kredite und Forderungen", können sie aus „zu Handelszwecken gehalten" in „Kredite und Forderungen" umgegliedert werden, wenn das Unternehmen die

---

[135] Vgl. IAS 39.50B.
[136] Vgl. Ernst&Young (2008a).
[137] Vgl. IAS 39.50 (b), (c).
[138] Vgl. IAS 39.50D.
[139] Vgl. Ernst&Young (2008a).
[140] Vgl. Gilgenberg, B./ Weiss, J. (2008), S. 2026–2064.

7.3 Auswirkung der Finanzkrise auf die Fair Value-Bewertung

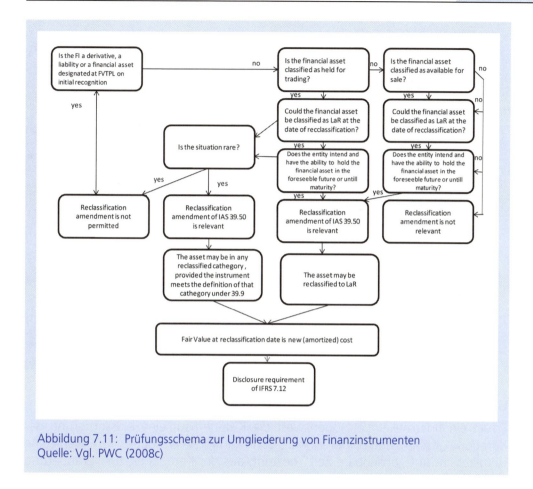

Abbildung 7.11: Prüfungsschema zur Umgliederung von Finanzinstrumenten
Quelle: Vgl. PWC (2008c)

Absicht und die Möglichkeit hat, sie auf „absehbare Zeit" zu halten. Da das Kriterium der „absehbaren Zeit" nicht definiert wird, lässt der IASB den Unternehmen auch hier einen erheblichen Ermessensspielraum.

Die Umgliederung erfolgt zum Fair Value im Zeitpunkt der Umgliederung, welcher dann die fortgeführten Anschaffungskosten darstellt.[141] Diese Anschaffungskosten werden dann über die erwartete Restlaufzeit des Finanzinstruments amortisiert, bis der vorrausichtlich erzielbare Betrag erreicht ist.[142] Wurden vor der Umgliederung bereits Gewinne und Verluste im Ergebnis erfasst, dürfen diese Buchungen nicht rückgängig gemacht werden.[143]

---

[141] Vgl. IAS 39.50 C.
[142] Vgl. Ernst &Young (2008a).
[143] Vgl. Gilgenberg, B./ Weiss, J. (2008), S. 2026–2064.

> **Beispiel Umgliederung aus der Kategorie „zu Handelszwecken gehalten" in „Kredite und Forderungen"**
>
> *Ausgangssituation:*
> Im September 2007 erwirbt Bank A eine Anleihe mit einer Verzinsung von 6 % und einer Laufzeit von 5 Jahren, die auf einem aktiven Markt notiert war. Die Anleihe wurde zum Nennwert von EUR 80 Mio. erworben. Die Anleihe wurde der Kategorie „zu Handelszwecken gehalten" zugeordnet.
>
> Im Juni 2008 besteht kein aktiver Markt mehr und der Fair Value ist auf EUR 35 Mio. gesunken. Die Bank will nun die Anleihe auf absehbare Zeit halten.
>
> *Umgliederung:*
> Da auch alle weiteren Voraussetzungen für eine Umgliederung erfüllt sind, wird die Anleihe im Oktober 2008 in die Kategorie „Kredite und Forderungen" umgegliedert. Die Anleihe wird mit fortgeführten Anschaffungskosten in Höhe von EUR 35 Mio. angesetzt (Fair Value zum Umgliederungszeitpunkt).

Umgliederung aus „zur Veräußerung verfügbar"

Erfüllt ein finanzieller Vermögenswert die Kriterien für eine Klassifizierung der Kategorie „Kredite und Forderungen", dann kann der Vermögenswert, wenn eine Halteabsicht auf „absehbare Zeit" besteht, aus der Kategorie „zur Veräußerung verfügbar" nach „Kredite und Forderungen" umgegliedert werden.

Nach einer solchen Umklassifizierung muss jede Änderung des Fair Value, die nach dem Umgliederungszeitpunkt stattfindet und keine Zinsamortisierung ist, in der Neubewertungsrücklage für zur Veräußerung verfügbare Finanzinstrumente erfasst werden. Dies geschieht solange, bis der betreffende finanzielle Vermögenswert ausgebucht wird oder von einer Wertminderung betroffen ist. Der im Eigenkapital erfasste Betrag der Kategorie „zur Veräußerung verfügbar" wird nicht umgegliedert, sondern über die Nutzungsdauer des finanziellen Vermögenswertes wie in IAS 39.54 geregelt, erfolgswirksam aufgelöst.[144]

---

[144] Vgl. Ernst&Young (2008b).

7.3 Auswirkung der Finanzkrise auf die Fair Value-Bewertung

> **Beispiel Umgliederung aus der Kategorie „zur Veräußerung verfügbar" in die Kategorie „Kredite und Forderungen"**
>
> *Ausgangssituation:*
>
> Im Juni 2006 erwirbt Bank A eine „Cash CDO" zum Nennwert von EUR 100 Mio., die im Jahr 2020 fällig wird. Die CDO ist in der Kategorie „zur Veräußerung verfügbar" erfasst.
>
> Im Juni 2008 sinkt der Fair Value der CDO auf EUR 75 Mio. Es ist kein aktiver Markt mehr vorhanden. Die Bank A will nun die CDO auf absehbare Zeit halten.
>
> *Umgliederung:*
>
> Da auch alle weiteren Voraussetzungen für eine Umgliederung erfüllt sind, wird die CDO am 25. Oktober 2008 in die Kategorie „Kredite und Forderungen" umklassifiziert. Die fortgeführten Anschaffungskosten werden in Höhe von EUR 75 Mio. erfasst (Fair Value im Zeitpunkt der Umklassifizierung).
>
> Die negative Neubewertungsrücklage der zur Veräußerung verfügbaren Finanzinstrumente wird zum Umgliederungszeitpunkt eingefroren und über die Restlaufzeit der CDO erfolgswirksam aufgelöst.
>
> *Wertminderung*
>
> Im Juni 2011 stellt die Bank fest, dass die CDO wertgemindert ist. Die Bank schätzt, dass sie nur noch 80 % des Kapitalbetrags erzielen kann (d.h. EUR 80 Mio.).
>
> Nun wird gemäß IAS 39.54(a) und IAS 39.67 die verbleibende Neubewertungsrücklage der zur Veräußerung verfügbaren Finanzinstrumente in die GuV umgegliedert. Des Weiteren wird eine Wertberichtigung in Höhe der Differenz zwischen dem Buchwert der CDO und dem Barwert der mit dem zum Umgliederungszeitpunkt festgelegten Effektivzinssatz der CDO abgezinsten, geschätzten künftigen Cashflows.

Anzusetzender Wert zum Zeitpunkt der Umgliederung

Die Umgliederung erfolgt zum Fair Value zum Zeitpunkt der Umgliederung, welcher dann die fortgeführten Anschaffungskosten darstellt.[145] Diese Anschaffungskosten werden dann über die erwartete Restlaufzeit des Finanzinstruments amortisiert, bis der vorrausichtlich erzielbare Betrag erreicht ist.[146]

Würde z.B. ein Finanzinstrument zum Nennwert von 200 erworben und besitzt es zum Zeitpunkt der Umgliederung lediglich einen beizulegenden Zeitwert von

---
[145] Vgl. IAS 39.50 C.
[146] Vgl. Ernst&Young (2008a).

120, muss das Finanzinstrument mit diesen neuen, fortgeführten Anschaffungskosten angesetzt werden. So wird der Verlust von 80 nicht rückgängig gemacht, sondern ausschließlich durch die Zinserträge ausgeglichen.

Darüber hinaus sind die umgegliederten Finanzinstrumente nach den Bestimmungen der jeweiligen Kategorie auf Wertminderung zu prüfen.

Anhangangaben nach IFRS 7

Bei der Reklassifizierung von Finanzinstrumenten entstehen weitere Angabepflichten im Anhang. Die Anhangangaben sollen aufzeigen, wie sich die Bilanzierung dargestellt hätte, wenn die Umgliederung nicht erfolgt wäre. Die verpflichtenden Anhangangaben sind durch folgende Positionen erweitert worden:

- Betrag, der umklassifiziert wurde und der Grund für die Umklassifizierung[147]
- Buchwert sowie beizulegenden Wert von jedem reklassifizierten Finanzinstrument in der laufenden und der vergangenen Periode
- Angabe der außergewöhnlichen Umstände, auf die sich das Unternehmen bei der Reklassifizierung berief
- Fair Value Gewinn/Verlust ausgewiesen in der GuV der Periode, in welcher die Reklassifizierung stattfand sowie der letzten Periode
- Gewinne und Verluste, welche das Unternehmen bei Nicht-Reklassifizierung generiert hätte
- Effektivzins und die geschätzten, erwarteten Cashflows aus dem Finanzinstrument.[148]

Unklarheiten bezüglich der Trennung eines eingebetteten derivativen Finanzinstruments vom Basisvertrag

„Eingebettete Derivate sind Bestandteil eines strukturierten (zusammengesetzten) Finanzinstruments, das auch einen nicht derivativen Basisvertrag enthält".[149] Merkmale von solchen hybriden Finanzinstrumenten sind, dass ein Teil der Cashflows ähnlichen Schwankungen ausgesetzt ist wie ein freistehendes Derivat.[150] Zudem kann ein eingebettetes Derivat nicht separat veräußert werden, d.h. es ist rechtlich nicht selbständig.[151]

Es liegt kein eingebettetes Derivat vor, wenn

- das Derivat unabhängig vertraglich übertragbar ist oder
- mit einer vom Finanzinstrument abweichenden Vertragspartei abgeschlossen wurde.[152]

Derivate werden grundsätzlich der Kategorie „zu Handelszwecken gehaltenen" zugeordnet, egal ob es sich um freistehende oder eingebettete Derivate han-

---

[147] Vgl. IFRS 7.12; IFRS 7.12A (a).
[148] Vgl. IFRS 7.12A (a–f).
[149] IAS 39.10.
[150] Vgl. IAS 39.10.
[151] Vgl. Beyer, S. (2008), S. 81.
[152] IAS 39.10.

7.3 Auswirkung der Finanzkrise auf die Fair Value-Bewertung

delt. Abweichungen von diesem Grundprinzip gibt es nur, wenn es sich bei den Finanzinstrumenten um Sicherungsbeziehungen handelt. In diesem Fall finden die Regelungen des Hedge Accounting Anwendung. Da sich die wirtschaftlichen Merkmale und Risiken des eingebetteten Derivates vom Basisvertrag unterscheiden können, ist nach IAS 39.11 i.V.m. IFRIC 9.7 zu prüfen, ob ein eingebettetes Derivat u.U. vom Basisvertrag zu trennen ist und die Vorrausetzungen für eine getrennte Bilanzierung vorliegen. Hat ein Unternehmen dieses Finanzinstrument bei Zugang unter Anwendung der Fair Value Option als „at fair value through profit or loss" designiert, wird eine solche Prüfung hinfällig. Dabei erfolgt nach der erstmaligen Prüfung, ob ein eingebettetes Derivat getrennt zu bilanzieren ist, eine weitere Prüfung des IAS 39.11 nur, wenn sich die Vertragsbedingungen so ändern, dass es zu einer erheblichen Änderung der Zahlungsströme kommt.[153]

Im Zuge der jetzt zulässigen Umgliederungen stellt sich die Frage, wie ein strukturiertes Finanzinstrument, das von der Kategorie „zu Handelszwecken gehalten" umgegliedert wird, zu behandeln ist; vor allem wie das dazugehörige Derivat zu behandeln ist, wenn das Basisgeschäft umgegliedert wird. Weiterhin unklar ist, ob in diesem Zusammenhang nach IFRIC 9 eine Prüfung vorzunehmen ist, ob eine getrennte Bilanzierung von Derivat und Finanzinstrument zu erfolgen hat. Und ob dies unter Umständen zu einem Verbot der Umklassifizierung des Finanzinstrumentes führt.[154]

Aus dem geänderten IAS 39 geht nicht hervor, ob bei einer evtl. Umgliederung das Basisgeschäft und das eingebettete Derivat separat zu erfassen ist. Deshalb besteht hier ein Verbesserungsbedarf dieser Regelung, von der z.B. Vorfälligkeitsoptionen oder Kreditderivate in einer CDO betroffen sind.

Sofern nicht von einer klaren Regelung ausgegangen werden kann, wird dies als Bilanzierungswahlrecht verstanden. Das Wahlrecht bezieht sich auf die Abtrennung eingebetteter Derivate von Finanzinstrumenten, welche aus der Kategorie „zu Handelszwecken gehalten" umgegliedert worden sind.[155]

Bei der Prüfung, ob ein eingebettetes Derivat abzutrennen ist, fehlt zudem eindeutig die Regelung, wann die Prüfung erfolgen soll. Die Prüfung kann entweder zum Zeitpunkt des erstmaligen Ansatzes oder aber zum Zeitpunkt der Umgliederung erfolgen. Auch in diesem Fall wird aufgrund der fehlenden Regelung von einem Wahlrecht ausgegangen.

Um diese offene Fragestellungen zu klären, hat der IASB im Dezember 2008 den Exposure Draft Embedded Derivatives (Proposed amendments to IFRIC 9 Reassessment of Embedded Derivatives and IAS 39 Financial Instruments: Recognition and Measurement) veröffentlicht. Die Kommentierungsfrist endet am 21. Januar 2009 und eine Interpretation oder eine Änderung der Standards wird im ersten Quartal 2009 erwartet.[156]

---

[153] Vgl. IFRIC 9.7.
[154] Vgl. DRSC (2009); DRSC (2009a).
[155] Vgl. Ernst&Young (2008b).
[156] Vgl. IASB (2009).

Eindeutig dagegen regelt IAS 39 die rückwirkende Bilanzierung von Sicherungsbeziehungen nach dem Umgliederungszeitpunkt. Diese ist nicht zulässig, da die Sicherungsbeziehung nicht ausreichend dokumentiert und auf ihre Wirksamkeit geprüft werden kann. Die Bilanzierung darf demnach nur zu demjenigen Zeitpunkt erfolgen, zu dem die Kriterien in IAS 39 erfüllt sind. [157]

Kritische Würdigung der Änderungen

Die IFRS-Regelung wurde dem FASB-Standard FAS 115 angenähert, der den Unternehmen „in seltenen Fällen" eine Umbuchung gestattet. [158]

Von dieser Änderung sind Darlehen und Forderungen, Schuld- und Eigenkapitalinstrumente betroffen. Dadurch soll der Abschreibungsdruck gemindert werden. Die Derivate und „erfolgswirksam zum beizulegenden Zeitwert" designierten Finanzinstrumente, darunter CDO und ABS, sind von dieser Änderung nicht betroffen und werden in den Handelsbeständen der Banken bleiben müssen.[159] Doch gerade bei solchen synthetischen Kreditprodukten mussten viele Banken hohe Abschreibungen vornehmen.[160]

Die Möglichkeit der Umgliederung gilt ebenfalls nicht für solche finanzielle Vermögenswerte, die freiwillig unter Verwendung der Fair Value Option zum Fair Value bewertet wurden. Obwohl auch für diese Posten die Auswirkungen auf die Bewertung in der Krise die Gleichen sind.[161]

Der Grundsatz, dass Derivate stets erfolgswirksam zum Fair Value bewertet werden, wurde beibehalten. Dies wird vor allem bei eingebetteten Derivaten relevant, da bei einer Umklassifizierung von strukturierten Produkten, die eingebetteten Derivate getrennt vom Trägerinstrument zu behandeln sind und so die beabsichtigte Wirkung der Umklassifizierung nicht eintreten kann. Dies ist auch der Fall bei ökonomischen Sicherungsbeziehungen.

Zudem ist in der Kategorie „bis zur Endfälligkeit gehalten" das Hedge Accounting nicht erlaubt. Dadurch werden bei einer Umgliederung in diese Kategorie Sicherungsbeziehungen voneinander getrennt. Im Ergebnis wäre dann das Grundgeschäft zu fortgeführten Anschaffungskosten und das Sicherungsderivat weiterhin zum Fair Value zu bewerten, was dem Sinn der Umgliederung entgegenläuft und zu Schwankungen im Ergebnis führt.[162]

Aufgrund der genannten Kritikpunkte hat sich die EU-Kommission am 27. Oktober 2008 mit weiteren Änderungsvorschlägen des IAS 39 an den IASB gewandt. Die EU-Kommission fordert eine Ausweitung der Umgliederungsmöglichkeit auf die Finanzinstrumente, bei denen die Fair Value Option angewendet wurde, sowie

---

[157] Vgl. Ernst&Young (2008b).
[158] Vgl. Bogoslaw, D. (2008).
[159] Vgl. PWC (2008b), S. 2.
[160] Vgl. Gilgenberg, B./ Weiss, J. (2008), S. 2062–2064.
[161] Vgl. Niehaus, H. (2008), S.39f.
[162] Vgl. Niehaus, H. (2008), S. 39f.

7.3 Auswirkung der Finanzkrise auf die Fair Value-Bewertung

eine Stellungnahme dazu, inwieweit synthetische Finanzinstrumente (z.B. ABS) zerlegungspflichtige Derivate enthalten.[163]

7.3.3 Sonstige Hilfestellungen in der Finanzkrise

Um die Objektivität der Fair Value-Bewertung zu gewährleisten, werden von den Anwendern, Standardsettern und anderen Interessenten einige Lösungswege vorgeschlagen.

Hilfestellung bei der Bewertung von Finanzinstrumenten zum Fair Value bei inaktiven Märkten

Im Mai 2008 hat der IASB auf Empfehlung des Forums für Finanzstabilität ein „Expert Advisory Panel" gebildet, um die Frage der Bewertung von finanziellen Vermögenswerten bei inaktiven Märkten zu diskutieren und bestehende Regeln zu überarbeiten. Das Forum soll den IASB bei Fragen zu Bewertungstechniken unterstützen und eine Leitlinie zur Bewertung von Finanzinstrumenten bei inaktiven Märkten aufstellen. Außerdem sollen Fragen, die im Laufe der Finanzkrise an Bedeutung gewonnen haben, diskutiert werden, z.B. die Benutzung von indikativen Preisen, die Verwendung von durch das Unternehmen entwickelten Annahmen bei der Anwendung von Bewertungsverfahren, wenn Marktdaten nicht beobachtbar sind, und die Identifizierung von so genannten Notverkäufen.[164]

Das Paper „Measuring and disclosing the fair value of financial instruments in markets that are no longer active" des Expert Advisory Panel wurde am 31. Oktober 2008 veröffentlicht.[165] Die Richtlinien des IASB Expert Advisory Panel geben eine Hilfestellung bei der Ermittlung des Fair Value bei inaktiven Märkten. So sind, wenn keine beobachtbaren Marktdaten vorhanden sind, oder diese nur mit signifikanten Anpassungen verwendet werden könnten, zur Berechnung des Fair Value-Bewertungstechniken anzuwenden, die hauptsächlich auf Annahmen des Managements des Unternehmens beruhen.[166] Dies bedeutet jedoch eine Abweichung von der Marktorientierung des Fair Value Konzepts.[167]

Wiedergewinnung von Vertrauen

Der Bundesbank-Vizepräsident Franz-Christoph Zeitler hat die aktuelle Krise als Vertrauenskrise bezeichnet und die Marktteilnehmer dazu aufgerufen, zu gegenseitigem Vertrauen zurückzukehren.[168]

Finanzinstitutionen müssen eine nachvollziehbare Vorgehensweise entwickeln, um gegenüber den Aufsichtsbehörden nachweisen zu können, dass und wie sie

---
[163] Vgl. Gilgenberg, B./ Weiss, J. (2008), S. 2062–2064.
[164] Vgl. DRSC (2008b).
[165] Vgl. IASB (2008d).
[166] Vgl. IASB (2008d), S. 9f.
[167] Vgl. Schildbach, T. (2008), S. 2383.
[168] Vgl. Reuters (2008).

vor dem Hintergrund der aktuellen Marktsituation bei der Bewertung von Finanzinstrumenten mit der gebotenen Vorsicht in angemessener Art und Weise vorgegangen sind[169].

Allerdings deutet das Ausmaß des aufgetretenen Vertrauensverlustes auf Probleme hin, die mit den bestehenden Instrumenten nicht befriedigend gelöst werden können. So könnte z.B. für die Unternehmen, die im großen Umfang an den Finanzmärkten engagiert sind, eine beschleunigte Berichterstattung sinnvoll sein. Darüber hinaus müssen den Investoren umfangreichere Informationen zu den Bewertungsmethoden, die bei der Ermittlung des Fair Value verwendet werden, zur Verfügung gestellt werden.

7.4 Die Rolle der Fair Value-Bewertung in der Finanzkrise

7.4.1 These: „Fair Value Accounting ist Auslöser der Finanzkrise"

Je weiter sich die Finanzkrise ausweitet, desto kritischer wird die Anwendung der Fair Value-Bewertung diskutiert. Die Schuld am Versagen des Finanzsystems wird der Bewertung zum Fair Value zugeschrieben.[170] Das Vertrauen der Bilanzleser und vor allem auch der Kreditgeber in die Bilanzen der Unternehmen hat sich verschlechtert. Durch dieses mangelnde Vertrauen am Finanzmarkt im Allgemeinen kam es zu einer Zurückhaltung bei der Kreditvergabe. Diese verursachte bei vielen Unternehmen Liquiditätsengpässe.

Das Beibehalten der Fair Value-Bewertung in Zeiten der Finanzkrise, in denen es für viele Finanzinstrumente keine aktiven Märkte mehr gab und hohe Volatilitäten zu beobachten waren, hat die Finanzkrise verstärkt.[171] Einige Finanzinstitute mussten im Rahmen der Finanzkrise aus Liquiditätsaspekten Teile ihrer strukturierten Produkte mit großen Abschlägen verkaufen. Die durch solche Verkäufe verfügbaren Preise bildeten die Marktwerte für andere Kreditinstitute. Diese gesunkenen Marktpreise führten zu hohen Abschreibungen auf den Fair Value des jeweiligen Finanzinstrumentes. Die daraus resultierende verschlechterte Ergebnissituation bei einigen Unternehmen führte dazu, dass Finanzinstrumente verkauft wurden, um mehr Liquidität zu beschaffen. So kommt es zu einer Spiralwirkung, die die Marktwerte immer weiter nach unten treibt.[172]

Doch nicht nur in Krisenzeiten, sondern auch bei Vorliegen normaler Marktverhältnisse und aktiver Märkte kann eine Bewertung zum Fair Value zu einer irreführenden Darstellung der tatsächlichen Situation führen.[173] Dies ist beson-

---

[169] Vgl. Ernst&Young (2008a).
[170] Vgl. Fockenbrock, D. (2008); Gilgenberg, B. (2008).
[171] Vgl. Pellens/Sal. Oppenheim (2008), S. 5.
[172] Vgl. Niehaus, H. (2008); Von Petersdorff, W. (2009).
[173] Vgl. Niehaus, H. (2008).

ders bei der Verwendung von Bewertungsmodellen zur Ermittlung des Fair Value der Fall. Hier führen unterschiedliche Annahmen bezüglich einer Vielzahl von Faktoren wie z.B. Cashflows, Diskontierungsraten, Preisvolatilitäten und Annahmen bezüglich der Marktliquidität zu nicht vergleichbaren Marktwerten und somit zu nicht vergleichbaren Bilanzangaben.[174]

Auch wird argumentiert, dass sich eine Verstärkung der Krise mit einer Bilanzierung nach HGB nicht ergeben hätte.[175] Die Regelungen des HGB, konkret die Erfassung der Vermögenswerte sowie Schulden zu Anschaffungs- und Herstellungskosten, hätten nicht zu derartig schweren Turbulenzen auf den Finanzmärkten geführt. Durch das in den HGB-Regelungen verankerte Imparitätsprinzip und das Vorsichtsprinzip ist eine Bewertung über den Anschaffungs- und Herstellungskosten nicht möglich. Verluste werden vor dem Hintergrund des Niederstwertprinzipes antizipiert. Eine Bilanzierung nach HGB hätte unter Umständen nicht zu solch dramatischen Abschreibungen geführt wie in den IFRS-Bilanzen, da eine Bewertung über den AHK nicht möglich ist. Dennoch wurden die Regelungen des HGB im Rahmen der Modernisierung des Bilanzrechts (BilMoG) um die Fair Value Option erweitert. Dies erfolgte mit dem Ziel der Anpassung der deutschen Rechnungslegungsgrundsätze an die internationalen Standards. Eine Gruppe führender Wirtschaftswissenschaftler, wie z.B. Hartmut Bieg, Karlheinz Küting, Heinz Kußmaul, Gerd Waschbusch, Peter Bofinger und Claus-Peter Weber argumentiert, dass das traditionelle deutsche Bilanzrecht auf dem Gläubigerschutz beruhe, Fair Value dagegen diene der Gläubigerinformation. Beide Ziele seien aber nicht in einem Gesetz vereinbar. [176]

Der Fair Value führt in Bankbilanzen zu einer höheren Volatilität in der GuV und löst damit Maßnahmen zur Reduzierung dieser Schwankungen aus. Diese Maßnahmen sind z.B. eine Anpassung oder Veränderung der Geschäftspolitik, was letztendlich Auswirkungen auf das Kundenverhältnis und auch die Situation auf den Finanzmärkten hat. Zudem wirken sich die damit verbundene Kurzfristorientierung und eine geringere Risikointermediation der Banken auf die Stabilität des Wirtschaftssystems aus.[177]

Auch führen kurzfristige Preisänderungen auf den Märkten bei der Anwendung der Fair Value-Bewertung, zu teilweise erfolgswirksamen Gewinnen, die bei vielen Unternehmen einen erheblichen Teil zum betrieblichen Erfolg beitrugen. Auf diese Weise fördert eine Bewertung zu Marktwerten das Kurzfristdenken der Manager und das Streben nach kurzfristigen hohen Renditen.[178]

Im Allgemeinen kann behauptet werden, dass es nachvollziehbar ist, weshalb die Ursache in der Fair Value-Bewertung gesucht wird und der Begriff Fair Value derartig stark in die Kritik geraten ist. Der beizulegende Zeitwert ist keine stabile Größe und kann bei Marktturbulenzen schnell zunichte gemacht werden.

---

[174] Vgl. Wilson, A. (2001), S. 26–33.
[175] Vgl. Schildbach, T. (2008), S. 2385.
[176] Vgl. Fockenbrock, D. (2008).
[177] Vgl. Gramlich, D. (2005), S. 696–697.
[178] Vgl. Schildbach, T. (2008), S. 2385.

Das Konzept der Fair Value-Bewertung erscheint zwar plausibel, jedoch riskant und erfordert deshalb ein funktionierendes Reporting und Risikomanagement, um verlässliche Werte zu gewährleisten und Risiken frühzeitig zu erkennen.

7.4.2 Antithese: „Fair Value Accounting ist nicht Auslöser der Finanzkrise"

Nicht nur der Fair Value-Bewertung wird die Schuld an der Finanzkrise zugeschrieben, auch die Risikomanagement und -controllingsysteme sind Gegenstand heftiger Diskussionen. So sieht beispielsweise der schweizer Rechnungswesenspezialist Max Boemle das Versagen der Wissenschaft, die Finanzkrise nicht hervorgesehen zu haben, als Grund für die starke Wirkung der Krise.[179] Eine hohe Eigenkapitalausstattung wurde als etwas Altmodisches betrachtet. Das Risikomanagement sollte eine niedrigere Eigenkapitalquote ausgleichen. Daher trägt die Finanzmarkttheorie, die dem Leverage eine hohe Bedeutung beimisst, eine gewisse Mitschuld an der Finanzkrise. Außerdem wurden die Rendite-Zielsetzungen zu stark angehoben. Nach den Basel II-Regelungen wird die Eigenkapitalquote risikogewichtet berichtet. Deren Berechnung ist jedoch komplex und deswegen bietet sich ein gewisser Spielraum bietet.

Die Periode vor der Wirtschaftskrise war durch solides Wachstum bei gleichzeitig günstigen Rahmenbedingungen gekennzeichnet. Die gute Entwicklung der Finanzprodukte und die steigende Risikoakzeptanz der Marktteilnehmer führten dazu, dass manche Risiken wie z. B. das Liquiditätsrisiko unberücksichtigt blieben. Es entstand der Eindruck, dass die Kreditrisiken einfach gehedged oder gehandelt werden können. Zusammen mit scheinbar hoher Liquidität und den historisch niedrigen Ausfallraten führte dies zur Reduktion der Risikoaufschläge.[180]

Die geplatzte Blase führte zum Wandel im Risikobewusstsein der Investoren, die begonnen haben, risikobehaftete Finanzinstrumente abzustoßen. Daraufhin wurde der Markt für diese Instrumente illiquide, was zu Liquiditätsengpässen und einem Anstieg der Risikoprämien führte.

Vor der Krise war dem Liquiditätsrisikomanagement ein zu geringer Stellenwert beigemessen worden. Viele Institute gingen von anhaltend hoch liquiden Märkten aus, was infolge der stark gestiegenen Risikoaversion der Investoren zu Liquiditätsengpässen führte.

Viele Zusammenhänge blieben im Rahmen der Stressszenarioanalysen von Kredit- und Marktrisikomanagement unberücksichtigt. Zum einen wurde z.B. der Zusammenhang zwischen den Hypotheken- und Verbriefungsmärkten und der Liquidität nicht ausreichend untersucht. Zum anderen war die Sensitivität vieler Finanzinstrumente auf die Stressereignisse unbekannt. Dazu kommt, dass die Grundannahmen als konstant angenommen wurden und das Konzentrationsrisiko[181]

---

[179] Vgl. Schnyder, S. (2008).
[180] Vgl. PWC (2008a), S. 2.
[181] Gefahren aus ungleichmäßiger Verteilung von Kreditforderungen.

7.4 Die Rolle der Fair Value-Bewertung in der Finanzkrise

infolge der rückläufigen Immobilienpreise oder unsicheren Ratings anstieg. Häufig wurden die Informationen der Rating-Agenturen nicht plausibilisiert.

Zudem sehen einige im Streben der Unternehmen nach möglichst hohen Renditen einen Auslöser für die Finanzkrise.[182] Die Banken sind hohe Risiken eingegangen, um möglichst hohe Renditen zu erwirtschaften. Auch sind die Anreizsysteme für die Mitarbeiter in der Finanzbranche möglicherweise ein Auslöser der Finanzkrise.[183] Die Boni am Jahresende waren für die Mitarbeiter ein Anreiz möglichst hohe Renditen zu generieren. Um dies zu erreichen wurden hohe Risiken eingegangen, was den Banken letztendlich zum Verhängnis wurde. Zu diesem Schluss kommt beispielsweise eine Studie von Union Investment zum Anlageverhalten und der Risikoeinstellung professioneller Investoren. 74 % der Anleger wählten in der aktuellen Studie vom Herbst 2008 das Kriterium Sicherheit als wichtigsten Aspekt bei der Anlageentscheidung. Im Jahr 2006 achteten hingegen nur 23 % bei ihrer Anlageentscheidung auf das Kriterium der Sicherheit. Das Erreichen der Zielrendite als Kriterium hat von 26 % im Jahr 2006 auf 14 % in 2008 an Bedeutung verloren.[184] In diesem Zusammenhang wird auch kritisch auf das von Banken häufig verwendete Risikomodell „Value at Risk[185]" eingegangen. Als Kritikpunkte werden das mangelnde Anpassungsvermögen des Modells in Zeiten dynamischer Märkte und die mangelnde Abbildungsfähigkeit von Extremrisiken genannt.

Aus einer Untersuchung der Eidgenössischen Bankenkommission (EBK) zu den Ursachen der Wertberichtigungen bei der UBS geht hervor, dass der Grund für die hohen Wertberichtigungen auch in einer „organisatorischen Fehlleistung" liegt. Die Bank konnte bis Anfang 2007 die Risiken der Subprime-Geschäfte aufgrund unzureichender Datenerfassung der Risiken nicht einschätzen und deshalb keine rechtzeitigen Gegenmaßnahmen einleiten. Auch werden Schwachstellen im Risikomanagement genannt, z.B. keine wirksame Steuerung des Risikos über die Bilanz und Fehleinschätzungen bei der Erfassung von Risiken. Die Untersuchung der EBK kommt zu dem Schluss, dass das System zur Erfassung relevanter Risiken nur ungenügend funktionierte und auch nicht zur Früherkennung von Gefahren geeignet war[186], was die Aussage, dass die unzureichenden Risikomanagementsysteme der Banken zur Krise geführt hätten, verstärkt.

7.4.3 Fazit und Schlussbemerkung

Insgesamt kann festgestellt werden, dass die Ursachen der Finanzkrise mannigfaltig sind. Einerseits liegen sie im Versagen der Risikomanagementsysteme, andererseits hat auch das Streben nach möglichst hohen Renditen dazu geführt, dass

---

[182] Vgl. Tagesschau (2008).
[183] Vgl. Tagesschau (2008).
[184] Vgl. Funke, C./ Johanning, L./ Rudolph, B. (2008), S. 7f.
[185] Value at Risk ist eine Standardkennziffer, die den geschätzten, maximalen, in einem festgelegten Zeitraum und mit einer bestimmten Wahrscheinlichkeit eintretenden Wertverlust quantifiziert.
[186] Vgl. Eidgenössische Bankenkommission (2008).

das Kriterium des Risikos bei der Anlageentscheidung vernachlässigt wurde. Die Fair Value-Bewertung hat dieses Problem noch verstärkt.

Der Fair Value ist aufgrund seines Gegenwartsbezuges für Investoren entscheidungsrelevant. Jedoch wird der beizulegende Zeitwert nicht als eindeutiger Wertmaßstab betrachtet, da er durch andere Wertmaßstäbe, z.B. Marktwerte oder Vergleichswerte, konkretisiert wird. Somit ist der Ansatz zum Fair Value nicht durchgängig gleich. Dies führt bei unvollkommenen Märkten dazu, dass der Fair Value nicht eindeutig bestimmt werden kann. In diesem Fall kann der beizulegende Zeitwert dem Verkaufspreis, dem Beschaffungspreis oder dem Nutzungswert entsprechen, was einen zwischenbetrieblichen Vergleich nicht ermöglicht. Dennoch ist der Fair Value wegen seines Gegenwartsbezuges und seiner Prognose über die künftig zu erwartenden Zahlungsströme für Investoren nützlicher als die Anschaffungskosten, die Vergangenheitswerte darstellen. Vor allem bei Finanzinstrumenten stellt der Marktpreis den Beitrag des jeweiligen finanziellen Vermögenswertes am Unternehmenswert dar. Allerdings ist zu beachten, dass die Ermittlung des Fair Value oftmals mit subjektiven Einschätzungen verbunden ist, vor allem wenn der Zeitwert „Mark-to-Model" bestimmt wird.[187]

Darüber hinaus ist der Fair Value im Zuge der Finanzkrise oft nicht auf einem aktiven Markt ermittelbar. Die ermittelten Preise führen zu einer falschen Darstellung in der Bilanz, vor allem wenn das Unternehmen nachweislich eine volle Rückzahlung erwartet. Außerdem führen die Änderungen des IAS 39 zu einer komplizierteren Abbildung von Finanzinstrumenten in der Bilanz, was die Verständlichkeit und Vergleichbarkeit von Abschlüssen nicht gerade unterstützt.

Es ist festzuhalten, dass der Wertmaßstab des Fair Value als entscheidungsnützlich betrachtet wird, jedoch im Zuge der Finanzkrise neben den oben genannten Faktoren zu einer Verstärkung der Krise beigetragen hat.

Viele große Kreditinstitute haben noch immer hohe Beträge an „toxischen Wertpapieren" in ihren Büchern. So haben laut einer Umfrage der Bundesbank und der BaFin die 20 größten deutschen Banken noch Risikopapiere im Umfang von ca. 300 Mrd. Euro in ihren Bilanzen.[188] Es besteht somit noch ein hoher Abschreibungsbedarf, weshalb das Thema rund um die Fair Value-Bewertung noch einige Zeit heftig diskutiert werden dürfte.

---

[187] Vgl. Dohrn, M. (2004), S. 115f.
[188] Vgl. Spiegel (2008).

8 Welche Rolle spielen die Hedgefonds in der Finanzkrise?

8.1 Grundlagen

8.1.1 Der Begriff Hedgefonds

Das Wort Hedgefonds leitet sich von den Begriffen „to hedge" (englisch für absichern) und „fonds" (französisch für Geldmittel oder -vorrat). Die Bezeichnung Hedgefonds wurde erstmals von Carol Loomis in einem Artikel des Fortune Magazine im April 1966 verwendet. Er beschrieb darin den ersten Hedgefonds, der im Jahr 1949 von Alfred Winslow Jones aufgesetzt wurde. Stand bei diesem ersten Hedgefonds noch das Absichern im Vordergrund, gibt es heute eine Vielzahl von unterschiedlichen Anlagestrategien. Durch die Globalisierung der Finanzmärkte, die technologische Weiterentwicklung, die Vielzahl von handelbaren Wertpapieren und die Entwicklung innovativer Finanzinstrumente haben Hedgefonds-Manager heute verschiedenste Möglichkeiten, das von ihnen verwaltete Geld anzulegen, und nehmen oft Abstand vom ursprünglichen „Hedging".

Eine genaue Begriffsdefinition gibt es nicht. Die Literatur bietet viele Definitionsansätze, welche jeweils unterschiedliche Eigenschaften der Fonds in den Vordergrund stellen. Einige Charakteristika treten jedoch vermehrt auf, und so könnte man Hedgefonds wie folgt definieren: Hedgefonds sind wenig regulierte Anlagegesellschaften, die sich durch eine hohe Flexibilität, ein besonderes Ertragsprofil und eine ergebnisorientierte Entlohnung auszeichnen.

8.1.2 Abgrenzung zu anderen Investmentarten

Hedgefonds gehören zur Klasse der alternativen Investments oder nicht-traditionellen Assets. Diese sind gekennzeichnet durch eine geringe Liquidität, begrenzte Informationstransparenz und eine geringe Ertragskorrelation zu traditionellen Investments. Darüber hinaus ist es alternativen Investmentprodukten möglich, durch eine Vielzahl von Anlagestrategien positive Erträge unabhängig von Aktien- und Rentenmarktentwicklungen zu erzielen. Des Weiteren zeichnen sie sich durch eine hohe Flexibilität aus und sind auf Grund von hohen Mindestkapitaleinsätzen nur einer kleinen wohlhabenden Interessengruppe zugänglich. Zu den alternativen Investments gehören neben Hedgefonds Private Equity, Venture Capital, strukturierte Produkte, Rohstoffe, Währungen und Immobilien.

Hedgefonds unterscheiden sich deutlich von traditionellen Investments. Ein sehr wichtiges Unterscheidungskriterium ist das Ertragsprofil. Während traditionelle Investmentfonds ein relatives Renditeziel verfolgen, d.h. ihren Ertrag immer im Vergleich zu einer Benchmark sehen, streben Hedgefonds ein absolutes Renditeziel an, also eine positive Rendite unabhängig vom Marktumfeld. Hedgefonds weisen, wie bereits erwähnt, eine hohe Flexibilität auf. Sie können in alle Assetklassen und Märkte investieren und auf alle Investmentstrategien sowie Instrumente zurückgreifen. Die Aufnahme von Fremdkapital zur Ausnutzung des Leverage-Effekts ist ein weiteres Merkmal der Hedgefonds. Traditionelle Investmentfonds legen sich dagegen auf bestimmte Assetklassen und Märkte fest. Zudem sind sie zahlreichen Restriktionen unterworfen und dürfen so z.B. keine Leerverkäufe tätigen und Kredite nur in sehr beschränktem Maß aufnehmen. Hedgefonds können sich jedoch, z.B. durch die Wahl der Rechtsform und des Gesellschaftssitzes, Regulierungen weitestgehend entziehen. Ein weiteres Unterscheidungsmerkmal ist die Entlohnung. Während sich diese bei traditionellen Investmentfonds nach einer Verwaltungsgebühr richtet, gibt es bei Hedgefonds zusätzlich eine Erfolgsbeteiligung.

Die Abgrenzung von Hedgefonds zu Private Equity ist heutzutage nicht mehr eindeutig. Es gibt jedoch einen grundlegenden Unterschied: Ursprünglich sind Hedgefonds eher an der Ausnutzung kurzfristiger Markineffizienzen interessiert, wohingegen Private Equity-Fonds einen längeren Anlagehorizont aufweisen. Private Equity-Gesellschaften stellen bevorzugt nicht börsennotierten Unternehmen Eigenkapital oder eigenkapitalähnliche Finanzierungsmittel bereit, um mittelständischen Unternehmen zu mehr Wachstum und Effizienz zu verhelfen. Nach Erreichen des erwünschten Unternehmenserfolgs trennen sich die Private Equity-Gesellschaften wieder von ihren Anlagen. Anfänglich weniger eine Renditequelle, fanden in den letzten Jahren verstärkt Beteiligungen von Hedgefonds an typischen Private Equity-Geschäften wie beispielsweise Leveraged Buy-Outs statt. Ein Grund für die zunehmende Tätigkeit auf dem Private Equity-Markt ist die Forderung der

	Hedgefonds	**Private Equity Fonds**
Laufzeit	Unbefristet	Gewöhnlich 10–12 Jahre
Anlageform	Relativ liquide	Illiquide
Liquidität des Investors	Unbefristeter Fond, periodische Abhebung möglich	Geschlossener Fonds
Kapitaleinlage	100 % Einlage am Zeichnungstag	Je nach Kapitalbindung
Managementgebühren	Basierend auf Net Asset Value	Basierend auf Kapitalbindung
Erfolgsabhängige Vergütung	Jährliche Bonuszahlung auf realisierte und nicht-realisierte Gewinne	Übertragener Zins auf realisierte Investitionen

Abbildung 8.1: Unterschiede von Hedgefonds und Private Equity Fonds
Quelle: Maslakovic 2008, S. 4

8.1 Grundlagen

Investoren nach großen Renditen, die die Hedgefonds-Manager auf dem Primärmarkt nur noch schwer erfüllen können. Problematisch für Hedgefonds bei dieser Art von längerfristigem Investment sind die Kapitalhaltefristen. Da diese häufig kürzer sind als die festgesetzten Kapitalabzugsfristen der Private Equity-Fonds, besteht die Gefahr, dass Hedgefonds auf Grund eines starken Auszahlungsverlangens der Kapitalgeber ihre eingegangenen Unternehmensbeteiligungen kurzfristig auflösen müssen. Da das dramatische Folgen für die jeweiligen Unternehmen haben kann, entscheiden sich einige solcher Firmen auf der Suche nach Finanzinvestoren gegen Hedgefonds. Die Unterschiede von Hedgefonds und Private Equity werden in Abb. 8.1 nochmals zusammengefasst.

8.1.3 Charakteristika von Hedgefonds

Absolute Erträge

Ziel eines Hedgefonds-Managers ist es, absolute Erträge zu erzielen. Das bedeutet, dass in jeder Marktsituation ein positiver Ertrag erzielt werden soll. Der Ertrag von Hedgefonds wird nicht, wie beispielsweise bei traditionellen Investments, im Vergleich zu einer Benchmark gesehen. Traditionelle Investments wollen relative Erträge erzielen, was nicht heißt, dass diese positiv sein müssen. Beispielsweise wäre bei einem Verlust von fünf Prozent das Renditeziel erreicht, wenn die Benchmark mehr verloren hätte.

Leverage Einsatz

Hedgefonds nehmen Fremdkapital auf, um ihre Eigenkapitalrendite zu steigern (Leverage-Effekt). Besonders bei Investments mit einer eher kleinen Gewinnspanne kann so der Ertrag des Fondsvermögens vergrößert werden. Der Leverage-Effekt wirkt sich jedoch nur so lange positiv auf die Eigenkapitalrendite aus, wie die Gesamtkapitalrendite bzw. der interne Zinsfuß der Investition höher als der Fremdkapitalzins ist. Eine Steigerung des Fremdkapitalanteils erhöht die Renditeaussichten einhergehend mit einer Steigerung des Risikos. Es wird grundsätzlich zwischen zwei Arten von Leverage entschieden: der „bilanzielle Hebel" ist die Fremdkapitalaufnahme in Form von Krediten, wohingegen der „instrumentelle Hebel" das Eingehen von Position mit vergleichsweise geringem Kapitaleinsatz, z.B. mit Hilfe von Derivaten, beschreibt.

Einsatz von Leerverkäufen und Derivaten

Durch das Verwenden bestimmter Finanzinstrumente weisen Hedgefonds eine hohe Flexibilität auf. Neben der eben beschriebenen Aufnahme von Fremdkapital sind die wichtigsten Instrumente dabei Derivate und Leerverkäufe. Derivate sind Finanzinstrumente, deren Preis von einem zugrundeliegenden Basiswert (z.B. Wertpapiere, Rohstoffe) abgeleitet wird. Ein Beispiel für Derivate sind Termingeschäfte, bei denen im Gegensatz zu Kassageschäften das Erfüllungs- und Verfügungsgeschäft zeitlich auseinander fällt. Man unterscheidet unbedingte (Vertragspartner hat kein Wahlrecht bezüglich der Ausübung des Vertrags) und bedingte Termingeschäfte (Vertragspartner hat ein Wahlrecht). Zu den unbedingten Termingeschäften zählen Forwards und Futures. Forwards werden hinsichtlich der Vertragsbedingungen individuell vereinbart, während Futures standardisierte Verträge sind, die an Börsen gehandelt werden. Bedingte Termingeschäfte werden auch als Optionen bezeichnet. Bei Optionen hat der Käufer (Long-Position) ein Wahlrecht, ob er die Option ausüben möchte, während der Verkäufer (Short-Position) eine Optionsprämie erhält, aber kein Wahlrecht hat. Auch bei den bedingten Termingeschäften wird zwischen individuellen und standardisierten Verträgen unterschieden. Standardisierte Optionen werden auch als Traded Options bezeichnet und an Börsen gehandelt. Individuell ausgestaltete Optionen heißen Over The Counter (OTC) Options. Der Käufer einer Option kann, je nach seinen Erwartungen über die Kursbewegung, zwischen zwei Arten wählen. Setzt er auf steigende Kurse, kann er eine Kaufoption (Call) erwerben. Dies beinhaltet das Recht beispielsweise eine Aktie zu einem bestimmten Preis zu kaufen. Erwartet der Käufer fallende Kurse, kann er eine Verkaufsoption (Put) erwerben. Sie gibt ihm das Recht, eine Aktie zu einem bestimmten Preis zu verkaufen. Der Verkäufer eines Calls (Puts) hingegen wird auf konstante beziehungsweise fallende (steigende) Kurse setzen.

Der Leerverkauf (Short Selling) bezeichnet einen Vorgang, bei dem im ersten Schritt durch das Ausleihen von Wertpapieren von Dritten gegen eine Gebühr und den sofortigen Verkauf derselben Wertpapiere am Markt eine Short Position aufgebaut wird. Die Einnahmen aus dem Verkauf der Wertpapiere dürfen nicht für andere Geschäfte verwendet werden, sondern verbleiben für die Dauer des Leihvertrages auf dem vom Prime Broker geführten Konto als Sicherheit. Zu einem späteren Zeitpunkt muss diese Position wieder aufgelöst werden, indem der Hedgefonds die geliehenen Wertpapiere am Markt zurückkauft und sie dem Verleiher gegen Rückgabe der Sicherheiten zurückgibt. Der Short Seller hofft dabei auf einen Kursrückgang der geliehenen Titel, sodass er sie günstiger wieder zurückkaufen kann, als er sie zunächst verkauft hatte. Übersteigt die sich daraus ergebene Differenz die Kosten der Wertpapierleihe, so erzielt der Hedgefonds einen Gewinn.

Das Gegenteil zu einer Short-Strategie ist die traditionelle Long-Strategie, bei der Wertpapiere am Markt gekauft werden, und nach eingetretenem Kursanstieg mit Gewinn wieder verkauft werden. Ein grundlegender Unterschied der beiden Strategien ist das Gewinn- und Verlustpotential: Bei einer Long-Strategie ist das Gewinnpotential unbegrenzt, während sich das Verlustpotential auf den Totalverlust des eingesetzten Kapitals beschränkt. Bei einer Short-Strategie ist es genau umgekehrt. Das Gewinnpotential ist begrenzt, während theoretisch ein unbegrenztes Verlustpotential besteht. Damit ist der Leerverkauf mit deutlich mehr Risiko versehen. Außerdem ist der Leerverkäufer zusätzlich einem Liquiditätsrisiko ausgesetzt. Dieser muss beim Leihen der Wertpapiere Sicherheiten hinterlegen, die, sofern ihr Wert eine bestimmte Grenze unterschreitet, aufgestockt werden müssen (Margin Call).

Mindestanlagesummen

Hedgefonds benötigen ein großes Fondsvermögen, um ihre Strategien umsetzen zu können. Im Gegensatz zu anderen Anlageformen richten sie sich dabei aber nicht an eine breite Masse von Investoren, sondern zum größten Teil an wohlhabende Privatkunden sowie an institutionelle Anleger (u.a. Banken, Versicherungen, Pensionskassen). Der Mindestkapitaleinsatz liegt üblicherweise bei neuen Managern bei 100.000 US-Dollar und kann bei erfahrenen und etablierten Managern mehrere Millionen US-Dollar betragen.

Mindesthaltefristen

Charakteristisch für Hedgefonds ist die Lock-Up-Periode. Das ist eine Mindesthaltefrist von ein bis fünf Jahren, in der Anleger ihr Kapital für gewöhnlich nicht vom Fonds abziehen können. Der Hedgefonds kann dadurch die Investitionen auch längerfristig planen. Könnten Investoren ihr Kapital jederzeit abziehen, hätte das für den Fonds mitunter gravierende Folgen. Ein Abstoß von Positionen zu einem unerwünschten Zeitpunkt kann mit Werteinbußen verbunden sein und je nach Größe des Investments eventuell das Bestehen des gesamten Fonds gefährden.

Geringe Transparenz

Hedgefonds sind keinen rechtlichen Beschränkungen oder Anlagegrundsätzen unterworfen. Daher werden Anteilspreise, gehaltene Positionen und abgeschlossene Transaktionen selten, nur sehr unregelmäßig oder in vielen Fällen auch gar nicht veröffentlicht. Hedgefonds nutzen Preisineffizienzen in verschiedenen Märkten. Müssten sie ihre Positionen und Transaktionen offen legen, könnten andere Marktteilnehmer diese ebenfalls nutzen und so den Gewinn der Fonds schmälern oder in einen Verlust umkehren. Daher ist die geringe Transparenz wichtig für die Funktionsweise der Hedgefonds.

Gebühren- und Provisionsmodelle

Hedgefonds haben außergewöhnliche Gebührenstrukturen, die sie von anderen Anlageformen unterscheiden. Die Vergütung der Manager besteht aus einer fixen Komponente – der Management Fee – und einer variablen Komponente – der Performance Fee. Der fixe Teil wird von den Investoren als Verwaltungsgebühr oder wertentwicklungsunabhängiges Leistungshonorar jährlich gezahlt. Üblicherweise beträgt die Gebühr ein bis zwei Prozent des kontrollierten Fondsvolumens und dient zur Abdeckung der Kosten für Auflage, Verwaltung und Vertrieb. Die Performance Fee hingegen ist erfolgsabhängig und ermöglicht es dem Fondmanager, an einer positiven Wertentwicklung zu partizipieren. Der internationale Maßstab liegt hierfür bei 15 % bis 25 % des tatsächlichen Vermögenszuwachses. Durch diese Anreizstruktur könnte der Fondsmanager in Einzelfällen dazu verleitet werden, Investitionen mit überhöhtem Risiko einzugehen, um seine erfolgsbezogene Vergütungskomponente ausschöpfen zu können. Um dieses moralische Risiko (Moral Hazard) zu minimieren und die Manager zu ökonomischem Verhalten zu animieren, müssen Hedgefonds-Manager in der Funktion des General Partner einen erheblichen Teil ihres Privatvermögens in ihren Fonds investieren.

Die erfolgsabhängige Entlohnungskomponente des Fondsmanagers kann zusätzlich vom Erreichen bestimmter Renditeziele abhängig sein, welche in den Vertragsbindungen definiert sind. Eine sogenannte Hurdle Rate ist eine Vereinbarung, bei der der Hedgefonds-Manager an einer Wertsteigerung erst dann partizipieren kann, wenn die Rendite einen festen Grenzsatz überschreitet (i.d.R. 4 bis 8 %). Eine andere Beschränkung stellt die High Watermark-Klausel dar. Nach ihr wird die Performance Fee erst gezahlt, wenn die Höchstmarken der vorausgegangenen Abrechnungszeiträume überschritten werden. Damit wird verhindert, dass in Phasen des Wachsens nach schweren Verlustphasen Erfolgsgebühren anfallen.

Laut Hilpold weisen der Großteil (über 75 %) der Single-Hedgefonds ein Gebührenmodell von zwei Prozent Management Fee, 20 % Performance Fee in Verbindung mit einer High Watermark und ohne Hurdle Rate auf. Einige Hedgefonds weisen zudem eine Redemption Fee aus. Diese fällt bei Rückgabe der Fondsanteile an und soll Anleger von häufigem Wechseln der Fonds abhalten. Je länger das Investment jedoch gehalten wird, desto geringer fällt diese Gebühr aus und kann schließlich ganz entfallen.

Gründung in Offshore-Domizilen

Ein Großteil der Hedgefonds wird heutzutage nur noch aus Finanzmetropolen wie New York oder London gesteuert, hat aber den Unternehmenssitz (Hedgefonds-Gesellschaft) in Offshore-Jurisdiktionen. Zu diesen Offshore-Regionen gehören z.B. die Cayman Islands, British Virgin Islands, Bermuda, Bahamas, Luxemburg oder Irland. Besonders Hedgefonds können von den wesentlichen Standortvorzügen profitieren:

- „keine oder nur geringe Einkommens-, Körperschafts-, Veräußerungsgewinns- oder Quellensteuern
- nicht vorhandene oder schwach ausgeprägte aufsichtsrechtliche Regime
- stabile wirtschaftliche und politische Verhältnisse
- kompetitives und ausgereiftes Marktumfeld für Anbieter von Serviceleistungen an Hedgefonds
- keine Verpflichtung zur physischen Präsenz des Hedgefonds-Managements
- regelmäßiger Verzicht auf die Ratifikation von Auslieferungs- und Rechtshilfeabkommen."[1]

Im Vordergrund stehen dabei für Hedgefonds vor allem die aufsichtsrechtliche Freiheit und die steuerrechtlichen Gründe.

---

[1] Vgl. Graef 2008, S. 41/42.

8.1.4 Risikoeigenschaften von Hedgefonds

Hedgefonds weisen im Vergleich zu traditionellen Investments ein besonderes Risikoprofil auf. Die Vielzahl von Finanzinstrumenten ermöglicht nicht nur ein spezielles Ertragsprofil, sondern setzt Hedgefonds einer deutlich erhöhten Wahrscheinlichkeit zur Fehlentwicklung im Asset-Management-Prozess aus. Nachfolgend werden die wichtigsten Risikofelder und Ansätze zu ihrer Beschränkung beschrieben. Risiko ist dabei als Ungewissheit über die Wertentwicklung eines Anlageobjekts zum Ende der Abrechnungsperiode zu verstehen.

Marktrisiken

Hedgefonds können für ihre Anlagestrategien auf nahezu alle Finanzinstrumente und Techniken zurückgreifen. Abhängig von diesen oft weit gestreuten Geschäftstätigkeiten und der meistens nicht unerheblichen Unterlegung mit Leverage (Fremdkapitalanteil) steigt die Gefahr, dass sich der Wert eingegangener Positionen nicht wie erwartet entwickelt. Zur Abschätzung, Überwachung und Minimierung von Marktpreisrisiken werden die Instrumentarien immer weiter entwickelt und verfeinert. Besonders das Value at Risk (VaR)-Konzept hat sich in diesem Bereich als Messgröße zur Vermeidung von Risikokonzentrationen durchgesetzt. „VaR bezeichnet den maximalen Wert von Verlusten, der innerhalb einer bestimmten Wahrscheinlichkeit nicht überschritten wird"[2]. Als Grundlage für die Berechnungen werden historische Marktpreisschwankungen herangezogen. Ein Problem beim VaR-Ansatz ist, dass nicht das gesamte Risikospektrum zuverlässig abgebildet werden kann. Verluste in extremen Marktsituationen oder in der Vergangenheit nicht beobachtete Einflussfaktoren können mit diesem Modell nicht erfasst werden. Um diese Unsicherheiten beheben zu können, wurde das VaR-Konzept weiterentwickelt. Es werden jetzt unter anderem Quantifizierungsmethoden wie Stresstests und Szenarien-Analysen (z.B. Worst-Case-Szenarien), die Wertveränderungen auslösen können, mit in die Betrachtung einbezogen. Eine angemessenere Bewertung der Marktrisiken ist für Hedgefonds somit möglich.

Adressenausfallrisiken

Können Vertragspartner ihren Verpflichtungen nicht oder nur teilweise nachkommen oder verschlechtert sich ihre Bonität, spricht man von Adressenausfallrisiken. Für den Hedgefonds ergibt sich daraus ein großes Verlustpotential. Im Folgenden werden hierzu Emittenten-, Kontrahenten-, Kredit- und Länderrisiken betrachtet.

→ Emittentenrisiko

Das Emittentenrisiko beschreibt die Gefahr, dass der Herausgeber, von beispielsweise strukturierten Produkten, seinen Zahlungsverpflichtungen nicht mehr nachkommen kann, da er selbst zahlungsunfähig geworden ist. Ein Anleger muss daher nicht nur einen eventuellen Verlust aus möglichen Marktwertrückgängen der

---

[2] Vgl. Weidner 2007, S. 755.

Basispreise beachten, sondern auch das Risiko des Totalverlustes des investierten Kapitals durch Ausfall des Emittenten einkalkulieren.

→ **Kontrahentenrisiko**

Ein Kontrahentenrisiko entsteht, wenn Geschäfte OTC und nicht an einer Börse oder einem geregelten Markt abgewickelt werden. Hierbei können Wertverluste entstehen, wenn die Gegenpartei ausfällt (Wiedereindeckungsrisiko) oder ihren Verpflichtungen nicht termingerecht nachkommt (Abwicklungsrisiko).

→ **Kreditrisiko**

Das Kreditrisiko ist die Gefahr, dass ein Kreditnehmer seinen Zahlungsverpflichtungen nicht mehr oder nur noch teilweise nachkommen kann. Hedgefonds sind besonders diesem Risiko ausgesetzt, da sie oftmals einen großen Leverage einsetzen. Dabei besteht die Gefahr einer starken Überschuldung, wenn die Rentabilität des eingesetzten Kapitals über einen längeren Zeitraum kleiner als die Fremdkapitalkosten ist.

→ **Länderrisiko**

Hedgefonds sind zum größten Teil in Offshore-Domizilen angesiedelt und investieren ihr Vermögen in aller Welt. Dadurch sind sie verstärkt Länderrisiken ausgesetzt. Hier besteht die Gefahr, dass Kunden in anderen Ländern ihren Zahlungsverpflichtungen auf Grund staatlich veranlasster Maßnahmen, wie beispielsweise dem Einfrieren von Einlagen oder der Beschränkung der Devisentransfers, nicht mehr in vollem Umfang nachkommen können. Weiterhin können länderspezifische ökonomische Faktoren wie eine mangelnde Zahlungsfähigkeit und Währungsabwertungen auch die Liquidität von Kunden beeinflussen. Um diese Risiken abschätzen zu können, stützen sich Hedgefonds unter anderem auf Länderratings, die von den internationalen Ratingagenturen Moody's, Standard & Poor's und Fitch herausgegeben werden.

Liquiditätsrisiko

Hedgefonds sind auf vielfältige Weise mit anderen Finanzdienstleistern verbunden. Eine besonders enge Bindung pflegen sie dabei zu ihrem Prime Broker. Er verwaltet das Margin-Konto, auf dem Sicherheiten für getätigte darlehensfinanzierte Engagements oder derivative Investitionen hinterlegt werden müssen. Wird der Saldo dieses Kontos auf Grund ungünstiger Kursentwicklungen negativ, müssen sofort neue Sicherheiten hinterlegt werden. Sind die Liquiditätsreserven des Hedgefonds erschöpft, ist er gezwungen Positionen aufzulösen, was mitunter mit großen Verlusten verbunden sein kann. Im ungünstigsten Fall sind Glattstellungen von Positionen überhaupt nicht realisierbar.

Managerrisiko

Der Hedgefonds und die Anlagestrategie werden vom Management geleitet, was bedeutet, dass der Erfolg von dessen Verlässlichkeit und individuellen Fähigkeiten abhängt. Verluste können durch menschliche Fehlleistungen und damit verbundene operationelle Schwächen, plötzlichen Strategiewechseln oder betrügerischen Maßnahmen entstehen. Um dieses Risiko zu minimieren, werden Entscheidungskompetenzen auf eine größere Zahl an Managern verteilt, die sorgfältig ausgewählt und deren Investitionsentscheidungen fortlaufend überwacht werden. Ein weiterer Schutzmechanismus besteht darin, dass Manager zu einem großen Teil mit ihrem eigenen Vermögen im Hedgefonds investiert sein müssen.

Operationelles Risiko

Operationelle Risiken resultieren aus organisatorischen, personellen und technischen Mängeln im Betriebsablauf oder durch externe Einflussfaktoren. Zu diesen Risikoquellen und einigen Beispielen zählen:

- *Mitarbeiter-Risiko* (siehe auch Managerrisiko): Fluktuation, Schlüsselpersonal, Betrug, individuelle Fehler
- *Technologie-Risiko*: Programm- oder Modellfehler
- *Capital-Asset-Risiko*: Feuer, Sicherheitsrisiken
- *Externe Risiken*: Betrug, Rechts- und Steuerrisiken, Krieg/Terrorismus, Marktzusammenbruch.

Durch den Einsatz von Risikomanagementsystemen sollen diese Gefahren vermieden werden.

Strategisches Risiko

Hedgefonds haben vom Management vorgegebene Renditeziele. Um diese auf lange Sicht hin zu realisieren, investieren Hedgefonds in eine Vielzahl von Finanzmarktinstrumente. Das strategische Risiko entsteht, wenn sich das Geschäftsumfeld kurzfristig ändert. Eine erfolgreiche Geschäftsstrategie sollte immer in der Lage sein, auf solche veränderte Rahmenbedingungen reagieren zu können. Es ist daher wichtig, Diskontinuitäten in den Markt- und Wettbewerbsbegebenheiten sorgfältig zu überwachen und die Anlagestrategien fortlaufend anzupassen.

8.1.5 Organisationsstruktur eines Hedgefonds

Hedgefonds weisen auf Grund der wenigen Regulierungen keinen einheitlichen Aufbau auf. Je nach Schwerpunkt und individuellen Bedürfnissen kann es sehr unterschiedliche Konstruktionen geben. Graef beschreibt jedoch eine grundlegende Modellstruktur, die dem Großteil der Hedgefonds gemein ist. Dieser Aufbau ist in Abb. 8.2 dargestellt und wird im Folgenden beschrieben.

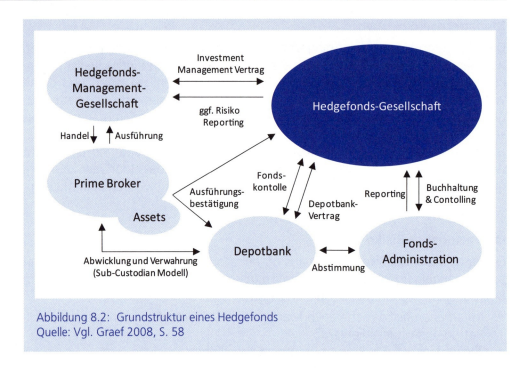

Abbildung 8.2: Grundstruktur eines Hedgefonds
Quelle: Vgl. Graef 2008, S. 58

Hedgefonds-Gesellschaft

Bei der Wahl der Rechtsform stehen vor allem steuerrechtliche Überlegungen in Offshore-Domizilen im Vordergrund. Der Sitz der Gesellschaft gibt die aufsichtsrechtlichen Rahmenbedingungen vor. Der Großteil der Hedgefonds weltweit ist als Limited Partnership gegründet. Im deutschen Recht kann man die Limited Partnership in den Grundzügen mit der Kommanditgesellschaft vergleichen, bei der es zwei Arten von Investoren gibt. Limited Partner (ähnlich den Kommanditisten) beteiligen sich mit einer Vermögenseinlage an der Hedgefonds-Gesellschaft, auf deren Höhe sich ihre Haftung beschränkt. Sie nehmen nicht an der Geschäftsführung teil, haben aber finanzielle Teilhaberrechte wie eine Beteiligung am Fondsvermögen, Ausschüttungsansprüche und das Recht auf Auskehrung des Auseinandersetzungsguthabens bei einer Auflösung der Gesellschaft. General Partner (ähnlich den Komplementären) sind persönlich unbeschränkt haftende Gesellschafter, die für die Geschäftsführung und Vertretung der Hedgefonds-Gesellschaft im Rechtsverkehr zuständig sind. Oftmals sind die General Partner und das Hedgefonds-Management identisch. In manchen Fällen unterstützen jedoch externe Manager die Hedgefonds-Gesellschaft bei der Entscheidungsfindung.

Hedgefonds-Management-Gesellschaft

Die Hedgefonds-Management-Gesellschaft ist eng mit der Hedgefonds-Gesellschaft verbunden. Die rechtliche Grundlage dafür bietet ein Investment Management Vertrag, der unter anderem das Zusammenspiel zwischen beiden Gesellschaften sowie die Managervergütung regelt. Hauptaufgabe der Management-Gesellschaft ist das Anlagemanagement. Daneben ist sie außerdem für die tägliche Verwaltung, das Marketing und den Vertrieb zuständig. Die Arbeit des Hedgefonds-Managements ist grundlegend und entscheidend für den Erfolg des Hedgefonds.

Externe Dienstleister

Neben der Hedgefonds-Gesellschaft und der Hedgefonds-Management-Gesellschaft sind externe Anbieter im Geschäftsbetrieb notwendig. Dazu gehören Prime Broker, Depotbanken und Fondsadministration.

Prime Broker

Als Prime Broker treten die führenden Investmenthäuser (z.B. Morgan Stanley, Goldman Sachs) und vereinzelt Universalbanken (z.B. Deutsche Bank, UBS) auf. Sie übernehmen Dienstleistungen für das Hedgefonds-Management. Das angebotene Leistungsspektrum ist breit gefächert und an die jeweiligen Bedürfnisse der Hedgefonds angepasst. Die Kernaufgaben umfassen dabei die Umsetzung der Strategien des Hedgefonds-Managements sowie die ordnungsgemäße Abrechnung (Clearing) und Abwicklung (Settlement) der Transaktionen. Prime Broker führen außerdem im Auftrag der Hedgefonds Berechnungen von Risikokennziffern durch, handeln mit Wertpapieren und Derivaten und verwalten das Depot. Eine weitere wichtige Tätigkeit darüber hinaus ist die Bereitstellung von Kreditlinien, das sogenannte Cash Lending, und die Bereitstellung von Wertpapieren sowie Intermediärdiensten zur Durchführung von Leerverkäufen.

Depotbank

Die Aufgaben einer Depotbank, auch als Custodian bezeichnet, umfassen die Verwahrung des Anlagevermögens, die Kontrolle der gesetzlichen und fondsspezifischen Anlagerichtlinien, die Ausgabe und Rücknahme der Fondsanteile sowie den Zahlungsverkehr. Oftmals übernimmt der Prime Broker zugleich die Aufgaben der Depotbank, wobei das Fondsvermögen dann gleichzeitig als Sicherheit dient.

Fondsadministration

Die Fondsadministration nimmt eine neutrale Stellung gegenüber dem Hedgefonds-Management und dem Prime Broker beziehungsweise der Depotbank ein. Zu ihren Aufgaben zählen die Buchhaltung des Fonds, ein modernes Risikomanagement, das Fonds-Reporting und die Performancemessung. Zudem bietet sie Unterstützung bei der Vertragsgestaltung und in steuerrechtlichen Fragen durch die Bereitstellung von qualifiziertem Personal. Die Rolle der Fondsadministration wird hauptsächlich von Universalbanken und deren Tochtergesellschaften übernommen.

8.1.6 Dach-Hedgefonds

Ein Dach-Hedgefonds (Fund of Hedge Funds) ist ein Portfolio von Investments in unterschiedliche Hedgefonds. Der Dach-Hedgefonds bietet Investoren die Möglichkeit, sich indirekt an einem Hedgefonds zu beteiligen. Eine Investition in einen Einzel-Hedgefonds kann im schlimmsten Fall den Totalverlust des eingesetzten Kapitals für den Investor bedeuten. Um diese Gefahr zu vermeiden und das Risiko besser zu diversifizieren, gibt es die Möglichkeit, Anteile an einem Dach-Hedgefonds zu erwerben. Unter einem Dach-Hedgefonds sind viele einzelne Hedgefonds zusammengefasst, die von externen Managern gesteuert werden. Durch die unterschiedlichen Anlagestrategien und Informationen der einzelnen Hedgefonds wird das Gesamtrisiko des Dach-Hedgefonds verringert.

Der größte Vorteil dieser Dach-Hedgefonds ist der Diversifikationseffekt, wodurch das Verlustrisiko im Gegensatz zu einzelnen Hedgefonds verringert wird. Der Verlauf der Wertentwicklung gestaltet sich zudem kontinuierlicher und mit weniger Volatilität, da Verluste in einzelnen Hedgefonds des Portfolios durch Gewinne in anderen ausgeglichen werden können. Hinzu kommt, dass Fonds, in die investiert werden soll, für einen solchen Dach-Hedgefonds gründlich geprüft und sorgfältig ausgesucht werden. Investoren können zudem mit geringeren Anlagebeträgen gleichzeitig in mehrere Strategien investieren und bei Bedarf ihr Kapital in kürzerer Zeit als bei Einzel-Hedgefonds zurückverlangen.

Der Vorteil der Diversifikation der Dach-Hedgefonds kann gleichzeitig auch als Nachteil gesehen werden. Durch das kleinere Risiko und die geringere Volatilität sind die Erträge im Vergleich zu erfolgreichen Einzel-Hedgefonds geringer.

8.2 Entwicklung der Hedgefonds-Industrie

8.2.1 Geschichte der Hedgefonds

Die Geschichte der Hedgefonds begann bereits im Jahre 1949. Der Amerikaner Alfred Winslow Jones gründete einen Investmentfonds mit dem Ziel, nicht nur durch den Kauf von unterbewerteten Aktien am steigenden Markt zu profitieren, sondern auch durch Leerverkäufe von überbewerteten Aktien am fallenden Markt. Durch sorgfältige Analyse von Titeln und dem Einsatz einer Long/Short-Strategie gelang es Jones, das Risiko der Marktentwicklung auszuschalten und so den Markt zu „neutralisieren". Der Ertrag seines Fonds resultierte aus dem Zusammenlaufen der beiden entgegengesetzten Positionen. Jones vergrößerte sein Fondsvermögen durch die Aufnahme von Krediten und konnte auf diese Weise seine Rentabilität steigern. Sein erster Fonds setzte sich aus 40.000 US-Dollar Eigen- und 60.000 US-Dollar Fremdkapital zusammen. Um den strengen Regulierungen der Securities and Exchange Commission zu entgehen und die nötige Flexibilität und Freiheit zur Aufnahme von Krediten zu gewährleisten, gründete Jones seinen Fonds als General Limited Partnership. Neben dem völlig neuartigen

Investmentkonzept führte Jones auch erstmalig eine Gewinnbeteiligung ein. Das Vergütungsmodell sah vor, dass Jones 20 % des Ertrags als Bonus erhielt, sobald der aktuelle Fondspreis über den früheren Höchstständen notierte. Im Gegenzug dazu brachte er sein Privatvermögen in den Fonds ein.

Bis 1966 nahm kaum jemand Notiz von Jones' Konzept. Erst mit der Veröffentlichung eines Berichts mit dem Titel „The Jones nobody keeps up with" im Fortune Magazine wurde der Begriff Hedgefonds erstmals erwähnt und das Erfolgskonzept von Jones kam an die Öffentlichkeit. Es folgte eine wahre Gründungswelle von Hedgefonds, weil viele Investoren die attraktive Vergütungsstruktur auch für sich ausnutzen und an den Erfolg von Jones anknüpfen wollten. Dieser hatte in einem Zeitraum von zehn Jahren den Ertrag des zu dieser Zeit angeblich besten Anlagefonds, des Dreyfus Fonds, um 87 % überboten.

Die starke US-Aktienbörsenentwicklung der Jahre 1967/1968 (Anstieg um rund 55 %) ließ viele Anleger unvorsichtig werden. Sie wollten noch mehr Rendite und sahen auf Grund der positiven Aktienentwicklung keine Notwendigkeit mehr, Hedging zu betreiben. Als Folge legten sie ihr Geld im steigenden Markt ausschließlich in Long-Positionen an und nahmen viel Fremdkapital auf. Es entstand ein kreditfinanziertes Long-Only-Konzept. Der Börsenaufschwung hielt jedoch nicht lange an. In den Jahren 1969 bis 1974 fiel der Value Line Index amerikanischer Aktien um 70 %. Die nicht abgesicherten und vor allem durch große Kredite finanzierten Hedgefonds litten stark unter dieser Entwicklung. Die Anleger hatten aus dem Absicherungsgeschäft Long/Short ein spekulatives Konzept Long+Leverage (fremdfinanzierte Wetten auf steigende Kurse) entwickelt. Diese Strategie wurde auch als „swimming naked" bezeichnet. Viele Fonds verschwanden in diesen Jahren wieder vom Markt. Von ungefähr 140 Hedgefonds in 1968 reduzierte sich die Anzahl der Hedgefonds auf 30 im Jahr 1971 und auf 68 im Jahr 1984. Auch ihr Ruf hatte großen Schaden genommen. Sie waren fortan als spekulative, undurchschaubare und riskante Investments bekannt.

Ende der 1960er Anfang der 1970er Jahre entstanden die ersten Dach-Hedgefonds wie Leveraged Capital Holdings in Genf und Grosvenor Partners in den Vereinigten Staaten. Bis 1986 blieben die Hedgefonds im Hintergrund und weckten erst wieder durch den Artikel „The Red-Hot World of Julian Robertson" im Institutional Investor das öffentliche Interesse. In diesem Artikel ging es um den von Julian Robertson geleiteten Tiger Fund. Er hatte eine neue Anlagestrategie (Global Macro) entwickelt, die sich von der konservativen Long/Short-Strategie deutlich unterschied. Der Tiger Fonds wettete aggressiv auf die Entwicklung von ausgewählten Wertpapieren, Zinsen, Märkten und Währungen. Durch den Einsatz neuer Instrumente wie Termingeschäften war es Robertson möglich, schnell und kostengünstig Sicherungsgeschäfte abzuschließen. Unterstützt wurde er dabei von leistungsfähigen Computern, mit denen er umfassende und präzise Berechnungen und Modelle erstellen konnte. Auf Grundlage seiner Analysen kaufte er eine Option und legte die übrigen Mittel in einem Rentenpapier an. Somit hatte er ein begrenztes Verlustpotential, da im ungünstigsten Fall seine Option wertlos verfallen konnte, aber gleichzeitig unbegrenztes Gewinnpotential, wenn seine Erwartungen eintrafen. Robertson erwirtschaftete mit seinem Fonds über die sechs Jahre seines Bestehens (1980–1986) einen durchschnittlichen Jahresertrag von 43 % im Gegensatz zum Standard & Poor's (S&P) 500 Index, der im gleichen Zeitraum eine jährliche Rendite von nur 18,7 % erzielte.

In den ersten Jahrzehnten der Hedgefonds-Geschichte waren nahezu alle Hedgefonds in den Vereinigten Staaten angesiedelt und hatten dort ihre Geschäftstätigkeit. Erst seit Anfang der 1990er Jahre kann man von Hedgefonds als internationaler Erscheinung sprechen. So gab es 1990 weltweit 1.997 Hedgefonds mit einem geschätzten Anlagevolumen von 67 Mrd. US-Dollar. Die 1990er Jahre waren für Hedgefonds eine Boom-Phase. Es kam zur Gründung zahlreicher neuer Hedgefonds, was einen erheblichen Mittelzufluss mit sich führte.

8.2.2 Marktkapitalisierung von Hedgefonds

Nach den eben beschriebenen Hoch- und Tiefphasen der Hedgefonds-Industrie seit ihrem Entstehen 1949 bis in die 1980er Jahre, ist seit 1988 ein weltweit kontinuierliches Wachstum der Fondsanzahl sowie des Fondsvermögens zu verzeichnen. Diese Entwicklung ist in Abb. 8.3 auf der nächsten Seite illustriert, in der die wirtschaftliche und antizipierte Entwicklung der Hedgefonds-Industrie dargestellt ist.

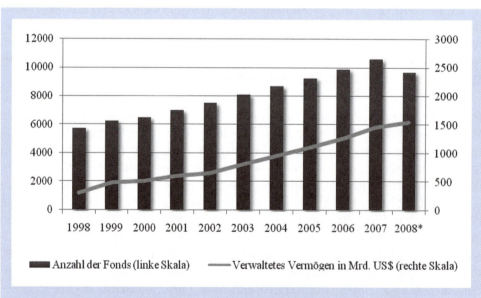

Abbildung 8.3: Weltweites Wachstum der Hedgefonds-Industrie von 1998 bis 2008*
* Schätzung drittes Quartal 2008
Quelle: Vgl. Graef 2008, S. 31 und vgl. Bankenverband 2009, S. 4

Die Hedgefonds-Branche wies über die vergangenen Jahre ein großes Wachstum auf. Während die Anzahl der Fonds von 1998 bis 2007 über 80 % zunahm, hat sich das verwaltete Vermögen verfünffacht. Im Vergleich zu den Aktien- und Anleihemärkten erscheinen die verwalteten Volumina relativ gering, durch den Einsatz von Leverage wird das Kapital jedoch auf ein Vielfaches gehebelt.

Bei der Analyse der Hedgefonds in Europa zeigt sich, dass ein hohes Marktwachstum vorliegt. Im Jahr 2002 nahmen 446 europäische Hedgefonds mit einem Anlagevolumen von ungefähr 51 Mrd. US-Dollar den Geschäftsbetrieb auf. Vier Jahre später hatte sich die Anzahl der Fonds mit 1.509 mehr als verdreifacht und das Anlagevolumen war auf 459.627 Mrd. US-Dollar angewachsen. Wegen der steuerlichen und aufsichtsrechtlichen Rahmenbedingungen sind 60 % der europäischen Fonds in Offshore-Domizilen ansässig, werden jedoch in den meisten Fällen von europäischen Metropolen aus gesteuert. Ende 2006 war in London mit circa 62,4 % der Hedgefonds und knapp 78,7 % des Fondsvermögens der Großteil der Management-Sitze der europäischen Hedgefonds angesiedelt. Da in vielen europäischen Ländern erst seit wenigen Jahren Hedgefonds gehandelt werden dürfen, so z.B. in Deutschland seit 2004, wird in der Verteilung der Fonds eine Veränderung erwartet.

8.3 Anlagestrategien von Hedgefonds

Hedgefonds-Strategien werden häufig auch als Skill-Based-Strategien bezeichnet, da ihr Erfolg in erster Linie von den speziellen Fähigkeiten des Managements abhängig ist und nicht von den Entwicklungen der Finanzmärkte. Auf Grund dieser Unabhängigkeit von den Märkten sind sie auch als Absolute Return-Strategien bekannt. Bei der Wahl eines Einzel-Hedgefonds ist die vom Fonds verfolgte Strategie ein wichtiges Unterscheidungskriterium. Seit der Entwicklung des ersten Hedgefonds hat sich eine Vielzahl von Anlagestrategien herausgebildet, deren Strukturierung sich jedoch schwierig gestaltet. Da sich bisher keine standardisierte Klassifikation für Hedgefonds-Strategien durchsetzen konnte, entwickelt jeder Autor ein eigenes Konzept. Es gibt beispielsweise Einteilungen nach Direktionalität, geografischer Ausrichtung, Volatilität, Investmentprozess, Anlageklassen oder Branchenfokus. In diesem Kapitel werden die Anlagestrategien nach der Direktionalität, d.h. der Korrelation zu Renten- und Aktienindizes, klassifiziert. Abb. 8.4 veranschaulicht die Zuordnung der hier dargestellten Strategien zu direktionalen bzw. nicht-direktionalen Strategien.

Abb. 8.5 zeigt die Anteile der Hedgefonds-Strategien am gesamten in Hedgefonds verwalteten Investitionsvolumen. Dabei wird knapp die Hälfte des Investitionsvolumens von Hedgefonds mit einer direktionalen Strategie verwaltet. Im Folgenden werden die einzelnen Strategien beschrieben.

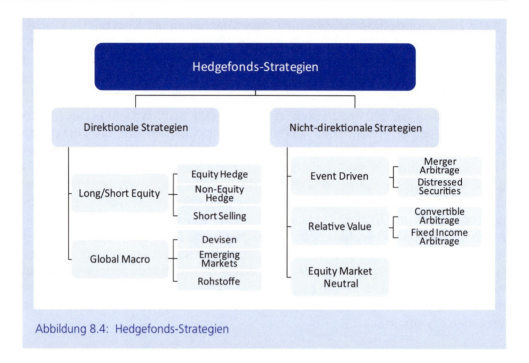

Abbildung 8.4: Hedgefonds-Strategien

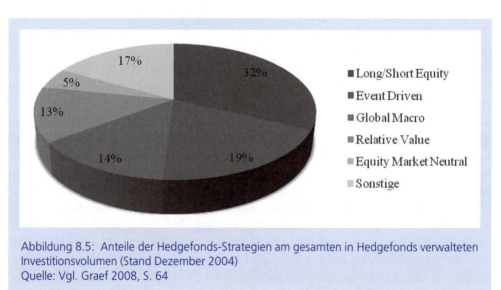

Abbildung 8.5: Anteile der Hedgefonds-Strategien am gesamten in Hedgefonds verwalteten Investitionsvolumen (Stand Dezember 2004)
Quelle: Vgl. Graef 2008, S. 64

8.3.1 Direktionale Strategien

Direktionale Strategien richten sich nach dem Markt und versuchen, bestimmte Markttrends zu nutzen. Zu den direktionalen Strategien zählen Long/Short Equity und Global Macro.

Long/Short Equity

Long/Short Equity ist die älteste und am häufigsten angewandte Anlagetechnik bei Hedgefonds. Ihr Ursprung ist auf Alfred W. Jones zurückzuführen, der gezielt Aktien (Equity) kaufte und andere leer verkaufte. Durch Stock-Picking sollen Erträge auf Grund relativer Bewertungsunterschiede und nicht in Folge absoluter Richtungsbewegungen des Marktes erzielt werden. Long/Short Equity-Hedgefonds folgen dem Leitsatz, dass Wertentwicklungen einzelner Aktien einfacher prognostizierbar sind als die des Gesamtmarktes. Entscheidend für den Erfolg dieser Anlagetechnik ist daher die Fähigkeit des Managements, unterbewertete Wertpapiere zu identifizieren um diese zu kaufen (Long-Position) und gleichzeitig als überbewertet eingeschätzte Titel leer zu verkaufen (Short-Position). Werden vermeintlich unterbewertete Aktien gekauft und in gleichem Umfang überbewertete Aktien des gleichen Sektors leer verkauft, spricht man von Pair Trades. Weisen die Fonds ein Übergewicht von Long- (long bias) oder Short-Positionen (short bias) auf, spricht man von Directional Trading. Um die Wertentwicklung im Verhältnis zum eingesetzten Kapital zu erhöhen, wird sich des Leverages bedient.

Die Entscheidungen der Hedgefonds-Manager basieren auf aufwendigen quantitativen und qualitativen Analysen des Marktumfelds. Die Bewertung der Analysen ist von Manager zu Manager unterschiedlich. Auf der einen Seite gibt es jene, die ihre Investmententscheidungen auf Grundlage quantitativer Ergebnisse fällen und in großem Umfang statistische Modelle implementieren. Auf der anderen Seite gibt es Manager, die auf die qualitative Analyse vertrauen. Die Informationen für ihre Entscheidungen beziehen sie aus Gesprächen mit Branchenvertretern, Conference Calls und Vor-Ort-Besuchen bei den Firmen. Für sie spielt die quantitative Analyse eine untergeordnete Rolle und wird nur zur Überprüfung und Unterstützung der gesammelten Informationen genutzt.

Empirische Beobachtungen zeigen, dass Long/Short Equity-Fonds in einem negativen Marktumfeld bessere Wertentwicklungen als der Aktienmarkt erzielen. In positiven Aktienmarktphasen hingegen schwächen die eingegangenen Short-Positionen das Ergebnis etwas ab, weshalb Hedgefonds in solchen Phasen mitunter eine schlechtere Performance als der traditionelle Gesamtmarkt aufweisen. Betrachtet man einen kompletten Konjunkturzyklus, stellt sich eine Outperformance der Long/Short Equity-Fonds gegenüber den indexgebundenen Aktienportfolios ein. Der Grund hierfür liegt in den negativen Aktienmarktphasen, in denen die Aktien an Wert einbüßen, während Hedgefonds ihr Kapital in diesen Zeiten erhalten oder erhöhen können. Auf lange Sicht weisen Hedgefonds auf Grund dieser Wertentwicklungen eine geringere Volatilität als der Aktienmarkt auf.

Die Rendite der Hedgefonds, die eine Long/Short Equity-Strategie verfolgen, setzt sich aus drei Komponenten zusammen. Die erste und offensichtlichste ist die Differenz zwischen der Wertentwicklung der gekauften und leer verkauften Wertpapiere. Die zweite Renditequelle ist die sogenannte Interest Rebate. Dabei handelt es sich um die Zinsen auf die beim Leerverkauf hinterlegten Sicherheiten. Ein Teil dieser Zinsen wird am Laufzeitende vom Verleiher als „Wertpapierdarlehensgebühr" einbehalten, ein anderer Teil vom Prime-Broker zur Deckung seiner Auslagen. Bleibt nach diesen Abzügen noch ein Rest übrig, wird dieser vom Hedgefonds als Ertrag verbucht. Die dritte Renditequelle ist der Liquiditätspuffer. Leerverkaufspositionen werden täglich auf Marktpreisbasis bewertet und glatt gestellt. Hier dient der Liquiditätspuffer als Berichtigungsposten für kurzfristige Über- und Unterdeckungen. Außerdem soll er entgangene Dividenden aus leer verkauften Titeln decken. Im Normalfall werden diese Zahlungen durch Dividenden, die aus gleichzeitig gehaltenen Long-Positionen erzielt werden, abgedeckt. Der Puffer dient jedoch als zusätzliche Sicherheit, wenn die erzielten Dividenden zur Deckung nicht ausreichen.

Unter der Anlagestrategie Long/Short Equity gibt es einige Hedgefonds, die sich auf spezifische Wirtschaftssektoren, Länder, Regionen oder sogar Firmen spezialisieren und sich damit einem substantiellen Risiko aussetzen. Je nachdem, ob sie sich eher auf den Kauf oder Verkauf von Wertpapieren konzentrieren, unterscheidet man, wie in Abb. 8.4 dargestellt, drei Kategorien: Equity Hedge, Non-Equity Hedge und Short Selling.

Equity Hedge

Beim Equity Hedge halten Hedgefonds-Manager durch den Kauf von Wertpapieren und den gleichzeitigen Einsatz von Leerverkäufen oder derivativen Anlageinstrumenten wie Optionen ein ständig abgesichertes Portfolio. Je nach Marktsituation kann das Portfolio einen long- oder short bias aufweisen. Die Short-Komponente dient der Absicherung und soll eine stetige positive Ertragsentwicklung garantieren. Das bedeutet, dass die Fondsmanager in steigenden Märkten erwarten, dass ihre Long-Positionen schneller an Wert gewinnen, als ihre Short-Positionen und dementsprechend in fallenden Märkten die Short-Positionen schneller im Preis fallen als die Long-Positionen. Wichtig ist es also für den Manager Wertpapiere zu kaufen (verkaufen), die den Markt outperformen (underperformen) werden. Neben Aktien können auch andere Wertpapierarten zum Einsatz kommen.

Non-Equity Hedge

Beim Non-Equity Hedge werden wie bei traditionellen Aktienportfolios unterbewertete Wertpapiere gekauft. Die Unterschiede bei der Hedgefonds-Strategie liegen einerseits in der Option Leerverkäufe zu tätigen, welche hier aber selten zum Einsatz kommt[1], und andererseits in der Steigerung des Anlageerfolgs durch den Rückgriff auf Leverage. Unter dieser Strategie haben sich zwei Gruppen von Hedgefonds gebildet. Der überwiegende Teil der Erwerber großer Aktienpakete verhält sich bis zum Abschluss der Transaktion passiv, während der kleinere Teil Druck auf das Management ausübt, seine Stimmrechtsbeteiligung geschickt einsetzt oder über die Öffentlichkeit wertsteigernde Veränderungen durchzusetzen versucht. Dafür investiert die letztere Gruppe bevorzugt in Unternehmen, bei denen größere Veränderungen anstehen, wie beispielsweise eine Aufspaltung des Konzerns oder die Ausschüttung angehäufter Barreserven.

Short Selling

Short Selling bildet das Gegenstück zum Non-Equity Hedge. Durch das hochspekulative Geschäft mit Leerverkäufen wird versucht, Verlustpotentiale einzelner Wertpapiere zum eigenen wirtschaftlichen Vorteil zu nutzen.

Global Macro

Global Macro ist neben Long/Short Equity die älteste Anlagestrategie bei Hedgefonds. Der Global Macro-Hedgefondsmanager versucht, Trendveränderungen auf Aktien-, Devisen- und Rohstoffmärkten sowie bei Zins- und Währungsentwicklungen schneller als die übrigen Marktteilnehmer zu erkennen und Gewinn bringend auszunutzen. Die Grundlage dafür sind makroökonomische Analysen der Entwicklung in Politik und Wirtschaft, aus denen das Management Prognosen für die Zukunft ableitet. Mit diesen Erwartungen gehen Fondsmanager Long- oder Short-Positionen ein, in den meisten Fällen ohne diese durch einen Hedge abzusichern. Aus diesem Grund werden Global Macro-Manager oftmals als Spekulanten bezeichnet.

Global Macro-Fonds sind sehr flexibel und opportunistisch. Zudem zeichnen sie sich durch eine große Vielfalt an Chancen aus, da sie sich nicht auf eine bestimmte Assetklasse konzentrieren, sondern Preisverzerrungen in allen Märkten und Anlageformen für sich nutzen. Die meist einseitige Ausrichtung der Fonds ist sehr riskant und zeugt nicht nur von einem großen Vertrauen in die Analysen, sondern auch von viel Mut, eine solche Strategie umzusetzen. Das Kapital, das ein Hedgefonds für diese Strategie benötigt, ist sehr groß und wird daher mit einem großen Fremdkapitalanteil aufgestockt.

Sind die Prognosen der Hedgefonds-Manager über die Abweichungen zwischen tatsächlichem und erwartetem Wert richtig, kann der Fonds hohe positive Renditen erzielen. Die Global Macro-Strategie weist jedoch einen starken Rückgang auf. Lag ihr Anteil 1990 noch bei über 50 %, so wandten 2004 schätzungsweise nur noch 14 % der Hedgefonds diese Strategie an. Der Grund dafür liegt im starken Wandel des Umfelds. Durch die Globalisierung und der damit verbundenen weltweit immer stärkeren Vernetzung der Finanzmärkte sowie der besseren und schnelleren Informations- und Computersysteme hat die Markteffizienz stark zugenommen. Zudem gibt es seit der Einführung des Euro 2002 weniger globale Währungen und weniger Zinskurven, auf die Global Macro-Manager zurückgreifen können. Ein weiterer Punkt ist die geringe Liquidität bestimmter Märkte wie beispielsweise der Rentenmärkte. Der Aktienboom der 90er Jahre hat ebenfalls zur Rückläufigkeit dieser Strategie beigetragen. Während dieser Zeit erzielten klassische Börseninvestments für kurze Zeit ähnlich hohe Gewinne wie die komplexen Global Macro-Strategien. Aus diesem Grund zogen einige Investoren ihr Geld aus den Hedgefonds ab. Hinzu kam der Boom der Technologiewerte, an denen Hedgefonds-Manager nur begrenzt teilnahmen, da sie der Entwicklung skeptisch gegenüber standen.

Auch bei den Global-Macro-Hedgefonds unterscheidet man je nach Schwerpunkt der Fonds verschiedene Strategien. In Abb. 8.4 ist die Untergliederung in Devisen, Emerging Markets und Rohstoffe grafisch dargestellt.

Devisen

Im Bereich der Devisen gehören Carry Trades zu den am häufigsten angewandten Instrumenten. Dabei wird in Ländern mit niedrigen Zinsen kurzfristig Kapital aufgenommen und dieses anschließend in Ländern mit einem höheren Zinsniveau in beispielsweise Staatsanleihen oder Cash-Positionen angelegt. Der spekulative Charakter wird hier durch die fehlende Absicherung der Fonds deutlich. Würde der Fonds das Risiko absichern, wäre der Zinsvorteil durch die entstehenden Kosten neutralsisiert. Der Hedgefonds ist deshalb stark dem Zinsänderungsrisiko ausgesetzt. Neben den Carry Trades wird auch das Momentum Trading häufig bei Devisengeschäften angewandt. Dabei versuchen Hedgefonds-Manager die Richtung, die ein Devisenwert innerhalb eines Wechselkurszyklus nehmen wird, mit Hilfe von Momentum-Strategien vorherzusagen. Anschließend werden für das Portfolio unterbewertete Währungen gekauft und überbewertete leer verkauft.

Emerging Markets

Durch den starken Wettbewerbsdruck auf den traditionellen Aktien- und Anleihemärkten konzentrieren sich einige Hedgefonds auf ein Engagement in die noch relativ unterentwickelten Emerging Markets oder Schwellenländer. Als Schwellenländer werden von der Weltbank Länder mit einem Pro-Kopf-Einkommen zwischen 746 US-Dollar und 9.205 US-Dollar bezeichnet. Schwellenländer bieten im Vergleich zu den traditionellen Märkten ein enormes Wachstumspotential, die Möglichkeit einer breiten Streuung der Anlagegelder und eine ausgeprägte Heterogenität. Eine Investition in diese Märkte ist jedoch mit besonderen Risiken behaftet. Neben den Währungsrisiken zählen dazu eine unterentwickelte Markttransparenz, eine fehlende Finanzmarktaufsicht, was einen Anreiz zu Marktmanipulationen und Insidergeschäften bietet, die Gefahr von Liquiditätsengpässen und politische Risiken, wie die Einführung von Kapitalverkehrsrestriktionen oder die Anhebung von Steuersätzen. Die am häufigsten in diesen Märkten angewandte Strategie ist „Buy and Hold". Eine Absicherung der eingegangenen Positionen durch Leerverkäufe, Derivate oder Futures ist dabei selten möglich, da diese Instrumente von den Staaten oftmals untersagt sind oder nicht angeboten werden.

Rohstoffe

Im Bereich der Rohstoffe oder Commodities wird in Sachgüter und deren Futures investiert. Güter wie beispielsweise Rohöl, Schweinehälften, Kaffee oder Edelmetalle werden mit der Absicht gekauft, sie zeitnah oder zum Zeitpunkt des Kontraktablaufs wieder mit Gewinn zu verkaufen. Der weltweit größte Markt für den Handel von Futures und Optionen ist die Chicago Mercantile Exchange.

8.3.2 Nicht-direktionale Strategien

Nicht-direktionale Strategien oder auch marktneutrale Strategien versuchen, kurzfristige Markteffizienzen und Preisunterschiede auf dem Wertpapiermarkt auszunutzen und gleichzeitig das Marktrisiko durch kombinierte Long- und Short-Positionen zu minimieren. Sie weisen eine geringe Korrelation zu den klassischen marktbezogenen Benchmarks auf. Zu den nicht-direktionalen Strategien zählen Event Driven, Relative Value und Equity Market Neutral.

Event Driven

Bei der Event Driven-Strategie handelt es sich um eine ereignisorientierte Strategie, bei der der Hedgefonds-Manager auf die finanziellen Auswirkungen spezifischer Ereignisse im Lebenszyklus von Unternehmen spekuliert. Mit 19 % Anteil am Gesamtinvestitionsvolumen von Hedgefonds (siehe Abb. 8.5) wird die Event Driven-Strategie am zweit häufigsten angewandt.

Merger Arbitrage

Merger Arbitrage-Hedgefonds spekulieren auf Firmenübernahmen (Acquisitions) und -zusammenschlüsse (Mergers). Manager, die diese auch als Risk Arbitrage bezeichnete Strategie verfolgen, wollen Bewertungsdifferenzen zwischen den Aktien der involvierten Unternehmen ausnutzen. Dafür kaufen sie nach der Ankündigung einer Firmenübernahme Aktien des Übernahmekandidaten und verkaufen Aktien des übernehmenden Unternehmens leer. Oftmals ist zu beobachten, dass Aktienkurse der Zielgesellschaft nach einem Übernahmeangebot tendenziell steigen, da Synergieeffekte genutzt werden können. Beim Aktienkurs der übernehmenden Gesellschaft ist hingegen ein Kursrückgang wahrscheinlich, da in vielen Fällen ein Aufschlag zum aktuell gehandelten Marktpreis im Angebot enthalten ist. Ziel des Hedgefonds ist die Vereinnahmung dieser Übernahmeprämie. Der Leerverkauf dient hierbei zum einen der Absicherung der Position, zum anderen aber auch als zweite Einnahmequelle. Wichtig für den Erfolg dieser Strategie ist ein frühzeitiges Erkennen von Firmenübernahmen und schnelles Handeln. Merger Arbitrage-Hedgefonds sind besonderen Risiken ausgesetzt, da sie von einem stetigen Fluss an Mergers and Acquisitions (M&A) abhängig sind. Gibt es in diesem Bereich keine Aktivitäten, hat der Fondsmanager keine Investitionsmöglichkeiten. Des Weiteren besteht ein Transaktionsrisiko, wenn angekündigte Fusionen auf Grund von rechtlichen Einwänden, Einsprüchen von Aktionären oder Veränderungen im Marktumfeld scheitern.

Distressed Securities

Hedgefonds, die sich auf notleidende Titel (Distressed Securities) spezialisieren, investieren in Wertpapiere von Unternehmen, die sich in operationellen oder finanziellen Schwierigkeiten befinden. Darunter fallen Situationen wie Reorganisationen, Konkurse, Notverkäufe und andere Firmenumstrukturierungen. Grundlage für die

Gewinne der Fonds sind Wertpapiere von Unternehmen, deren Kurs auf Grund der Unsicherheit über die Zukunft unter ihren inneren Wert fallen. Diese Titel werden gekauft, und können später mit Gewinn wieder verkauft werden, wenn sich die Gesellschaft erholt. Traditionelle Investmentfonds und institutionelle Anleger ziehen sich aus diesem Geschäftsfeld zurück, da sie im Gegensatz zu Hedgefonds Anleihen von Unternehmen, deren Bewertung unter „Investment Grade" gefallen ist, laut ihrer Anlagerichtlinien nicht halten dürfen und das Risiko eines weiteren Kursverfalls nicht tragen wollen. Die Distressed Securities-Strategie hat weniger etwas mit Spekulation, als mit dem Ausnutzen von Ineffizienzen zu tun. Zu den besonderen Risiken, denen der Fonds unter anderem ausgesetzt ist, zählen das Liquiditätsrisiko (Anleihen lassen sich nur schwer wieder verkaufen) und das rechtliche Risiko (juristische Auseinandersetzungen beeinflussen die Restrukturierung des Unternehmens negativ).

Grundsätzlich gibt es zwei Ansätze, wie ein Hedgefonds in notleidende Unternehmen investieren kann. Der eine ist der aktive Ansatz, bei dem in die Restrukturierung investiert und diese begleitet wird. In diesem Zusammenhang wird oft die Bezeichnung Deep Value verwendet, da langfristig große Positionen in Papieren des Unternehmens erworben werden. Mit den damit verbundenen Stimmrechten wird Einfluss auf die Unternehmensstrategie genommen. Weiterhin wird auch versucht, Einfluss auf das Verhalten von Miteigentümern zu nehmen. Der passive Ansatz stellt die zweite Vorgehensweise dar. Dabei kauft der Hedgefonds Anleihen des Unternehmens und wartet auf eine Kurserholung. Durch den Einsatz von Long/Short-Positionen werden kurzfristig entstandene Über- und Unterbewertungen ausgenutzt. Dieser Ansatz wird auch als Capital Structure Arbitrage oder Intra-Capitalisation bezeichnet. Eine weitere Möglichkeit zur Investition ist die Vergabe von Krediten an notleidende Unternehmen, die auf Grund ihrer schlechten Bonität und Zahlungsschwierigkeiten keine Kredite von Banken mehr erhalten oder sehr hohe Zinssätze zahlen müssten. Unterstützung für die Tätigkeit der Hedgefonds bietet dabei die Eigenkapitalunterlegungsvorschrift Basel II, die die Kreditvergabe von Banken an Unternehmen mit einem schlechten Rating unattraktiv macht.

Der Einsatz von Fremdkapital bei der Distressed Securities-Strategie ist abhängig vom verfolgten Ansatz. Während beim aktiven Ansatz auf Grund des großen Risikos Kreditfinanzierungen gar nicht oder nur in geringem Maße eingesetzt werden, wird beim passiven Ansatz oft auf Fremdkapital zurückgegriffen. Der Grund dafür ist, dass das Investment beim passiven Ansatz in einem fortgeschrittenen Stadium der Neuausrichtung getätigt wird, in dem die Spanne zwischen innerem Wert und Marktwert der Anleihe nur noch sehr gering ist. Der Umfang der Finanzierung ist jedoch klein, da die Erfolgsaussichten trotzdem unsicher sind.

Relative Value
Bei der Relative Value-Strategie versuchen Hedgefonds-Manager, mit Arbitragegeschäften bei festverzinslichen Wertpapieren auf Grund von vorübergehenden Fehlbewertungen einen Ertrag zu erwirtschaften. Hierfür geht der Fonds Long-

8.3 Anlagestrategien von Hedgefonds

und Short-Positionen ein, wenn der Wert des Papiers vom rechnerisch richtigen Wert abweicht. Dabei wird ein überbewerteter Titel, der leer verkauft wird, stets einem unterbewerteten Titel gegenübergestellt, der gekauft wird. Diese Strategie funktioniert unabhängig von der Richtung des Marktes, da der Ertrag durch das Zusammenlaufen der Preise und nicht durch die Entwicklung des Marktes erwirtschaftet wird. Die Korrelation dieser Strategie mit den Marktbewegungen ist daher gering.

Die Entwicklung und die weltweite Vernetzung der Märkte haben dazu beigetragen, dass die Markteffizienz in den letzten Jahren gestiegen ist. Dadurch sind Preisunterschiede sehr gering und treten nur noch selten auf. Um diese Kursabweichungen trotzdem gewinnbringend nutzen zu können, ist der umfangreiche Einsatz von Fremdkapital bei Relative Value-Hedgefonds oft unerlässlich. Außerdem wurde der Arbitragebegriff ausgedehnt, damit trotz der immer effizienter werdenden Märkte Erträge erwirtschaftet werden können. Somit können Hedgefonds temporäre Preisungleichgewichte auch bei ähnlichen Wertpapieren wie z.B. Industrie- und Staatsanleihen1 ausnutzen.

Ungefähr 13 % des von Hedgefonds verwalteten Anlagevolumens wird nach der Relative Value-Strategie angelegt (siehe Abb. 8.5). Abb. 8.4 stellt die Untergliederung in Convertible Arbitrage und Fixed Income Arbitrage grafisch dar.

Convertible Arbitrage

Bei der Convertible Arbitrage-Strategie konzentrieren sich Hedgefonds auf Preisanomalien bei Wandelanleihen (Convertible Bonds). Diese werden beispielsweise von großen Industrieunternehmen und Konzernen begeben und setzen sich aus zwei Bestandteilen zusammen: einer Anleihe und einer Option auf Wandel der Anleihe in die zugrundeliegende Aktie. Der Inhaber einer Wandelanleihe hat somit das Recht, seine Anleihe innerhalb einer bestimmten Frist (Conversion Period) zu einem festgelegten Betrag (Conversion Ratio) und eventuell unter Zuzahlungen gegen Aktien des emittierenden Unternehmens zu wandeln. Je nach Marktlage kann der Anleiheinhaber jedoch auch seine Option verfallen lassen, indem er sich den Anleihebetrag zuzüglich der Verzinsung zurückzahlen lässt. Eine Kombination von Barauszahlung und Aktienausgabe ist ebenfalls möglich.

Abb. 8.6 veranschaulicht den Preis einer Wandelanleihe in Abhängigkeit vom Aktienkurs. Der Kursverlauf einer Wandelanleihe wird von den zwei Komponenten Aktienverlauf und Zinsentwicklung bestimmt. Notiert die Aktie unter dem Umtauschpreis, wird der Anleihekurs vom Barwert der Anleihekomponente bestimmt (Anleihe-ähnliche Phase). Dieser Barwert entspricht der abgezinsten zukünftigen Kupon- und Nennwertrückzahlung. Liegt die Aktie weit über dem Umtauschpreis, so wird der Wert der Wandelanleihe vom Aktienkurs und kaum noch von der Anleihekomponente bestimmt (Aktien-ähnliche Phase). Wenn die Aktie um den Umtauschpreis notiert, beeinflussen Aktie und Anleihe den Preis der Wandelanleihe (Hybride Phase).

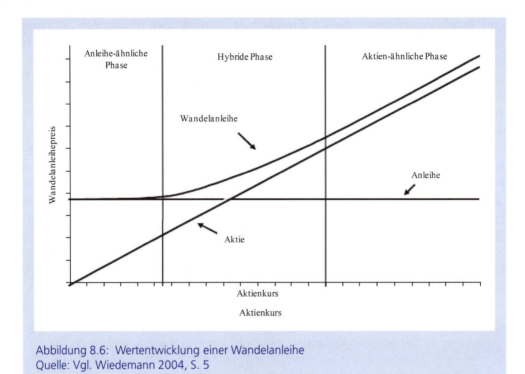

Abbildung 8.6: Wertentwicklung einer Wandelanleihe
Quelle: Vgl. Wiedemann 2004, S. 5

Hedgefonds, die auf die Convertible Arbitrage-Strategie setzen, versuchen Bewertungsdifferenzen der Einzelkomponenten einer Wandelanleihe für sich zu nutzen. In einem bestimmten Verhältnis, welches sie mit Hilfe quantitativer Bewertungsmodelle ermitteln, kaufen sie Wandelanleihen und verkaufen die korrespondierenden Aktien leer. Entwickelt sich der Wert der Anleihe wie vom Fondsmanager erwartet, kann dieser positive Renditen unabhängig von der Aktienkursentwicklung machen. Sinkt beispielsweise der Kurs der Aktie, wird der Preisverlust der Wandelanleihe durch die Einnahmen der leerverkauften Titel kompensiert, indem der Hedgefonds-Manager von seinem Wandlungsrecht Gebrauch macht. Versucht wird hierbei, ein optimales Mischverhältnis von Wandelanleihe zu Aktie zu halten, sodass die Gewinne aus den Leerverkäufen den Preisverfall der Wandelanleihe übersteigen. Bei einem Anstieg des Börsenkurses erleidet der Fonds durch den Leerverkauf Verluste, gleichzeitig gewinnt die Wandelanleihe jedoch an Wert. Gelingt es dem Hedgefonds, auch in diesem Szenario den Gewinn größer ausfallen zu lassen als den Verlust, kann unabhängig von der Marktbewegung ein positiver Ertrag erwirtschaftet werden.

Ein Merkmal von Wandelanleihen ist, dass ihr Barwert stets unter dem Referenzbetrag herkömmlicher Unternehmensanleihen mit vergleichbarer Laufzeit und Liquidität liegt. Der Grund dafür ist eine wesentlich niedrigere Nominalverzinsung durch das inhärente Aktienbezugsrecht. Das Preisverlustrisiko ist somit größer als bei normalen Anleihen, jedoch ist es durch die garantierte Rückzahlung am Laufzeitende nach unten begrenzt. Ein Vorteil der Wandelanleihen ist eine geringere Sensitivität auf Marktzinsänderungen. Die Möglichkeit des Aktienerwerbs fängt einen Verlust des Anleihewerts wegen Zinssteigerungen ab. Convertible Arbitrage-Hedgefonds setzen ein gewisses Maß an Volatilität voraus, um ihre Strategie gewinnbringend nutzen zu können. Wenn die Volatilität der Aktie gering ist, verändert sich ihr Wert kaum, während die Wandelanleihe an Zeitwert verliert. In solchen Zeiten ist die Wandelanleihe auch anfälliger für Zinsänderungen, die nicht mehr durch einen steigenden Aktienkurs aufgefangen werden können. Ein weiteres Risiko bei Wandelanleihen ist, wie bei gewöhnlichen Anleihen auch, das Kreditrisiko. Verschlechtert sich die Bonität des Emittenten, so notiert der Barwert weit unter dem Nennwert. Eine Absicherung gegen dieses Szenario ist z.B. mit Hilfe von Credit Default Swaps (der Sicherungsgeber übernimmt gegenüber dem Swappartner oder Sicherungsnehmer die Haftung für Kreditausfallrisiken und erhält dafür eine Prämie) möglich, würde jedoch auf Grund der hohen Kosten den Ertrag deutlich schmälern. Deshalb wird von Hedgefonds häufig keine Absicherung betrieben.

Fixed Income Arbitrage

Hedgefonds im Bereich Fixed Income Arbitrage versuchen relative Bewertungsineffizienzen zwischen Zinstiteln mit ähnlicher Zahlungscharakteristik oder ähnlicher Bonität zu nutzen. Es wird darauf spekuliert, dass sich die aufgetretenen Bewertungsunterschiede im Zeitablauf verringern oder aufheben. Um das Zinsänderungsrisiko weitgehend auszuschalten, gehen die Fondsmanager Long- und Short-Positionen in zinssatzsensitiven Wertpapieren ein. Diese Positionen sollen sich gegenseitig neutralisieren, so dass eine Verschiebung der Zinskurve nach oben oder unten das Portfolio nicht beeinflusst. Speziell konzentrieren sich Fondsmanager auf Veränderungen der Zinsen zwischen:

- Staats- und Unternehmensanleihen höchster Bonität (AAA-Rating)
- Anleihen eines Schuldners mit unterschiedlichen Garantiegebern
- Anleihen unterschiedlicher Bonitätsklassen
- Anleihen desselben Emittenten mit verschiedenen Laufzeiten.

Da Preisdifferenzen zwischen Zinstiteln nur sehr gering sind, müssen Hedgefonds bei dieser Strategie einen hohen Fremdkapitalanteil halten, damit sich ein Investment lohnt. Die Strategie der Fixed Income Arbitrage kann weiter in Swap Spread Arbitrage, Yield Curve Arbitrage und Mortgage Backed Securities (MBS) Arbitrage untergliedert werden. Im Folgenden werden diese Techniken erläutert.

→ **Swap Spread Arbitrage**

Die Swap Spread Arbitrage basiert auf Änderungen der Preisdifferenz zwischen einem Interest Rate Swap und einer Staatsanleihe und setzt sich aus zwei Handelsgeschäften zusammen. Zunächst muss der Fondsmanager einen Interest Rate Swap vereinbaren. Darin verpflichtet sich der Hedgefonds (Payer) dem Swap Partner (Receiver) den fixen Zinssatz einer Staatsanleihe zu zahlen und erhält im Gegenzug einen an einen Geldmarktsatz (z.B. EURIBOR oder LIBOR) gebundenen variablen Zinssatz. Im zweiten Schritt verschafft sich der Hedgefonds die Staatsanleihe, die bereits Grundlage für den vorher abgeschlossenen Interest Rate Swap ist und finanziert diese über eine Repo-Vereinbarung. Ein Repo-Geschäft ist ein Kaufvertrag mit Rückkaufvereinbarung. Konkret verkauft der Fonds die Staatsanleihe an einen Dritten und bestimmt im Voraus in der Repo-Vereinbarung einen Zeitpunkt, an dem er die Anleihe zurückübertragen bekommt. Die Laufzeiten von Swap- und Repo-Vereinbarung stimmen dabei überein. Während der Laufzeit des Repo-Geschäfts erhält der Hedgefonds alle Kuponzahlungen des Anleihetitels und die anfallenden Stückzinsen zum Zeitpunkt des Rückkaufs. Im Gegenzug muss er dem Käufer als Kostenersatz für die Kapitalüberlassung einen Repo-Satz (Haircut) zahlen, der sich an den der Laufzeit entsprechenden Geldhandelssätzen orientiert, aber auf Grund der Bereitstellung des Anleihetitels als Sicherheit (General Collateral) geringfügig unter dem aktuellen Geldmarktniveau liegt. Das große Risiko einer solchen Transaktion liegt in der Gefahr, dass sich die Zinsunterschiede nicht wie erwartet ausgleichen. In diesem Fall drohen dem Hedgefonds große Verluste.

→ **Yield Curve Arbitrage**

Die Yield Curve Arbitrage-Strategie konzentriert sich auf die Wertveränderungen von Staatsanleihen mit unterschiedlichen Laufzeiten und sich daraus ergebenden verschiedenen Zinssätzen. Grundlage für diese Strategie ist die Zinsstrukturkurve (Yield Curve), die Renditen festverzinslicher Wertpapiere im Verhältnis zur Bindungsdauer darstellt. Beeinflusst wird die Zinsstrukturkurve unter anderem von makroökonomischen Rahmenbedingungen wie geldpolitischen Interventionen der Zentralbanken, politischen Ereignissen und Angebot und Nachfrage nach Anleihetiteln. Fondsmanager versuchen nun vorübergehende Verschiebungen der Zinsstrukturkurve zu identifizieren und daraus die zukünftigen Preisentwicklungen einzelner Anleihetitel verschiedener Laufzeiten abzuschätzen. Daraufhin werden als unterbewertet eingestufte Staatsanleihen gekauft und als überbewertet eingeschätzte Anleihen verkauft. Gleichen sich die Preisunterschiede, wie vom Fondsmanager erwartet aus, d.h., dass der Wert der eingegangenen Long-Positionen steigt und der Wert der Short-Positionen fällt, kann der Hedgefonds aus beiden Positionen Kursgewinne erzielen. Treten die Erwartungen jedoch nicht ein und verschiebt sich die Zinsstrukturkurve nicht wie prognostiziert, können auf Grund der geringen Korrelation der Anleihetitel im ungünstigsten Fall Verluste auf beiden Seiten eintreten.

→ Mortgage Backed Securities Arbitrage

Bei der MBS Arbitrage-Strategie versuchen Hedgefonds Preisineffizienzen zwischen verschiedenen Arten von verbrieften Hypothekendarlehen gewinnbringend auszunutzen. Besonders im amerikanischen Raum werden MBS-Transaktionen häufig als Refinanzierungsgrundlage von Banken genutzt. Dafür werden an private und institutionelle Immobilieninvestoren vergebene Hypothekendarlehen in einer Zweckgesellschaft (Special Purpose Vehicle) über Pooling-Agenturen gebündelt. Anschließend wird das Portfolio verbrieft und an den Kapitalmärkten zum Verkauf angeboten. Die Wertpapiere müssen einen Rating-Prozess durchlaufen und werden auf Grund der unterschiedlichen inhärenten Risiken in mehreren Tranchen emittiert. Die Erträge aus der Verbriefungstransaktion nutzen die Zweckgesellschaften, um damit den Kaufpreis für den Erwerb des Forderungsbestandes zu decken.

Im Gegensatz zu Deutschland haben Hypothekendarlehensnehmer in den Vereinigten Staaten häufig die Möglichkeit unlimitierte Sondertilgungsleistungen zu erbringen, d.h., sie können ihre Hypothekendarlehen ohne Vorfälligkeitsentschädigung umschulden. Dieses Risiko wird als Prepayment Risk bezeichnet. Besonders in Niedrigzinsphasen kann es verstärkt zu einer Rückzahlung kommen, weil sich die Schuldner anderweitig günstiger refinanzieren können. Das hat zur Folge, dass sich zum einen die Laufzeit der ausgegebenen Papiere erheblich verkürzt und zum anderen, dass Investoren auf Grund des niedrigeren Schuldensaldos einen geringeren Zinsertrag durch den gesunkenen Kupon erhalten. Ein weiterer Verlust droht, wenn das frühzeitig zurückerhaltene Kapital aus den Wertpapieren in einem niedrigen Zinsumfeld reinvestiert werden muss. Das Wahlrecht des Hypothekenschuldners zur vorzeitigen Tilgung macht Zahlungsströme und damit den Preis für MBS schwer kalkulierbar. Zudem werden MBS nur OTC und nicht an Börsen gehandelt. Die Preisbildung hängt somit zu einem großen Teil von subjektiven Faktoren ab.

Aufgabe der Hedgefonds-Manager ist es, MBS sowie die eingebauten Risiken und Optionen zu bewerten. Dies geschieht entweder unter Zuhilfenahme von derivativen Instrumenten, soweit solche vorhanden sind, oder über die Abbildung derivativer Finanzinstrumente über komplizierte Modelle mit Hilfe eines Substituts (Cross Hedge). Solche Modelle sind äußerst umfangreich und setzen ein hohes Maß an Kompetenz des Managements voraus. Ziel ist es, Bewertungsineffizienzen aufzuspüren. Der Arbitrageur nutzt identifizierte Preisdifferenzen, indem er unterbewertete Wertpapiere kauft und gleichzeitig überbewertete ähnliche Titel leer verkauft. Wenn das unterbewertete Papier an Wert gewinnt und gleichzeitig der Preis des überbewerteten fällt, werden Erträge aus beiden Investitionen gewonnen. Durch die gegenläufigen Positionen ist der Hedgefonds gegen Verschiebungen der Zinsstrukturkurve weitestgehend immun. Positive Renditen werden also nicht durch Spekulation auf die Änderung der Zinsstrukturkurve, sondern durch antizipierte Spreads zwischen ähnlichen Papieren realisiert. Gleichen sich die Spreads aus, fährt der Fonds Gewinne ein.

Equity Market Neutral

Bei der aktienmarktneutralen Strategie, auch als statistische Arbitrage bezeichnet, strukturiert der Fondsmanager mit Hilfe von quantitativen und computergestützten Modellen ein marktneutrales Portfolio mit Long- und Short-Positionen, deren Nominalwerte ungefähr gleich groß sind. Die entgegengesetzten Positionen sollen einander ausbalancieren und auf diese Weise die Korrelation des Portfolios zu den Aktienmärkten und damit das Marktrisiko minimieren. Die Grundidee dieser Strategie ist, dass sich die Entwicklung eines einzelnen Titels besser antizipieren lässt, als die Zukunft des Gesamtmarkts.

Der Unterschied der aktienmarktneutralen Strategie zu traditionellen Long-Only-Investitionen in Aktien liegt in der Renditequelle. Während es bei Long-Only auf das absolute Stock-Picking ankommt, versucht der marktneutrale Hedgefonds, seinen Ertrag aus dem relativen Stock-Picking zu generieren. Die Ertragsquellen des marktneutralen Fonds sind auf der einen Seite die Erträge auf die Long- und Short-Positionen und zum anderen die Zinserträge auf die auf Grund des Leerverkaufs getätigten Sicherheitseinlagen. Nicht alle eingegangenen Kauf- und Verkaufspositionen müssen funktionieren, sondern die Entwicklung der Long-Positionen insgesamt soll den Wert der Short-Positionen übersteigen (Long-Short-Spread) und umgekehrt. Grundlage der Rendite ist die relative Preisbewegung.

Damit die Equity Market Neutral-Strategie umsetzbar ist, müssen die ausgewählten Aktien verschiedene Kriterien erfüllen. Es ist eine hohe Liquidität der Titel erforderlich, damit diese sich einfach und günstig leihen und leer verkaufen lassen. Notwendig ist diese Eigenschaft, da sonst ein reibungsloser Portfolioumschlag nicht gewährleistet wäre. Eine weitere Voraussetzung ist ein geringer Grad an Marktbeeinflussung. Das heißt, dass wenn der Fondsmanager die Aktie kauft, darf das auf Grund eines größeren Handelsvolumens den Kurs nicht negativ beeinflussen. Außerdem werden oftmals Aktien, die in M&A-Geschäften involviert sind, ausgeschlossen, da die Kurse dieser Papiere stark von der bevorstehenden Übernahme beeinflusst werden. Es kann auch zum Ausschluss einzelner Sektoren oder Branchen kommen, wenn die verwendeten Modelle keine verlässlichen Aussagen treffen können.

Dem Hedgefonds-Management bieten sich verschiedene Möglichkeiten, antizipierte Preisdifferenzen auszunutzen. Beim Basket Trading werden eine Long- und eine Short-Position im selben Sektor eingegangen. Es werden zwei verschiedene Aktienkörbe mit jeweils unter- und überbewerteten Papieren von identischem Wert zusammengestellt. Ziel ist es, die beiden Körbe so auszurichten, dass wenn der erste Korb an Wert verliert, der zweite in gleichem Umfang an Wert gewinnt. Anschließend wird der Korb mit den überbewerteten Aktien leer verkauft, da mit einem Wertrückgang zu rechnen ist, und der in etwa gleichwertige unterbewertete Korb gekauft. Maßgeblich für den Erfolg der Strategie ist hier allein die richtige Auswahl der Aktien. Eine andere Strategie ist das Mean-Reverting. Es basiert auf der Annahme, dass sich kurzfristig auftretende Preisdifferenzen wieder ihrem langfristigen Mittelwert annähern. Dafür sucht der Fondsmanager Aktiengruppen, deren Werte bei einer langfristigen Betrachtung positiv miteinander korrelieren. Das ist meistens bei Papieren eines Sektors oder einer Branche der Fall. Ist eine Aktiengruppe gefunden, werden negative Korrelationen zu anderen Gruppen gesucht. In Folge dessen werden dann die relativ unterbewerteten Aktien einer Gruppe gekauft und die relativ überbewerteten Titel derselben Gruppe leer verkauft. Dadurch sichert sich der Hedgefonds auf der einen Seite eine Gewinnchance und minimiert auf der anderen Seite das resultierende Risiko einer Gruppe, deren Aktien von bestimmten gemeinsamen Faktoren beeinflusst werden. Ein Beispiel für solch eine Gruppe ist eine bestimmte Branche. Innerhalb dieser Branche bewegen sich die Aktien oft im Einklang miteinander. Gleichzeitig werden die Aussichten der Branche als Ganzes jedoch durch das Unternehmensergebnis einer Firma beeinflusst.

Das primäre Risiko dieser Strategie liegt in der Titelselektion, d.h. in der Unsicherheit über die zukünftige Entwicklung eines bestimmten Titels. Zudem muss auf Grund der geringen Preisverzerrungen in effizienten Märkten viel Fremdkapital eingesetzt werden, damit aus den Kursveränderungen ein spürbarer Ertrag erwirtschaftet werden kann.

8.4 Zusammenfassung erster Teil

Der erste Teil dieses Kapitels diente zur Einführung in die Hedgefonds-Thematik. Dabei wurden verschiedene Ursachen für den „schlechten Ruf" der Hedgefonds zusammengestellt und analysiert. Im Bezug auf die Grundlagen wurde zunächst der Begriff Hedgefonds kritisch betrachtet. Da bei den wenigsten Hedgefonds eine Absicherungsstrategie im Vordergrund steht, ist diese Bezeichnung irreführend. Hinzu kommen einige Charakteristika, die Hedgefonds von anderen Investments unterscheiden und sie daher im Vergleich riskanter erscheinen lassen. Zu nennen ist insbesondere das absolute Renditeziel. Will man in allen Marktphasen positive Gewinne erzielen, muss man speziell in fallenden Märkten zu besonderen Anlageinstrumenten greifen. Durch den Einsatz von Leerverkäufen und Derivaten kann dieses Renditeziel unter Inkaufnahme erhöhter Risiken erreicht werden. Das besondere Verlustpotential von Short-Positionen im Gegensatz zu Long-Positionen wurde bereits erläutert und kann einen Grund für die negative Wahrnehmung liefern. Der oftmals große Leverage-Einsatz trägt ebenfalls zur Verstärkung der Risiken bei. Hinzu kommt außerdem die geringe Transparenz, die Hedgefonds zu einer Art „Black Box" machen.

Die Betrachtung der geschichtlichen Entwicklung zeigt, dass Hedgefonds nicht immer als spekulatives Instrument angesehen wurden. Der erste Hedgefonds, dessen Strategie auf Absicherung basierte, prägte daher auch den Namen Hedgefonds. Später versuchten Anleger, diese Strategie zu kopieren, um auch am großen Erfolg teilzuhaben. Als die Aktienmärkte dann eine gewisse Zeit lang stets positive Erträge erwirtschafteten und die Erträge der Fonds auf Grund ihrer Absicherungsstrategie im Vergleich geringer ausfielen, begannen einige Hedgefonds-Manager, die ursprüngliche Strategie abzuwandeln. Sie wurden unvorsichtig und verzichteten auf die Absicherung. Als wenig später die Märkte fielen und diese Fonds große Verluste einfuhren, wurde den Hedgefonds allgemein ein spekulativer Charakter nachgesagt. Trotz des schlechten Images wies die Branche über die letzten Jahre ein kontinuierliches Wachstum auf.

Hedgefonds können eine Vielzahl verschiedener Strategien anwenden. Die damit verbundenen Ertragsquellen und Mittel unterscheiden sich sehr. Einige Strategien unterstützen den spekulativen Charakter der Fonds, andere haben mit Spekulation nichts gemein. Die Strategie des ersten Hedgefonds, die auch heute noch am häufigsten angewandt wird, hatte in ihrer ursprünglichen Form die Absicherung der Geschäfte im Vordergrund. Daraus entwickelten sich später spezielle Ausprägungen, wie das Short-Selling, das wegen des fehlenden Hedgings und des besonderen Ertrag-Risiko-Profils die Aussage, Hedgefonds seien spekulativ, unterstützt. Die Strategie, die das spekulative Image am meisten untermauert, ist die Global Macro-Strategie. Durch einen großen Fremdkapitaleinsatz und die fehlende Absicherung ist hier ein spekulativer Charakter nicht zu verleugnen. Diese Strategie war in den letzten Jahren aber auf Grund der Globalisierung, der Internationalisierung und Vernetzung der Finanzmärkte und der damit einhergehenden Effizienzsteigerung stark rückläufig. Andere Strategien, wie beispielsweise Event Driven, haben eine wenig spekulative Ausrichtung. Sie wetten nicht auf den Verlauf von Kursen, sondern erwirtschaften ihre Erträge beispielsweise durch die Unterstützung notleidender Unternehmen, indem sie benötigte Liquidität bereitstellen. Ihr geringer Leverage Einsatz und das damit verbundene geringere Risiko bilden einen Gegenpol zu den eher spekulativen und riskanten Strategien. Hedgefonds mit Relative Value-Strategien, die Preisdifferenzen auf verschiedenen Märkten ausnutzen, haben ebenfalls keinen spekulativen Charakter, obwohl sie oft mit einem hohen Fremdkapitaleinsatz arbeiten.

Anhand dieser Erkenntnisse ist festzuhalten, dass Hedgefonds grundsätzlich nicht miteinander vergleichbar sind. Das liegt an dem großen Gestaltungsspielraum, den das Management beim Auflegen des Fonds hat. Es gibt eine Vielzahl von Strategien oder auch Strategiemischungen, sodass man nicht von „dem Hedgefonds" sprechen kann. Die allgemeine Aussage, Hedgefonds seien spekulativ, ist daher nicht zu belegen. Es gibt Fonds, die wissentlich viel Risiko aufnehmen, um große Gewinne zu erwirtschaften, auf die diese Aussage durchaus zutrifft. Andere Fonds hingegen haben andere Schwerpunkte und sind klar davon zu trennen.

8.5 Auswirkungen der Hedgefonds auf die Finanzmarktstabilität

In diesem Kapitel wird betrachtet, welche Auswirkungen Hedgefonds auf die weltweite Finanzmarktstabilität haben. Dabei werden im Folgenden positive sowie negative Einflüsse erörtert.

8.5.1 Positive Auswirkungen auf die Finanzmarktstabilität

Tragen Hedgefonds positiv zur Stabilität der internationalen Finanzmärkte bei, können sie die Widerstandsfähigkeit des Systems bei exogenen und endogenen Schockeinwirkungen erhöhen. Auf diese Weise würden Institutionen, Märkte und Infrastruktur sowie die Funktionsfähigkeit des Systems gestärkt. Ob Hedgefonds einen solchen Einfluss ausüben können, soll im Folgenden betrachtet werden.

Steigerung der Finanzmarkteffizienz

Eine erste wichtige Funktion von Hedgefonds auf den Finanzmärkten ist die Schließung von Lücken. Durch eine oft geringe Korrelation zu traditionellen Anlageformen bieten Hedgefonds ein gutes Diversifikationspotential. Werden sie einem Portfolio beigemischt, verbessern sie die Risiko- und Renditeeigenschaften und helfen das Kapital in Zeiten fallender Märkte zu schützen.

Ein weiterer wichtiger Beitrag zur Effizienzsteigerung ist die Verminderung von Spreads. (Relative Value-)Hedgefonds suchen Titel, deren aktueller Wert vom rechnerisch richtigen Wert abweicht. Durch gezielte Long- und Short-Positionen werden Preisdifferenzen ausgenutzt, was dazu führt, dass sich die Preise im Zeitverlauf ihrem „wahren" Wert annähern. Durch den Einsatz von Leverage können sogar kleinste Preisunterschiede ausgenutzt und ausgeglichen werden. Es ist auch vorstellbar, dass Hedgefonds Preisausschläge reduzieren und Fehlkalkulationen von Finanzinstrumenten auf Sekundärmärkten vorbeugen. Dafür gibt es jedoch keine empirischen Beweise.

Ein weiterer positiver Beitrag, den Hedgefonds für die Effizienz der Finanzmärke leisten, ist die Informationsbeschaffung. Technisch gesehen sind die meisten Märkte effizient. Sie ermöglichen das Treffen von Angebot und Nachfrage finanzieller Instrumente und das Abwickeln von Geschäften. Im Bezug auf die Beschaffung von Informationen müssen Marktteilnehmer erhebliche Kosten auf sich nehmen, da ohne ausreichende Informationen keine fundierten Investitionsentscheidungen getroffen werden können. Hedgefonds leisten hier einen Beitrag zur Informationseffizienz, indem sie beachtliche Ressourcen für die Marktforschung einsetzen und die gewonnenen Informationen konsequent ausnutzen. Folgen andere Marktteilnehmer den Hedgefonds und kopieren ihre Aktivitäten, profitieren sie von den Researchtätigkeiten und tragen zur Beseitigung von Ineffizienzen bei.

Stabilisierung der Finanzmärkte

Hedgefonds weisen einen stabilisierenden Einfluss auf, indem sie oft gegen den allgemeinen Markttrend agieren. Während besonders in Krisensituationen Marktteilnehmer zu uniformen Entscheidungen neigen und ihr Kapital abziehen, steigen einige Hedgefonds in diesen Zeiten in die Märkte ein. Auf Grund der festgelegten Kapitalhaltefristen können die Fonds gut mit ihrem Geld planen. Sie brauchen demnach in den meisten Fällen mit keinem plötzlichen Mittelabfluss zu rechnen und können in krisengeschwächte oder volatile Marktumfelder investieren. Das Handeln entgegengesetzt zum allgemeinen Markt wird auch als Negative Feedback Trading oder stabilisierende Spekulation bezeichnet. Besonders wenn exogene Schocks andere Marktteilnehmer zu Panikreaktionen und Verkäufen verleiten, entstehen Fehlbewertungen, die Hedgefonds ausnutzen. Das Mitwirken von Hedgefonds kann in Stresssituationen einen beruhigenden und stabilisierenden Einfluss haben.

Steigerung der Liquidität

Liquidität ist eine wichtige Voraussetzung für die Funktionsfähigkeit von Finanzmärkten. Es gibt jedoch regelmäßig Märkte oder Situationen, in denen eine unverzerrte Preisbildung auf Grund unzureichender Liquidität nicht richtig funktioniert. Hedgefonds kommt in diesem Zusammenhang eine besondere Rolle zu, da sie liquide Mittel zur Verfügung stellen. Marktteilnehmer neigen gerade in Krisensituationen zu uniformen Entscheidungen. So wird häufig Kapital sofort aus einem Unternehmen abgezogen, sobald es sich in finanziellen oder wirtschaftlichen Schwierigkeiten befindet. Hedgefonds mit einer Distressed Securities-Strategie haben es sich zur Aufgabe gemacht, in solche Unternehmen zu investieren. Sie stellen Liquidität beispielsweise in Form von Krediten zur Verfügung, wenn Banken dies wegen fehlender Sicherheiten nicht mehr tun. In diesem Fall übernehmen Hedgefonds die Rolle der Banken. In einigen Fällen werden Hedgefonds als Aktionäre eines börsennotierten Unternehmens auch aktiv und wirken bei der Leitung auf Grundlage ihrer Aktionärsrechte mit.

Einige Hedgefonds investieren ihr Kapital in Schwellenländer (Emerging Markets-Strategie) und stellen finanzielle Mittel in diesen meist illiquiden Märkten zur Verfügung. In vielen Fällen sorgen sie erst für das Funktionieren dieser Aktienmärkte und stärken somit das Vertrauen in die Finanzmärkte. Daneben sind Hedgefonds oftmals die ersten Investoren, die neuartige Finanzierungsinstrumente (wie beispielsweise Wetterderivate oder Katastrophenanleihen) erwerben. Sie stellen die notwendige Liquidität bereit und ermöglichen damit einen Preisbildungsprozess.

Vervollständigung der Märkte

Hedgefonds leisten einen wichtigen Beitrag zur Verbesserung der Risikoallokation. Getrieben durch anspruchsvolle Renditewünsche der Investoren und ein immer effizienter werdendes Marktumfeld sind Hedgefonds bereit hohe Risiken einzugehen. Sie übernehmen Risiken von anderen Marktteilnehmern wie Geschäftsbanken oder Versicherungskonzernen, die diese nicht mehr zu tragen bereit sind. Zu Finanztiteln mit überdurchschnittlichen Verlustwahrscheinlichkeiten, die Hedgefonds erwerben, gehören unter anderem Hochzinsanleihen, Katastrophenbonds, Kreditderivate, Collateralised Debt Obligations und notleidende Kredite. Durch die Übernahme von Kreditrisiken von Banken tragen Hedgefonds zu einer erhöhten Widerstandsfähigkeit des globalen Finanzsystems bei und verhelfen den Finanzinstituten gleichzeitig zu Liquidität.

Wie bereits erwähnt, bieten Hedgefonds ein großes Diversifikationspotential. Zudem vergrößern sie die Auswahlmöglichkeiten für Investoren und stellen auf Grund ihrer geringen Korrelation zu traditionellen Anlagen in bestimmten Marktsituationen eine potenziell attraktive Investmentalternative dar.

Des Weiteren tragen Hedgefonds zur Abmilderung des Agency-Problems bei. Dieses besagt, dass das Management eines Unternehmens nach seinen eigenen Interessen und nicht nach denen der Firma, Eigentümer, Mitarbeiter und Kunden handelt. Während die traditionelle Anlagebranche in erster Linie mit Hilfe von gesetzlichen Vorschriften gegen dieses Problem vorgeht, versuchen Hedgefonds die verschiedenen Interessensphären aufeinander abzustimmen. Dies geschieht, indem die Manager am Anlageerfolg beteiligt werden und sich substanziell mit ihrem Privatvermögen am Fondsvermögen beteiligen müssen. Darüber hinaus laufen die Manager Gefahr, bei Entlassung oder Konkurs auf Grund von groben Fehlentscheidungen ihre Reputation zu verlieren, was in der Hedgefonds-Branche oft das Karriereende bedeutet.

Daneben haben sich Hedgefonds als Innovationsquelle auf internationalen Finanzmärkten etabliert. Beispielsweise hat der erste Hedgefonds von Jones das Geschäft mit den Leerverkäufen „erfunden". Später trieben Hedgefonds die Entwicklung neuer Finanzinnovationen speziell auf dem OTC-Markt voran. Durch die Möglichkeit, in alle Märkte zu investieren und auf alle Finanzinstrumente zurückzugreifen, entwickeln Hedgefonds immer wieder neue Strategien und Kombinationen und tragen somit zur Diversifikation und Integration der Finanzmärkte bei.

8.5.2 Negative Auswirkungen auf die Finanzmarktstabilität

Hedgefonds stehen vielfach in der Kritik Finanzmärkte negativ zu beeinflussen. So könnten sie Schocks für das Finanzsystem darstellen oder auslösen, die zu einer Ausbreitung oder Beschleunigung von Instabilitäten auf den Märkten führen. Durch ihre Strategien könnten sie die Marktvolatilität steigern und zur Entstehung und Entwicklung systematischer Risiken beitragen. Inwieweit diese Behauptungen belegbar sind, soll nun betrachtet werden.

Erhöhung von systematischen und unsystematischen Risiken

Hedgefonds sind Bestandteil eines eng vernetzten internationalen Finanzsystems. Schlüsselinstitutionen dieses Systems, wie beispielsweise Banken oder Versicherungen, agieren als Investoren, Kreditgeber, Handelspartner und Dienstleister für Hedgefonds. Die diversen Schlüsselinstitutionen sind zusätzlich durch Verträge und Geschäfte miteinander verbunden. Durch diese starke Vernetzung, gepaart mit der ausgeprägten Risikointransparenz und -komplexität, der hohen Flexibilität, der Konzentration von Positionen sowie einer eher kurzfristigen Orientierung stehen Hedgefonds vielfach in der Kritik, Auslöser, Verstärker oder Transmissionskanal von systematischen und unsystematischen Risiken zu sein.

Chancen und Gefahren aus systematischen Risiken entstehen auf Grund der allgemeinen Marktentwicklung. Es handelt sich um exogene, nicht von den Vertragspartnern zu beeinflussende Faktoren. Wichtige makroökonomische Einflussfaktoren sind konjunkturelle Veränderungen, Schwankungen des Marktzinsniveaus, Ausschläge bei Wechselkursen oder andere politische und rechtliche Rahmenbedingungen. Im Gegensatz dazu werden unsystematische Risiken von mikroökonomischen Determinanten beeinflusst. Sie resultieren aus vertraglichen Vereinbarungen zwischen den Vertragspartnern und sind im Vergleich zu systematischen Risiken nur schwer prognostizierbar und quantifizierbar. Dafür lassen sich unsystematische Risiken diversifizieren. Beispiele für unsystematische Risiken sind das Bonitätsrisiko oder Liquiditätsrisiko.

Liquiditätskrisen können durch Hedgefonds ausgelöst werden und den Markt negativ beeinflussen. Treten unerwartete Ereignisse ein, kann es aus zwei Gründen zur plötzlichen Auflösung von Positionen kommen: zum einen um Schadensbegrenzung zu betreiben und zum anderen, wenn hinterlegte Sicherheiten nicht mehr ausreichen und aufgestockt werden müssen. In Folge dessen kann eine einseitige Auftragslage entstehen, die im nächsten Schritt zu starken Preisbewegungen und schließlich zum Austrocknen der Marktliquidität führen kann. Letzteres tritt vor allem ein, wenn Hedgefonds ihre Positionen in weniger liquiden Märkten auflösen. Der Verlauf einer solchen Liquiditätskrise wird in Abb. 8.7 veranschaulicht. Inwieweit der Einsatz eines großen Fremdkapitalhebels sowie gleichgerichteter Handelsstrategien (Crowded Trades) eine solche Konstellation begünstigen können, wird im folgenden Kapitel näher betrachtet.

Besonders betroffen vom Handeln des Hedgefonds ist in erster Linie der Prime Broker. Für ihn birgt ein sich in einer Liquiditätskrise befindlicher Hedgefonds drei potentielle Risikoquellen. Als erstes besteht für ihn ein Kontrahentenrisiko, wenn der Hedgefonds nicht mehr in der Lage ist, seinen Verpflichtungen rechtzeitig oder vollständig nachzukommen. Daneben existiert ein Investitionsrisiko, da es bei einer Beteiligung an einem Hedgefonds auf Grund von Fehlspekulationen zum Absinken des Nettoinventarwerts kommen kann. Als drittes ist der Prime Broker einem Kreditrisiko ausgesetzt. Kann der Fonds nachschusspflichtige Sicherheiten nicht mehr aufstocken, können diese die Wertpapiere nicht mehr vollständig be-

8.5 Auswirkungen der Hedgefonds auf die Finanzmarktstabilität

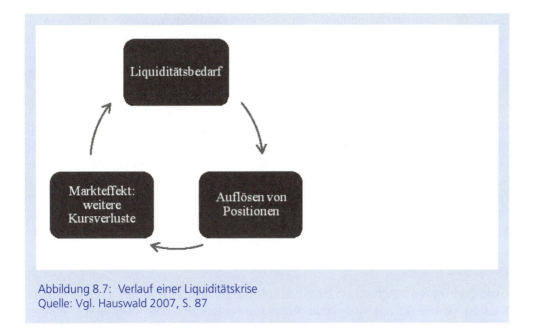

Abbildung 8.7: Verlauf einer Liquiditätskrise
Quelle: Vgl. Hauswald 2007, S. 87

sichern. Ist die Bank zudem gezwungen diese Sicherheiten in Stresssituationen schnell aufzulösen, kann es zu Preisabschlägen und weiteren Verlusten kommen.

Neben den Risiken für den Prime Broker sind alle Institutionen, die in Hedgefonds investiert haben oder stark in Märkten mit großer Hedgefonds-Beteiligung vertreten sind, einem Marktrisiko ausgesetzt, wenn durch fallende Preise Verluste drohen.

Steigerung der Marktvolatilität

Hedgefonds handeln rein opportunistisch, und reagieren daher oftmals aktiver, entschiedener und schneller auf Veränderungen im Markt als andere Teilnehmer. Sie stehen daher in der Kritik die Volatilität zu steigern und „Trendverstärker" zu sein. Als mögliche Erklärungen einer Volatilitätssteigerung sollen der verstärkte Einsatz von Leverage, die Neigung der Fonds zu Crowded Trades, das Herdenverhalten sowie die Auswirkungen destabilisierender Spekulation betrachtet werden.

Verstärkter Leverage Einsatz

Der Einsatz des Fremdkapitalhebels wirkt als Multiplikator für Chance und Risiko. Er verschafft dem Hedgefonds-Manager eine größere Flexibilität und ermöglicht ihm, Marktbewegungen effizienter auszunutzen. Leverage wird jedoch nicht nur von Hedgefonds genutzt, sondern auch im Investmentmanagement ist Leverage ein wichtiges Instrument. Die Problematik, die sich bei Hedgefonds jedoch ergibt, ist die Intransparenz, die das Ausmaß und die Verteilung des Fremdkapitalhebels nicht genau abschätzbar macht. Die Vergangenheit hat gezeigt, dass Hedgefonds die größten Verluste in volatilen oder fallenden Märkten machen, wenn für die jeweilige Strategie ein unangebrachter oder exzessiver Leverage eingesetzt wurde. Ohne Hebel wären viele Verluste nicht zu Krisen herangewachsen. Der Fremdkapitalhebel erhöht die Wahrscheinlichkeit und den Umfang der eben beschriebenen Markt-, Kredit-, Investitions- und Liquiditätsrisiken.

Verstärkter und falscher Leverage-Einsatz erhöht die Volatilität der Märkte. Inwieweit der Leverage das Risikopotential beeinflusst, kann jedoch nicht pauschal gesagt werden. Ausschlaggebend sind hier die verfolgte Investitionsstrategie des Hedgefonds sowie das Finanzmarktsegment, in dem er tätig ist. Fixed Income Arbitrage-Hedgefonds sind auf Grund der oft marginalen Spreads auf Leverage angewiesen, um überhaupt Gewinne erzielen zu können. Die Marktrisiken in diesem Segment sind auch gering im Vergleich zu beispielsweise Global Macro-Strategien, bei denen das Risiko einer Fehlprognose bereits ohne Hebel sehr groß sein kann.

Crowded Trades

Crowded Trades beschreiben die Konzentration von Marktpositionen. Die Gefahr besteht im kollektiven Auf- bzw. Abbau ähnlicher Handelspositionen mehrerer Fonds. Die Neigung zu ähnlichen Strategien ist auf den Absolut Return-Ansatz zurückzuführen. Durch immer effizientere Märkte ist die Erzielung einer positiven Rendite unabhängig von der Marktsituation schwieriger geworden und der Druck der Investoren dementsprechend größer. So kann es dazu kommen, dass diverse Hedgefonds in bestimmten Situationen ähnliche Verhaltensmuster aufweisen. Durch die hohen Renditeerwartungen sind die Fondsmanager bereit, größere Risiken einzugehen. Zusätzlich steigt mit dem Wachstum der Hedgefonds-Branche die Wahrscheinlichkeit für Crowded Trades. Die Auswirkungen von Crowded Trades sind jedoch abhängig von der jeweiligen Marktsituation. In „normalen" Zeiten kann es trotz ähnlicher Strategien und Aktivitäten der Fonds zu unterschiedlichen Performances kommen. In Stresssituationen, also Zeiten funktioneller Marktstörungen mit großen Preisbewegungen, kann die Auflösung ähnlicher Positionen hingegen starke Auswirkungen auf die Volatilität haben.

Herdenverhalten

Die eben beschriebene Stresssituation und der damit verbundene Positionsabbau können zu einer Kettenreaktion führen und andere Teilnehmer dazu bewegen, es den Fonds gleich zu tun. Ein solches Herdenverhalten entsteht immer dann, wenn Akteure nicht mehr nach ihren eigenen Informationen handeln, sondern sich auf die Einschätzungen Dritter verlassen und ihre Handlungsentscheidungen imitieren. Wenn Hedgefonds plötzlich beginnen, bestimmte Positionen aufzulösen, kann das durchaus andere Marktteilnehmer aufmerksam machen. Sollten diese davon ausgehen, dass die Fonds mehr wissen als sie selbst, kann es passieren, dass sie ebenfalls ähnliche Positionen abstoßen. Ein solches Herdenverhalten kann in der Folge die Volatilität verstärken. Inwieweit Hedgefonds dieses jedoch auslösen, ist nicht nachgewiesen.

Destabilisierende Spekulation

Im Gegensatz zur stabilisierenden Spekulation mit ihren positiven Auswirkungen auf die Stabilität der Finanzmärkte, gibt es die destabilisierende Spekulation, auch Positive Feedback Trading genannt. Marktbewegungen werden hierbei verstärkt, indem bei steigendem Markt Titel gekauft und bei fallendem Markt Titel verkauft werden. Ein solches Verhalten kann entstehen, wenn Hedgefonds keine bessere Voraussicht haben als der Markt und damit rechnen, dass die aktuelle Bewegung weiter anhält. Hedgefonds wird nachgesagt, dass sie in bestimmten Situationen versuchen den Preis in eine bestimmte, nicht durch fundamentale Werte gerechtfertigte, Richtung zu lenken. Auf diese Weise wird der Preisfindungsmechanismus untergraben. Eine solche Beeinflussung ist vor allem in Emerging Markets denkbar, wo Hedgefonds durch ihre relativ großen Engagements Druck auf die Preise ausüben können. Die damit einhergehende steigende Volatilität kann zum Aufbau systematischer Risiken beitragen.

Destabilisierender Einfluss von Carry Trades

Carry Trades werden von vielen Akteuren des Finanzsystems, wie beispielsweise Banken, Versicherungen und Privatleuten, verwendet. Hedgefonds sind in diesem Bereich jedoch besonders aktiv und stehen in der Kritik, die Märkte negativ zu beeinflussen. Kritiker behaupten, dass Hedgefonds im Speziellen für die Schwäche des japanischen Yen verantwortlich seien. Sie sollen mit Hilfe der niedrigen Zinsen ihre Spekulationsgeschäfte finanzieren. Carry Trades könnten den Yen auf zwei Arten schwächen. Zum einen wenn die als Kredit aufgenommenen Yen als zusätzliches Kapital am Devisenmarkt durch den Umtausch in eine andere Währung angeboten werden und zum anderen wenn durch die Nachfrage nach der Tauschwährung ihr Kurs steigt. Der Yen müsste eigentlich auf Grund des hohen Exportüberschusses Japans relativ stärker sein als der US-Dollar der Vereinigten Staaten mit dem herrschenden Importüberschuss. Im Gegensatz dazu wertete sich der Yen jedoch innerhalb von nur zwei Jahren um rund 20 % gegenüber dem US-Dollar ab. Der Gewinn von Carry Trades wird seit dem Jahre 2000 durchschnittlich auf 15,8 % pro Jahr geschätzt. Im Missverhältnis zwischen Yen und US-Dollar liegt großes Destabilisierungspotential. Würde es in Japan z.B. auf Grund zunehmender Investitionen zu einem Zinsanstieg kommen, würden die Kredite teurer und die Gläubiger würden versuchen sie so schnell wie möglich zurückzuzahlen. Die damit verbundene steigende Nachfrage nach dem Yen und das steigende Angebot an US-Dollar würden zu einer Aufwertung des Yen führen. Unkontrollierte Verkäufe und Kursverluste weltweit währen die Folge.

Carry Trades waren sowohl beim Beinah-Zusammenbruch von Long Term Capital Management (LTCM) 1998 involviert, als auch bei der Krise des Europäischen Währungssystems (EWS) 1992.

Rolle der Hedgefonds in volkswirtschaftlichen Krisen
→ EWS-Krise 1992

Das Zinsniveau befand sich in Deutschland 1992 auf einem Rekordhoch. Grund dafür waren eine Verminderung der Geldmenge und die Anhebung der Leitzinsen zur Bekämpfung einer drohenden Inflation. Internationale Anleger wollten von diesen Zinsen profitieren und legten ihr Geld in Deutschen Mark an. Besonders die Besitzer von britischen Pfund und italienischen Lira trennten sich dafür in großem Maße von ihren Währungsbeständen. Ein Hedgefonds wurde in dieser Zeit berühmt: der Quantum Fonds von George Soros. Er spekulierte auf eine Abwertung des britischen Pfunds und auf eine Kurssteigerung der Aktien britischer Unternehmen in Folge der erwarteten Währungsabwertung. In mehreren Schritten lieh er sich britische Pfund im Wert von insgesamt 7 Mrd. US-Dollar und tauschte diese auf dem britischen Devisenmarkt gegen Deutsche Mark und französische Franc im Verhältnis 6 : 1 um. A Mio. US-Dollar sowie deutsche und französische Anleihen, die, so hoffte er, von einer Aufwertung der jeweiligen Währung und der damit verbundenen Zinssenkung profitieren würden. Seinem Beispiel folgten andere Anleger und verkauften ebenfalls das britische Pfund. Das britische Pfund war Mitglied im EWS, einem Paritätengitter mit bilateralen festen, aber anpassungsfähigen Wechselkursen, in dem die Währungen der Mitgliedsländer sich nur in einer Schwankungsbreite von ±2,25 % bewegen durften. Auf Grund des wachsenden Devisenangebots wurde das britische Pfund abgewertet und konnte schließlich trotz wiederholter Stützkäufe der englischen Zentralbank das vom EWS vorgeschriebene Level nicht mehr halten und musste am „Schwarzen Mittwoch" (Mittwoch, den 16.09.1992) aus dem EWS austreten. Als Folge ergab sich eine Abwertung des Pfunds um 10 % und eine Aufwertung des Franc und der Deutschen Mark um etwa 7 %. Soros' Strategie ging auf. Seine erworbenen britischen Aktien stiegen um circa sieben Prozent und die Anleihen um durchschnittlich drei Prozent. Insgesamt soll sich der Gewinn von Soros' Fonds auf 1 Mrd. US-Dollar belaufen haben.

Vielfach wurde untersucht, inwieweit Hedgefonds die Ursache der EWS-Krise waren. Es wird geschätzt, dass Hedgefonds im Herbst 1992 Short-Positionen in einer Gesamthöhe von 11,7 Mrd. US-Dollar gegen das britische Pfund aufgebaut hatten. Davon machte der Quantum Fund einen kapitalmäßigen Anteil von über 85 % aus. Die Tatsache, dass sich die Interventionen der britischen Zentralbank zur Aufrechterhaltung des Wechselkurses im Zeitraum Juli bis September 1992 auf ungefähr 160 Mrd. US-Dollar beliefen, lässt darauf schließen, dass die spekulativen Attacken nur einen geringen Einfluss auf die Währungsstabilität hatten. Andere Marktteilnehmer müssen demnach eine stärkere Wirkung auf das britische Pfund gehabt haben als Hedgefonds.

→ Asienkrise 1997

Die Asienkrise hatte 1997 ihren Ausgangspunkt in Thailand. Durch Instabilitäten im Finanzsektor und ein wachsendes Leistungsbilanzdefizit der Wirtschaft, ausgelöst durch den Preisverfall für Halbleiterprodukte am Weltmarkt, musste die thailändische Regierung am 2.7.1997 ein System freier Wechselkurse ausrufen. Bis dato war der Thailändische Baht an den US-Dollar gekoppelt. Folge war eine Finanzkrise, die sich auf andere südostasiatische „Tigerstaaten" wie Indonesien, Malaysia, Südkorea und die Philippinen ausweitete. Konnten diese Länder 1996 noch Nettokapitalzuflüsse aus dem Ausland in Höhe von 62 Mrd. US-Dollar für sich verbuchen, mussten in den Jahren 1997 und 1998 privatwirtschaftliche Nettokapitalabflüsse von 20 Mrd. US-Dollar und 45 Mrd. US-Dollar verzeichnet werden. Die Währungen der betroffenen Länder fielen 1998 auf historische Tiefstände gegenüber dem US-Dollar. So verlor der Indonesische Rupiah im Frühjahr 1998 in der Spitze um mehr als 80 % und die Währungen von Malaysia, Südkorea, Thailand und den Philippinen zwischen 35 und 50 % im Vergleich zum Vorjahr.

Einen nachgewiesenen Zusammenhang zwischen der Krise und Hedgefonds gibt es nicht. Wenn überhaupt, sollen sie nur eine untergeordnete Rolle in der Entstehung der Asienkrise gespielt haben. Generell ist festzuhalten, dass Hedgefonds während der Zeit der Asienkrise im Vergleich zum Anleihenmarkt schlechter, aber dennoch positiv abschlossen. Entweder wussten die Fondsmanager die Krise für sich zu nutzen, oder sie hielten sich aus den schwierigen Märkten heraus.

→ Russlandkrise 1998

Russland befand sich Ende 1997 und Anfang 1998 in einer schweren Wirtschafts- und Währungskrise. Die Schuldendienstfähigkeit des Staates verschlechterte sich unter anderem in Folge fallender Rohstoffpreise, einer realen Aufwertung der Währung und dem Zusammenbruch des Aktienmarkts dramatisch. Daraufhin sprach die Regierung im August 1998 ein Moratorium auf Zinszahlungen für Staatsanleihen und Tilgung von Unternehmens- und Bankverbindlichkeiten gegenüber ausländischen Gläubigern aus. Es kam zu einer Vertrauenskrise und zur „Flucht (der Anleger) in Qualität". Das bedeutet, dass Anleger aus Angst, andere „schlechte" Schuldner würden ihren Zahlungsverpflichtungen ebenso wie Russland nicht mehr nachkommen, Papiere niedriger Qualität verkauften und Papiere höherer Qualität kauften. Folglich liefen die Preisdifferenzen auseinander anstatt zusammen.

Ein Hedgefonds, der während dieser Zeit große Bekanntheit erlangte, war der LTCM-Fonds. Im Gegensatz zu Soros' Quantum Fonds ist dieser jedoch wegen seines großen Verlustes bekannt. Er wurde von John Meriwether, dem früheren Chef der Anleihen-Arbitrage-Gruppe von Salomon Brothers, gegründet. Zum Beraterstab des Fonds zählten zudem die Nobelpreisträger Myron Scholes und Robert Merton sowie der ehemalige Vize-Präsident der amerikanischen Notenbank David Mullins. Auf Grundlage einer Fixed Income Arbitrage-Strategie, konzentrierte sich LTCM auf den Markt für festverzinsliche Titel. In den Jahren 1995/1996 wurde eine Rendite von 40 % erzielt, ein Jahr später lag sie bei 17 %. Im Vergleich dazu erzielte der S&P 500 1997 eine Wertsteigerung von 33 %. Um die Renditen zu steigern, entschloss sich das Fondsmanagement mehr Fremdkapital aufzunehmen. Ein Teil des eingesetzten Kapitals wurde den Investoren zurückgezahlt und anschließend in Form von Fremdkapital wieder aufgenommen. Am Ende wies der Fonds ein Verhältnis von Eigen- zu Fremdkapital von 1 : 27 auf. Als, ausgelöst durch die Russlandkrise 1998, der Schuldendienst auf Rubelanleihen fast vollständig eingestellt wurde, macht der Fonds auf Grund der auseinanderlaufenden Spreads große Verluste. Das Kapital des Fonds wurde aufgezehrt, wodurch die Kreditfinanzierung auf das 50-fache des Kapitals anstieg. LTCM verlor bis Ende 1999 über 90 % seines Kapitals, welches zu diesem Zeitpunkt nur noch 400 Mio. US-Dollar betrug. Nur durch das Einschreiten der US-Notenbank FED, die ein Konsortium von 14 Gläubigerbanken zusammenstellte, wurde der Fonds vor dem Bankrott gerettet. Er erhielt eine Kapitalspritze von 3,6 Mrd. US-Dollar, und musste im Gegenzug 90 % der Gewinne sowie die Kontrolle über sämtliche Entscheidungen an das Konsortium abtreten.

Das Einschreiten der FED weist darauf hin, dass diese Krise anders war als die bisherigen. Die FED fürchtete eine weltweite Panik auf den Finanzmärkten und eine Serie von Bankenzusammenbrüchen mit gravierenden Auswirkungen. Die Russlandkrise wird auch als „die" Hedgefonds-Krise bezeichnet. Sie zeigt auf, dass unter bestimmten Umständen Hedgefonds tatsächlich in der Lage sein können, Finanzsysteme zu beeinflussen.

8.6 Aktuelle Situation der Hedgefonds und Ausblick

Hedgefonds erheben den Anspruch, in allen Marktphasen positive Anlageresultate zu erzielen. Nach einer durchschnittlichen Werteinbuße von 17,6 % in 2008 (Schätzung vom Oktober 2008) wurde dieses Ziel jedoch klar verfehlt. Obwohl Aktienindizes im Durchschnitt noch viel stärker an Wert verloren haben, leidet das Ansehen der Hedgefonds-Branche unter diesem Rückgang. Nicht alle Hedgefonds-Strategien verzeichneten jedoch Verluste. Während Hedgefonds mit einer Long/Short Equity-Strategie ein leichtes Plus auswiesen, machten Fonds, die auf eine positive Wertentwicklung im Kredit- oder Unternehmensaktienbereich spekulierten, große Verluste. Besonders von der Krise betroffen sind kleine Hedgefonds, deren Substanz zu gering ist, um das Ende der Krise abzuwarten. Viele Anleger ziehen ihr Kapital in wachsendem Umfang aus den Fonds ab und schichten es aus Angst um ihr Geld in größere Hedgefonds oder andere Anlageinstrumente um.

Eine sich deutlich in der Hedgefonds-Branche abzeichnende Entwicklung ist das „Deleveragen", also der rückläufige Einsatz von Fremdfinanzierung. Dafür gibt es mehrere Gründe. Zum einen versuchen die Hedgefonds-Manager ihre Risiken in den aktuell sehr volatilen Märkten zu reduzieren und sich auf den Schutz ihres Kapitals zu konzentrieren. Zum anderen haben Banken ihre Kreditvergabe drastisch eingeschränkt. Abb. 8.8 zeigt das Ergebnis einer Umfrage der Europäischen Zentralbank (EZB) im Oktober 2008 unter 45 Hedgefonds. Darin ist deutlich zu erkennen, dass der Fremdkapitalanteil in den Fonds zurückgenommen wurde. Der

8.6 Aktuelle Situation der Hedgefonds und Ausblick

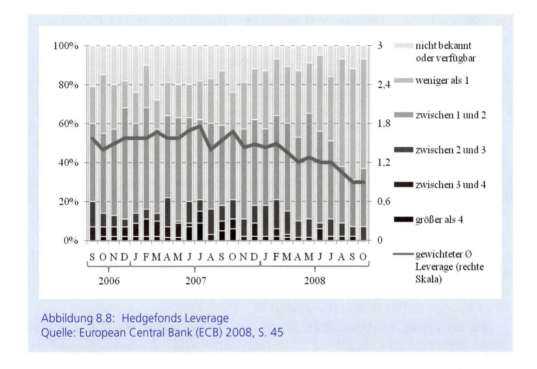

Abbildung 8.8: Hedgefonds Leverage
Quelle: European Central Bank (ECB) 2008, S. 45

Anteil an Hedgefonds, die einen Leverage von weniger als eins (d.h. die Bruttoinvestitionen überstiegen nicht das Kapital) hatten, ist demnach im September und Oktober 2008 auf Rekordniveau gestiegen. Das ist ein Anzeichen dafür, dass viele Hedgefonds-Manager ihr Geld in Cash halten oder in weniger riskante Assets umschichten. Ein weiterer Faktor für diese Entwicklung ist, dass vermehrt Investoren ihr Kapital aus den Fonds abziehen.

Um sich gegen den drohenden Kapitalabzug durch die Investoren zu schützen, begrenzten einige Fonds die monatlichen oder quartalsweisen Kapitalentnahmen auf ein gewisses Verhältnis zum Fondsvermögen. Einige Hedgefonds-Manager boten ihren Anlegern geringere Gebühren im Austausch für längere Lock-Up Perioden an. Trotz dieser Maßnahmen gelang es vielen Fonds bis Ende Oktober 2008 nicht, ihre Investitionsziele zu erreichen.

Ausgelöst durch die Finanzkrise sind Hedgefonds gezwungen, sich aus vielen Investitionen zurückzuziehen. Den Märkten gehen dadurch Liquidität und die aktivsten Marktteilnehmer verloren. Besonderen Einfluss auf die Hedgefonds-Industrie hatten unter anderem der Beinahe-Zusammenbruch der Investmentbank Bear Stearns sowie die Insolvenz von Lehman Brothers. Diese Ereignisse ließen den Managern das Kontrahentenrisiko in Bezug auf ihren Prime Broker bewusst werden. Einige Hedgefonds verlangten zur Absicherung gegen dieses Risiko von ihrem Prime Broker die Überweisung der Sicherheiten auf gesonderte Konten. Das war zwar mit einer geringeren Rendite auf diese Einlagen verbunden, sollte dafür aber verhindern, dass die Banken dieses Kapital zur weiteren Geldschöpfung nutzen konnten. Im Fall von Lehman Brothers wurden Hedgefonds, die ihr Kapital nicht auf gesonderten Konten hatten, plötzlich zu Kreditgebern.

Nicht nur die Hedgefonds und Banken reagierten auf die Krise. Zusätzlichen Druck übten die Aufsichtsbehörden aus, die im September in mehreren Ländern ungedeckte Leerverkäufe untersagten. Die Folge war, dass Hedgefonds, gerade solche mit einer Relative Value-Strategie, ihre Investitionen nicht mehr ausreichend absichern konnten und Verluste realisierten. Aus diesem Grund mussten sie sich Alternativen suchen, mit denen sie an den fallenden Märkten partizipieren konnten. Sie nahmen riskantere Positionen wie beispielsweise Credit Default Swaps, Put Optionen oder Short-Positionen bei Index-Futures auf und kauften Aktien aus dem Nicht-Bankensektor.

Eine weitere potentielle Gefahr, die sich aus der schwierigen Finanzierungslage und dem Druck der Investoren ergibt, sind Crowded Trades. Durch die eingeschränkten oder zu riskant gewordenen Anlagemöglichkeiten kann es passieren, dass verschiedene Fonds ähnliche Investments tätigen. Das Risiko, welches sich ergibt, wenn nun ein plötzlicher Ausstieg aus Crowded Trades geschieht, wurde im vorangegangenen Abschnitt dargestellt.

Laut dem Finanzmarktstabilitätsbericht der EZB gab es diverse Zusammenbrüche größerer Hedgefonds, die jedoch keine systematischen Auswirkungen auf die Märkte hatten. Zurückzuführen sei dies unter anderem auf die beschränkten Kreditvereinbarungen der Banken. Zukünftig werde es für die Hedgefonds darauf ankommen, ihre Performances wieder zu verbessern und unglückliche Investoren zu befriedigen. Es sei jedoch nicht zu erwarten, dass sich Hedgefonds weiter in großem Umfang deleveragen werden, da dieser Prozess bereits weit fortgeschritten ist. Eine potentielle Gefahr für die Finanzmärkte sei in Zukunft jedoch nicht zu vernachlässigen, wenn weitere große Positionen aufgelöst werden müssen, weil Hedgefonds entweder unter Kapitalabzug der Anleger leiden oder Insolvenz anmelden müssen.

Die Zahlen für 2008 sprechen laut Schätzungen von Hedge Fund Research (HFR) deutlich für einen Abschwung in der Hedgefonds-Branche. Demnach sollen die rund 10.000 Hedgefonds allein im dritten Quartal 210 Mrd. US-Dollar, das entspricht rund zehn Prozent der Hedgefondsvolumina, Verlust gemacht haben. HFR-Chef Kenneth Heinz befürchte sogar das „schlimmste Jahr" für die Hedgefonds-Branche.

Einen anderen Standpunkt vertritt die Frankfurter Allgemeine Zeitung, welche schlechte Nachrede zum Thema Hedgefonds kritisiert. Demnach ist das absolute Renditeziel über einen längeren Zeitraum zu betrachten und nicht nur kurzfristig über ein Jahr. In den Jahren 2003 bis 2007 lagen die Renditen der Hedgefonds im Durchschnitt immer im positiven Bereich. Zudem komme es immer darauf an, aus der Masse der Anbieter die besten Manager herauszufinden. Es gab eine Vielzahl von Fonds die trotz der Krise Rekordrenditen erzielten, weil sie die Marktentwicklung frühzeitig erkannten. Daher wird die Zukunft der Hedgefonds auch als positiv eingeschätzt mit einem kleinen Zusatz, dass die Renditen aus anderen Quellen stammen werden.

8.7 Zusammenfassung zweiter Teil

Im zweiten Teil diesen Kapitels wurden die Auswirkungen der Hedgefonds auf die Finanzmarktstabilität sowie ihre aktuelle Situation betrachtet. Im Bezug auf die Auswirkungen der Hedgefonds auf die Finanzmarktstabilität ist festzuhalten, dass sie sowohl positive als auch negative Effekte haben. Sie leisten einen wichtigen Beitrag zur Vervollständigung und Effizienzsteigerung der Märkte. Unter besonderen Umständen, wie z.B. bei Emerging Markets oder neuen Finanzprodukten, würde ohne sie kein geregelter Handel existieren. Sie versorgen illiquide Märkte und Unternehmen mit benötigten finanziellen Mitteln. Einige Hedgefonds übernehmen eine Art Bankenrolle, indem sie Unternehmen Kredite zur Verfügung stellen. Außerdem investieren Hedgefonds in Märkte, aus denen sich viele Investoren auf Grund von rechtlichen Rahmenbedingungen oder zu großen Risiken zurückziehen. Hedgefonds bilden somit einen Gegenpol zu anderen Investments und stellen Liquidität zur Verfügung. Außerdem kann der spekulative Charakter einiger Fonds in volatilen Zeiten einen stabilisierenden Einfluss auf das Finanzsystem haben.

Neben den vielen positiven Auswirkungen nehmen Hedgefonds jedoch auch negativen Einfluss auf die Finanzsysteme. Sie tragen unter anderem zur Steigerung von systematischen und unsystematischen Risiken bei und erhöhen durch ihre großvolumigen Transaktionen die Marktvolatilität. Im Gegensatz zur stabilisierenden Spekulation können sie durch ihr Handeln destabilisierend wirken und Wertschwankungen vergrößern. Zudem können Crowded Trades in bestimmten Marktphasen das Finanzsystem aus dem Gleichgewicht bringen. Durch die Präsenz der Hedgefonds sowie ihr Know-how verlassen sich einige Anleger bei der Entscheidungsfindung auf die Einschätzung der Fonds. Das dadurch ausgelöste Herdenverhalten ist eine weitere potentielle Gefahr. Die Vergangenheit hat zudem gezeigt, dass Hedgefonds durchaus das Potential haben, das weltweit vernetzte Finanzsystem aus dem Gleichgewicht zu bringen. Abhängig ist dieses Potential jedoch, wie im Falle des LTCM, von der Zusammensetzung und der Ausrichtung des Fonds. Große Fremdkapitalhebel vergrößern das Verlustrisiko und den potentiellen Einfluss auf die Finanzmärkte.

Die aktuelle Situation bietet für viele Hedgefonds eine große Herausforderung. Gerade kleine Fonds mit verhältnismäßig wenig Kapital sind von der Krise betroffen. Durch den Kapitalabzug der Investoren auf der einen und der eingeschränkten Kreditvergabe der Banken auf der anderen Seite, fehlt vielen Fonds die Substanz, um die Krise zu überstehen. Folglich gehen die Anzahl der Hedgefonds sowie das verwaltete Vermögen zurück. Außerdem ist der durchschnittliche Fremdkapitaleinsatz auf ein Rekordniveau gesunken. Das absolute Renditeziel konnte vom Großteil der Hedgefonds nicht erreicht werden.

9 | Wie werden die Investmentbanken nach der Finanzkrise aussehen?

9.1 Was ist Investmentbanking?

9.1.1 Warum gibt es in den USA ein Trennbankensystem?

Das Bankensystem in den USA war während der letzten einhundert Jahre von unterschiedlichen gesetzlichen Vorgaben geprägt, die das Wesen des Bankensystems nachhaltig beeinflussten.

Nach der Weltwirtschaftskrise legte der Glass-Steagall-Act im Jahr 1933 das Trennbankensystem in den USA fest. Ziel war es, das Finanzsystem nach der Krise wieder zu stabilisieren und spätere Krisen zu vermeiden. Demnach mussten sich die Kreditinstitute für einen der beiden Banktypen entscheiden. Das heißt, sie mussten sich entweder als

- Commercial Banks oder als
- Investmentbanks

klassifizieren. Eine Commercial Bank war ausschließlich befugt, im Kredit- und Einlagengeschäft tätig zu sein. Einer Investmentbank dagegen war es lediglich erlaubt, Wertpapiergeschäfte abzuwickeln.

Das Ziel dieser Verordnung war es, Spekulationen zu verhindern und so die Bankenstabilität zu unterstützen. Des Weiteren sollte dadurch ein Interessenskonflikt innerhalb der Banken vermieden werden. Ein solcher Interessenskonflikt könnte entstehen, wenn dieselbe Bank beispielsweise Wertpapiere oder Fonds eines Unternehmens handelt, über dessen genaue Finanzlage sie informiert ist.[1]

Jedoch weist das Trennbankensystem auch einige Probleme und Nachteile auf. So ist nicht zuletzt eine strikte Trennung der Finanzprodukte aufgrund der Internationalisierung der Finanzmärkte nicht mehr möglich. Des Weiteren weisen Universalbanken, die das Kredit- und Einlagengeschäft mit Wertpapiergeschäften kombinieren, einen besseren Risikoausgleich sowie bessere Subventionsmöglichkeiten auf. Weiterhin ist eine Trennung der Banken nicht effizient, da Kreditwürdigkeitsprüfungen bei Kreditnehmern sowohl bei Commercial Banks als auch bei Investmentbanken durchgeführt werden müssen.[2]

---
[1] Vgl. Hockmann/Thießen (2007)
[2] Vgl. Hartmann-Wendels/Pfingsten/Weber (2007)

Deshalb wurde im November 1999 die strikte Trennung der Banktypen durch den Gramm-Leach Bliley-Act faktisch wieder aufgehoben. Er hielt zwar weiterhin an einem Trennbankensystem fest, erleichterte jedoch die Kooperation zwischen ihnen. So konnten sich die Commercial Banks und die Investment Banks in der Folge zu sogenannten Financial Holding Companies zusammenschließen.[3]

Investment Banking kann wie folgt definiert werden:

„Investment Banking ist die Gesamtheit aller Leistungen, die der Übertragung monetärer Dispositionsmöglichkeiten dienen, soweit diese mittels Wertpapiertransaktionen erbracht werden."[4]
Näher betrachtet bedeutet dies, dass eine Investmentbank für alle Geld-Transaktionen verantwortlich ist, die an den Finanzmärkten gehandelt werden. So unterstützen Investmentbanken ihre Kunden beim Handel an den Kapitalmärkten, indem sie Wertpapiere platzieren, handeln und entsprechende, darüber hinausgehende Dienstleistungen anbieten.

9.1.2 Welche Arten von Investmentbanken gibt es?

Investmentbanken lassen sich nach der Art ihrer Geschäfte in drei unterschiedliche Arten einteilen:
- Full-Service Investmentbanken
- Financial Holding Companies
- Boutique Investmentbanken.[5]

Full-Service Investmentbanken

Full-Service Investmentbanken bieten ihren Kunden sämtliche Dienstleistungen des Investmentbank-Sektors an. Sie können ihre Kunden somit umfassend bei ihren Transaktionen auf den Kapitalmärkten unterstützen. Die Gewichtung der einzelnen Bereiche innerhalb einer Full-Service Investmentbank variiert jedoch. Beispiele für Full-Service Investmentbanken in den USA sind Goldman Sachs und Morgan Stanley. Diese Investmentbanken werden auch als Large Complex Financial Institutions bezeichnet.

Financial Holding Companies

Seit dem Gramm-Leach-Bliley-Act im Jahr 1999 bildeten sich in den USA sogenannte Financial Holding Companies (FAC), die durch den Zusammenschluss mehrerer Banken unterschiedlicher Arten die Wertpapiergeschäfte der Investment-

---
[3] Vgl. Hartmann-Wendels/Pfingsten/Weber (2007)

9.1 Was ist Investmentbanking?

banken mit den Kredit- und Einlagegeschäften der Commercial Banks kombinierten. Teilweise wurden ebenfalls Versicherungsunternehmen in diese Holding-Unternehmen integriert. Beispiele für Financial Holding Companies sind die Bank of America, die Deutsche Bank, HSBC, JP Morgan und die UBS.

Boutique Investmentbanken

Boutique Investmentbanken haben sich in ihrer Tätigkeit auf einen oder mehrere Bereiche der Investmentbank-Tätigkeiten spezialisiert und bieten ihren Kunden lediglich einen kleinen Teil der Dienstleistungen auf den Kapitalmärkten an.

In den USA spezialisierte sich z.B. Sandler O'Neill auf Finanzinstitute und Versicherungsgesellschaften, während Greenhills Betätigungsfeld hauptsächlich in M&A Beratungen liegt. Die Boutique Investmentbank Lazard hat sich neben M&A-Beratungen auf die Vermögensverwaltung spezialisiert.[6]

Rothschild konzentriert sich hauptsächlich auf das Beratungsgeschäft und betreibt keinen Eigenhandel. Hinzu kommt, dass es sich bei der Investmentbank Rothschild um eine nicht börsennotierte, private Bank handelt.[7]

9.1.3 In welchen Geschäftsfeldern erwirtschaften Investmentbanken ihre Erträge?

Die Hauptgeschäftsfelder einer Investmentbank

Die klassischen Geschäftsfelder einer Investmentbank liegen in der

- Beratung und im
- Handel

von Finanzkontrakten. Bei diesen Geschäftsfeldern ist die Investmentbank hauptsächlich auf den Primärmärkten tätig. Das heißt, sie unterstützt die Kunden z.B. bei der Emission von Eigen- oder Fremdkapital, vorwiegend im Rahmen von Börsengängen oder bei der Suche nach Kapitalgebern. Die Haupttätigkeit in der Beratung liegt in der Unterstützung von Mergers & Acquisitions.[8]

Die Geschäftsfelder der

- Vermögensverwaltung (Asset Management/Wealth Management) und der
- Beratung von meist institutionellen Kunden

finden hauptsächlich auf den Sekundärmärkten statt. Dies bedeutet, dass bereits emittierte Wertpapiere gehandelt werden.[9]

Die letzte Gruppe der Geschäftsfelder betrifft die eigene Gewinnsteuerung der Investmentbank. Dabei nimmt sie aufgrund ihres Einflusses und ihrer Größe häufig die Position eines Market Makers ein. Das bedeutet, sie selbst legt verbindlich

---

[6] Vgl. Liaw (2006)
[7] Vgl. Rothschild (2008)
[8] Vgl. Morrison/Wilhelm (2007)
[9] Vgl. Mishkin (2003)

Preise und Kontraktpartner der von ihr betreuten Wertpapiere fest.[10] Schließlich handelt eine Investmentbank mit Eigenkapital an den Kapitalmärkten, um ihren eigenen Gewinn zu steuern. [11]

Die sechs Hauptgeschäftsfelder einer Investmentbank sind in Abb. 9.1 zusammengefasst:

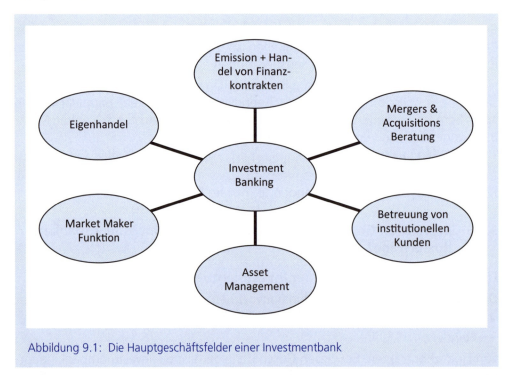

Abbildung 9.1: Die Hauptgeschäftsfelder einer Investmentbank

Die drei Ertragsarten

Im Rahmen der Gewinn- und Verlustrechnungen von Investmentbanken lassen sich die Erträge in drei Hauptarten untergliedern:
- Provisionserträge
- Handelserträge
- Zinserträge.

Provisionserträge: Provisionen erzielen Investmentbanken im Beratungsgeschäft (z.B. Asset Management und M&A). Beispielsweise erhalten sie Provisionen für die Vermögensverwaltung ihrer Kunden.[12] Diese Ertragsart ist die stabilste Einkommensquelle von Investmentbanken, da sie lediglich eine positive Korrelation mit

---
[10] Vgl. Wierichs/Smets (2007)
[11] Vgl. Hartmann-Wendels/Pfingsten/Weber (2007)
[12] Vgl. Wierich/Smets (2007)

9.1 Was ist Investmentbanking?

dem Wirtschaftszyklus sowie mit der Höhe des neuen zu verwaltenden Kapitals besitzt.

Handelserträge: Handelserträge werden durch Eigenhandel erzielt. Dabei legt ein Kreditinstitut eigenes Kapital an den Finanzmärkten an, um den eigenen Gewinn unabhängig von den eigenen Kunden zu steuern. Des Weiteren zählt zu dieser Ertragsart das Einkommen, das die Investmentbank durch den Handel mit Kapital von Dritten erwirtschaftet. Diese Ertragsart ist von der Situation an den Kapitalmärkten abhängig und deren Art und Umfang wird durch ein Risikotragfähigkeitskonzept des Bankmanagements definiert.

Zinserträge: Diese entstehen durch Fristentransformation bei der Refinanzierung ausgegebener Kredite. In der Regel werden hierbei langfristige Kundenkredite kurzfristig refinanziert. Diese Ertragsart ist abhängig von den jeweiligen Aktiva des Kreditinstitutes sowie deren Steuerung durch das Bankmanagement.[13]

Fallbeispiele

In Abb. 9.2 und Abb. 9.3 werden die Gewinn- und Verlustrechnungen von Goldman Sachs und der Deutschen Bank auf deren Erträge hin untersucht. Hierfür wird auf Daten der Jahre 2005 bis 2007, also vor der aktuellen Finanzkrise, zurückgegriffen.

Goldman Sachs (Angaben in Mio. US-Dollar)

Ertragsart	2007	2006	2005
Zinserträge	45.968	35.186	21.250
Handelserträge	29.714	24.027	15.452
Provisionen	7.555	5.613	3.599
	4.731	4.527	3.090
Summe	**87.968**	**69.353**	**43.391**

Abbildung 9.2: Erträge nach Ertragsart von Goldman Sachs[14]

Deutsche Bank (Angaben in Mio. Euro)

Ertragsart	2007	2006	2005
Zinserträge	67.706	55.217	41.708
Provisionen	12.289	11.544	10.089
Handelserträge	7.968	8.654	8.484
Summe	**87.963**	**75.415**	**60.281**

Abbildung 9.3: Erträge nach Ertragsart der Deutschen Bank[15]

---

[13] Vgl. Hartmann-Wendels/Pfingsten/Weber (2007)
[14] Vgl. Goldman Sachs (2007)
[15] Vgl. Deutsche Bank (2007)

In Abb. 9.2 und Abb. 9.3 wird deutlich, dass Zinserträge sowohl bei Goldman Sachs als auch bei der Deutschen Bank den größten Anteil an den Gesamterträgen der jeweiligen Bank ausmachen. Während jedoch die zweitgrößte Ertragsart bei Goldman Sachs die Handelserträge waren, stellten bei der Deutschen Bank die Provisionen den zweitgrößten Posten in den Erträgen.

Dies zeigt auf, dass der Handel an den Kapitalmärkten für eine Full-Service Investmentbank wichtiger ist, als für eine Universalbank. Die Universalbank kann auch in anderen Bereichen Gewinn erwirtschaften, wie z.B. in ihrem Commercial bzw. Retail Banking Segment.

9.2 Wie hat sich die Finanzkrise auf die Investmentbanken ausgewirkt?

9.2.1 Wo entstanden die Verluste?

Die Analyse der 2008er Gewinn- und Verlustrechnungen zeigt auf, dass nicht alle Ertragsarten gleich stark von Verlusten betroffen sind. Welche Segmente sind betroffen und warum?

Aufgrund der besonderen Situation, die die Finanzkrise ausgelöst hat, sind einige Segmente der Investmentbanken stärker betroffen als andere. Die Verluste der Investmentbanken sind zu einem großen Teil durch Abschreibungen verursacht worden. Diese Abschreibungen wurden aus unterschiedlichen Gründen vorgenommen.

- Zum einen wurden sie notwendig, da so genannte Collateralized Debt Obligations (CDOs) mit Verlust verkauft werden mussten, da die Hypothekenkredite, die in diesen CDOs verbrieft waren, geplatzt waren. Schlechte Kredite wurden verbrieft und in Zweckgesellschaften aus der Bilanz der Banken ausgegliedert. Nachdem die Kredite von den Kreditnehmern nicht zurückgezahlt werden konnten, mussten auch die CDOs aufgelöst werden und wieder zurück in die Bilanz der Banken eingegliedert werden. Dabei wurden die Verluste der Zweckgesellschaft auch wieder in die Bankbilanz zurückgegliedert.
- Ferner waren aufgrund der gefallenen Immobilienpreise Abschreibungen auf Grundstücke und Gebäude notwendig, die sich im Besitz der Bank befanden. Im Fall der Investmentbank Merrill Lynch waren z.B. 3,8 Mrd. US-Dollar an Abschreibungen auf Gebäude im 3. Quartal 2008 vorzunehmen.[16]
- Des Weiteren entstanden Verluste durch den Verkauf von festverzinslichen Produkten und Aktien, die die Banken im Rahmen des Handels an den Kapitalmärkten tätigten. Da aufgrund der Finanzkrise die Aktienmärkte einbrachen, kam es zu enormen Kursabstürzen, die die Investments der Banken beeinflussten. Einige der Investmentbanken waren gezwungen, Aktien mit Verlust

---

[16] Vgl. Merrill Lynch (2008)

zu verkaufen. Festverzinslich ausgegebene Produkte konnten nicht mehr zu denselben Zinsen refinanziert werden, wodurch es ebenfalls zu Verlusten kam. Die Handelserträge bei den Investmentbanken waren stark von Verlusten betroffen. Bei Merrill Lynch führten beispielsweise geplante und abgeschlossene Verkäufe zu einem Netto-Verlust von 2,6 Mrd. US-Dollar im 3. Quartal 2008.[17]

Full-Service-Investmentbanken waren somit am stärksten von der Finanzkrise betroffen. Die Verluste konnten nicht durch andere Segmente ausgeglichen werden.[18] Dagegen waren Boutique Investmentbanken wie Rothschild weniger stark von der Finanzkrise betroffen.[19] Lediglich die Boutique Investmentbanken, die sich auf den Handel mit Finanzkontrakten spezialisiert haben, hatten starke Verluste zu verzeichnen.

9.2.2 Wie haben die Investmentbanken auf die Finanzkrise reagiert?

Was ist aus den größten Investmentbanken geworden?

Die größten Investmentbanken reagierten unterschiedlich auf die Finanzkrise. Dies liegt daran, dass sie unterschiedlich stark von den Entwicklungen betroffen waren. Abb. 9.4 gibt einen Überblick darüber, welche strategischen Entwicklungen sich bei bei ausgewählten Investmentbanken durch die Finanzkrise ergaben (Stand Februar 2009).

Investmentbank	Aktuelle Situation	Datum
Goldman, Sachs & Co.	Holding-Unternehmen, normale Geschäftsbank	21.9.2008
Morgan Stanley	Holding-Unternehmen, normale Geschäftsbank	21.9.2008
Deutsche Bank AG	Gewinn-Rückgang	2008
JP Morgen Chase & Co.	Übernahme von Bear Sterns	März 2008
Rothschild Inc.	Weiterhin Gewinne	2009
UBS AG	Netto-Gewinn: 296 Mio. CHF	Q3/2008
Citigroup Inc.	Netto-Verlust: 2,8 Mrd. Dollar, Anteil der US-Regierung: 8 % Aufspaltung	Q3/2008
Crédit Suisse Group	Reinverlust: 1,3 Mrd. CHF	Q3/2008
Lehman Brothers Inc.	Insolvenz	15.9.2008
Lazard	Gewinn: 426,2 Mio. Dollar	Q3/2008
Merrill Lynch & Co.	Übernahme durch Bank of America (50 Mrd. US-Dollar)	Sept. 2008
BNP Paribas	Netto-Gewinn: 901 Mio. Euro	Q3/2008
Bear Sterns	Übernahme durch JP Morgan Chase	März 2008
Dresdner Kleinwort	100 %iges Tochterunternehmen der Commerzbank	März/2009
Bank of America	Übernahme von Merrill Lynch	Sept. 2008

Abbildung 9.4: Strategische Entwicklungen bei ausgewählten Investmentbanken

---

[17] Vgl. Merrill Lynch (2008)
[18] Vgl. Liaw (2006)
[19] Vgl. Rothschild (2008)

Welche Staatseingriffe wurden vorgenommen?

Um einen Zusammenbruch der Finanzmärkte zu verhindern, wurden von den Regierungen der am stärksten betroffenen Staaten diverse Rettungspakete ins Leben gerufen, mit deren Hilfe weitere Insolvenzen im Bankensektor verhindert werden sollten. Der Schwerpunkt unserer Analyse liegt auf dem Sonderfonds Finanzmarktstabilisierung (SoFFin) der Bundesregierung. Nach der Insolvenz der Investmentbank Lehman Brothers beschlossen viele Regierungen der führenden Industrienationen Notregelungen und Rettungspakete, um weitere Insolvenzen im Bankensektor zu verhindern.

Die erste Regierung, die das nationale Finanzsystem durch Staatshilfen stabilisieren wollte, war die britische Regierung unter Gordon Brown. Im Oktober 2008 verkündete Gordon Brown sein erstes Bankenrettungspaket, das 50 Mrd. GBP (87 Mrd. Euro) umfassen sollte. Es sah vor, dass der Staat im Gegenzug zu Kapitalhilfen Vorzugsaktien an den Banken erhalten sollte. Diese Vorzugsaktien sollten kein Stimmrecht beinhalten, aber mit einem Zinssatz von rund 10 % pro Jahr verzinst werden.[20]

Des Weiteren gab beispielsweise die deutsche Bundesregierung eine Garantie auf die Spareinlagen aller Bürger, um einen „Bankrun" (Ansturm auf eine Bank) zu vermeiden.[21] Bei einem Bank Run versuchen zahlreiche Anleger einer Bank zeitnah ihre Einlagen abzuheben. Da jedoch eine Bank meistens nur einen Bruchteil ihres Vermögens als Bargeld bereithält und der Hauptteil in längerfristigen Aktiva angelegt ist (Fristentransformation), kann dies zur Insolvenz dieser Bank führen.

Daneben verabschiedeten die USA ein Rettungspaket in Höhe von 700 Mrd. US-Dollar, das Troubled Asset Relief Programm (TARP). Allerdings wurde bislang nicht die gesamte Summe an Banken ausgezahlt.[22] Weitere Länder folgten mit kapitalstarken Rettungspaketen für die jeweiligen Banken. Abb. 9.5 gibt einen Überblick über die Höhe der jeweiligen Garantien, Eigenkapital-Finanzierungen und Aufkäufe fauler Kredite weltweit durch Regierungen.

In Deutschland stellt der SoFFin Hilfen für den Finanzsektor zur Verfügung. Das Ziel dieses Sonderfonds ist es, das Finanzsystem in Deutschland zu stabilisieren und das Vertrauen in das Finanzsystem zurückzugewinnen.[23] Der Fonds beinhaltet drei unterschiedliche Formen von Hilfen. Zum einen kann er Garantien für Banken geben, wenn der Liquiditätsengpass der Bank anzuhalten droht. Zum anderen kann der Fonds Eigenkapital zur Verfügung stellen, um die Begrenzung der Geschäfte aufgrund von Kapitalmangel zu vermeiden. Des Weiteren kann der Fonds Risiken für Banken übernehmen, wenn der Abschreibungsdruck zu groß wird. Der SoFFin kann Garantien bis zu einer Höhe von 400 Mrd. Euro geben, die auf Antrag bis zum 31.12.2009 vergeben werden können. Die laufenden Kos-

---

[20] Vgl. Manager-Magazin (2008)
[21] Vgl. Balzli et al. (2008)
[22] Vgl. Benders (2009)
[23] Vgl. SoFFin 2008

9.2 Investmentbanken

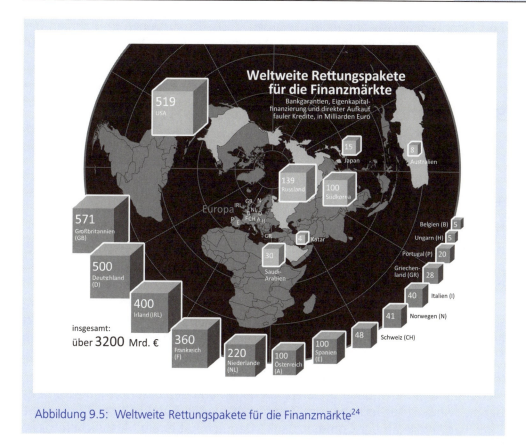

Abbildung 9.5: Weltweite Rettungspakete für die Finanzmärkte[24]

ten trägt der Bund.[25] Die erste deutsche Bank, die eine direkte Beteiligung des SoFFin in Anspruch nahm, war die Commerzbank. Die einzelnen Angebote (Garantieleistungen, Rekapitalisierung, Risikoübernahme) wurden auch von anderen Banken, hier z.B. der Hypo Real Estate, der HSH Nordbank und der IKB Deutsche Industriebank in Anspruch genommen.

In den USA nahm beispielsweise die Citigroup staatliche Kapitalhilfen im Rahmen des TARP in Höhe von rund 45 Mrd. US-Dollar an, wodurch die US-Regierung zum 8 %-igen Anteilseigner der Citigroup wurde.[26]

Im November 2008 trafen sich die Regierungschefs der G20-Staaten zu einem Weltfinanzgipfel, auf dem über die Zukunft des Finanzsystems entschieden werden sollte. Ziel war es, eine Finanzordnung zu schaffen, in der eine neuerliche Finanzkrise nicht mehr auftreten kann. Dazu einigten sie sich auf einen 50 Punkte umfassenden gemeinsamen Aktionsplan. Dieser sah vor allem eine stärkere Regulierung der Banken und Finanzprodukte vor. Des Weiteren sollten die Ratingagenturen stärker überwacht werden. Die Banken sollen zudem zu einer Verbesserung

---

[24] „Der Spiegel (46/2008)"
[25] Vgl. SoFFin 2008
[26] Vgl. Bräuer (2009)

ihrer Eigenkapitalbasis angehalten werden.[27] Die Diskussionen im Rahmen des Treffens in London zu Beginn April 2009 bauten auf diesem Weltfinanzgipfel auf (siehe Abschnitt 9.1).

9.3 Welche Strategien und Geschäftsmodelle werden Investmentbanken in der Zukunft verfolgen?

9.3.1 Welche Rolle wird der Staat spielen?

Der Staat verfügt im Gegensatz zu privaten Unternehmen über sehr hohe Ressourcen, die er einsetzen kann, um Banken vor der Insolvenz zu bewahren. Darüber hinaus hat der Staat die Möglichkeit, einfacher an Kapital zu gelangen, da er über eine bessere langfristige Bonität verfügt.

In weniger stark ausgeprägten vorhergegangenen Finanz- und Wirtschaftskrisen waren diese Eingriffe nicht nötig, da sich der Markt von kleineren Krisen selbst erholen konnte. Da während der Finanzkrise aber de facto keine funktionierenden Finanzmärkte mehr existierten, musste der Staat eingreifen, da der Fortbestand des internationalen Finanzsystems gefährdet war.[28]

Der Bund gewährt unter anderem Garantien und Kapitalspritzen. So wurde er beispielsweise stiller Teilhaber der Commerzbank (der Bund hält ca. 25 % + eine Aktie der Anteile an der Commerzbank). Dadurch hat er ein Mitspracherecht im Vorstand und im Aufsichtsrat und kann somit das Tagesgeschäft der Commerzbank beeinflussen. Der Bund könnte in Zukunft darauf drängen, dass unrentable Geschäftsbereiche der Commerzbank verkauft oder geschlossen werden. Hierbei könnte es sich vor allem um den baldigen Verkauf der Immobilientochter Eurohypo handeln[29], da in deren Bilanz immer noch ein hohes Abschreibungspotenzial verborgen liegt.

Ein ähnlicher Fall ist bereits in den USA zur Realität geworden. Nach einer Kapitalspritze der US-Regierung in Höhe von 20 Mrd. US-Dollar und Bürgschaften in Höhe von 300 Mrd. US-Dollar an die angeschlagene Citigroup hielt die US-Regierung 8 Prozent der Anteile. Im Januar 2009 drängte die Regierung die Citigroup dazu, 51 % ihrer Brokersparte Smith Barney an die Investmentbank Morgan Stanley zu verkaufen. In drei bis fünf Jahren kann Morgan Stanley Smith Barney komplett übernehmen. Ebenso soll die US-Regierung auf den Verkauf der mexikanischen Grupo Financiero Banamex drängen.[30]

---

[27] Vgl. Welt (2008)
[28] Vgl. Balzli et al. (2008)
[29] Die Europäische Kommission hat am 07.05.2009 beschlossen, dass die Kapitalspritze an die Commerzbank AG durch den Finanzmarktstabilisierungsfonds i.H.v. 8,2 Mrd. Euro nur genehmigt wird, wenn die Commerzbank sich bis 2014 von der Eurohypo trennt.
[30] Vgl. FTD (2009)

9.3 Strategien der Investmentbanken

Auch bei den Landesbanken ist aufgrund der Inanspruchnahme von Staatshilfen damit zu rechnen, dass der Bund auf eine Konsolidierung der Landesbanken drängt. Bisher wird das Vorhaben des Bundes, die Landesbanken zu drei großen Landesbanken zusammenzuschließen, von den Landesregierungen blockiert. Durch die Staatsgarantien, die während der Finanzkrise vom Bund gewährt wurden, hat dieser nun die Möglichkeit, eine Konsolidierung weiter vorwärts zu treiben.[31] Ob am Ende vielleicht nur ein Zentralinstitut, wie derzeit stark diskutiert wird, übrig bleibt, wird sich zeigen.

Allerdings ist festzustellen, dass das Engagement des Staates, trotz großer Ressourcen, nicht unbegrenzt andauern kann. Garantien und Kapitalspritzen werden für Banken im Rahmen des SoFFin nur noch bis Ende des Jahres 2009 gewährt.[32] Des Weiteren steigt die Staatsverschuldung aufgrund der Finanzhilfen für Banken auf ein Rekordniveau an,[33] sodass dieser weitere Finanzhilfen nur noch in einem gewissen Rahmen finanzieren kann. Da Staatseingriffe in Zukunft begrenzt sein können, ist es die Aufgabe des Bankmanagements, nach alternativen Refinanzierungsquellen zu suchen.

Abb. 9.6 gibt einen Überblick über Vor- und Nachteile von Staatseingriffen.

Argumente für Staatseingriffe	Argumente gegen Staatseingriffe
Scheinbar unbegrenzte Ressourcen des Staates zur Rettung der Banken	Höhe der Rettungspakete kann die Bonität des Staates gefährden
	Nur zeitlich begrenzte Staatshilfen möglich
Banken weiterhin auf Kapital des Staates angewiesen	• Bankmanagement muss neue Refinanzierungswege finden, um die Geschäftspolitik zu optimieren
	• Staatliche Eingriffe in die Geschäftspolitik können zu strategischen Fehlentscheidungen führen, so dass für Banken Anreize zu deren Beendigung vorliegen
Kein Vertrauen in Kreditinstitute vorhanden, so dass die Refinanzierung nicht sichergestellt werden kann	• Stärkere Regulierungen für Finanzprodukte könnten Rahmenbedingungen schaffen, die Staatseingriffe in Zukunft überflüssig machen
	• Andere Refinanzierungsformen sind mittelfristig effektiver
ENGLAND: Verpflichtung der Banken, mehr Kredite zu vergeben, um Finanzsystem zu stabilisieren	ENGLAND: Skepsis gegenüber zweitem Rettungspaket, da eine Verstaatlichung die Funktionsweise der Märkte behindert

Abbildung 9.6: Vor- und Nachteile weiterer Staatseingriffe

Zusammenfassend kann festgestellt werden, dass auch in naher Zukunft Banken weiterhin auf Staatshilfen angewiesen sein werden. Durch die Bereitstellung von Kapital und Bürgschaften kann der Staat dazu beitragen, das Vertrauen der

---
[31] Vgl. Spiegel (2008)
[32] Vgl. SoFFin (2008)
[33] Vgl. Afhüppe (2009)

Investoren in die Wirtschaft und in die Finanzmärkte wiederzugewinnen bzw. zu stärken.

Dies kann er neben der finanziellen Ebene auch auf einer gesetzlichen Ebene bewerkstelligen, indem stärkere Regulierungen und Kontrollen vor allem für internationale Finanzprodukte beschlossen werden. Grundsätzlich ist allerdings zu bedenken, dass die Eingriffe des Staates in das Finanzsystem nur als kurzfristig anzusehen sein sollten. Experten, wie beispielsweise der Chef der Monopolkommission, Justus Haucap, sind der Meinung, dass die staatlichen Eingriffe auf zwei bis drei Jahre begrenzt sein sollten, bis das Interbankengeschäft wieder funktioniert.[34]

9.3.2 In welchen Bereichen liegen zukünftig noch Ertragschancen? Wo liegt das größte Risiko?

Gibt es eine Rückkehr zum Kerngeschäft der Investmentbanken? *"Traditional investment banking relates to advisory work in securities issuance, and also in the M&A market."*[35]

Nach dieser Definition liegt das traditionelle Kerngeschäft der Investmentbanken in ihrer Beratertätigkeit bei Mergers & Acquisitions (M&As), Börsengängen (IPOs) sowie in der Vermögensverwaltung von privaten und institutionellen Kunden und in der Generierung neuer, klarer strukturierter Wertpapiere, wie beispielsweise Anleihen. Erst in jüngerer Vergangenheit engagierten sich die Investmentbanken immer stärker im Handel und in der Generierung von komplexen Finanzprodukten, wie beispielsweise die für die Finanzkrise verantwortlichen Asset Backed Securities sowie im risikoreichen Eigenhandel.[36] Ein weiterer Punkt ist die Rückbesinnung auf geringere Margen im operativen wie nicht operativen Geschäft.

Provisionen, die die Investmentbanken in ihrem Kerngeschäft – der Beratertätigkeit – erhalten, stellen die konstanteste der drei Ertragsarten dar. Bei M&A-Transaktionen wird zwischen der Investmentbank und ihrem Kunden ein verhältnismäßig stabiler Provisionsertrag festgelegt.[37] Bei der Beratung während Börsengängen (IPOs) erhält die Investmentbank zwar meist selbst einen Anteil der neu emittierten Aktien als Bezahlung für ihre Berater-Tätigkeiten. Allerdings kann sie diese direkt nach dem Börsengang eventuell mit Gewinn weiterveräußern.[38]

So sind die Beratertätigkeiten der Investmentbanken nicht so sehr von der jeweiligen Entwicklung an den Finanzmärkten abhängig. Dennoch haben selbstverständlich Krisen oder signifikante Kurseinbrüche negative Auswirkungen auf das Transaktionsvolumen und die Anzahl an Transaktionen (wie z.B. M&A- Transaktionen sowie IPOs). Eine Rückkehr zum Kerngeschäft der Investmentbanken stellt

---

[34] Vgl. Stratmann (2009)
[35] Morrison, Wilhelm (2007)
[36] Vgl. Morrison/Wilhelm (2007)
[37] Vgl. Wierich/Smets (2007)
[38] Vgl. Morrison/Wilhelm (2007)

dennoch in der derzeitigen Situation eine gute Möglichkeit dar, um die Ertragssituation der Investmentbanken wieder zu stabilisieren und damit eventuelle noch durchzuführende Abschreibungen auf schlecht gesicherte Kredite oder ABS aus der Finanzkrise auszugleichen. Des Weiteren kann so die zukünftige Ertragslage stabilisiert und gesichert werden.[39]

Ein weiterer Grund, der für eine Rückkehr der Investmentbanken zum Kerngeschäft spricht, sind die schärferen Regulierungen, die seit den Weltfinanzgipfeln im November 2008 und April 2009 geplant und vorbereitet werden. Es zeichnet sich ab, dass die G20 Staaten die Marktteilnehmer, Produkte und Märkte strikter überwachen und regulieren wollen. Diese Regulierungen werden den Spielraum der Banken, mit großen Risiken und hohem Verschuldungsgrad zu agieren, stark einschränken, da oftmals eine höhere Eigenkapitalhinterlegung notwendig sein wird. Ob diese Maßnahmen in der letzten Konsequenz umgesetzt werden ist jedoch fraglich. Derzeit stellen sich viele auf eine „wait and see"-Position ein.

9.3.3 Fazit

Wird es zukünftig Investment Banken als eigenständige Institute geben? Diese Frage kann momentan noch nicht abschließend beantwortet werden. Es lässt sich jedoch schon beobachten, dass Investment Banking Aktivitäten und Erträge (z.B. bei der Emittierung von Bonds) trotz Finanzkrise und Neuordnung des Finanzsektors wieder stark zugenommen haben. Investment Banking wird es geben, solange damit Erträge generiert werden. Das Investment Banking ist für die Wall Street und die Bankwirtschaft in Großbritannien von zentraler Bedeutung. Daher ist es auch erklärbar, warum Staaten wie die USA und Großbritannien kein allzu großes Interesse an der Regulierung von Finanzmärkten haben und die Idee einer weltumspannenden Finanzaufsicht wohl auch eine Vision bleiben wird. Die Diskussion um nachhaltiges Wirtschaften wird spätestens bei den an kurzfristigen Erfolgen ausgerichteten Investment Banken ein Ende finden.

Wir gehen davon aus, dass einerseits auf Grund stärkerer Regulierung von Finanzmärkten das Handlungsfeld von Investment Banking Aktivitäten eingeschränkt sein wird. Andererseits ist aber zu erwarten, dass international auf Grund unterschiedlichster Interessen kein einheitliches Regulierungssystem gefunden werden kann und daher die Investment Banken genügend Freiräume für ihre unterschiedlichen Geschäftsfelder finden werden. Wir erwarten, dass nach der Krise in prosperierenden Märkten das Geschäft der Investment Banken wieder stark wachsen wird. Es wäre ein Erfolg der Politik, wenn die ordungspolitischen Rahmenbedingungen so gezogen würden, dass System gefährdende Aktivitäten von Investment Banken unterbleiben und Markt fördernde Geschäftsfelder wieder zur Effizienz der Märkte beitrügen. Ob die Investment Banking Aktivitäten im Rahmen von eigenständigen Investment Banken oder im Rahmen von Financial

---

[39] Vgl. Bloss/Ernst/Häcker/Eil (2009)

Holding Companies organisiert sein werden, wird für das operative Geschäft eine untergeordnete Rolle spielen.

10 Wie sind die BRIC Länder von der Finanzkrise betroffen?

Executive Summary

In den Jahren 2005–2007 waren die vier großen Schwellenländer Brasilien, Russland, Indien und China (BRIC) der Wachstumsmotor der Weltwirtschaft. Mit dem Ausbruch der Finanzkrise 2007 zeichneten sich die meisten Schwellenländer zunächst durch eine erstaunlich hohe Stabilität und Robustheit aus. Gründe hierfür waren einerseits, dass die Banken nur im geringen Umfang in Subprime-Finanzprodukte investiert hatten, zum anderen blieben die Exporte zunächst stabil, da es anfänglich ausschließlich ein Problem der Finanzwirtschaft darstellte. Dieses Bild hat sich spätestens im zweiten Halbjahr 2008 grundlegend verändert. Bedingt durch die weltweite konjunkturelle Abkühlung verlangsamte sich die Güternachfrage deutlich, was auch zu einer Verlangsamung der Wirtschaftsaktivität in den Schwellenländern führte. Hinzu kamen signifikante Kapitalabflüsse aus den Aktienmärkten sowie ein starker Verfall der Wechselkurse.[1] Die vier großen Schwellenländer Brasilien, Russland, Indien und China (BRIC), welche in den letzten Jahren starke Zuwachsraten verbuchen konnten, müssen nun mit einem deutlichen Rückgang des Wirtschaftswachstums rechnen.

Brasilien und Russland, die bis zum Ende des ersten Halbjahres 2008 noch von den stark gestiegenen Rohstoffpreisen durch höhere Exporteinnahmen profitiert haben, leiden nun extrem unter dem Preisverfall. Insbesondere in Russland wird sich das Wachstum nach starken Jahren deutlich abschwächen. Gas- und Ölprodukte tragen ca. zwei Drittel zum kaum diversifizierten Gesamtexport Russlands bei. In Indien ist hauptsächlich der Dienstleistungssektor von der weltweiten konjunkturellen Abkühlung betroffen, während China den deutlichen Nachfragerückgang aus dem Ausland durch die rückläufigen Exporte zu spüren bekommt.

---

[1] Vgl. Sachverständigenrat (2008), S. 60–65.

Im Gegensatz zu vorherigen Krisen hat sich die makroökonomische Situation der Länder allerdings deutlich verbessert. Insbesondere die akkumulierten Währungsreserven geben den Staaten größere wirtschaftspolitische Spielräume. Diese sind allerdings ungleichmäßig verteilt: China alleine verfügt über ca. 1,8 Bill. US-Dollar; im Anschluss folgt Russland mit ungefähr 450 Mrd. US-Dollar. Momentan fließen die hohen Devisenreserven weniger in Staatsfonds, die eine effektive Verwaltung der Überschüsse garantieren sollen, sondern auf den Geldmarkt, um die unter Druck geratenen Währungen zu stützen. Alleine in Russland fielen die Reserven in den letzten vier Monaten um ein Fünftel, da die Regierung auf Kosten der Devisenvorräte versucht, den Kurs künstlich zu stützen.

In allen vier Ländern kam es im Zuge der Finanzkrise zu signifikanten Kapitalabflüssen aus den Aktienmärkten. Der russische Leitindex RTSI hat seit dem Höchststand am 19. Mai 2008 über 70 % an Wert verloren und stellt somit einen der Märkte mit der schlechtesten Börsen Performance innerhalb der vier größten Schwellenländer dar. Insbesondere ausländische Investoren zogen im Zuge der Finanzkrise ihr Kapital massiv aus den Schwellenlandbörsen ab, die somit mit am stärksten unter der gestiegenen Risikoaversion der Investoren leiden.

Die Schwellenländer konnten sich daher der weltweiten Krise nicht entziehen und sich von ihr abkoppeln. Es wird zu einer deutlichen Verlangsamung der Wirtschaftsaktivitäten kommen. Die wirtschaftliche Entwicklung der vier großen Schwellenländer wird im Jahr 2009 deutlich langsamer als in den vorhergehenden Jahren voranschreiten und dementsprechend signifikant geringere Zuwachsraten ausweisen. Können die vier Schwellenländer dennoch der Wachstumsmotor für 2010 sein? Um diese Frage zu beantworten, werden diese im Folgenden einer detaillierten Analyse jeweils anhand identischer Kriterien unterzogen.

10.1 China

10.1.1 Volkswirtschaftliche Betrachtung

Länderprofil

Amtssprache	Hochchinesisch (Mandarin)
Hauptstadt	Peking (Beijing)
Staatsform	Volksrepublik
Staatsoberhaupt	Staatspräsident Hu Jintao
Regierungschef	Premierminister Wen Jiabao
Fläche	9.571.302 km^2
Einwohnerzahl	1,321 Mrd. (Juli 2007)
Bevölkerungsdichte	137,6 Einwohner pro km^2
BIP pro Kopf (PPP)	5.300 US-Dollar
Währung	Renminbi (RMB)

Abbildung 10.1: Länderprofil Volksrepublik China
Quelle: In Anlehnung an Datamonitor 2008a, S. 10

Die Sektoren im Überblick

Die chinesische Volkswirtschaft ist stark von der Industrie geprägt und abhängig. Diese stellt rund 46 % des BIP dar, wobei Chinas industrieller Produktionssektor weltweit etwa an vierter Stelle steht. Nahezu 8 % der weltweit produzierten Industriegüter haben ihren Ursprung in China. Der Industriesektor in China weist jährliche Zuwachsraten von 12 % auf (Abb. 10.2).

Des Weiteren stellt der Dienstleistungssektor 43 % des BIP dar. Wichtige hier zu nennende Bereiche sind der Tourismus sowie die IT-Dienstleistungsbranche, die jährliche Wachstumsraten von 40 % seit 1997 aufweist und sich im Jahr 2010 voraussichtlich bei 20 % einpendeln wird.[2]

Volkswirtschaftliche Indikatoren
→ **Wirtschaftswachstum**

Im Vergleich zu den Vorjahren wird das Wirtschaftswachstum auch in China deutlich an Schwung verlieren. Wie aus der nachstehenden Abbildung zu erkennen ist, wird 2008 von einem Wachstum unter 10 % ausgegangen. Somit würde China nach 2002 erstmals nur einstellig wachsen.

Als Indikator für den Abschwung kann das deutlich abgeschwächte Wachstum von 9 % im dritten Quartal 2008 gesehen werden, während im ersten Halbjahr die Gesamtwirtschaft noch um 10,4 % zulegte.[3] Grund hierfür ist die weltweit kon-

---
[2] Vgl. Datamonitor (2008a), S. 51.
[3] Vgl. Business Monitor International (2008a), S. 15–16.

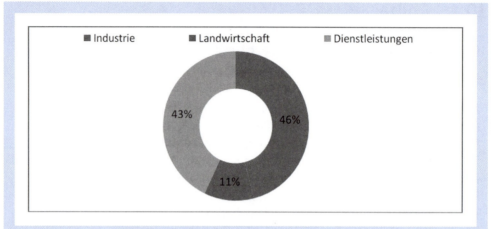

Abbildung 10.2: Zusammensetzung des BIP nach Wirtschaftssektor China
Quelle: In Anlehnung an Datamonitor 2008a, S. 51

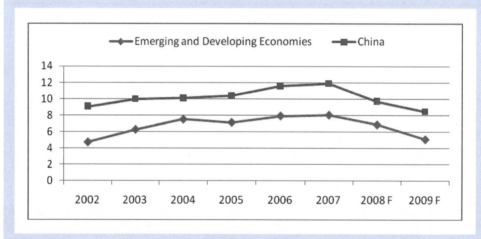

Abbildung 10.3: Reales Wirtschaftswachstum China (%)
Quelle: In Anlehnung an International Monetary Fund 2008a

junkturelle Abkühlung, ausgelöst durch die globale Finanzkrise. Chinas Konjunktur ist hochgradig von Sachinvestitionen und Exporten abhängig, welche immer noch rund 60 % des BIP darstellen.

Für das Jahr 2009 prognostiziert die Weltbank Wachstumsraten von ca. 7,5 %, was jedoch die Untergrenze der Prognosen darstellt und gleichzeitig das schwächste Wachstum seit 1990 wäre. Problematisch hierbei ist, dass China Wachstumsraten von ca. 8 % benötigt, um die ansteigende Bevölkerung mit Arbeitsplätzen zu versorgen. Jährlich drängen ca. 20 Mio. Chinesen auf den Arbeitsmarkt. Die chinesische Regierung reagiert mit einem Konjunkturpaket, welches ein Volumen von 600 Mrd. US-Dollar umfasst. Schwerpunkte des Programms sind In-

10.1 China

frastrukturprojekte sowie die Förderung des Binnenkonsums, der bisher nur 35 % des BIP darstellt.[4] Nichtsdestotrotz wird China auch in Zukunft eine der wichtigsten Wachstumsregion bleiben. Noch 2012 werden unter Einbeziehung der momentanen weltwirtschaftlichen Lage Wachstumsraten auf einem Niveau von ca. 9 % vorhergesagt.

Des Weiteren wird die chinesische Regierung ihren Weg der Diversifikation weiter vorantreiben, um Abhängigkeiten wie im Außenhandel zu reduzieren. Ferner wird sie versuchen, den immer noch vergleichsweise schwachen Binnenkonsum anzukurbeln und nachhaltig zu stärken.[5]

→ **Leistungsbilanz**

Trotz schwacher Wachstumszahlen und Wirtschaftskrisen in den großen Industrieländern, haben sich die Exporte im ersten Halbjahr 2008 bisher nur um 2 % im Vergleich zum vorigen Halbjahr abgeschwächt. Es ist zu erwarten, dass die Exportzahlen noch stärker zurückgehen und der Außenhandel bis Ende des Jahres deutlich an Schwung verlieren wird. Der Leistungsbilanzsaldo in China dürfte schon im Jahr 2008 aufgrund des schwächeren Außenhandels deutlich abnehmen und bei ca. 8,3 % des BIP liegen.

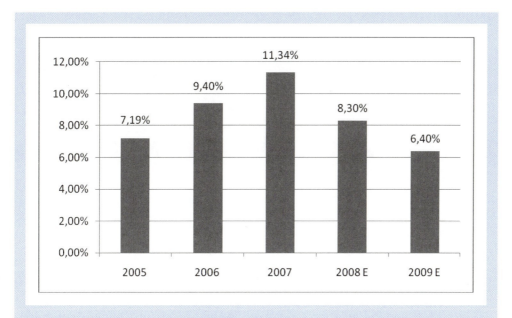

Abbildung 10.4: Leistungsbilanzsaldo China (% des BIP)
Quelle: In Anlehnung an International Monetary Fund 2008b/J. P. Morgan 2008, S. 81

---

[4] Vgl. Financial Times Deutschland (2008a).
[5] Vgl. Asia Development Bank (2008), S. 150–151.

Der Handelsüberschuss im ersten Halbjahr 2008 fiel bisher im Vergleich zum Vorjahr um 11 % auf 99,7 Mio. US-Dollar.[6] Um die Exportwirtschaft, welche 2006 ohne Sachinvestitionen noch ca. 40 % des BIP darstellte, zu stützen, kündigte die Regierung schon im zweiten Quartal 2008 eine Serie von exportfördernden Maßnahmen an. Schätzungen zufolge mussten aufgrund des starken Exporteinbruchs schon tausende Fabriken ihre Produktion einstellen. Dies führt zu Unruhen innerhalb der Bevölkerung, da mittlerweile schon eine große Anzahl an Chinesen ihren Arbeitsplatz verloren hat.[7]

→ **Geldpolitik**

Die „People's Bank of China" hat in einer gemeinsamen Aktion mit weiteren Notenbanken im September 2008 ihren Leitzins (12 Monatssatz) in einem ersten Schritt um 27 Basispunkte auf 7,2 % reduziert und anschließend in vier weiteren Aktionen auf 5,31 % gesenkt.[8] Damit reagierte die Notenbank auf die gedämpften Wachstumsprognosen und vor allem auf die angeschlagene Finanzwirtschaft und den Geldmarkt. Mit der Senkung der Leitzinsen sollen primär die Liquidität gesichert und die Finanzmärkte stabilisiert werden.

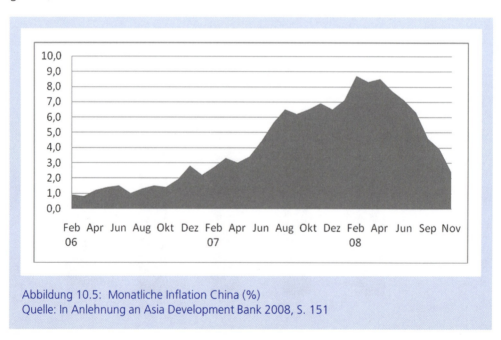

Abbildung 10.5: Monatliche Inflation China (%)
Quelle: In Anlehnung an Asia Development Bank 2008, S. 151

Betrachtet man die Inflation, so fiel die Teuerungsrate im Oktober auf 2,4 %, nachdem sie in den ersten sieben Monaten, verursacht durch steigende Lebensmittelkosten, um 7,7 % zugelegt hat.[9] Für den Jahresdurchschnitt 2009 werden

---

[6] Vgl. Asia Development Bank (2008), S. 149.
[7] Vgl. Bartsch (2008), S. 18.
[8] Vgl. People's Bank of China (2008).
[9] Vgl. Asia Development Bank (2008), S. 150–151.

Teuerungsraten bei den Verbraucherpreisen um 4 % prognostiziert, was eine deutliche Abschwächung gegenüber 2008 darstellen würde (6,4 %).[10]

Wie in den meisten Ländern zu beobachten, kommt es auch in China im Zuge der weltweiten rezessiven Lage zu einer rückläufigen Inflationsrate. Insbesondere die gesunkenen Energiepreise tragen einen großen Teil dazu bei. Der deutliche Rückgang der Inflation ermöglichte der Notenbank auch den deutlichen Zinssenkungsschritt.

→ **Devisenreserven**

Nicht zuletzt aufgrund des extrem hohen Handelsüberschusses besitzt China gigantische Devisenreserven, die sich auf ca. 1,8 Bill. US-Dollar belaufen. Vor allem aber tragen ausländische Direktinvestitionen mit 54 % einen Großteil zu der Summe bei.

Abbildung 10.6: Währungsreserven China in Mio. US-Dollar und Wechselkurs CNY/USD
Quelle: In Anlehnung an Asia Development Bank 2008, S. 151

Der Spielraum für Konjunkturprogramme ist also überdurchschnittlich hoch. China wäre damit auch in der Lage Notprogramme wie das von der amerikanischen Regierung veranlasste 700 Mrd. US-Dollar Programm gleich doppelt zu stemmen.

Allerdings fiel der Zuwachs an Devisenreserven im dritten Quartal mit etwa 97 Mrd. US-Dollar deutlich geringer aus als die Steigerung um 126,6 Mrd. US-Dollar im Vorquartal. Neben den Handelsüberschüssen und den ausländischen Direktinvestitionen spielen auch spekulative Kapitalströme eine große Rolle bei der Akkumulation der Währungsreserven.

---

[10] Vgl. Commerzbank (2008a), S. 20.

Betrachtet man den Wechselkurs, so ließ die Zentralregierung zwischen Ende 2007 und Juli 2008 eine Aufwertung von 7,3 % zu.[11] Es wird prognostiziert, dass China aufgrund des starken Exporteinbruchs Abstand von der bisherigen Aufwertung nimmt und zur Förderung des Exportsektors wieder auf einen künstlich niedrig gehaltenen Remnibi setzt.

Zusammenfassung

Auch als eine der größten Wachstumsregionen weltweit bleibt China von der Finanz- und Wirtschaftskrise nicht gänzlich verschont. Insbesondere die stark exportorientierte Ausrichtung der Wirtschaft – ca. 40 % des BIP wird aus dem Export generiert – lässt das Wachstum erstmals seit 2002 wieder unter 10 % fallen. Dennoch wird von einem stabilen Wachstum in den kommenden Jahren ausgegangen, das sich 2012 bei ca. 9 % befinden dürfte. Des Weiteren besitzt China weltweit die größten Devisenreserven und verfügt somit über ausreichende Liquidität, um jegliche Form von Konjunkturprogrammen kurzfristig finanzieren zu können.

10.1.2 Finanzwirtschaftliche Betrachtung

Bankensektor im Überblick

In China beherrschen vor allem staatseigene Geschäftsbanken wie die Bank of China (BOC), die Industrial and Commercial Bank of China (ICBC), die China Construction Bank (CCB) sowie die Agricultural Bank of China (ABC) den Markt. Die Finanzinstitute haben sich einer Wandlung unterzogen. Früher zu hundert Prozent in Staatshand, ist dieser heute nur noch Mehrheitseigner. Nach dem WTO Beitritt im Jahr 2001 kam es zu grundlegenden Reformen im Bankensektor. Die Reformen beinhalteten vor allem Veränderungen in der Kapitalausstattung der Banken. Ebenso wurden die staatseigenen Unternehmen grundlegend restrukturiert und an die Börse gebracht. Wie in der kommenden Abbildung zu sehen ist, konnte die Kernkapitalquote der Banken kontinuierlich gesteigert werden und befindet sich bei durchschnittlich 10 %.

Ein weiterer Indikator für ein stabiles Bankensystem stellt das Verhältnis zwischen Bankeinlagen und Krediten dar. Die chinesischen Banken weisen in den letzten Jahren deutlich höhere Bankeinlagen als Kredite aus.

Aufgrund der reformbedingten Verbesserungen des Bankensektors wurde die Finanzkrise bisher relativ gut aufgefangen. Allerdings sind die Folgen einer sich abschwächenden weltweiten Konjunktur auch bald im chinesischen Bankensektor

---

[11] Vgl. Asia Development Bank (2008), S. 152.
[12] Auf die Darstellung der Agricultural Bank of China wird verzichtet, da nicht nach internationalen Rechnungslegungsstandards bilanziert wird.

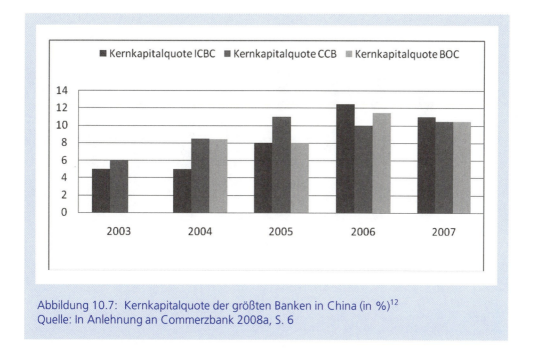

Abbildung 10.7: Kernkapitalquote der größten Banken in China (in %)[12]
Quelle: In Anlehnung an Commerzbank 2008a, S. 6

zu spüren. Die deutlichen Zinssenkungen der Notenbank führen automatisch zu geringeren Zinsmargen für die Banken. Außerdem drohen höhere Kreditausfälle, verursacht durch Unternehmensinsolvenzen, die bei Konjunkturabschwächungen deutlich häufiger auftreten.[13]

Der Handelsplatz im Überblick

Die Volksrepublik China verfügt über drei Haupthandelsplätze: Die an der Ostküste liegenden Börsen in Shanghai und Shenzhen sowie die Börse in der Sonderverwaltungszone Hong Kong (nach Marktkapitalisierung der drittgrößte Handelsplatz Asiens).

China ist hinsichtlich der Art der Segmentierung seines Aktienmarktes einzigartig. Die gehandelten Unternehmensanteile werden hierbei in unterschiedliche Kategorien unterteilt, ausgerichtet am Status der Halter und des Handelsplatzes. Die Tatsache, dass nur gut ein Drittel der chinesischen Wertpapiere auf dem freien Markt handelbar sind, zeigt den starken staatlichen Einfluss auf dem Markt. Die übrige Mehrheit befindet sich in Staatsbesitz: dies unterstreicht die oft kritisierte Intransparenz des chinesischen Markts.[14] Insbesondere die zwei Festlandbörsen in Shanghai und Shenzhen entsprechen noch nicht dem Standard westlicher Leitbörsen und haben erhebliche Transparenzdefizite. Des Weiteren bestehen immer noch hohe Markteintrittsbarrieren für ausländische Investoren, die allerdings im Rahmen von angestrebten Kapitalmarktreformen schrittweise abgebaut werden.

---

[13] Vgl. Commerzbank (2008a), S. 6–10.
[14] Vgl. Handelsblatt (2008a).

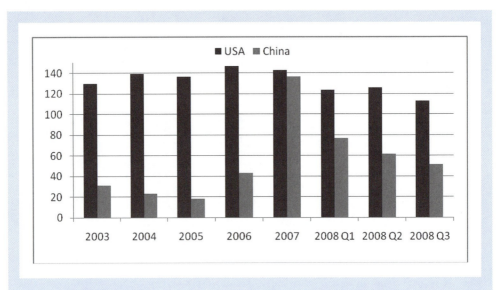

Abbildung 10.8: Aktienmarktkapitalisierung China[15] im Verhältnis zum BIP (%)
Quelle: In Anlehnung an International Monetary Fund 2008a/World Federation of Exchange Members 2008

Die Börse in Hongkong wiederum ist fest in den globalen Finanzmarkt integriert. Die Hong Kong Stock Exchange gehört weltweit nach Marktkapitalisierung zu den größten Handelsplätzen. Im Gegensatz zu den Festlandbörsen ist der Markt für ausländische Investoren weniger reglementiert und weist einen hohen Grad an Transparenz auf. Im weiteren Verlauf der Analyse wird der Hang Seng Index als Referenz verwendet, da dieser für einen internationalen Vergleich am besten geeignet ist.

→ **Relative Aktienmarktkapitalisierung**

Die relative Aktienmarktkapitalisierung ist ein Maß für die relative Größe bzw. den Entwicklungsstand des Aktienmarktes eines Landes. Sie betrachtet die Aktienmarktkapitalisierung im Verhältnis zum Bruttoinlandsprodukt.

China hatte im Jahr 2007 eine relative Aktienmarktkapitalisierung von ca. 140 %. Somit überstieg die Aktienmarktkapitalisierung erstmals das Bruttoinlandsprodukt und vervierfachte sich gegenüber dem Wert von 2003. Wie aus der nachfolgenden Abbildung ersichtlich, konnte der historische Höchstwert allerdings nicht gehalten werden.

Mittlerweile befindet sich das Marktkapitalisierungsvolumen wieder auf einem Niveau von ca. 50 % des BIP. Die Marktkapitalisierung der beiden Festlandbör-

---

[15] Die Berechnung basiert auf der Marktkapitalisierung der chinesischen Börsen in Shanghai und Shenzhen. In den USA wurde die NASDAQ und NYSE als Referenz verwendet. Die Berechnung basiert auf der Marktkapitalisierung jeweils zum Jahres- oder Quartalsende. Für die Berechnung der relativen Aktienmarktkapitalisierung im Jahr 2008 wurde das prognostizierte BIP des IMF verwendet.

sen fiel innerhalb von 9 Monaten von fast 4,5 auf ca. 2,1 Bill. US-Dollar (–54 %) im dritten Quartal 2008. Die Höchstwerte wurden unter anderem durch unverhältnismäßig hohe Aktienkurse verursacht, ohne dass die Unternehmen mit ihren Fundamentaldaten überzeugen konnten. Vor allem chinesische Investoren, hauptsächlich Privatanleger, sahen in den Aktieninvestments die einzige Alternative zu niedrig verzinsten Bankeinlagen und wirkten somit am Aufbau der Spekulationsblase deutlich mit. Zudem sind auch chinesische Unternehmen von der weltweiten rezessiven Wirtschaftslage deutlich betroffen.

→ **Branchenstruktur**

Die asiatischen Aktienmärkte werden von einigen wenigen Branchen dominiert. So zeigt sich beispielsweise, dass die Telekommunikations- und Finanzsektoren an den Börsen vorherrschend sind.[16] Im Hang Seng Index lässt sich exakt die vorhergesagte Branchenstruktur darstellen (Abb. 10.9). Der Hang Seng Index besteht aus den vier Subindizes Industrie und Handel, Finanzsektor, Immobilien und Versorger. Der dominante Finanzsektor stellt 11 Unternehmen, wobei alleine die HSBC Holdings knapp 12 % der Marktkapitalisierung darstellt.

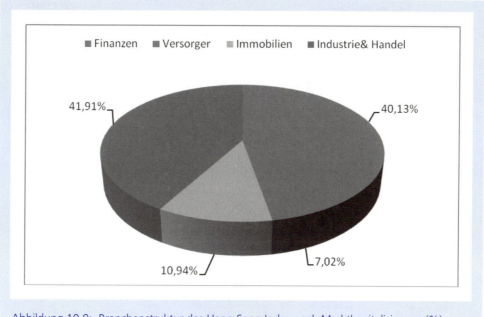

Abbildung 10.9: Branchenstruktur des Hang Seng Index nach Marktkapitalisierung (%)
Quelle: In Anlehnung an Hang Seng Indexes Company Limited 2009a

Der weltweit größte Mobilfunkanbieter China Mobile (Industrie& Handel) stellt momentan 15 % der Marktkapitalisierung dar und ist somit das größte Unternehmen im Index. Somit beherrschen alleine zwei von 42 Unternehmen, die momen-

---

[16] Vgl. Allianz Global Investors (2008), S. 5.

tan im Index gelistet sind, ca. 30 % der Marktkapitalisierung. Der nächste Wert folgt mit einem prozentualen Anteil von gerade einmal knapp 5 %. Zwei Drittel der gelisteten Unternehmen sind somit mit weniger als 3 % im Index gewichtet. Dies zeigt wiederum, dass gerade Schwellenlandbörsen aufgrund meist nur einiger Marktschwergewichte von wenigen Sektoren dominiert werden.

Finanzwirtschaftliche Indikatoren

→ **Kursentwicklungen am Aktienmarkt**

Betrachtet man die Kursentwicklung der chinesischen Aktien in den letzten fünf Jahren, so ist auch hier eine starke Volatilität, wie bereits in der Darstellung der relativen Aktienmarktkapitalisierung, sichtbar. Zwischen November 2004 und Anfang 2008 haben die Aktienmärkte, gemessen an der Marktkapitalisierung, kurzzeitig ca. 250 % an Wert gewonnen, bis sie sich im dritten Quartal 2008 wieder auf dem Anfangsniveau von 2004 eingependelt haben. Anfang bis Mitte 2009 hat sich der Hang Seng wiederum sehr positiv entwickelt.

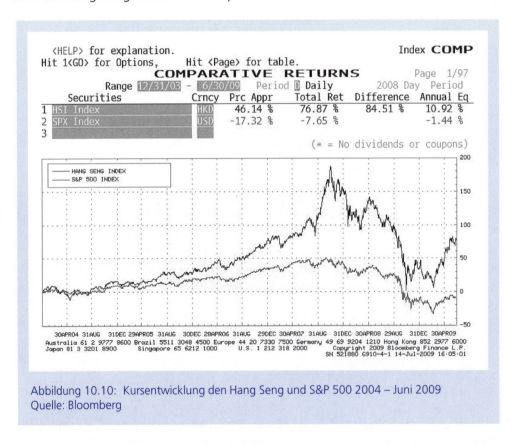

Abbildung 10.10: Kursentwicklung den Hang Seng und S&P 500 2004 – Juni 2009
Quelle: Bloomberg

Die chinesischen Leitindizes fielen 2008 um mehr als 60 %. Der in Hong Kong notierte Hang Seng Index (HSI), der von Finanz- und Telekommunikationswerten dominiert wird, verlor seit Oktober 2007 ca. 60 % an Kapitalisierung. Der Hang

10.1 China

Seng China Enterprise Index (HSCEI), welcher die Aktien chinesischer Großunternehmen repräsentiert, die an der Börse in Hong Kong gehandelt werden, verlor sogar ca. 67 %. Insbesondere institutionelle ausländische Investoren zogen ihr Geld aus Hong Kong ab.

Härter traf es allerdings die chinesischen Festlandbörsen. Nach dem exzessiven Anstieg der Vorjahre in 2008 erlebte der Shanghai A-Index ein Kursdesaster. Er verlor seit Oktober 2007 knapp 70 % an Wert und ist damit der schlechteste Index in der Region. Mitte 2009 dürfte vor allem die Börse in Hong Kong ihren Tiefpunkt erreicht haben. Demzufolge dürften sich aller Voraussicht nach neue Einstiegschancen ergeben.

→ **Kurs-Gewinn-Verhältnis**

Wie in der nachstehenden Abbildung sichtbar, erreichten im Hang Seng Index (HSI) gelistete Wertpapiere im dritten Quartal 2007 ein durchschnittliches KGV von ca. 20. Unternehmen, die im Hang Seng China Enterprises Index (HSCEI) gelistet sind, erzielten im selben Zeitraum ein KGV von knapp über 30. Im HSCEI sind ausschließlich Aktien gelistet, welche auf dem chinesischen Festland eingetragen sind, jedoch an der Börse Hong Kong gehandelt werden.

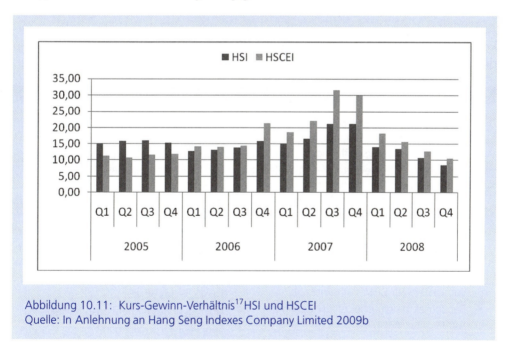

Abbildung 10.11: Kurs-Gewinn-Verhältnis[17] HSI und HSCEI
Quelle: In Anlehnung an Hang Seng Indexes Company Limited 2009b

Die Festlandbörse in Shenzhen erreichte kurzzeitig ein KGV von 70. Chinesische Aktien sowohl in Hong Kong als auch vor allem an den Festland Börsen waren stark überbewertet. Die Kurskorrektur in den ersten drei Quartalen des Jahres 2008 ließ das durchschnittliche KGV wieder auf knapp unter 8 im HSI und

---

[17] Basiert auf dem KGV jeweils zum Quartalsende.

10 im HSCEI sinken. Die KGV Bewertung des Hang Seng Indexes liegt derzeit in der Nähe historischer Tiefstände. Die rezessive Wirtschaftslage in den Industrieländern, vor allem in den USA, wird sich auch auf die Gewinnsituation chinesischer Unternehmen und deren Bilanzen auswirken. Trotz stetig zunehmender Exporte in benachbarte asiatische Volkswirtschaften und nach Afrika ist die Abhängigkeit von den westlichen Märkten immer noch erheblich.

Zusammenfassung

China erlebte im Zuge der weltweiten Finanzkrise starke Kurseinbrüche, stärkere als der US- Aktienmarkt. Sowohl auf dem Festland wie auch beim stabileren Hang Seng Index in Hong Kong büssten die Indizes über 60 % ihres Wertes ein. Noch in 2007 übertrafen die chinesischen Aktien-indizes hinsichtlich der Performance die meisten anderen Börsen weltweit, bevor es ab Oktober 2007 zu massiven Kursverlusten kam.

10.1.3 SWOT Analyse China[18]

Abschließend wird in einer Übersicht zusammenfassend dargestellt, welche Stärken und Chancen sowie Schwächen und Risiken China charakterisieren bzw. in den kommenden Jahren die Entwicklung prägen werden.

Stärken	Schwächen
• Große makroökonomische Stabilität, positive Leistungs- und Kapitalbilanz sowie geringe Auslandsverschuldung • Weltweit größte Devisenreserven bieten enormen makroökonomischen Spielraum. Reserven umfassen ca. 1,8 Bill. US-Dollar • Trotz weltweiter Wirtschaftskrise wird enormer Grad an Auslandsinvestition erwartet (ca. 65 Mrd. US-Dollar für 2008) • Trotz Berücksichtigung momentaner weltwirtschaftlicher Lage wird Wachstumsrate von ca. 9 % für 2010 vorhergesagt • Bankensektor ist bisher relativ gering betroffen von Finanzkrise	• Kein Demokratischer Staat und keine freie Marktwirtschaft • Hoher Grad an staatlicher Regulierung und Intervention an den Märkten • Unzureichende Transparenz an den Märkten (Bilanzen, Börsenregularien und Zugang zu Kapitalmarkt) • Stark steigendes Lohnniveau, welches auch Gewinnmargen der Unternehmen drückt • Abhängigkeit zum Exportgeschäft, stellt ca. 40 % des BIP dar • Noch geringes Binnenkonsumniveau • Sehr volatiler Aktienmarkt • Enorme Kapitalabflüsse im Zuge der Finanzkrise

---

[18] Die SWOT Analyse betrachtet sowohl strukturelle als auch konjunkturelle Aspekte.

Chancen	Risiken
• Weitere Deregulierungsmaßnahmen an den Kapitalmärkten könnten Markteintrittsbarrieren für ausländische Investoren abbauen • Enormes Potential im noch bisher schwachen Binnenkonsum • Eine momentan relativ günstige KGV-Bewertung bietet gute Investitionsmöglichkeit • Als Konjunkturmaßnahme will Regierung rund 600 Mrd. US-Dollar investieren, könnte sich mittelfristig positiv auf das BIP Wachstum auswirken	• Proteste durch unzufriedene Bevölkerung aufgrund prekärer Arbeitsmarksituation • China benötigt Wachstum von ca. 8 % um ausreichend Arbeitsplätze zu schaffen • Gefahr weiterer Kursrückschläge am Aktienmarkt noch nicht gebannt

10.2 Brasilien

10.2.1 Volkswirtschaftliche Betrachtung

Länderprofil

Amtssprache	Portugiesisch
Hauptstadt	Brasilia
Staatsform	Präsidiale Bundesrepublik
Staatsoberhaupt	Präsident Luiz Inacio Lula da Silva
Fläche	8.514.215 km^2
Einwohnerzahl	188,6 Mio.
Bevölkerungsdichte	22 Einwohner pro km^2
BIP pro Kopf (PPP)	9.700 US-Dollar
Währung	Brasilianischer Real

Abbildung 10.12: Länderprofil Brasilien
Quelle: In Anlehnung an Datamonitor 2008b, S. 10

Die Sektoren im Überblick

Der Dienstleistungssektor überwiegt in Brasilien und steuert 54 % zum Bruttoinlandsprodukt bei. Unter diese 54 % fallen die Bereiche IT, Tourismus sowie der Bankensektor. Dienstleistungen werden auch in der Zukunft eine große Rolle für Brasiliens Volkswirtschaft spielen.

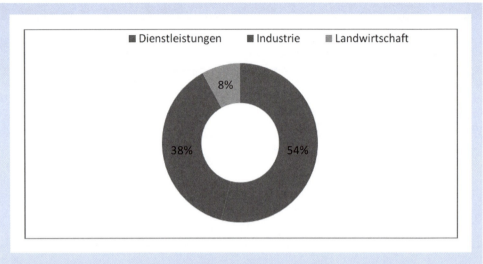

Abbildung 10.13: Zusammensetzung des BIP nach Wirtschaftssektor Brasilien (%)
Quelle: In Anlehnung an Datamonitor 2008b, S. 51

Weitere Hauptsektoren sind die Industrie (38 %) und die Landwirtschaft (8 %). Wichtige Sparten innerhalb der Industrie stellen die Automobil- und Flugzeugproduktion, die Ausstattung für Industriebetriebe und die Chemiesparte dar. Aufgrund der erfolgten Privatisierung hat sich die Industrieproduktion seit dem Jahre 2002 mehr als verdoppelt.[19] Allerdings hat sich seit 2005 aufgrund des schwächeren Exportgeschäftes ein geringeres Industriewachstum angedeutet, welches letztes Jahr knapp über 10 % lag.

Volkswirtschaftliche Indikatoren
→ **Wirtschaftswachstum**
Für das Jahr 2008 wird nochmals eine Wachstumsrate von ca. 5 % vorhergesagt. Verantwortlich für die letzten beiden starken Jahre waren hauptsächlich die hohen Rohstoffpreise auf den Weltmärkten.

Angesichts der jüngsten Negativentwicklungen an den Finanzmärkten und einer schwachen Weltkonjunktur wird sich das BIP-Wachstum 2009 voraussichtlich nur um 3 % bewegen. Allein durch gesunkene Sojapreise wird von 1,2 Mrd. US-Dollar weniger Exporteinnahmen ausgegangen. Die Automobilbranche, welche vergangenes Jahr noch Zuwachsraten von 25 % hatte, steht auch in Brasilien stark unter Druck. Die Regierung reagiert hierauf ebenfalls mit einem Konjunkturpaket. Den Autobanken wurden unter anderem kurzfristig 3 Mrd. US-Dollar zur Bereitstellung von Finanzierungsmöglichkeiten zur Verfügung gestellt. Weitere zwei Milliarden sollen den Vorweihnachtskonsum ankurbeln.[20]

---
[19] Vgl. Datamonitor (2008b), S. 152–155.
[20] Vgl. Kunath (2008), S. 16.

10.2 Brasilien

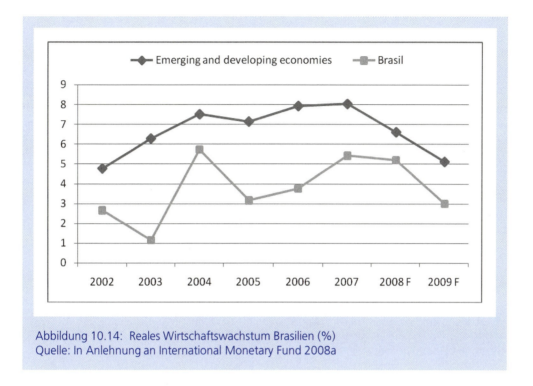

Abbildung 10.14: Reales Wirtschaftswachstum Brasilien (%)
Quelle: In Anlehnung an International Monetary Fund 2008a

Niedrigere Wachstumsraten bedeuten jedoch auch, dass die Inflationsentwicklung eher rückläufig sein wird. Das könnte bedeuten, dass etwas weniger Druck auf der Zentralbank lastet, die geldpolitischen Maßnahmen weiter anzuziehen.

→ **Leistungsbilanz**

Ungeachtet der Prognose eines schwächeren Handelsüberschusses, aufgrund der Aufwertung des Reals gegenüber dem US-Dollar und der damit verbundenen geringeren Wettbewerbsfähigkeit, hat Brasilien in den Jahren 2004 bis 2006 relativ hohe Leistungsbilanzüberschüsse aufweisen können. Die schwache Weltkonjunktur verbunden mit einem deutlichen globalen Nachfragerückgang zeigt sich jedoch auch aktuell in den brasilianischen Außenhandelsstatistiken des ersten Halbjahres 2008. Im Vergleich zum ersten Halbjahr 2007 fiel der Handelsüberschuss um 45 % auf 11,294 Mrd. US-Dollar. Während die Exporte im ersten Halbjahr nur noch um 23,81 % zunahmen, stiegen die Importe um über 50 %.

Es ist zu erwarten, dass die Exportzahlen noch stärker zurückgehen und der Außenhandel bis Ende des Jahres noch deutlich an Schwung verlieren wird. Dies zeigt sich auch in den Statistiken. Für 2008 und 2009 wird ein Leistungsbilanzsaldo prognostiziert, das erstmals seit 2002 wieder negativ sein dürfte.

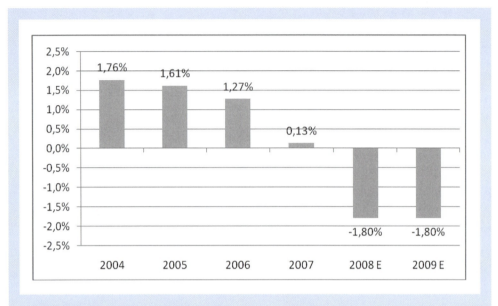

Abbildung 10.15: Leistungsbilanzsaldo Brasilien (% des BIP)
Quelle: In Anlehnung an International Monetary Fund 2008b/J. P. Morgan 2008, S. 81

→ **Geldpolitik**

Die Inflationsrate liegt weiterhin deutlich über der festgelegten Zielrate von 4,5 %. Im Oktober beschleunigte sich die Preissteigerung erneut und lag bei 6,41 % gegenüber dem Vorjahr (Abb. 10.16). Zum Jahresende allerdings lag sie nur noch bei 5,9 %. Zur Bekämpfung der hohen Inflationsrate reagierte die brasilianische Notenbank im April mit einer Zinserhöhung, die sie in den kommenden Monaten fortsetzen wollte. Die deutlich schwächere Konjunktur und eine drohende Kreditklemme halten die Bank jedoch davon ab, die Zinsen noch weiter zu erhöhen. Bereits in ihrer letzten Sitzung im Oktober hat die Notenbank den Zins konstant bei 13,75 % belassen.

Der Notwendigkeit einer Zinssenkung, um die abschwächende Konjunktur zu beleben, steht somit die Gefahr einer steigenden Inflation gegenüber. Die niedrigen Wachstumsraten (Abb. 10.14) könnten jedoch auch zu einer rückläufigen Inflationsentwicklung führen und der Zentralbank die Möglichkeit der Zinssenkung eröffnen.[21]

→ **Devisenreserven**

Brasilien hatte in den letzten Jahren aufgrund einer stark wachsenden Wirtschaft die Möglichkeit, externe Schulden abzubauen. Leistungsbilanz- und Haushaltsdefizite liegen ebenfalls auf einem geringen Niveau. Wie in der folgenden Abbildung

---

[21] Vgl. Commerzbank (2008b), S. 2.

10.2 Brasilien

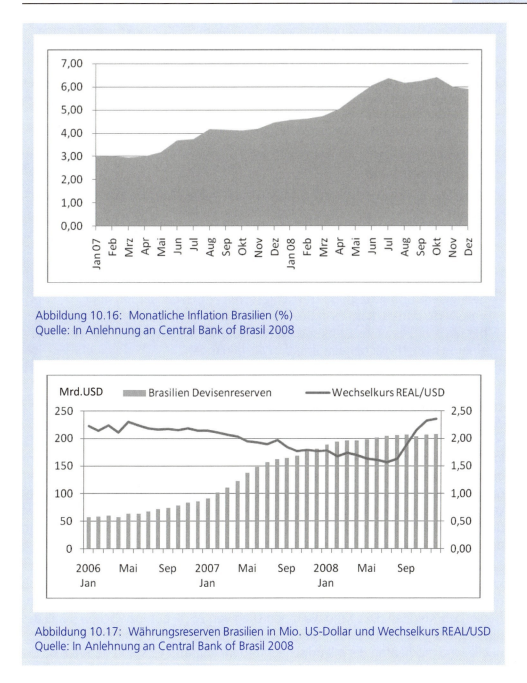

Abbildung 10.16: Monatliche Inflation Brasilien (%)
Quelle: In Anlehnung an Central Bank of Brasil 2008

Abbildung 10.17: Währungsreserven Brasilien in Mio. US-Dollar und Wechselkurs REAL/USD
Quelle: In Anlehnung an Central Bank of Brasil 2008

dargestellt, konnten die Währungsreserven kontinuierlich ausgebaut werden und bilden somit einen zusätzlichen „Schutzpuffer" für die brasilianische Wirtschaft.

Ähnlich wie China, wenn auch in geringerem Umfang, besitzt Brasilien enorme Devisenreserven, die bei ca. 200 Mrd. US-Dollar liegen dürften. Im Vergleich zu vorherigen Krisen hat Brasilien diesmal eine deutlich stärkere makroökonomische

Ausgangslage, mit einem angemessenen Spielraum für Konjunkturprogramme.[22] Der brasilianische Real konnte seit 2006 kontinuierlich an Wert gewinnen. Allerdings kommt es seit Juli 2008 zu einer starken Abwertung. Alleine im dritten Quartal 2008 hat der brasilianische Real ca. ein Drittel seines Wertes gegenüber dem US-Dollar verloren und hat die allmähliche Aufwertung der letzten Jahre innerhalb von wenigen Monaten zunichte gemacht.

> **Zusammenfassung**
>
> Nach zwei starken Jahren wird sich auch in Brasilien das Wachstum deutlich abschwächen. Grund hierfür ist die weltweit geringere Nachfrage nach Rohstoffen und Agrarprodukten, von denen die brasilianische Wirtschaft stark abhängig ist. Die makroökonomische Ausgangslage hat sich im Vergleich zu den Vorjahren allerdings auch in Brasilien deutlich verbessert. Brasilien besitzt ähnlich wie China, wenn auch in geringerem Umfang, große Devisenreserven. Im Gegensatz zu anderen Volkswirtschaften, kam es in Brasilien aufgrund der hohen Inflation bisher noch zu keiner Zinssenkung. Mittelfristig wird jedoch auch hier von einer sich abschwächenden Inflation ausgegangen.

10.2.2 Finanzwirtschaftliche Betrachtung

Der Bankensektor im Überblick

Im Gegensatz zu anderen Schwellenländern ist der brasilianische Bankensektor in geringem Masse abgeschottet. Ausländische Beteiligungen haben in den vergangenen Jahren stark zugenommen. Dennoch wird ca. die Hälfte des Anlagevermögens immer noch durch stattliche Banken verwaltet.[23] Die größte Bank ist die staatseigene „Banco do Brasil", welche nach Vermögenswerten gleichzeitig die größte lateinamerikanische Bank darstellt.

Der brasilianische Bankensektor ist nur in geringem Umfang von der Finanzkrise betroffen. Das Schwergewicht der Aktivitäten der brasilianischen Banken lag oftmals im eigenen Land. Grund hierfür ist unter anderem die gestiegene Nachfrage nach Krediten. Das Kreditvolumen stieg von 25 % auf inzwischen 50 % des BIP. Allerdings kommt es auch hier zu Liquiditätsengpässen. Als Refinanzierungsquelle wird momentan der inländische Interbankenmarkt verstärkt genutzt, da die Kapitalaufnahme im Ausland infolge der Krise deutlich erschwert ist. Bei einem gleich bleibenden Angebot verbunden mit einer höheren Nachfrage verteuert sich somit automatisch die Refinanzierung der Geldhäuser im Inland. Betroffen sind hier wiederum die mittleren und kleinen Kreditinstitute.[24] Insbesondere Brasiliens

---

[22] Commerzbank (2008b), S. 1.
[23] Vgl. Datamonitor (2008b), S. 64.
[24] Vgl. Handelsblatt (2008b).

10.2 Brasilien

Großbanken profitieren von der derzeitigen Schwäche der kleinen Geldhäuser und kaufen vermehrt deren Kreditbestände auf. Ausgelöst durch die Finanzkrise kommt es somit in Brasilien zu einer Konsolidierung des Bankensektors. So übernahm z.B. die „Banco do Brasil" Anfang Januar 2009 50 % des Konkurrenten „Banco Votorantim" und wird somit ihre Vormachtstellung noch weiter ausbauen können.[25]

Der Handelsplatz im Überblick

Neben der Börse in Sao Paulo „BOVESPA" existiert noch eine zweite Börse in Rio de Janeiro, die „Rio de Janeiro Stock Exchange" (BVRJ), die jedoch nach Handelsvolumen eine untergeordnete Rolle spielt.

Die „Bolsa de Valores de São Paulo" ist der wichtigste Handelsplatz in Brasilien und gleichzeitig die größte Börse Lateinamerikas. Sie generiert ca. drei Viertel der Aktienumsätze dieser Region. Wichtigste Indizes der Börse ist der Bovespa Index (Ibovespa), sowie der Bovespa 50 Index (IbrX-50). Der Ibovespa Index umfasst nur jene Unternehmen, die über eine große Marktkapitalisierung verfügen. Daher macht der Index knapp 80 % des gehandelten Volumens und mehr als 70 % der Marktkapitalisierung aller gelisteten Firmen aus.[26] Nach diversen Restrukturierungsmaßnahmen wurde die BOVESPA Holding mit zwei hundertprozentigen Tochtergesellschaften gegründet. Zum einen ist dies die „São Paulo Stock Exchange" (BVSP), zum anderen die „Brazilian Clearing and Depository Corporation" (CBLC). Die „BVSP" ist zuständig für den Aktienmarkt sowie den außerbörslichen Handel. Die „CBLC" hingegen ist für „Settlement, Clearing and Depository Services" verantwortlich. Im Oktober 2007 ging die BOVESPA Holding selbst an die Börse.[27] Im weiteren Verlauf des Buches wird als Referenzindex der Ibovespa verwendet.

→ Relative Aktienmarktkapitalisierung

Die relative Aktienmarktkapitalisierung zeigt auch im Fall Brasiliens, dass sich die Aktienmärkte nicht dem weltweiten Abwärtstrend entziehen konnten. Wie auch schon in China zu sehen war, befand sich die Aktienmarktkapitalisierung im Jahr 2007 auf dem Höhepunkt, bevor im dritten Quartal 2008 die Werte dramatisch eingebrochen sind. Ende 2007 betrug sie noch ca. 104 % des BIP, während sie im dritten Quartal 2008 auf ca. 50 % des prognostizieren BIP fiel. Des Weiteren ist die Volatilität, ebenfalls wie im Falle Chinas, stärker als im Vergleichswert ausgeprägt. Während die Aktienmarktkapitalisierung der USA im Verhältnis zum BIP nur um ca. 30 % eingebrochen ist, fiel die Kapitalisierung in Brasilien um über die Hälfte.

---

[25] Vgl. Reuters (2009).
[26] Vgl. Datamonitor (2008b), S. 48–49.
[27] Vgl. Bovespa Exchange (2008a), S. 3.

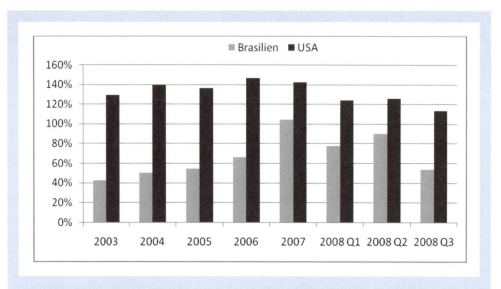

Abbildung 10.18: Aktienmarktkapitalisierung Brasilien[28] im Verhältnis zum BIP (%)
Quelle: In Anlehnung an International Monetary Fund 2008a/World Federation of Exchange Members 2008

→ Branchenstruktur

Die Branchenstruktur des brasilianischen Leitindizes Ibovespa unterteilt sich in neun unterschiedliche Sektoren. Betrachtet man jedoch die Gewichtung nach Marktkapitalisierung, so dominieren hauptsächlich vier Sektoren den Index.

Die Sektoren „Basic Materials" sowie „Financials" machen mit fast 25,5 % bzw. knapp 23 % fast die Hälfte des Indizes aus. Des Weiteren stellen die beiden Energiesektoren „Oil, Gas and Biofuels", sowie „Utilities" ebenfalls knapp ein Viertel des Indexes nach Marktkapitalisierung dar, wobei der erstgenannte Sektor ausschließlich das Börsenschwergewicht „Petrobras" beinhaltet. Das brasilianische Mineralölunternehmen besaß noch im Mai 2008 eine Marktkapitalisierung von rund 300 Mrd. US-Dollar, welche heute auf ungefähr 80 Mrd. US-Dollar geschrumpft ist. Alleine im November verlor das Unternehmen 20 % an Wert im Vergleich zum Vormonat. Dies führte auch zu einer starken Verschiebung innerhalb der Gewichtung des Leitindizes.

Neben „Petrobras" existiert ein zweiter Marktteilnehmer, welcher den Verlauf des Indizes maßgeblich beeinflusst. Unter „Basic Materials" befindet sich eines der weltweit größten Bergbauunternehmen namens „Vale". Gemeinsam sind diese beiden Energie- und Rohstoffunternehmen für gut 30 % der Marktkapitalisierung an der brasilianischen Börse verantwortlich. Dabei reflektiert der prozentuale An-

---

[28] Die Berechnung basiert auf der Marktkapitalisierung der brasilianischen Börse Bovespa in Sao Paulo. In den USA wurde die NASDAQ und NYSE als Referenz verwendet. Die Berechnung basiert auf der Marktkapitalisierung jeweils zum Jahres- oder Quartalsende. Für die Berechnung der relativen Aktienmarktkapitalisierung im Jahr 2008 wurde das prognostizierte BIP des IMF verwendet.

10.2 Brasilien

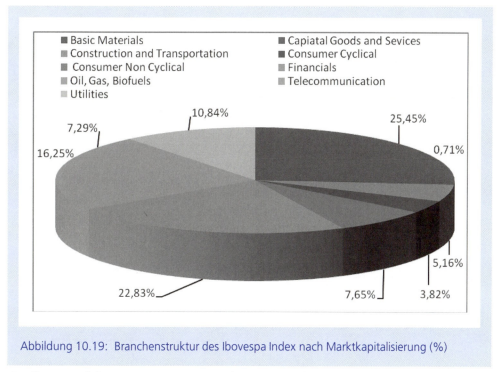

Abbildung 10.19: Branchenstruktur des Ibovespa Index nach Marktkapitalisierung (%)

Quelle: In Anlehnung an Bovespa Exchange 2008b

teil eine Momentaufnahme, welche zu einem Zeitpunkt erstellt wurde, als Rohstoffwerte aufgrund der weltweit einbrechenden Konjunktur massiv an Wert verloren haben.

Finanzwirtschaftliche Indikatoren
→ **Kursentwicklungen am Aktienmarkt**

In den letzten Monaten kam es zu massiven Kursverlusten. Der brasilianische Aktienindex Ibovespa hat seit seinem Hoch am 20. Mai 2008 ungefähr 50 % seines Wertes eingebüßt. Vor allem ausländische Investoren haben ihre Kapitalmittel aus dem Aktienmarkt abgezogen. Alleine im Oktober 2008 kam es zu einem Geldabfluss von 2,2 Mrd. US-Dollar seitens ausländischer Investoren. In den ersten sechs Monaten 2009 hat sich der Ibovespa wieder erholt.

→ **Kurs-Gewinn-Verhältnis**

Die in der Abbildung 10.21 dargestellten Konzerne nehmen nahezu 30 % der Marktkapitalisierung am Ibovespa ein und beeinflussen somit maßgeblich den Indexverlauf. Wie auch der Index verloren beide Unternehmen seit dem Höchststand im Mai 2008 enorm an Marktkapitalisierung. Auch die Kurs-Gewinn-Verhältnisse sind in der letzten Jahreshälfte 2008 eingebrochen.

Abbildung 10.20: Kursentwicklung des Ibovespa und S&P 500 2004 – Juni 2009
Quelle: Bloomberg

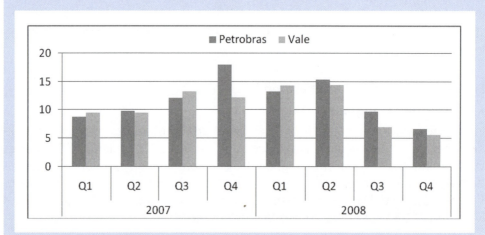

Abbildung 10.21: Kurs-Gewinn-Verhältnis Petrobras S. A./Vale S. A[29]
Quelle: Bloomberg (2009)

---

[29] Auf die Darstellung des KGV des Ibovespa Indexes muss verzichtet werden, da die Daten nicht zugänglich sind. Allerdings haben die aufgezeigten Unternehmen eine Gewichtung von zirka 30 % im Index und können somit auch als repräsentativ für den Gesamtverlauf innerhalb des Indexes angesehen werden.

10.2 Brasilien

Die KGV Bewertung des brasilianischen Indexes liegt somit derzeit in der Nähe historischer Tiefststände. Insbesondere die stark gesunkenen Rohstoffpreise werden die brasilianische Börse mittelfristig weiterhin belasten. Speziell die prognostizierten Gewinne der dominierenden Rohstoffunternehmen dürften hierbei stark nach unten korrigiert werden.

> **Zusammenfassung**
>
> Wie in anderen Schwellenländern, werden die Aktienmärkte auch in Brasilien von einzelnen Branchenschwergewichten dominiert. Hier sind es die Energie- und Rohstoffwerte, die im Zuge der weltweiten Konjunkturabschwächung deutlich an Wert verloren haben. Der brasilianische Leitindex „Ibovespa" hat seit seinem Hoch im Mai bisher knapp die Hälfte seines Wertes eingebüßt. Vor allem ausländische Investoren haben ihr Geld aus dem Aktienmarkt abgezogen. Während die Aktienmarktkapitalisierung im Verhältnis zum BIP im Jahr 2007 noch durchschnittlich 104 % des BIP darstellte, ist dieser Wert auch in Brasilien im dritten Quartal 2008 auf rund 50 % gesunken.

10.2.3 SWOT Analyse Brasilien[30]

Abschließend wir in einer Übersicht zusammenfassend dargestellt, welche Stärken und Chancen sowie Schwächen und Risiken Brasilien charakterisieren bzw. in den kommenden Jahren die Entwicklung prägen werden.

Stärken	Schwächen
• Verbesserte makroökonomische Stabilität, Anfälligkeit für externe Schocks ist zurückgegangen	• Wirtschaft wächst im Vergleich mit anderen Schwellenmärkten unterdurchschnittlich
• Devisenreserven umfassen ca. 200 Mrd. US-Dollar	• Hohe Inflationsrate, die vom Inflationsziel deutlich abweicht
• Positive Leistungsbilanz in den letzten Jahren	• Brasilien wird 2008 und 2009 voraussichtlich eine negative Leistungsbilanz aufweisen
• Verfolgt diversifizierte Wachstumsstrategie, basiert nicht nur auf Rohstoffen	• Starke Abhängigkeit von Rohstoffpreisen, die im Zuge der Finanzkrise stark gesunken sind
• Das Land wurde durch die führenden Ratingagenturen auf „Investment Grade" verbessert	

---

[30] Die SWOT Analyse betrachtet sowohl strukturelle als auch konjunkturelle Aspekte.

Stärken	Schwächen
• Weltweit größter Ethanol-Produzent, verfügt über verschiedene einschlägige Forschungs- und Entwicklungsprogramme • Rohstoffreiches Land, das langfristig von der weltweiten Rohstoffverknappung profitieren wird	• Sehr volatiler Aktienmarkt, allein in 2008 hat sich der Wert des Leitindizes halbiert • Enorme Kapitalabflüsse vor allem durch ausländische Investoren • Aktienpreise bewegen sich in Abhängigkeit von den Börsenschwergewichten aus dem Energie- und Rohstoffsektor
Chancen	**Risiken**
• Großes Potential im Energie- und Rohstoffsektor • Upgrade durch die Ratingagenturen auf „Investment Grade" kann zu mehr ausländischen Direktinvestitionen führen • Günstiges KGV-Niveau bietet gute Investmentmöglichkeiten • Als Konjunkturmaßnahme will Regierung rund 230 Mrd. US-Dollar investieren, könnte sich mittelfristig positiv auf das BIP-Wachstum auswirken	• Deutliche Abkühlung der Konjunktur, Wachstumsprognosen liegen bei ca. 4 % und somit deutlich unter den Vorjahren • Gefahr eines Liquiditätsengpasses, sollte Notenbank nicht in der Lage sein Kreditklemme zu vermeiden, könnten die Auswirkungen auf die Konjunktur deutlicher ausfallen • Weiter sinkende Rohstoffpreise könnten sich negativ auf die Leistungsbilanz auswirken

10.3 Indien

10.3.1 Volkswirtschaftliche Betrachtung

Länderprofil

Amtssprache	Hindi und Englisch
Hauptstadt	Neu-Delhi
Staatsform	Parlamentarische Bundesrepublik
Staatsoberhaupt	Staatspräsidentin Pratibha Patil
Regierungschef	Premierminister Manmohan Singh
Fläche	3.287.590 km^2
Einwohnerzahl	1.147.995.898.
Bevölkerungsdichte	349 Einwohner pro km^2
BIP pro Kopf (PPP)	796 US-Dollar
Währung	Indischer Rupie

Abbildung 10.22: Länderprofil Indien
Quelle: In Anlehnung an Datamonitor 2008c, S. 10

Die Sektoren im Überblick

Der Dienstleistungssektor stellt in Indien das größte Segment in der Zusammensetzung des Bruttoinlandprodukts nach Wirtschaftssektoren dar. Er trägt ca. 60 % zum BIP bei und wuchs in den letzten Jahren konstant zweistellig mit ca. 11 %.

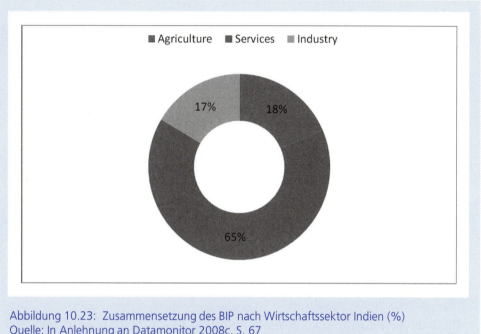

Abbildung 10.23: Zusammensetzung des BIP nach Wirtschaftssektor Indien (%)
Quelle: In Anlehnung an Datamonitor 2008c, S. 67

Betrachtet man das Industriesegment, so lässt sich feststellen, dass es momentan noch an letzter Stelle beim BIP-Beitrag steht. Es wies in der Periode 2006 bis 2007 Wachstumszahlen von ca. 11 % auf, wobei das produzierende Gewerbe ca. 90 % zu diesem Wachstum beiträgt.

Die Landwirtschaft trägt momentan noch ca. 19 % zum BIP bei, wird allerdings in den nächsten Jahren erheblich an Bedeutung verlieren. Die momentanen Wachstumszahlen liegen bei ca. 3 %.[31]

Volkswirtschaftliche Indikatoren
→ Wirtschaftswachstum

Die Konjunktur zeigt auch in Indien schon einen spürbaren Rückgang. Wie in Abbildung 10.24 ersichtlich, dürfte sich das BIP-Wachstum im laufenden Jahr von deutlich abschwächen. Die Volkswirtschaft expandiert somit so langsam wie seit 2005 nicht mehr. Vor allem das verarbeitende Gewerbe und die Landwirtschaft haben das Wachstum gehemmt. Das verarbeitende Gewerbe wuchs nur noch ca.

---
[31] Vgl. Datamonitor (2008c), S. 67–69.

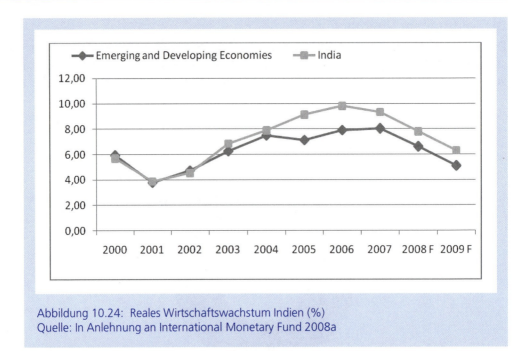

Abbildung 10.24: Reales Wirtschaftswachstum Indien (%)
Quelle: In Anlehnung an International Monetary Fund 2008a

um 5 % im Vergleich zu 9,2 % im Vorjahr. Die Landwirtschaft wies eine Rate von 2,7 % nach 4,7 % im Vorjahr auf. [32]

Die indische Regierung veranlasste aufgrund des trüben Konjunkturausblicks Infrastrukturprogramme, die sich mittelfristig auf das BIP-Wachstum auswirken sollten. Die Regierung will bis 2012 rund 500 Mrd. US-Dollar in den Ausbau des Straßen- und Eisenbahnnetzes, der Häfen und der Stromproduktion investieren.

→ **Leistungsbilanz**

Die hohen Handelsdefizite sind für die negative Leistungsbilanz in Indien hauptverantwortlich. Das Handelsdefizit verschlechterte sich von rund 60 Mrd. US-Dollar im Fiskaljahr 2006–07 auf ca. 90 Mrd. US-Dollar in der Periode April 2007 bis März 2008. Ein Grund für das kontinuierlich steigende Defizit waren die im ersten Halbjahr 2008 hohe Rohstoffpreise sowie ein überdurchschnittliches Wachstum bei ausländischen Konsumgütern. Indien muss rund zwei Drittel seines Rohölverbrauchs importieren. Die Importe wuchsen um ca. 30 %, während die Exporte um lediglich 23,7 % anstiegen.

In den ersten vier Monaten des aktuellen Fiskaljahres (April 2008 bis März 2009) wird das Handelsdefizit bereits bei 41,2 Mrd. US-Dollar erwartet, während es im Vorjahr innerhalb des gleichen Zeitraumes bei ca. 27 Mrd. US-Dollar lag. Es wird eine Ausweitung des Leistungsbilanzdefizits auf ca. 3 % des BIP für 2009 pro-

---

[32] Vgl. Asia Development Bank (2008), S. 155.

10.3 Indien

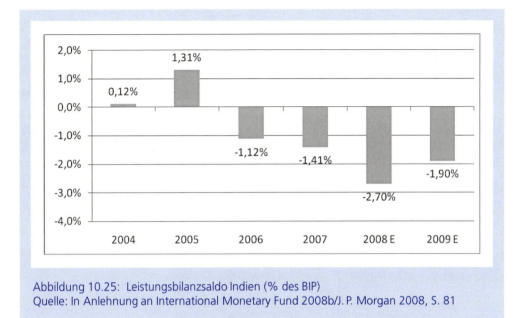

Abbildung 10.25: Leistungsbilanzsaldo Indien (% des BIP)
Quelle: In Anlehnung an International Monetary Fund 2008b/J. P. Morgan 2008, S. 81

gnostiziert.[33] Indien ist das einzige Land in der Vergleichsgruppe, das seit Jahren kontinuierlich eine negative Leistungsbilanz aufweist.

→ **Geldpolitik**

Nach starken Schwankungen und Inflationsraten von bis zu 12 % ist diese im Dezember wieder auf 8 % gesunken. Verantwortlich für die zwischenzeitlich hohen Inflationsraten war vor allem der starke Anstieg der Rohstoffpreise. Gegenüber China verfügt Indien nur über wenige Ölreserven und ist somit auch anfälliger für Ölschocks. Die Notenbank reagierte zunächst mit einer Erhöhung des Leitzinses, welcher noch im August 2008 auf 9 % festgelegt wurde.

Das momentane Leitzinsniveau liegt bei 6,5 %. Alleine im vierten Quartal 2008 wurde dieses dreimal gesenkt. Bedingt durch die weltweite Finanzkrise ist die Inflation in den meisten Ländern zurückgegangen und gibt den Notenbanken das Instrument der Zinssenkung zurück.[34] Auch in Indien wird ein niedriger Zins benötigt, um die Liquiditätsaufnahme am Geldmarkt zu erleichtern.

→ **Devisenreserven**

Wie auch China und Brasilien kann Indien enorme Devisenreserven aufweisen. Das Land besitzt rund 280 Mrd. US-Dollar an Reserven. Im Gegensatz zu früheren Krisen hat sich die makroökonomische Ausgangslage deutlich verbessert. Die Haushaltslage ermöglicht Indien den Spielraum stabilisierend ins Marktgeschehen

---

[33] Vgl. Asia Development Bank (2008), S. 155.
[34] Vgl. Reserve Bank of India (2008), S. 1.

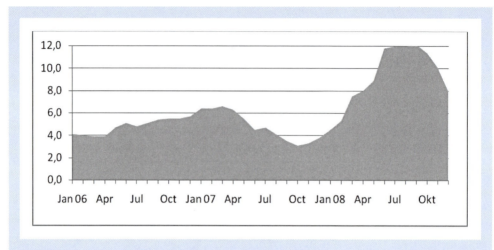

Abbildung 10.26: Monatliche Inflation Indien (%)
Quelle: In Anlehnung an Asia Development Bank 2008, S. 155

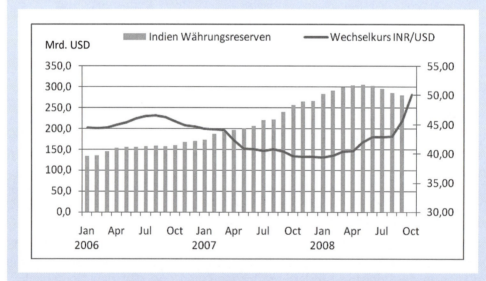

Abbildung 10.27: Währungsreserven Indien in Mio. USD und Wechselkurs Ruppee/USD
Quelle: In Anlehnung an Asia Development Bank 2008, S. 158–159

einzugreifen. Allerdings hat Indien im direkten Vergleich mit China seit Jahren ein steigendes Handelsdefizit sowie eine negative Leistungsbilanz.

Im zweiten Halbjahr 2008 sind die Währungsreserven um 13 Mrd. US-Dollar zurückgegangen. Dies stellt auch einen Indikator für gesunkene Kapitalflüsse nach Indien dar.[35] Im Vergleich zu China basieren die Währungsreserven nicht auf ho-

---

[35] Vgl. Asia Development Bank (2008), S. 154–158.

hen Handelsüberschüssen sondern auf hohen Direkt- und Portfolioinvestitionen. Auch die indische Währung hat erheblich an Wert verloren. Seit Jahresbeginn hat sie gut 20 % gegenüber dem US-Dollar eingebüßt.

> **Zusammenfassung**
>
> Die Volkswirtschaft expandiert so langsam wie seit 2005 nicht mehr. Das BIP-Wachstum dürfte sich im laufenden Jahr von ca. 9,3 % im Vorjahr auf ca. 7,5 % abschwächen. Die makroökonomische Ausgangslage hat sich auch in Indien verbessert, allerdings hat Indien das Problem eines kontinuierlich steigenden Handelsdefizits. Trotz fallender Rohstoffpreise, wird für die Periode 2008–09 nochmals ein Defizit von ca. 90 Mrd. US-Dollar vorhergesagt. Allerdings ist der Offenheitsgrad der indischen Volkswirtschaft im Vergleich zu China noch relativ gering. Der Außenhandel bietet somit noch ein enormes Potential.

10.3.2 Finanzwirtschaftliche Betrachtung

Der Bankensektor im Überblick

Der indische Bankensektor wird von staatlichen Institutionen dominiert. Neben diesen agieren außerdem inländische sowie ausländische Privatbanken auf dem indischen Markt. Etwa drei Viertel der gesamten Anlagen werden jedoch durch staatliche Einrichtungen verwaltet. Die größte Staatsbank ist die „State Bank of India", die 2007 an die Börse gebracht wurde und sich zu ca. 60 % in staatlicher Hand befindet.[36]

Die Auswirkungen der weltweiten Finanzkrise auf die indischen Finanzinstitute waren bisher gering. Dies kann darauf zurückgeführt werden, dass indische Banken kaum im „Subprime-Markt" tätig waren. Des Weiteren spielen ausländische Banken keine nennenswerte Rolle im indischen Finanzsektor. Dennoch kam es zu Liquiditätsproblemen am indischen Geldmarkt. Alleine im Oktober dieses Jahres pumpte die Zentralbank ca. 29 Mrd. US-Dollar in den Finanzmarkt, um Liquiditätsengpässe zu überbrücken. Viel stärker als den Bankensektor traf es in Indien jedoch die Aktienmärkte. Diese sind besonders massiv von der Finanzkrise und den massiven Kapitalabflüssen betroffen.

Der Handelsplatz im Überblick

Die Bombay Stock Exchange (BSE) ist zusammen mit der National Stock Exchange of India (NSE) der wichtigste Handelsplatz in Indien. Gleichzeitig ist die BSE die älteste Börse in Asien. Die größte Börse innerhalb Indiens ist die NSE. Sie befindet sich weltweit unter den drei größten Handelsplätzen bezüglich des Transak-

---
[36] Vgl. Datamonitor (2008c), S. 63.

tionsvolumens. Der Leitindex nennt sich „S&P CNX Nifty" und repräsentiert ca. 60 % der Marktkapitalisierung an der NSE. Er beinhaltet 50 Werte aus 22 verschiedenen Sektoren. Die BSE ist weltweit führend in Bezug auf gelistete Firmen. Insgesamt können Anleger in über 4.800 Unternehmen investieren. Diese sind in unterschiedliche Kategorien eingeteilt. Bezüglich des Transaktionsvolumens steht die BSE weltweit an fünfter Position. Der Hauptindex „Sensex" besteht aus 30 gelisteten Unternehmen, welche aus 12 unterschiedlichen Sektoren stammen. Er repräsentiert ca. ein Fünftel der gesamten Marktkapitalisierung. Im Folgenden wird der Sensex als Referenzindex verwendet.[37]

→ **Relative Aktienmarktkapitalisierung**

Indien konnte im Dezember 2007, gemessen an Marktkapitalisierung, ein Wachstum von über 200 % zum Vorjahr verzeichnen.

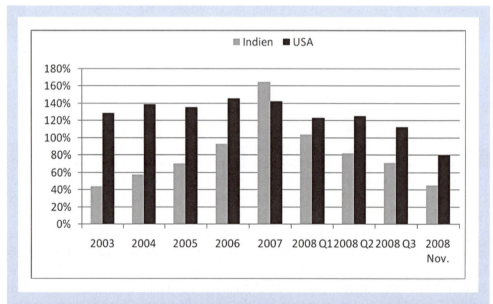

Abbildung 10.28: Aktienmarktkapitalisierung Indien[38] im Verhältnis zum BIP (%)
Quelle: In Anlehnung an International Monetary Fund 2008a/World Federation of Exchanges Members 2008

Ende Dezember 2006 betrug die Marktkapitalisierung noch 818 Mrd. US-Dollar, während sie im Dezember 2007 auf ca. 1,8 Bill. US-Dollar, bei einem BIP von ca. 1,1 Bill. US-Dollar, anstieg. Der Handelsplatz Indien erlebte in dieser Phase seinen Höhepunkt an ausländischen Kapitalzuflüssen, die Aktienmarktkapitalisie-

---

[37] Vgl. Datamonitor (2008c), S. 64.
[38] Die Berechnung basiert auf der Marktkapitalisierung der Bombay Stock Exchange. In den USA wurde die NASDAQ und NYSE als Referenz verwendet. Die Berechnung basiert auf der Marktkapitalisierung jeweils zum Jahres- oder Quartalsende. Für die Berechnung der relativen Aktienmarktkapitalisierung im Jahr 2008 wurde das prognostizierte BIP des IMF verwendet.

10.3 Indien

rung im Verhältnis zum Bruttoinlandsprodukt betrug über 160 %. Seit dem Jahr 2003 überstiegen die Zuflüsse von Portfolio-Kapital den Zufluss an ausländischen Direktinvestitionen. Der Drang internationaler Investoren nach höheren Renditen und besserer Portfolio-Diversifizierung erhöhte den Kapitalzufluss immens.[39] Im Zuge der weltweiten Finanzkrise ist es jedoch auch in Indien zu massiven Kapitalabflüssen und somit auch enormen Kurskorrekturen gekommen. Im November 2008 betrug die Aktienmarktkapitalisierung nur noch 80 % des BIP. Innerhalb von einem Jahr fiel die Marktkapitalisierung von 1,8 Bill. US-Dollar auf ca. 560 Mrd. US-Dollar.

→ **Branchenstruktur**

Im Folgenden wird die Branchenstruktur des Referenzindexes Sensex dargestellt. Der Index unterteilt sich in 12 verschiedene Sektoren, wobei die Bereiche Finance, Oil & Gas und Information Technology die Mehrheit bilden. „Finance" ist mit knapp über 22 % der größte Sektor gemessen an der Marktkapitalisierung. Anschließend folgen „Oil & Gas" mit 18 % und „IT" mit knapp 14 %.

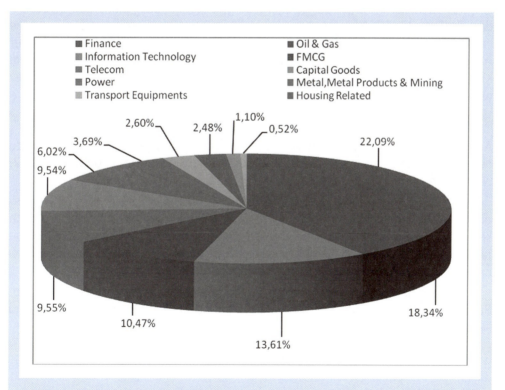

Abbildung 10.29: Branchenstruktur des Sensex Index nach Marktkapitalisierung (%)
Quelle: Bombay Stock Exchange 2008a

---

[39] Deutsche Bank Research (2007a), S. 20.

Zu den größten Unternehmen nach Marktkapitalisierung gehört das Konglomerat Reliance Industries Ltd. Es stellt zurzeit über 15 % des Indexes nach Marktkapitalisierung dar, wobei das Unternehmen seit Januar 2008 ca. 60 % an Wert eingebüßt hat. Das Softwareunternehmen Infosys Technologies Ltd. ist momentan mit ca. 7,7 % im Index gewichtet und hat seit Juni 2007 ebenfalls rund 45 % an Wert verloren. Zusammen mit dem Telekommunikationsunternehmen Bharti ARTL haben die drei Unternehmen derzeit eine Gewichtung von 30 % im Sensex Index und beeinflussen den Indexverlauf somit maßgeblich.

Finanzwirtschaftliche Indikatoren

→ **Kursentwicklungen am Aktienmarkt**

Der Leitindex der Bombay Stock Exchange hatte in den letzten fünf Jahren ein immenses Wachstum zu verzeichnen. Zeitweise hatte der Index fast 250 % an Wert zugelegt. Derzeit rangiert er bei einem immer noch beachtlichen Plus von gut 50 % gegenüber dem Vergleichsjahr 2004. Wenn man allerdings den Vergleich zum Jahresbeginn zieht, dann büßte der Index über 60 % seines Wertes ein und stellt damit einen der schlechtesten Aktienindizes Asiens dar. Insbesondere im Oktober 2008 verlor er nochmals stark an Wert. Besonders ausländische Investoren verkaufen seit Jahresanfang große Mengen an indischen Aktien. Der Abzug des privaten Kapitals aus den Schwellenländern folgt der Logik, dass in Krisenzeiten sichere Märkte gefragt sind. Im zweiten Quartal 2009 ist der Sensex wieder deutlich gestiegen.

→ **Kurs-Gewinn-Verhältnis**

Auch in Indien sind die Unternehmen momentan relativ günstig im Vergleich zu den Vormonaten bewertet. Das KGV betrug im vierten Quartal 2008 noch ca. 12, während es zum Jahresanfang noch bei ungefähr 22 lag.

Nach dem massiven Kursanstieg zwischen 2006 und 2007 gehörten die indischen Aktienmärkte zu den teuersten der Welt – dies hat sich nun deutlich korrigiert. Einerseits kam es im Zuge der Finanzkrise zu generell starken Kapitalabflüssen, andererseits verzeichnet ein Großteil der gelisteten Unternehmen Ertragsrückgänge bedingt durch die trüben konjunkturellen Aussichten.

Vor allem der Bankensektor spürt nun auch schon den weltweiten Abschwung. Bei der State Bank of India stiegen die „notleidenden" Kredite um 14 %, während sie sich bei der größten Bank Indiens „ICICI" sogar um 51 % erhöhten.

10.3 Indien

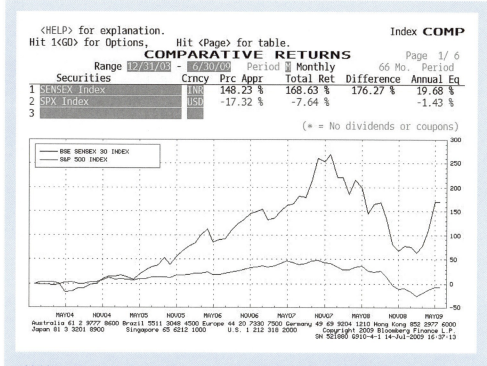

Abbildung 10.30: Kursentwicklung des Sensex und S&P 500 2004 – Juni 2009
Quelle: Bloomberg

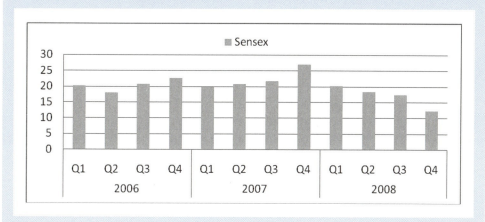

Abbildung 10.31: Kurs-Gewinn-Verhältnis[40] Sensex Index
Quelle: Bombay Stock Exchange 2008b

---

[40] Basiert auf dem KGV Niveau jeweils zum Quartalsende.

Zusammenfassung

Indiens Finanzmärkte haben in den letzten Jahren eine rasante Entwicklung erfahren. Die beiden Hauptbörsen in Delhi und Mumbai hatten Ende 2007 eine Marktkapitalisierung von zirka 1,8 Bill. US-Dollar erreicht, bevor der Wert innerhalb von drei Quartalen wieder auf gut 560 Mrd. US- ollargesunken ist. Der indische Kapitalmarkt konnte massive ausländische Kapitalflüsse verbuchen, bevor im Zuge der Finanzkrise viel Geld abgezogen wurde. Der Sensex Index konnte innerhalb der letzten fünf Jahren zeitweise fast 250 % an Wert zulegen, büßte allerdings seit Jahresanfang wieder zwei Drittel ein. Wie in den meisten Schwellenlandbörsen kam es im Zuge der weltweiten Finanzkrise zu massiven Kapitalabflüssen.

10.3.3 SWOT Analyse Indien[41]

Abschließend wir in einer Übersicht zusammenfassend dargestellt, welche Stärken und Chancen sowie Schwächen und Risiken Indien charakterisieren bzw. in den kommenden Jahren die Entwicklung prägen werden.

Stärken	Schwächen
• Im Gegensatz zu früheren Krisen stabilere makroökonomische Ausgangssituation, Indien besitzt ca. 280 Mrd. US-Dollar an Währungsreserven • Geringere Abhängigkeit vom Exportgeschäft, Wachstum der letzten Jahre basierte ausschließlich auf hohen Investitionen • International wettbewerbsfähig im Bereich „Information and Communication Technology" sowie Softwareentwicklung, Bereiche mit den höchsten Direktinvestitionen • Überdurchschnittliches Wirtschaftswachstum im Vergleich zu anderen Emerging Markets (nach China) • Im Vergleich zu anderen Emerging Markets demokratisches System vorhanden • Hohe Anzahl an billigen und gut ausgebildeten Arbeitnehmer, ca. jeder zweite Inder ist unter 25 Jahren alt	• Steigendes Handelsbilanzdefizit, sowie negative Leistungsbilanz • Momentanes Industriewachstum von nur 5 % (Vergleichsvorjahreszeitraum 9,2 %) • Leitindex Sensex büßte 2008 über 60 % an Wert ein, ist damit einer der schlechtesten Märkte Asiens • Unterentwickelte Infrastruktur, hemmt ausländische Direktinvestitionen • Große Abhängigkeit von Energieimporten. Indien muss ca. 2/3 des Ölkonsums importieren

---

[41] Die SWOT Analyse betrachtet sowohl strukturelle als auch konjunkturelle Aspekte.

Chancen	Risiken
• Als Konjunkturmaßnahme will Regierung bis 2012 rund 500 Mrd. US-Dollar in Infrastrukturprogramme investieren, könnte sich mittelfristig positiv auf das BIP-Wachstum auswirken • Im Vergleich zu China geringer Offenheitsgrad, großes Potential im grenzüberschreitenden Handel. • Weitere Deregulierungs- und Privatisierungsmaßnahmen können Investitionen noch stärker ankurbeln	• Sehr anfällig für Ölschocks, Rohstoffabhängigkeit kann sich wachstumshemmend auswirken und Leistungsbilanzdefizit erhöhen • Prognostiziertes BIP wird von ca. 9,3 % im Vorjahr auf ca. 7,5 % einbrechen

10.4 Russland

10.4.1 Volkswirtschaftliche Betrachtung

Länderprofil

Amtssprache	Russisch
Hauptstadt	Moskau
Staatsform	Semipräsidiale Republik
Staatsoberhaupt	Präsident Dmitri Medwedew
Regierungschef	Premierminister Wladimir Putin
Fläche	17.075.400 km^2
Einwohnerzahl	142.400.000
Bevölkerungsdichte	9 Einwohner pro km^2
BIP pro Kopf (PPP)	9.075 US-Dollar
Währung	Rubel

Abbildung 10.32: Länderprofil Russland
Quelle: In Anlehnung an Datamonitor 2008d, S. 9

Die Sektoren im Überblick

In der Zusammensetzung des BIP stellt der Dienstleistungssektor 60 % dar. An zweiter Stelle steht die Industrie mit 36 %, die Landwirtschaft spielt mit 4 % eine überschaubare Rolle. Von 2000 bis 2007 erhöhte sich die landwirtschaftliche Erzeugungsmenge jedoch jährlich um durchschnittlich knapp 18 %.

Anfang und Mitte der 1990er Jahre war der Industriesektor im internationalen Vergleich nicht wettbewerbsfähig. Gegen Ende des Jahrzehnts gewann der Be-

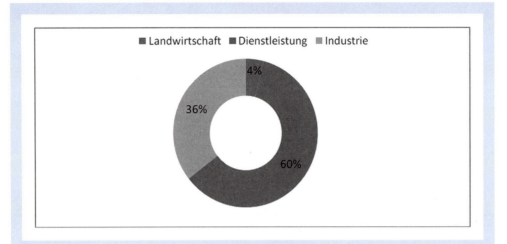

Abbildung 10.33: Zusammensetzung des BIP nach Wirtschaftssektor Russland (%)
Quelle: In Anlehnung an Datamonitor 2008d, S. 46

reich an Fahrt und verzeichnete ab dem Jahr 2000 ein jährliches Wachstum von 27 %. Der Dienstleistungssektor entwickelte sich ebenfalls rasant. Im vergangenen Jahr trug dieser zu über 62 % zum Bruttoinlandprodukt bei. Insbesondere der Finanz- und Handelsbereich expandierte seit der Jahrtausendwende gewaltig. In diesem Zeitraum verfünffachte sich der Ertrag dieses Sektors, von 156 Mrd. US-Dollar auf 707 Mrd. US-Dollar.[42]

Volkswirtschaftliche Indikatoren
→ **Wirtschaftswachstum**
Im Vergleich zu den Vorjahren wurde das Wirtschaftswachstum auch in Russland deutlich ausgebremst. Im Jahr 2008 wird nur noch von einem Wachstum von knapp unter 7 % ausgegangen. Für das kommende Jahr wird ein Wachstum von 3,5 % prognostiziert, wobei die Prognose des Internationalen Währungsfonds die Obergrenze darstellt. Weitere Analysten gehen 2009 sogar von einem noch geringeren Wachstum aus.[43]

Hauptgrund für den enormen Wachstumseinbruch sind die im zweiten Halbjahr 2008 drastisch gesunkenen Rohstoffpreise. Russland ist extrem abhängig von Rohstoffexporten. Sie machen den größten Anteil der Exporte und der Staatseinnahmen aus. An der Börse stellen die Rohstoffkonzerne den Großteil des Kapitals dar. Die Hälfte der ausländischen Direktinvestitionen fließt in diesen Sektor. Wie auch in anderen Volkswirtschaften versucht Russland der konjunkturellen Abküh-

[42] Vgl. Datamonitor (2008d), S. 46–48.
[43] Vgl. Commerzbank (2008c), S. 45.

10.4 Russland

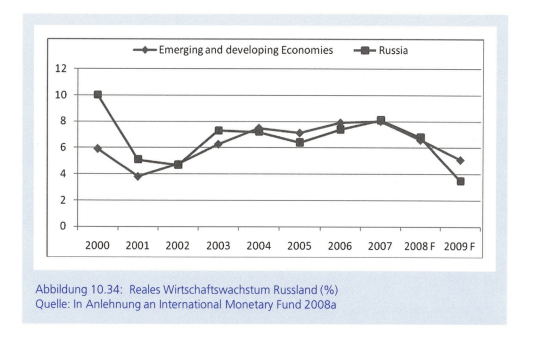

Abbildung 10.34: Reales Wirtschaftswachstum Russland (%)
Quelle: In Anlehnung an International Monetary Fund 2008a

lung mit Investitionen im Umfang von 200 Mrd. US-Dollar (13 % des BIP) entgegenzutreten.

→ Leistungsbilanz

Das Leistungsbilanzsaldo stieg in Russland von 47 Mrd. US-Dollar im Jahr 2000 auf ca. 94 Mrd. US-Dollar im Jahr 2007. Nach den starken letzten Jahren wird für Russland für das Jahr 2009 eine negative Leistungsbilanz geschätzt. Grund hierfür ist der momentan historisch niedrige Rohölpreis. Hauptexportprodukte der russischen Volkswirtschaft sind Öl- und Gasprodukte. Somit konnte Russland massiv von der hohen Rohstoffpreissteigerung der letzten Jahre profitieren.[44] Der prognostizierte Überschuss für 2008 basiert hauptsächlich auf einem starken ersten Halbjahr. Russland konnte im ersten Halbjahr 2008 noch einen Handelsüberschuss von 90 Mrd. US-Dollar ausweisen. Dies stellt ein Wachstum von ungefähr 70 % zum ersten Halbjahr in 2007 dar.

Noch im ersten Halbjahr 2008 betrug der Anteil der Öl- und Gasprodukte ca. 70 % des Gesamtexportes. In den Vorjahren lag dieser Wert bei 60 %. Dies zeigt auch, wie stark abhängig die russische Volkswirtschaft von den Rohstoffexporten ist. Die Exporte sind kaum diversifiziert. Nach dem Preisverfall in den Rohstoffwerten, der im zweiten Halbjahr 2008 begann, wird sich auch die makroökonomische Situation des Landes deutlich verschlechtern. So dürfte 2009 neben der Leistungsbilanz auch die Kapitalbilanz negativ ausfallen.[45]

---

[44] Vgl. Datamonitor (2008d), S. 15.
[45] Vgl. Commerzbank (2008c), S. 45.

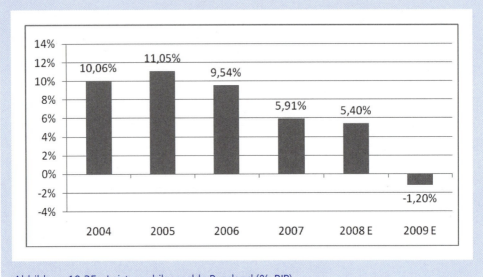

Abbildung 10.35: Leistungsbilanzsaldo Russland (% BIP)
Quelle: International Monetary Fund 2008b/J. P. Morgan 2008, S. 81

→ **Geldpolitik**

Nach einem starken Anstieg der Inflationsrate auf bis zu 15 % im Juni 2008, ist diese im November 2008 wieder leicht auf etwa 13 % gesunken. Das momentane Inflationsniveau liegt deutlich über der Zielrate von 8,5 %. Allein im Jahr 2008 gab es fünf Leitzinserhöhungen durch die Notenbank, um die Inflation zu bekämpfen. Drei Zinserhöhungen fanden im zweiten Halbjahr 2008 statt. Das momentane Zinsniveau liegt bei 13 %. Während sich in den meisten Ländern die Inflation aufgrund der weltweiten konjunkturellen Abkühlung abschwächte und Zinssenkungen zur Belebung der Wirtschaft Priorität haben, steht Russland immer noch der Gefahr einer steigenden Inflation gegenüber.[46]

Die abgeschwächten Wachstumsraten (Abbildung 10.35) könnten jedoch auch in Russland zu einer rückläufigen Inflationsentwicklung führen und der Zentralbank die Möglichkeit der Zinssenkung zurückgeben. Mittelfristig sollte daher auch in Russland die Inflation deutlich nachlassen.

→ **Devisenreserven**

Russlands Devisenreserven befanden sich im Juli 2008 auf ihrem Höchststand; sie betrugen rund 590 Mrd. US-Dollar. Grund für den starken Anstieg der Devisenreserven waren die hohen Rohstoffpreise: insbesondere der hohe Weltmarktpreis für Rohöl trug dazu seinen Teil bei. Noch im Januar 2009 wurden für das Jahresende Währungsreserven in der Höhe von ca. 560 Mrd. US-Dollar prognostiziert.[47] Nach-

---

[46] Vgl. Business Monitor International (2008c), S. 21.
[47] Vgl. Datamonitor (2008d), S. 16.

10.4 Russland

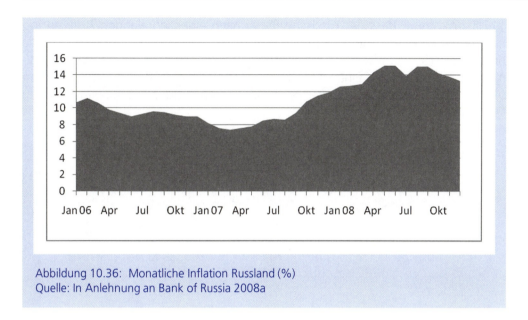

Abbildung 10.36: Monatliche Inflation Russland (%)
Quelle: In Anlehnung an Bank of Russia 2008a

dem im zweiten Halbjahr 2008 die Rohstoffpreise dramatisch sanken, fielen auch die Devisenreserven im November 2008 auf 454 Mrd. US-Dollar. Im Vergleich zum Höchststand im Juli 2008, stellt dies einen Wertverlust von über 20 % innerhalb von vier Monaten dar.

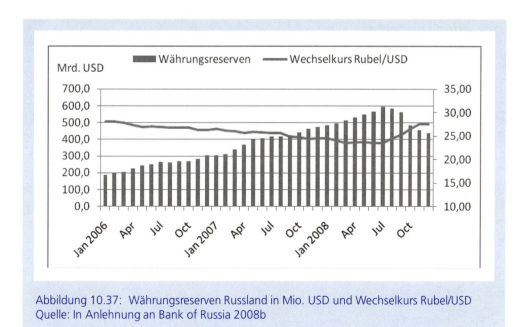

Abbildung 10.37: Währungsreserven Russland in Mio. USD und Wechselkurs Rubel/USD
Quelle: In Anlehnung an Bank of Russia 2008b

Hinzu kommt, dass der russische Rubel nach einer jahrelangen Aufwertung momentan an Wert verliert. Grund hierfür ist das steigende politische Risiko, die prognostizierte negative Leistungsbilanz sowie ein schwach agierender Kapitalmarkt. Die im Zuge der Finanzkrise gestiegene Risikoaversion bei den Investoren führt auch in Russland zu enormen Kapitalabflüssen, die den Rubel unter enormen Druck setzen.[48]

Zusammenfassung

Nachdem in den Vorjahren Wachstumsraten von 8 % erreicht wurden, schwächt sich auch in Russland das Wachstum deutlich ab. Das Internationale Währungsfond IWF prognostiziert für 2009 nur noch ein Wachstum von 3,5 %. Grund für den dramatischen Einbruch sind die stark fallenden Rohstoffpreise. Hauptexportprodukte der russischen Volkswirtschaft sind Öl- und Gasprodukte. Sie stellen zwischen 60 % und 70 % der Exporte dar.

Trotz der weltweiten konjunkturellen Abkühlung liegt das Inflationsniveau in Russland mit 13 % noch deutlich über dem Zielwert von 8,5 %. Während in den meisten Ländern die Inflation aufgrund der weltweiten konjunkturellen Abkühlung abschwächte und Zinssenkungen zur Belebung der Wirtschaft Priorität haben, steht Russland immer noch der Gefahr einer steigenden Inflation gegenüber. Die russischen Devisenreserven sowie der russische Rubel haben beide stark an Wert verloren.

Das Wachstum der russischen Volkswirtschaft basierte in den letzten Jahren ausschließlich auf den hohen Rohstoffexporten – dies bekommt Russland nun deutlich zu spüren.

10.4.2 Finanzwirtschaftliche Betrachtung

Der Bankensektor im Überblick

Es gibt eine sehr hohe Anzahl an Kreditinstituten im russischen Bankensektor. Über 1.000 Kreditinstitute verfügten noch 2007 über eine Lizenz für Bankgeschäfte. Dabei kontrollieren jedoch die 30 größten von ihnen rund 70 % aller Aktiva. Der überwiegende Teil der Banken ist folglich sehr klein und besitzt eine sehr geringe Kapitalausstattung. Dominiert wird der Markt von staatlichen Banken. Sie kontrollieren rund 35 % der Gesamtaktiva des Bankensektors. Ca. 50 % der Einlagen und Kredite wird von den vier größten staatlich kontrollierten Banken verwaltet. Alleine die „Sberbank", die größte Bank Russlands, verwaltet ca. 35 % der Einlagen sowie 30 % der Kredite. Ausländische Banken verwalteten 2007 ungefähr 6,8 % der Einlagen.[49]

---
[48] Vgl. Commerzbank (2008c), S. 48–49.
[49] Vgl. Deutsche Bank Research (2007), 11-14.

10.4 Russland

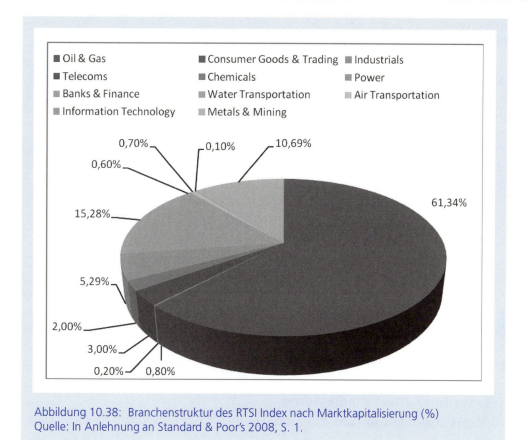

Abbildung 10.38: Branchenstruktur des RTSI Index nach Marktkapitalisierung (%)
Quelle: In Anlehnung an Standard & Poor's 2008, S. 1.

Im Zuge der Finanzkrise kam es insbesondere unter den kleinen und mittleren Banken, die sich über den Interbankenmarkt refinanzieren, zu Liquiditätsproblemen. Um den Geldmarkt zu beruhigen und Liquidität sicherzustellen, wurden mehrere Milliarden US-Dollar in den Geldmarkt gepumpt.[50] Allerdings kam es aufgrund von Zahlungsschwierigkeiten schon zu ersten Übernahmen unter den Banken. Die momentane Krise treibt somit auch die längst überfällige Konsolidierung des russischen Bankensektors voran[51].

Der Handelsplatz im Überblick

Die älteste und größte Börse in Russland ist die „Russian Trading System Stock Exchange" (RTS) in Moskau. An ihr wird der gleichnamige RTS Index (RTSI) gehandelt, welcher im internationalen Vergleich als Referenz verwendet wird. Der Aktienindex besteht aus den 50 größten Unternehmenswerten nach Marktkapitalisierung. Die Unternehmen stammen aus elf unterschiedlichen Sektoren. Der

---
[50] Vgl. Financial Times (2008b).
[51] Vgl. Germany Trade& Invest (2008).

Index wird in US Dollar gehandelt und hatte am ersten September 1995 bei der Einführung ein Anfangsniveau von 100 Punkten.[52]

Um ein Übergewicht einzelner Sektoren zu vermeiden, wurde eine Limitierung auf 15 % der Indexgewichtung pro Unternehmen eingeführt. Trotz dieser Limitierung stellen die Unternehmen des Energiesektors mehr als 50 % des Index dar. Insbesondere die Unternehmen Gazprom und Lukoil sind hier ausschlaggebend.[53]

→ **Branchenstruktur**

Hier wird die Branchenstruktur des Referenzindizes RTSI betrachtet. Dieser unterteilt sich in elf unterschiedliche Sektoren, wobei die Bereiche, Oil & Gas, Banks & Finance und Metals & Mining die Mehrheit bilden.

Die enorme Wichtigkeit des Rohstoffsektors für die russische Volkswirtschaft kann auch anhand des Leitindexes nochmals veranschaulicht werden.

Der Rohstoffsektor stellt mit über 70 %, gemessen an der Marktkapitalisierung, den größten Bereich dar. Im Vergleich zum Vorjahr hat dieser nochmals um knapp 5 % zugelegt, wobei der Bereich Metals & Mining ca. 4 % verloren hat und der Energiesektor um 9 % zugelegt hat. Die größten Unternehmen innerhalb dieses Segments sind Gazprom sowie Lukoil. Beide Unternehmen haben innerhalb der vergangenen sechs Monate ca. 70 % an Wert verloren und zogen, da sie schwergewichtig im RTS-Index vertreten sind, den Gesamtmarkt deutlich nach unten.

Finanzwirtschaftliche Indikatoren

→ **Kursentwicklungen am Aktienmarkt**

Der Kursverlauf des russischen RTS Indizes zeigt auf, dass dieser erst Mitte des Jahres 2008 einen erheblichen Teil seines Wertes einbüßte. Andere Länder Westeuropas und Nordamerikas spürten die Auswirkungen der Finanzkrise deutlich früher. Seit dem Höchststand am 19. Mai 2008 diesen Jahres hat der RTSI über 70 % seines Wertes abgegeben und stellt somit einer der Märkte mit der schlechtesten Börsen- Performance dar. Teilweise wurde der Handel an der Börse komplett ausgesetzt, um einen Zusammenbruch zu verhindern. Alleine im Oktober wurden ca. 50 Mrd. US-Dollar abgezogen.[54]

Grund hierfür ist der massive Verfall bei den Rohstoff- und Energiepreisen, ausgelöst durch den weltweiten Nachfragerückgang. Besonders die Exportwerte wurden durch diese Entwicklung stark belastet. Vor allem die dominanten Rohstoff- und Energiewerte sowie die Finanztitel verloren deutlich an Wert.[55] Des Weiteren führte ein erhöhtes politisches Risiko, ausgelöst durch die Grenzkonflikte mit Georgien, zu verstärkten Kapitalabflüssen durch ausländische Investoren.

---

[52] Vgl. Datamonitor (2008d), S. 43.
[53] Vgl. RTS Exchange (2008).
[54] Vgl. Willershausen (2008).
[55] Vgl. Standard & Poor's (2008).

10.4 Russland

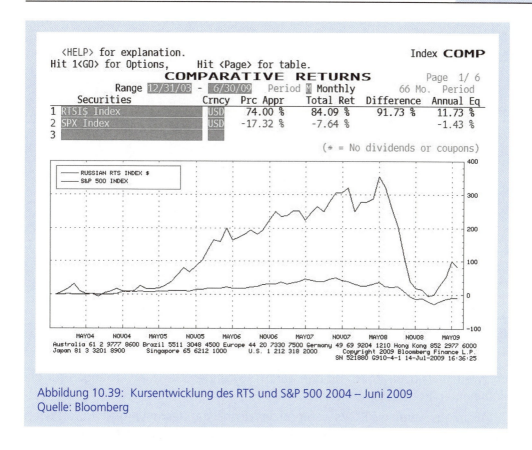

Abbildung 10.39: Kursentwicklung des RTS und S&P 500 2004 – Juni 2009
Quelle: Bloomberg

Wie auch in anderen Schwellenlandbörsen zu beobachten war, kam es im Zuge der Finanzkrise zu enormen Kapitalabflüssen, die sich unter anderem durch eine gestiegene Risikoaversion der Investoren erklären lässt. Dass diese in Russland erst im zweiten Halbjahr 2008 verstärkt eintraten, lässt sich damit erklären, dass die russische Volkswirtschaft noch im ersten Halbjahr 2008 enorm von den hohen Rohstoffpreisen profitierte und erst im zweiten Halbjahr 2008 einbrach, als die weltweite konjunkturelle Abkühlung die Rohstoffpreise mit nach unten zog. Wohin sich der russische Kapitalmarkt im Jahre 2009 hinbewegen wird, bleibt abzuwarten.

→ **Kurs-Gewinn-Verhältnis**

Wie anhand der kommenden Abbildung ersichtlich wird, gingen die Kurs-Gewinn-Verhältnisse mit dem Eintritt in die zweite Jahreshälfte 2008 enorm zurück und spiegeln den Abwärtstrend des russischen Marktes wider. Am Ende des vierten Quartals betrug das durchschnittliche KGV nur noch 3,28 und sank somit um knapp zwei Drittel im Vergleich zum zweiten Quartal 2008, wo es noch bei ca. 12 lag. Wie auch in Brasilien, wo ebenfalls Rohstoffunternehmen den Leitindex beherrschen, sanken die Bewertungen im Vergleich zu China und Indien um ein halbes Jahr versetzt. Ausschlaggebend hierfür waren die fallenden Rohstoffpreise

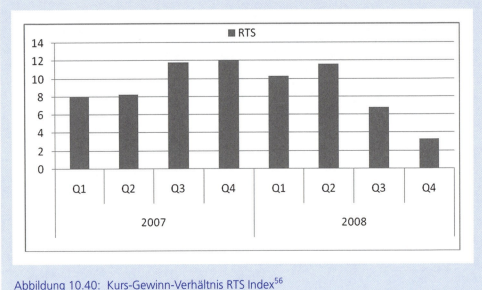

Abbildung 10.40: Kurs-Gewinn-Verhältnis RTS Index[56]
Quelle: Bloomberg (2009)

im zweiten Halbjahr 2008 mit den daraus folgenden Gewinnwarnungen für die dominanten Rohstoffunternehmen.

Allerdings waren die KGVs während des Höchststandes im Vergleich zu anderen Schwellenlandbörsen wie Indien oder China noch relativ moderat bewertet.

Zusammenfassung

Russlands Finanzmärkte haben in den letzten Jahren eine rasante Entwicklung erfahren. Der RTS Index hatte seit 2004 enorme Kapitalzuflüsse verbuchen können und bis Mai 2008 ca. 320 % an Wert zugelegt. Im zweiten Halbjahr 2008 verlor der Index wieder ca. 70 % an Wert und stellt somit einen der Märkte mit der schlechtesten Börsen-Performance dar. Dominiert wird der Leitindex von Rohstoff- und Energiewerten, welche im Zuge der weltweiten konjunkturellen Abkühlung massiv an Wert verloren haben. Die Energie- und Rohstoffwerte haben nach Marktkapitalisierung eine Gewichtung von zirka 70 % im Leitindex.

---

[56] Basiert auf dem KGV jeweils zum Quartalsende.

10.4.3 SWOT Analyse Russland[57]

Stärken	Schwächen
• Verbesserte makroökonomische Stabilität, Devisenreserven (450 Mrd. US-Dollar) bieten fiskalpolitischen Spielraum • Hohe Leistungsbilanzüberschüsse in den letzten Jahren • Verbesserte makroökonomische Ausgangslage führte zu einem besseren Länderrating, Russland besitzt in allen führenden Ratingagenturen Investmentgrade • Rohstoffreiches Land, das langfristig von der weltweiten Rohstoffverknappung profitieren wird	• Extreme Abhängigkeit von Rohstoffexporten, ca. 60 % der Exporte basieren auf Öl- und Gasprodukten. • Wachstum und Erfolg der russischen Volkswirtschaft basierte ausschließlich auf hohen Rohstoffexporten • Massive Kapitalabflüsse am Aktienmarkt, Leitindex RTS hat seit dem Höchststand Mitte Mai mehr als zwei Drittel an Wert verloren, Schwellenland mit der schlechtesten Börsen Performance • Starke Konzentration auf wenige große Werte aus dem Energie- und Rohstoffsektor erhöht Schwankungsrisiken am Aktienmarkt • Erhöhtes politisches Risiko in Russland (ausgelöst durch den Kaukasuskrieg)
Chancen	**Risiken**
• Wird langfristig von der weltweiten Rohstoffverknappung profitieren, ca. 15,6 % der weltweiten Ölreserven befinden sich in Russland. • Günstiges KGV- Niveau bietet momentan gute Investitionsmöglichkeiten • Als Konjunkturmaßnahme will Regierung rund 200 Mrd. US-Dollar in Infrastrukturprogramme investieren, könnte sich mittelfristig positiv auf das BIP Wachstum auswirken	• Gefahr eines deutlichen Einbruchs des Wachstums, von 7 % in 2008 auf 2–3 % in 2009 • Aufgrund Rohstoffpreisverfalls besteht Gefahr einer deutlichen Verschlechterung der Haushaltslage die mittelfristig den fiskalpolitischen Spielraum nimmt. • Bei einem kontinuierlichen Barrelpreis von 50 US-Dollar könnte sich die positive Leistungsbilanz in ein Defizit von ca. 5 % des BIP wandeln

10.5 Gegenüberstellung

In dem folgenden Kapitel sollen die bisher in isolierter Betrachtung dargestellten Länder miteinander verglichen werden. Ausgewählte Indikatoren aus der volkswirtschaftlichen sowie der finanzwirtschaftlichen Betrachtung werden hier gegenübergestellt. Der Vergleich soll veranschaulichen, dass sich alle vier Schwellenländer der weltweiten Krise nicht entziehen können und mit einer deutlichen

---
[57] Die SWOT Analyse betrachtet sowohl strukturelle als auch konjunkturelle Aspekte.

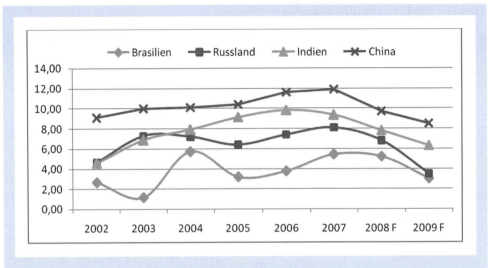

Abbildung 10.41: Reales Wirtschaftswachstum BRIC Länder (%)
Quelle: In Anlehnung an International Monetary Fund 2008a

Verlangsamung des Wachstums rechnen müssen. Die Auswirkungen auf die einzelnen Länder fallen allerdings unterschiedlich stark aus.

Alle vier Länder verbuchten in den letzten Jahren einen kontinuierlichen Anstieg des Wirtschaftswachstums. China und Indien konnten Wachstumszahlen aufweisen, die deutlich oberhalb des Durchschnitts aller Schwellen- und Entwicklungsländer lagen, während Russland und vor allem Brasilien in einem deutlich geringeren Umfang wuchsen.

In Indien ist hauptsächlich der Dienstleistungssektor von der weltweiten konjunkturellen Abkühlung betroffen. Die hohen ausländischen Kapitalzuflüsse in den indischen Dienstleistungssektor sind drastisch gesunken. Ausländisches Kapital hat in den vergangenen Jahren entscheidend zum indischen Wachstum beigetragen. Allerdings sind die Effekte der reduzierten Weltnachfrage geringer als in China, da der Außenhandel für das Wachstum bisher noch eine geringe Bedeutung hat. Im Gegensatz zu Indien spürt China den starken Nachfragerückgang aus dem Ausland und den damit verbundenen rückläufigen Exporten deutlich. China wird 2008 voraussichtlich das erste Mal seit 2003 ein Wachstum von unter 10 % ausweisen. Das prognostizierte Wachstum für 2009 liegt bei knapp 8 %. Chinas Wachstum leidet somit stark unter der derzeitigen globalen Wirtschaftskrise.

Die wirtschaftlichen Erfolge in Brasilien und vor allem in Russland basierten in den letzten Jahren auf erhöhten Exporteinnahmen aufgrund gestiegener Rohstoffpreise am Weltmarkt. Insbesondere Russland bekommt deswegen die weltweite konjunkturelle Abkühlung mit voller Härte zu spüren. In den beiden vergangenen Jahren trugen Gas- und Ölprodukte ca. zwei Drittel zum kaum diversifizierten Gesamtexport Russlands bei. Dies verdeutlicht noch einmal die enorme Abhängigkeit

10.5 Gegenüberstellung

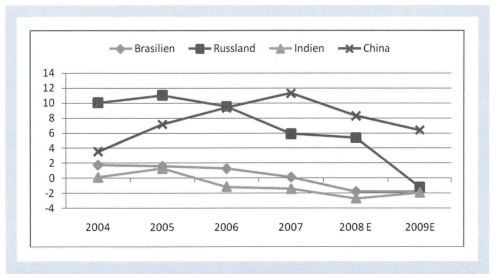

Abbildung 10.42: Leistungsbilanzsaldo BRIC Länder (% BIP)
Quelle: In Anlehnung an International Monetary Fund 2008b/J.P. Morgan 2008, S. 81.

der russischen Volkswirtschaft von Rohstoffprodukten. Brasilien dagegen trifft es weniger hart. Anders als Russland ist Brasilien weniger abhängig von seinen Rohstoffausfuhren, um zu wachsen. Der Außenhandel stellt bisher wie in Indien nur einen geringen Teil des BIP dar.

Nach starken Jahren wird sich das Wachstum somit in allen Ländern deutlich abschwächen. Insbesondere die exportorientierten Länder wie China und Russland leiden am stärksten unter der momentanen Krise. Alleine in Russland wird unter den bisherigen Prognosen das Wachstum in 2009 ca. um 60 % gegenüber 2007, schrumpfen.

Bei der Betrachtung der Leistungsbilanz wird deutlich, dass sich die geringe Nachfrage aus dem Ausland insbesondere auf China und Russland auswirkt. Nach sechs Jahren mit außergewöhnlich raschem Wachstum wird für China ein Leistungsbilanzsaldo in 2008 von ca. 8 % des BIP prognostiziert. Im Vorjahr betrug der Leistungsbilanzüberschuss noch knapp 12 %. Dieser Einbruch von 4 % ist primär auf sinkende Exporte zurückzuführen.

Steigende Ölpreise im ersten Halbjahr 2008 werden Russland helfen, den Leistungsbilanzüberschuss noch bei ca. 6 % des BIP zu halten. Allerdings wird für 2009 aufgrund des temporär historisch niedrigen Rohölpreises ein Leistungsbilanzsaldo von −2 % des BIP erwartet. Besonders Russland trifft es somit aufgrund der Sektorkonzentration hart. Kaum diversifizierte Exporte lassen die Leistungsbilanz erstmals seit Jahrzehnten wieder ins Negative rutschen.

Das indische Defizit steigt laut Prognosen auf −2,5 % des BIP. Gründe hierfür sind vor allem die hohen Ölpreise des ersten Halbjahres 2008 sowie eine rück-

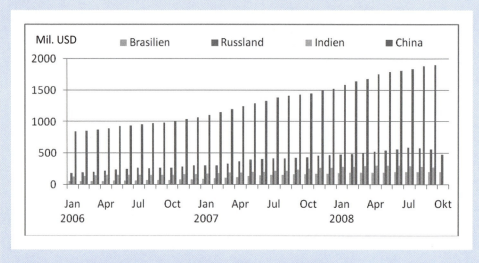

Abbildung 10.43: Währungsreserven BRIC Länder in Mio. USD
Quelle: In Anlehnung an Asia Development Bank 2008, S. 151–159/Central Bank of Brasil 2008/Bank of Russia 2008c

läufige externe Nachfrage. Die brasilianische Leistungsbilanz wird ebenfalls leicht defizitär ausfallen. Gründe hierfür sind neben den stark angestiegenen Importen ebenfalls rückläufige Exporte.

Indiens und Brasiliens Leistungsbilanzen sind zwar rot gefärbt, weisen allerdings deutlich geringere Schwankungen auf. Bei beiden Ländern handelt es sich noch um relativ geschlossene Volkswirtschaften, die Abhängigkeit vom Außenhandel ist somit deutlich geringer als in China oder Russland[58].

Die makroökonomische Stabilität der einzelnen Länder hat sich aufgrund der starken letzten Jahre deutlich verbessert. Insbesondere die hohen Devisenreserven ermöglichen den Ländern momentan noch große fiskalpolitische Spielräume. Jedoch sind diese ungleichmäßig verteilt. Alleine China verfügt über fast 1,9 Bill. US-Dollar an Reserven, während die anderen drei Länder zusammen lediglich auf knapp über 1 Bill. US-Dollar kommen, was allerdings im internationalen Vergleich immer noch überdurchschnittlich hoch ist.

Verantwortlich für die hohen Währungsreserven sind die enormen ausländischen Kapitalzuflüsse der letzten Jahre. Im Falle Chinas basieren diese zu über 50 % auf ausländischen Direktinvestitionen. Mittlerweile sinken jedoch auch in den Schwellenländern die Devisenreserven. Den höchsten Wertverlust musste Russland hinnehmen. Innerhalb der vergangenen vier Monate fielen die Reserven um ein Fünftel auf etwa 450 Mrd. US-Dollar. Ursache hierfür ist die starke Abwertung des russischen Rubels. Aufgrund enormer Kapitalabflüsse hat die russische Währung im vergangenen Jahr ca. 20 % gegenüber dem US-Dollar verloren.

---
[58] Deutsche Bank Research (2008), S. 2.

10.5 Gegenüberstellung

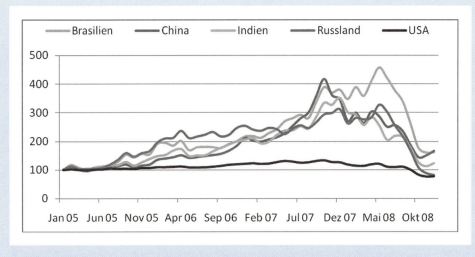

Abbildung 10.44: Kursentwicklung der MSCI Indizes BRIC & USA 2005–2008 (%)
Quelle: MSCI Barra 2008

Die Regierung versucht auf Kosten der Reserven den Kurs künstlich zu stützen. Problematisch hierbei ist, dass der Rückgang des Ölpreises die Möglichkeiten zum Wiederauffüllen der Reserven einschränkt und somit kursstützende Maßnahmen auch nur begrenzt möglich sind.[59] Auch in anderen Schwellenländern kam es aufgrund von massiven Kapitalabflüssen zu Währungsschwankungen. Bis auf den chinesischen Yen, der künstlich gesteuert wird, haben alle Währungen gegenüber dem Dollar seit Januar 2008 über 20 % an Wert verloren.

Die weltweit immensen Kapitalabflüsse, bedingt durch die gestiegene Risikoaversion der Investoren, trafen somit vor allem die Schwellenländer hart. In den vergangenen Jahren konnten zunächst große Kapitalzuflüsse verbucht werden. Alle Börsen der vier großen Schwellenländer erreichten enorme Zuwachsraten. Brasilien erreichte seinen vorläufigen Höchststand im Mai 2008. Anschließend verlor der Index innerhalb von sieben Monaten ca. 65 % an Wert. Der russische Index verlor im gleichen Zeitraum ungefähr 70 % an Wert und stellt somit den Index mit der schlechtesten Börsen-Performance dar (Abb. 10.44). In beiden Ländern bewegt sich der Aktienkurs teilweise in Abhängigkeit von den Rohstoffpreisen. Dies erklärt auch, warum die Kursverluste erst verzögert im zweiten Halbjahr 2008 eintraten, während China und Indien noch 2007 ihre Höchststände erreicht haben.

Weltweit werden zur Belebung der Wirtschaft und Finanzmarktstabilisierung die Leitzinsen gesenkt. Auch Indien und China schlossen sich dieser Entwicklung an. Die zurückgehende Inflation ermöglichte es beiden Ländern, ihr Zinsniveau deutlich zu senken.

---

[59] Vgl. Financial Times (2008c).

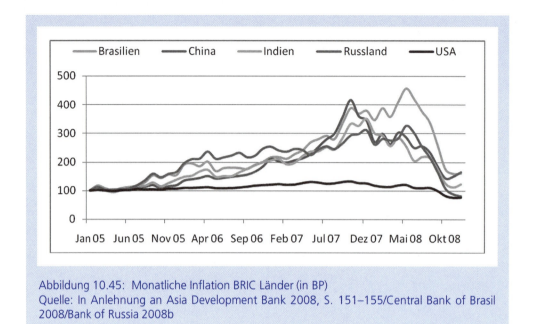

Abbildung 10.45: Monatliche Inflation BRIC Länder (in BP)
Quelle: In Anlehnung an Asia Development Bank 2008, S. 151–155/Central Bank of Brasil 2008/Bank of Russia 2008b

Anders sieht es in Brasilien und Russland aus. Beide Länder kämpfen noch mit einer hohen Inflationsrate, die bisher entgegen dem weltweiten Trend auf einem hohen Niveau stagniert (Abb. 10.45). Während in Russland das Inflationsniveau im Dezember 2008 bei 13 % lag, befand es sich in Brasilien bei ca. 6,4 %.

Während in den meisten Ländern somit Zinssenkungen zur Belebung der Wirtschaft Priorität haben, stehen Russland und Brasilien immer noch der Gefahr einer stagnierenden Inflation gegenüber. Beiden Ländern blieb eine Zinssenkung zur Sicherung der Liquidität bisher verwehrt, da die Inflation bisher nicht deutlich genug zurückging. Allein im Jahr 2008 gab es in Russland fünf Leitzinserhöhungen durch die Notenbank. Davon fanden drei Zinserhöhungen im zweiten Halbjahr 2008 statt.

10.6 Schlussfolgerung

Auch die vier großen Schwellenländer sind von der Finanzkrise deutlich betroffen. Bedingt durch die weltweit konjunkturelle Abkühlung kommt es auch hier zu einer deutlichen Verlangsamung des Wirtschaftswachstums, allerdings in unterschiedlichen Ausmaßen.

Verschnaufpause im Reich der Mitte

Chinas Wirtschaft verliert temporär an Dynamik. Grund hierfür ist die hohe Abhängigkeit von Exportgütern. Chinas Konjunktur ist hochgradig an Sachinvestitionen sowie Exporte gekoppelt. Ebenso sind auch die Aktienmärkte von der Finanzkrise betroffen. Noch im Dezember 2007 betrug die Aktienmarktkapitalisierung[60] in China ca. 4,48 Bill. US-Dollar. Ein Jahr später im Dezember 2008 lag sie nur noch bei 1,78 Bill. US-Dollar. Mit prognostizierten Wachstumsraten von 9,7 % für 2008 und 8 % für 2009 bleibt China allerdings unangefochten einer der weltweit größten Wachstumsmotoren. Des Weiteren besitzt China unglaublich große fiskalpolitische Spielräume. Markteingriffe in Form von Konjunkturprogrammen im Volumen von 600 Mrd. US-Dollar (14 % des BIP) sind schon verabschiedet worden. Chinas Wirtschaft hat vor allem strukturelle Defizite. Es gilt mittelfristig die Exportabhängigkeit zu reduzieren sowie den Binnenkonsum zu stärken, der im bevölkerungsreichsten Land der Erde ein noch immenses unausgeschöpftes Potential aufweist. Auch die Entwicklung von einem Billiglohnland zu einer Technologiegesellschaft mit Innovationspotential ist unabdingbar, um langfristig erfolgreich aufgestellt zu sein. Alleine der komparative Lohnkostenvorteil ist keine Zukunftsformel. Ebenso muss die Anpassung der chinesischen Kapitalmärkte an westliche Leitbörsen und deren Kontroll- und Aufsichtsinstrumente weitergeführt werden, um eine nachhaltige Kapitalmarktentwicklung zu gewährleisten und verlorenes Vertrauen zurück zu gewinnen.

Bremsspuren in Indien

Die Konjunktur wird sich auch in Indien deutlich verlangsamen. Die makroökonomische Ausgangslage ist bei weitem nicht so gut wie in China. Seit Jahren besitzt das Land ein Handelsdefizit und somit auch ein Leistungsbilanzdefizit, das 2008 noch erhöht wird. Die massiven Kapitalabflüsse werden nun auch erstmals das Bild in der Kapitalbilanz verändern. Nach einem Rekordüberschuss in 2007 wird auch hier erstmals ein Defizit erwartet. Die gewohnt hohen Kapitalzuflüsse in den indischen Dienstleistungssektor werden somit zumindest temporär abnehmen. Indiens Wirtschaft weist ebenfalls strukturelle Defizite auf, allerdings ist Indien im Vergleich zu China schon heute ein wichtiger Innovations- und Forschungsstandort im Bereich der Informationstechnologie. Die Transformation vom reinen Billiglohnstandort zum Wissenschaftsstandort wurde somit zumindest vor allem im High-Tech-Bereich vollzogen. Im Außenhandel besteht allerdings noch ein großes Potential, da Indiens Anteil am Welthandel noch relativ gering ist, was sich jedoch während der weltweiten Wirtschaftskrise als vorteilhaft erwiesen hat.

Katerstimmung am Zuckerhut

Brasilien wurde ebenfalls nicht von der Wirtschaftskrise verschont. Auch hier wird nach starken Jahren das Wachstum einbrechen. Die makroökonomischen Eckdaten werden sich ebenso verschlechtern. Grund für den Wachstumseinbruch sind ähnlich wie in Russland auch hier die geringeren Rohstoffexporte. Allerdings weist die brasilianische Volkswirtschaft im Vergleich zu Russland keine Monostruktur auf. Brasilien betreibt eine Wachstumsstrategie, die sowohl auf Dienstleistungen,

---

[60] Basierend auf den Festlandbörsen in Shanghai und Shenzhen.

als auch auf den Industrie und den Rohstoffsektor ausgerichtet ist. Der Finanzmarkt wird jedoch von den zwei größten Rohstoffunternehmen des Landes dominiert. Das Bergbauunternehmen „Vale" sowie das staatliche Energieunternehmen „Petrobras" repräsentieren ca. 30 % der Marktkapitalisierung am brasilianischen Leitindex „Ibovespa", welcher im Zuge der Finanzkrise im zweiten Halbjahr 2008 um zwei Drittel seines Werts verloren hat. Langfristig wird aber auch Brasilien von der weltweiten Rohstoffverknappung profitieren. Des Weiteren ist Brasilien schon heute der weltweit größte Ethanol-Produzent, mit führenden Kenntnissen auf dem Gebiet der Biotreibstoffe. Vor allem andere Schwellenländer wie China und Indien könnten als Exportmärkte für fossile Energieträger in der Zukunft an Bedeutung zunehmen.

Russlands Rohstoffdilemma

Die Leistungsbilanz könnte erstmals wieder ins Negative rutschen. Die Währungsreserven nehmen in dramatischer Geschwindigkeit ab, da die Regierung verzweifelt versucht den Rubel zu stützen. Dieser befindet sich auf dem niedrigsten Stand seit fünf Jahren. Außerdem ist der russische Leitindex RTS innerhalb der Vergleichsgruppe jener Index, welcher die schlechteste Börsen Performance vorweist. Russland ist somit am stärksten von allen vier Ländern betroffen. Einem Land, das sich die letzten Jahre über in einem Dauerhöhenrausch befand, droht der jähe (temporäre) Absturz. Die russische Wirtschaft befindet sich in totaler Abhängigkeit von Öl- und Gaspreisen. Der Erfolg der letzten Jahre basierte ausschließlich auf den hohen Energiepreisen. Andere Sektoren wurden sträflich vernachlässigt, was sich nun bitter auswirkt. Rohstoffunternehmen wie Gazprom und Lukoil haben in den letzten sechs Monaten 208 70 % an Marktkapitalisierung verloren. Mittelfristig, sobald die Weltkonjunktur wieder Fahrt aufnimmt, werden auch die Rohstoffpreise wieder deutlich anziehen. Allerdings lautet auch hier das Zauberwort „Diversifikation". Um sich langfristig wettbewerbsfähig zu positionieren und für die nächste Krise besser gewappnet zu sein, müssen auch andere wettbewerbsfähige Sektoren aufgebaut werden, welche die Wirtschaft in Zeiten von fallenden Rohstoffpreisen stützen können.

Durch die vorangegangene Analyse konnte verdeutlicht werden, dass auch die BRIC Staaten von der Wirtschaftskrise tangiert wurden. Das Ausmaß der Krise fällt allerdings unterschiedlich aus, da die Länder unterschiedliche Modelle verfolgen. Sie weisen sowohl unterschiedliche Wirtschaftsstrukturen sowie unterschiedliche Wachstums- und Entwicklungsmodelle auf, die sie auf unterschiedliche Weise anfällig für externe Schocks macht. Zeitgleich mit der Erholung der weltweiten Wirtschaftskrise werden jedoch auch insbesondere die vier großen Schwellenländer wieder Fahrt aufnehmen und hoffentlich ihre Lehren aus der temporären Talfahrt gezogen haben.

11 | Handlungsempfehlungen des DICF

Das Deutsche Institut für Corporate Finance leitet aus der vorhergehenden Analyse einen Maßnahmenkatalog ab. Dieser ist zeitlich wie folgt gegliedert.

> Schritt 1: Welche Maßnahmen sollten kurzfristig zur Eindämmung der Weltwirtschaftskrise ergriffen werden?
> Schritt 2: Was sollte mittelfristig zur Stabilisierung des Finanz- und Wirtschaftsystems unternommen werden?
> Schritt 3: Wie sollte die Weltwirtschaft nach der Krise nachhaltig gesteuert werden?

Die Analyse schließt mit einem Blick in die Zukunft. Was wird passieren, wenn die eben erwähnten Schritte 1 bis 3 nicht verfolgt werden.

11.1 Schritt 1: Welche Maßnahmen sollten kurzfristig zur Lösung der Finanz- und Weltwirtschaftskrise unternommen werden?

Welche fiskalpolitischen Rettungsmaßnahmen sind zu ergreifen?
- Staatliche Stabilisierung des Bankensystems durch Intervention bei Existenz bedrohender Schieflage
  - Um das Bankensystem kurzfristig zu stabilisieren, sollten alle Banken, die Mindeststandards nicht mehr erfüllen, zwangsweise unter den staatlichen Rettungsschirm gestellt werden. Unter Banken betrachten wir alle Institute mit Bankenlizenz, auch die Autobanken.
  - Die Verletzung von Mindeststandards ist als faktische Insolvenz zu werten.
  - Der Staat ist in der gegenwärtigen Situation die einzige Institution zur Rettung von in Schieflage geratenen Banken.
  - Für seine Rettung und die damit verbundene Investition erhält der Staat 100 Prozent der Anteile an der jeweiligen Bank.

- Der Staat verpflichtet sich, die Banken nach Ende der Finanzkrise wieder zu privatisieren, um die marktwirtschaftlichen Verhältnisse wiederherzustellen.
- Dadurch können die Kosten der staatlichen Intervention refinanziert und eine Sozialisierung der Kosten der Finanzkrise in großem Umfang vermieden werden.
- Staatliche Interventionen in der Realwirtschaft sollten unterbleiben.
  - Auf Grund einer nicht vertretbaren Belastung des Staatshaushaltes sowie aus Wettbewerbsgründen sprechen wir uns gegen eine Unterstützung von einzelnen Unternehmen oder Branchen aus.
  - Der Staat sollte über oben genannte Maßnahmen der Geldpolitik jedoch dafür sorgen, dass die Realwirtschaft mit ausreichender Liquidität versorgt wird.
  - Unternehmensinsolvenzen auf Grund einer Kreditklemme dürfen nicht auftreten.
  - Wir betrachten es nicht als zielführend, Unternehmensinsolvenzen auf Grund von Nachfragerückgängen und Veränderung des Nachfrageverhaltens durch staatliche Unterstützung abzuwenden.
- Konjunkturpolitik muss technologie- und bildungsorientiert sein.
  - Wir betrachten Konjunkturpakete durch den Staat nur dann als sinnvoll, wenn sie die Entwicklung von Zukunftstechnologien unterstützen.
  - Besonders sollten die Umwelttechnologien in allen Branchen gefördert werden, da diese vor dem Hintergrund des Klimawandels einen entscheidenden Wachstumsfaktor für die deutsche Wirtschaft darstellen werden.
  - Weitere Investitionen durch den Staat sollten im Bildungsbereich vorgenommen werden.

Welche geldpolitischen Rettungsmaßnahmen sind zu ergreifen?
- Die EZB handelt richtig, wenn sie in der Krisensituation die Leitzinsen niedrig hält und damit für Liquidität auf dem Interbankenmarkt sorgt.
- Sollten die geldpolitischen Maßnahmen von den Banken nicht genutzt werden und die Banken die zur Verfügung gestellte Liquidität wieder bei der EZB anlegen, gilt es zu überlegen, die Möglichkeit der Anlage von Zentralbankgeld bei der EZB zu unterbinden.

11.2 Schritt 2: Was sollte mittelfristig zur Stabilisierung des Finanz- und Wirtschaftsystems unternommen werden?

- Die Politik hat seit Beginn der Subprime-Krise und dem weiteren Entwickeln der Finanzkrise das entstehende Vakuum, das die Finanzwirtschaft hinterlassen hat, aufgenommen und im Sinne eines effizienten Krisenmanagements ausgefüllt.
- Die Vehemenz der Finanzkrise hat innerhalb kurzer Zeit recht drastische Maßnahmen notwendig gemacht.
- Im Zuge dieser Maßnahmen öffnet sich jetzt ein Fenster, in dem die Strukturen für ein nachhaltiges Finanz- und Wirtschaftssystem aufgebaut werden können. Um welche notwendigen Reformen handelt es sich aus unserer Sicht?

Das bestehende System der Ratingagenturen muss geändert werden

- Die amerikanische Aufsichtsbehörde SEC reguliert die Ratingagenturen und verantwortet die Brauchbarkeit ihrer Ratings.
- Nach einer komplexen Prüfung werden Ratingagenturen als so genannte „NRSROs" – national anerkannte statistische Ratingorganisationen – zugelassen, deren Ratings als zuverlässig und glaubwürdig angenommen werden.
- Die folgenden Ratingagenturen sind derzeit als „NRSROs" anerkannt:
  - **Moody's Investor Service**
  - **Standard & Poor's**
  - **Fitch Ratings**
  - Dominion Bond Rating Service, Ltd.
  - A.M. Best Company
  - Japan Credit Rating Agency, Ltd.
  - R&I, Inc.
  - Egan-Jones Ratings Company
- Die ersten drei Ratingagenturen können als Marktführer bezeichnet werden.
- Die fünf zuletzt aufgeführten Ratingagenturen erlangten ihren Status als NRSROs erst vor zwei Jahren.
- Es erscheint uns nicht einsichtig, warum nur im Wesentlichen drei amerikanische Ratingagenturen weltweit Unternehmen, Institutionen und sogar Länder raten.
- Im Prinzip decken drei Ratingagenturen den gesamten europäischen Markt ab; zwei von ihnen kontrollieren 80 % des Marktes.
- Deshalb plädieren wir für die Einrichtung von europäischen Ratingagenturen.
- Ratingagenturen sollten grundsätzlich so ausgestaltet sein, dass folgende Ansprüche erfüllt werden:
  - *Es liegen keine Interessenskonflikte vor* (z.B. dürfen Ratingagenturen nicht von Investmentbanken bezahlt werden).

- *Ratingagenturen dürfen die Haftung für ihre Ratings nicht ausschließen.* Daher sollten Ratingagenturen beispielsweise verpflichtet werden, die von ihnen in den Ratings verwendeten Informationen zu verifizieren. Dies müssen sie auf Anfrage der Aufsichtsbehörde hin belegen können.
- *Es muss ein klarer Zusammenhang von Rendite und Risikobewertung sichergestellt werden* (z.B. dürfen risikoreiche Produkte, wie die Subprime-Krise auslösende CDOs, nicht mit einem AAA-Rating ausgestattet werden).
- *Die Transparenz der Ratings muss gegeben sein.*

Eine globale Aufsichtsbehörde sollte eingeführt werden

- Nationale Aufsichtsbehörden sind wichtig und unabdingbar.
- Die Finanzkrise hat jedoch gezeigt, dass es zusätzlich einer globalen Aufsichtsbehörde bedarf, welche auf supranationaler Ebene die Finanzaufsicht und Koordination der nationalen Aufsichtsbehörden vornimmt.
- Es ist zu prüfen, ob eine solche globale Aufsichtsbehörde gegründet werden soll oder ob eine bestehende Institution, wie beispielsweise der Internationale Währungsfonds, mit derartigen Kompetenzen ausgestattet werden kann. Die Ausstattung der FED mit umfangreichen Kompetenzen sehen wir kritisch.

Die Unabhängigkeit von geldpolitischen Entscheidungen von der Regierung sollte generell gewährleistet sein

- Die Europäische Zentralbank ist unabhängig von den jeweiligen Regierungen in Europa.
- In den USA ist dies anders zu bewerten.
- Die Federal Reserve Bank in den USA setzt sich zusammen aus einer zentralen Regierungsagentur, dem Direktorium („Board of Governors") sowie 12 regionalen Mitgliedsbanken („Federal Reserve Banks").
- Obwohl die Federal Reserve Bank als unabhängige Zentralbank gilt, muss sie übergeordneten Zielen der Wirtschafts- und Finanzpolitik der US-Regierung dienen.
- Daher kann sie präziser als „unabhängig innerhalb der Regierung" bezeichnet werden.

Marktwertbetrachtung: Ja – Komplexität: Nein

- Rückkehr zu HGB?
  - Wegen der Vielzahl an Problemen und Schwierigkeiten bei der Fair Value-Bewertung kann die Anwendung des Fair Value Accounting als Verstärker der Finanzkrise gesehen werden.
  - Es kam zu einer die Krise verstärkenden Spirale der Abwertungen aufgrund der Bilanzierung zu Marktwerten.
  - In diesem Maße wäre dies basierend auf einer Bilanzierung nach HGB nicht geschehen.

- Eine Rückkehr zur reinen HGB-Bilanzierung (z.B. auch für börsennotierte Unternehmen) würde jedoch der international anerkannten Idee der Bilanzierung aktueller Marktwerte widersprechen.
- Teilweise Einschränkung der Marktbewertung
  - Um die die Krisen verstärkende Wirkung der Fair Value-Bewertung einzuschränken und die Unternehmen von Seiten der Bilanzierung in der Krise zu unterstützen, wurde eine Umgliederung nach dem Fair Value erlaubt.
  - Umgliederung bedeutet in diesem Zusammenhang, dass die aktuellen Marktwerte der Assets eingefroren werden und somit weitere Abwertungen und Abschreibungen verhindert werden.
  - Damit wird einerseits das Marktwertprinzip aufgeweicht;
  - andererseits wird jedoch die negative Abwärtsspirale gestoppt.
  - Wir empfehlen diese Vorgehensweise und sehen dies als einen guten Kompromiss an.
  - In diesem Zusammenhang sind jedoch noch weitere IFRS-spezifische Faktoren kritisch zu hinterfragen.
- Zunehmende Komplexität und Intransparenz von IFRS
  - Aufgrund der zunehmenden Komplexität und Intransparenz von IFRS wurde die Entwicklung der Subprime-Krise in eine Finanzkrise erst ermöglicht.
  - Asset Backed Securities wurden unreflektiert mit ihren überhöhten Werten in die Bilanz übernommen.
  - Risikoaspekte wurden unter dem „Qualitätssiegel" eines „AAA"-Ratings und fehlender Nachvollziehbarkeit der Produkte ignoriert.
  - Die Grundlagen der Werte einer Bilanz müssen einem wirtschaftlich interessierten Bilanzleser zugänglich und für ihn verständlich sein.
  - Wir raten von komplexen Bewertungsverfahren, die eine Scheingenauigkeit bei gleichzeitig hohem Risiko bewirken, ab.
  - Dazu zählen wir Themen wie die Purchase Price Allocation (= Kaufpreislokation) und die Bewertung von Asset Backed Securities.

Bilanzausgliederungen sind zu vermeiden

- Wir empfehlen, Bilanzausgliederungen in Form von Asset Backed Securities und anderer Derivate grundsätzlich zu überdenken.
- Unserer Ansicht nach sollten Risiken dort bilanziert werden, wo sie entstehen.
- Dadurch wird Transparenz und Risikobewusstsein geschaffen.
- Anerkannte Instrumente, wie z.B. Leasing, Asset Backed Securities von Forderungen aus Lieferungen und Leistungen, Factoring sowie Forfaitierung stellen durchaus sinnvolle Finanzierungsinstrumente dar, die auch weiterhin angewendet werden können.

Offshore-Finanzplätze sind trocken zu legen

- Offshore-Finanzplätze, die mit Steueranreizen locken und sich nicht an internationale Transparenz- und Kontrollrichtlinien halten, sollen auf internationalen Druck hin diesen Richtlinien unterworfen werden.
- Damit geht gleichzeitig eine notwendige stärkere Regulierung der Hedgefonds einher.
- Wir empfehlen, das Problem von Offshore-Finanzplätzen auf internationaler Ebene, z.B. dem Internationalen Währungsfonds, zu lösen.

Neue Anreizstrukturen für Manager

- Wir empfehlen, nachhaltige Anreizstrukturen für Manager einzuführen.
- Die Vergütung von Managern sollte künftig auch in einem angemessenen Verhältnis zu den Leistungen des Vorstands stehen.

Nachhaltigkeit heißt langfristiges Handeln auf Kapitalmärkten

- Wir empfehlen, den Shareholder Value Ansatz kritisch zu überdenken. In diesem Zusammenhang sollten folgende Aspekte überdacht werden:
  - Wie können Unternehmen von einer eindimensionalen Renditebetrachtung in eine zweidimensionale Rendite-/Risikosteuerung überführt werden?
  - Führt eine auf Quartalszahlen basierende Unternehmensführung langfristig zu einer Erhöhung des Unternehmenswertes oder eher zu einer kurzfristigen Renditeorientierung zum Zwecke der schnellen Aktienkurssteigerung?
  - Inwieweit kann der aktuelle Shareholder Value Ansatz noch durch Behavioral Finance Aspekte und neuere Managementansätze verbessert werden?

11.3 Schritt 3: Wie sollte die Weltwirtschaft nach der Krise nachhaltig gesteuert werden?

Wie sind die volkswirtschaftlichen Rahmenbedingungen einer nachhaltigen Wirtschaft zu gestalten?

- Am Ende der Finanzkrise sollten die ordnungspolitischen Rahmenbedingungen für ein zukünftiges Finanzsystem geschaffen sein.
- Dies ermöglicht dem Staat, sich von der Keynesianischen Wirtschaftspolitik des aktiven Steuerns zurückzuziehen.
- Aktivitäten des Staates sollten sich auf den Aufbau ordnungspolitischer Rahmenbedingungen beschränken.
- Für die Geldpolitik bedeutet dies, dass dem Zins wieder seine Allokationsfunktion für knappes Geld zurück gegeben wird.
- Ein angemessenes Zinsniveau sollte Wirtschaftswachstum ermöglichen und gleichzeitig Überhitzungen vermeiden.

- Die Geldpolitik der EZB sollte sich an der Geldwertstabilität im Sinne des Monetarismus ausrichten.
- Die Geldpolitik sollte sich bei der Festlegung des Leitzinses an der Geldmenge und nicht an der Inflationsrate orientieren.
- Die in der Finanzkrise von der EZB zur Verfügung gestellte hohe Liquidität muss über einen steigenden Leitzins wieder zurück geführt werden, um Inflationstendenzen entgegen zu treten.

Wie sieht das Bankensystem der Zukunft aus?
- Innerhalb des Bankensystems sollte das klassische Firmen- und Privatkundengeschäft eine größere Bedeutung als vor der Finanzkrise einnehmen.
- Durch die Rückkehr zu den traditionellen Bankgeschäften können die Banken relativ sichere aber weniger hohe Renditen erwirtschaften.
- Investmentbanking-Aktivitäten sollten auf klassische, provisionsgestützte Investmentbanking-Geschäft reduziert werden.
- Dazu zählen insbesondere Mergers & Acquisitions (M&As), Börsengänge (IPOs), strukturierte Finanzierungen, die Vermögensverwaltung von privaten und institutionellen Kunden sowie die Generierung einfacher Wertpapiere, wie beispielsweise Anleihen.
- Der Eigenhandel mit hoch komplexen Finanzprodukten wird auf Grund verstärkter Regulierung an Bedeutung verlieren.

11.4 Welche alternativen Krisenszenarien sind vorstellbar?

Szenario 1: Neue Blasen entstehen
- Wird die exzessive Geldpolitik auch nach Ende der Finanzkrise fortgeführt, so führt der hohe Liquiditätsbestand bei niedrigem Zinssatz zur Bildung neuer Blasen.
- Wiederum fließt viel Kapital in risikoreiche Investitionen und führt zur nächsten Krise.

Szenario 2: Inflation entsteht
- Aus exzessiver und nicht an der Geldwertstabilität ausgerichteter Geldpolitik kann Inflation entstehen.
- Folge sind geringes Wirtschaftswachstum und Vermögensentwertungen.

Szenario 3: Staatsbankrott und Währungsreform
- Exzessive Fiskalpolitik in Verbindung mit hoher Staatsverschuldung und Notenbankpresse führt zu Geldentwertung und Staatsbankrotten.

- Die immensen Staatsverschuldungen können dann nur noch über Währungsreformen abgebaut werden, welche eine Vernichtung von großen Vermögensteilen nach sich ziehen.

11.5 Fazit

- „Wir sind jetzt alle Keynesianer". So wird Milton Friedman, der größte Gegenspieler von John Maynard Keynes am 31.12.1965 zitiert. Dieser berühmte Time Magazine Artikel könnte auch im Jahr 2009 geschrieben worden sein. Durch die Finanzkrise sind die Keynesianer wieder oben auf, da die Krise auf Marktversagen zurückgeführt wird. Jetzt gelten folgende Sätze von Keynes wieder: „Langfristig sind wir alle tot. Ökonomen machen es sich zu leicht, wenn sie uns in stürmischen Zeiten nicht mehr zu erzählen haben, als dass der Ozean wieder ruhig ist, wenn sich der Sturm gelegt hat".
- Die Autoren sehen die kurzfristige Anwendung keynesianischer Steuerungsmechanismen der Geld- und Fiskalpolitik als grundlegend richtig an. Jedoch nur kurzfristig – und als Sonderfall. Keynesianische Wirtschaftspolitik hat uns in die Krise geführt – expansive Geld- und Fiskalpolitik kann uns wieder herausholen. Frei nach dem Motto: Der Teufel wird mit dem Belzebub ausgetrieben. Langfristig muss es zu einem Umdenken in der Wirtschaftspolitik kommen, denn sonst ist die nächste Blase und Krise vorprogrammiert. Wir schließen uns Milton Friedman an: „Der einzige Weg, um das Verhalten der Politiker zu ändern, ist, ihnen das Geld wegzunehmen. Der fundamentale Trugschluss im Wohlfahrtsstaat, welcher sowohl in die Finanzkrise als auch zum Verlust der Freiheit führt, liegt im Versuch, Gutes auf Kosten von anderer zu tun".

Glossar

Arbitrage: Unter Arbitrage versteht man den gleichzeitigen Kauf und Verkauf desselben Gutes zur selben Zeit an unterschiedlichen Handelsplätzen. Dadurch können Preisungleichgewichte ausgeglichen werden.

Asset Backed Securities (ABS): Unter ABS sind Vermögenswerte zu verstehen, die durch einen Pool gleichartiger Vermögenswerte gedeckt sind. Bei einer breiten Streuung der zugrunde liegenden Risiken haftet diesen Wertpapieren gesamthaft gesehen ein geringeres Risiko an, als den ursprünglich verbrieften Forderungen. Kredite gehen durch ABS-Transaktionen aus den Bankbilanzen im Rahmen einer True-Sale-Verbriefung vollständig auf Investoren über. Dadurch werden die Risiken auf die Gläubiger des ABS übertragen. Bei Banken werden daraufhin die Kreditlinien wieder frei.

Asset Backed Commercial Paper (ABCP): Darunter sind commercial papers zu verstehen, welche mit speziellen Assets, wie z.B. CDOs unterlegt sind.

Bad Bank: Im weiten Sinne wird unter einer „Bad Bank" eine Institution verstanden, die Risikoaktiva von Kreditinstituten aufnimmt und getrennt vom gesunden Geschäft („Good Bank") verwaltet und abwickelt. Damit sinken die Unsicherheit und die Risiken bei den abgebenden Kreditinstituten. Diese können sich besser refinanzieren und so die Wirtschaft weiter mit Krediten versorgen. Die aufnehmende Institution wird meistens vom Staat gestellt.

Bank Run: Bei einem Bank Run (dt. etwa: „Ansturm auf eine Bank") versuchen viele Anleger einer Bank so schnell wie möglich ihre Einlagen abzuheben.

Basel I: Der „Basler Akkord" umfasst die 1988 vom Basler Ausschuss erstmals getroffenen Regelungen hinsichtlich einer angemessenen Mindesteigenkapitalausstattung bei Banken sowie international einheitlichen Wettbewerbsbedingungen. Dabei wird das risikogewichtete Kreditvergabevolumen einer Bank auf das maximal 12,5fache ihres wirtschaftlichen Eigenkapitals beschränkt. Die Gewichtung der einzelnen Kredite erfolgt in Abhängigkeit ihrer Risikoklasse in vier unterschiedlichen Ausprägungen.

Basel II: Basel II umfasst die in den EU-Richtlinien 2006/48/EG und 2006/49/EG festgelegten Eigenkapitalvorschriften des Basler Ausschusses für Bankenaufsicht. Diese setzen sich aus drei Säulen zusammen: den Mindesteigenkapitalanforderungen, dem Bankaufsichtlichen Überprüfungsprozess und der Erweiterten Offenlegung. Im Gegensatz zur Pauschalisierung von Kreditrisiken innerhalb der vier Risikoklassen bei Basel I trägt Basel II dem tatsächlichen Risiko jedes einzelnen Krediten Rechnung und berücksichtigt zudem neben den Marktpreis- und Kreditrisiken auch die operationellen Risiken.

Basis: Bei der Differenz zwischen Futurepreis und Preis der Kassamarktposition spricht man von der Basis. Diese kann sowohl negativ als auch positiv sein.

Basispunkt ist das Hundertstel eines Prozents. Diese wird somit im zweiten Nachkommabereich angegeben.

Beta gibt die Sensibilität eines Einzelwertes oder eines Portfolio zum Gesamtmarkt an.

Bonität: Unter der Bonität versteht man die Zahlungsfähigkeit und die Zahlungswilligkeit eines Schuldners. Neuvergaben von Krediten und Prolongationen von bestehenden Darlehen hängen stark von der Bonität des Schuldners ab. Umso besser eine Bonität ist, desto geringer ist die Kreditausfallwahrscheinlichkeit gegenüber der Bank.

Call: Unter einem Call versteht man eine Kaufoption. Diese beinhaltet das Recht etwas zu einem im Vorhinein festgelegten Preis zu kaufen.

Collateralised Debt Obligations (CDOs): In eine Zweckgesellschaft werden Pools aus Krediten eingebracht. Die Zweckgesellschaft zerlegt die Portfolios in mehrere Tranchen und verkauft sie als CDO-Tranchen an Investoren. Die einzelnen Tranchen sind je nach der Risikobeteiligung mit verschieden hohen Zinssätzen ausgestattet und können wiederum als Basis für weitere CDOs dienen.

Commercial Mortgage Backed Securities (CMBS): Durch gewerbliche Immobilien besicherte Anleihen.

Commercial Papers (CPs): Geldmarktpapiere in Form von ab gezinsten Schuldverschreibungen. Die Laufzeiten betragen im Allgemeinen zwischen 7 Tagen und 1 (bis 2) Jahre.

Conduit: Eine Zweckgesellschaft, welche einen Pool an langfristigen Assets (vorwiegend Anleihen) mit der Ausgabe an kurzfristigen ABCPs finanziert, welche wiederum durch die Cash-Flows aus den Assets besichert sind.

Glossar

Cost of Carry: Bei der Cost of Carry handelt es sich um den Finanzierungskostenaufschlag beim Futurepreis. Die Cost of Carry entspricht der Basis.

Covenant: Im Kreditvertrag festgelegte Verpflichtung des Kreditnehmers gegenüber der Bank; dies kann beispielsweise die Einhaltung einer definierten Finanzkennzahl sein.

Credit Default Swap (CDS) stellt das weltweit am meisten verbreitete Kreditderivat dar. Ein CDS ist eine Versicherungsprämie für das Ausfallrisiko einzelner Kreditnehmer oder eines Index. Mit dem Abschluss eines CDS verpflichtet sich der Sicherungsgeber, bei Eintritt eines Ereignisses, das vorher exakt definiert wurde, eine Ausgleichszahlung an den Sicherungsnehmer zu leisten. Im Gegenzug erhält er vom Sicherungsnehmer eine Prämie.

Deflation beschreibt eine Phase fallender Preise und ist ein wichtiges Merkmal der Depression. Gegenteil: Inflation.

Delta gibt an, wie sich die Option verändert, wenn sich das Underling verändert. Somit handelt es sich um eine wichtige Sensitivitätskennzahl.

Depression: Ein lang andauernder konjunktureller Rückgang der Wirtschaftsleistung wird als Depression bezeichnet und ist somit viel gravierender als eine Rezession. Ein solcher Niedergang äußert sich in einem erheblichen Rückgang des Sozialprodukts, hoher Arbeitslosigkeit und Deflation.

Directors' Dealing: Als Directors' Dealing werden Wertpapiergeschäfte eines Mitglieds des Managements genannt (oder dem Unternehmen sehr nahestehende Personen) welche auf Anlageinstrumente des eigenen Unternehmens abgeschlossen worden sind. Diese Geschäfte werden in Deutschland dem §15 WpHG in anderen Ländern (wenn vorhanden) den jeweilig alternativen Sicherungen unterworfen.

Disagio ist ein Abgeld auf den Nennwert eines Anlageobjektes. Dieses wird folglich günstiger erworben als die Nominale ist. Das Disagio ist die Gegenposition zum Agio.

Duration: Als Duration bezeichnet man die Sensitivitätskennzahl, welche die Kapitalbindungsdauer einer Anlage in einem festverzinslichen Anlageinstrument darstellt.

Eigenkapital (der Banken): Als den Eigentümern zustehender Teil der Verbindlichkeiten übernimmt das Eigenkapital auch bei einer Bank von der Gründung an wichtige Finanzierungs- und Haftungsfunktionen. Ferner dient es als Planungs-

und Steuerungsgröße (z.B. für die betriebsinterne Kapitalallokation sowie zur Gewinnbemessung und -verteilung). Im Unterschied zu anderen Branchen dient das Eigenkapital bei Banken auch für Zwecke der staatlichen Aufsicht, insbesondere, um Risiken des Bankgeschäfts zu messen und zu begrenzen. Beispielsweise werden bestimmte Geschäfte – etwa Großkredite – betragsmäßig begrenzt, indem diese über maximal zulässige Relationen an die knappe, für das einzelne Kreditinstitut nicht beliebig erhöhbare „Ressource Eigenkapital" gebunden werden. Am bekanntesten ist das Beispiel der Eigenkapitalunterlegungen, die für risikotragende Bankgeschäfte (Kredite, Wertpapieranlagen) in den Eigenkapitalakkorden des Baseler Ausschusses für Bankenaufsicht („Basel I und II") vorgeschrieben werden. Da dem Verhältnis zwischen risikotragenden Aktiva und haftendem Eigenkapital der Banken (EK-Quote) auch von Analysten, Ratingagenturen und Investoren hohe Bedeutung zugemessen wird, übernimmt das Eigenkapital bei Banken eine besondere vertrauensbildende bzw. akquisitorische Funktion.

Emittent: Bei einem Emittenten handelt es sich um die Gesellschaft oder Körperschaft, welches neue Wertpapier ausgibt. Es können sowohl Banken, der Bund/die Länder, als auch Industrieunternehmen als Emittenten auftreten. Die Ausgabe neuer Wertpapiere nennt man folglich Emission.

Emission: Bei der Emission handelt es sich um die Ausgabe von neuen Wertpapieren durch den Emittenten. Eine Emission kann öffentlich und als Private Placement durchgeführt werden.

Euribor: Abkürzung für „European Interbank Offered Rate"; EWU-weit geltender Interbanken-Zinssatz für Termingelder in Euro mit einer Laufzeit von 1 bis 12 Monaten, die Banken beim Handel untereinander verlangen. Wird als Referenzzinssatz bei Krediten und Anlageprodukten mit variabler Verzinsung verwendet.

Expansive Fiskalpolitik umfasst alle schuldenfinanzierten, staatlichen Konjunkturprogramme, die das Ziel haben, mangelnde private gesamtwirtschaftliche Nachfrage auszugleichen. Im Aufschwung wird die Verschuldung mit höheren Steuern wieder zurückgezahlt.

Fair Value: Betrag, zu dem Finanzinstrumente bewertet werden. Zur Bewertung werden entweder Marktpreise (z.B. Börsenkurse) oder – wenn diese fehlen – interne Bewertungsmodelle herangezogen.

Fannie Mae: „Federal National Mortgage Association"; größte staatlich geförderte Hypothekenbank in den USA.

Fondsmanagement: Dem Fondsmanagement unterliegt das Steuern eines Fonds. Dabei trifft es die Anlage- und Investitionsentscheidungen, tauscht Investments aus oder stockt diese auf.

Freddie Mac: „Federal Home Loan Mortgage Corporation"; zweitgrößte staatlich geförderte Hypothekenbank in den USA.

Fristentransformation: Die Fristentransformation (Fristenumformung oder -veränderung) ist eine Methode von Kreditinstituten, kurzfristige Passiva in langfristige Aktiva umzuwandeln, d.h. kurzfristige Einlagen werden als langfristige Kredite ausgegeben.

Future: Bei einem Future handelt es sich um ein unbedingtes Termingeschäft.

Gamma gibt an wie sich das Delta verändert, wenn sich das Underlying verändert. Es handelt sich folglich um eine weitere Ableitung. Das Gamma ist daher das Delta vom Delta.

Geldmarkt: Im Gegensatz zum Kapitalmarkt ist der Geldmarkt ein Markt für kurzfristige Gelder wie z.B. Tagesgelder, Monatsgelder, einschließlich der Diskont- oder Devisenmärkte. Zudem erfüllt der Geldmarkt eine Liquiditätsausgleichsfunktion zwischen den Banken.

Hedge Ratio gibt an, wieviele Kontrakte zum Aufbau einer Hedge Strategie, faktisch somit einer Absicherung notwendig sind.

Hedgefonds sind private Kapitalsammelstellen. Sie verfolgen i.d.R. aktive und von der allgemeinen Marktentwicklung abgekoppelte Anlagestrategien, unterliegen dabei kaum Restriktionen und arbeiten oft mit einem hohen Verschuldungsgrad. Bisher sind sie kaum reguliert.

Hedging: Unter Hedging versteht man Absicherung von bestehenden Positionen oder Positionen, welche in der Zukunft eingegangen werden sollen.

Insolvenz: Bei einer Insolvenz spricht man von der Zahlungsunfähigkeit eines Schuldners.

Institutionelle Investoren: Kapitalanleger, die die Mittel von privaten Anlegern sammeln und investieren. Als Institutionelle Investoren gelten etwa Versicherungen oder Pensionskassen.

Interbankenmarkt: Am Interbankenmarkt finden die Geld- und Kreditgeschäfte zwischen den Banken bzw. zwischen den Banken und der Zentralbank statt.

Internationaler Währungsfonds (IWF; IMF) ist eine Sonderorganisation der Vereinten Nationen und eine Schwesterorganisation der Weltbank-Gruppe. Zu seinen Aufgaben gehören: Förderung der internationalen Zusammenarbeit in der

Währungspolitik, Ausweitung des Welthandels, Stabilisierung von Wechselkursen, Kreditvergabe, Überwachung der Geldpolitik, Technische Hilfe.

Konsortialkredit: Bei Konsortialkrediten handelt es sich in der Regel um Großkredite, die von mehreren Banken gemeinsam gewährt werden. Der zweckgebundene, vertraglich geregelte Zusammenschluss von Banken zur Vergabe eines gemeinsamen Großkredites wird demnach als Konsortium bezeichnet.

Konvexität ist eine Finanzmathematische Kennzahl, welche angibt, wie sich eine Anleihe bei Zinsänderungen verhält.

Kreditportfolio: Bei einem Kreditportfolio handelt es sich um die Ansammlung verschiedener Krediten in einem Sammelbecken. Dies können z.B. alle Kredite eines Kreditinstituts oder auch nur ein Teil daraus sein.

Kreditrisiko: Beim Kreditrisiko oder auch Kreditausfallrisiko bezeichnet man das Risiko eines Verlustes, falls ein Kreditnehmer seinen Pflichten im Rahmen des Kreditvertrages nicht nachkommen kann oder will.

Leverage-Effekt: Beim Leverage-Effekt handelt es sich um die Hebelwirkung der Fremdfinanzierungskosten des Fremdkapitals auf die Eigenkapitalverzinsung. Kann ein Anleger günstig Fremdkapital aufnehmen und höherverzinslich anlegen, so entsteht daraus z.B. ein Hebeleffekt.

LIBOR: Abkürzung für „London Interbank Offered Rate"; hierunter versteht man denjenigen Zinssatz, zu dem in London ansässige Banken untereinander Geldgeschäfte mit einer Laufzeit von maximal 12 Monaten tätigen. Er dient, wie der Euribor, ebenfalls als Referenzzinssatz bei Krediten und Anlageprodukten mit variabler Verzinsung.

Liquidität: Die Liquidität im Sinne der Veräußerbarkeit gibt an, wie schnell und mit welchen Werteinbußen ein Anlageinstrument übertragen werden kann. Gerade bei Verkäufen ist die hohe Liquidität wichtig, da man sonst aus einer Anlageinvestition sich nicht mehr lösen kann.

Marked-to-Market: Positionen werden täglich zu Marktpreisen bewertet.

Marked-to-Model: Positionen werden zu Modellpreisen bewertet.

Mortgage Backed Securities (MBS): Als MBS bezeichnet man hypothekarisch besicherte Anleihen. Der Cash-Rückfluss der Papiere wird durch Zins- und Tilgungszahlungen aus einem Pool der zugrundeliegenden Hypotheken bedient. Vergleicht man diese mit Pfandbriefen, so erscheinen sie nicht in der Bilanz des ausgebenden Institutes. CMBS (Commercial MBS) sind durch Gewerbeimmobilien besichert. RMBS (Residential MBS) durch private Wohnimmobilien.

Option: Bei einer Option handelt es sich um ein bedingtes Termingeschäft. Optionen werden in Call (Kaufoption) und Put (Verkaufoption) unterteilt.

Originate-to-Distribute-Modell: Dieser Ausdruck bezieht sich auf die Praxis, Kredite mit der Intention zu vergeben, sie zu verbriefen und zu verkaufen.

Over the counter („OTC"): Als OTC („Uber den Schalter")-Geschäfte bezeichnet man diejenigen Geschäfte, die nicht an einer Börse abgeschlossen werden, sondern im privaten Geschäftsverkehr.

Plain-Vanilla: Bei Plain Vanilla Transaktionen und Plain Vanilla Wertpapieren spricht man von Wertpapieren, welche „normal" ausgestattet sind. Sie besitzen keine Besonderheiten sondern sind für den Investor einfach zu verstehen.

Publizitätspflicht ist von Land zu Land unterschiedlich. In Deutschland wird diese im §325 HGB / §40 BörsG geregelt und gibt an, wo und wann der Kaufmann seinen Jahresabschluss, Konzernzahlen etc. veröffentlichen muss. Gleichzeitig wird hier festgehalten, wann der Kaufmann Geschäfte wie z.B. Directors' Dealings offen legen muss und gibt Anweisungen zur Ad hoc Publizität.

Put: Unter einem Put versteht man eine Verkaufsoption. Diese beinhaltet das Recht jedoch nicht die Pflicht ein Gut zu einem im Vorhinein festgelegten Preis zu verkaufen.

Private Placement: Bei einem Private Placement spricht man von einer „Privatplatzierung" eines Anlagegutes bzw. von Vermögensgegenständen. Ein öffentlicher Verkauf ist nicht vorgesehen. Private Placements finden immer unter dem Ausschluss einer Börse statt. Teilweise sind bei solchen Emissionen die Publizitätspflichten gelockert.

Rating: Unter einem Rating versteht man die Eingruppierung von Emittenten entsprechend ihren wirtschaftlichen Verhältnissen. Es soll die Zahlungsfähigkeit (Kreditwürdigkeit) des Schuldners dargestellt werden. Die Ratings nehmen Ratingagenturen wie Standard & Poor's oder Moody's vor.

Ratingagenturen: Diese privaten Unternehmen sind spezialisiert auf die Einschätzung des Kreditrisikos verschiedenster Schuldner und Zinspapiere. Weltweit wird der Markt von nur wenigen US-amerikanischen Ratingagenturen dominiert. Ihre „Ratings" werden von Investoren und auch Aufsichtsbehörden weltweit zur Beurteilung von Kreditwürdigkeit und Kreditrisiken herangezogen.

Regulierung: Dieser Begriff umfasst den gesamten gesetzlichen Rahmen einschließlich internationaler Verträge) sowie daraus abgeleitete Regeln, die das Geschehen an Finanzmärkten sowie ihre Teilnehmer (einschließlich Banken) kontrollieren sollen. Weitere Informationen zu Regulierung und Finanzmarkt-Aufsicht finden sich auf den Internetseiten www.bafin.de (für Deutschland), http://ec.europa.eu/internal_market/bank/index_en.htm (für die Europäische Union) und auf http://www. bis.org /bcbs/index.htm (für internationale Vereinbarungen beim Baseler Ausschuss für Bankenaufsicht).

Rentabilität einer Anlage gibt an, wie hoch das prozentuale Verhältnis des Gewinns zum eingesetzten Kapital in einem bestimmten Zeitraum ist.

Rezession ist ein vorübergehender Rückgang des Wachstums und weitaus milder als eine Depression. Sie ist eine Phase innerhalb des Konjunkturzyklus und entsteht durch Schwankungen in der Einschätzung der wirtschaftlichen Entwicklung. U.a. führt eine Rezession zu einer mangelnden Auslastung der wirtschaftlichen Kapazitäten (z. B. auf dem Arbeitsmarkt in Form von steigender Arbeitslosigkeit).

Securitization: Unter Securitization oder Verbriefung versteht man die Schaffung von handelbaren Wertpapieren aus Forderungen (Zahlungsströmen) oder von Eigentumsrechten. Folglich werden diese Forderungen und/oder Eigentumsrechte zusammengefasst und in einem „Papier" verbrieft und handelbar gemacht.

Subprime-Markt: Unter dem Begriff Subprime-Markt versteht man, einen Teil des Hypothekenmarktes, der überwiegend Kreditnehmer mit schlechter bzw. niedriger Bonität bedient.

Special Purpose Vehicle (SPV): Der Begriff „Zweckgesellschaft" oder auch „Conduit" wird oftmals als Synonym verwendet. Gemäß Artikel 4 der Richtlinie 2006/48/EG des Europäischen Parlaments und des Rates vom 14, Juni 2006 ist darunter folgendes zu verstehen: „Eine Treuhandgesellschaft oder ein sonstiges Unternehmen, die kein Kreditinstitut ist und zur Durchführung einer oder mehrerer Verbriefungen errichtet wurde, deren Tätigkeit auf das zu diesem Zweck Notwendige beschränkt ist, deren Struktur darauf ausgelegt ist, die eigenen Verpflichtungen von denen des originierenden Kreditinstituts zu trennen, und deren wirtschaftliche Eigentümer die damit verbundenen Rechte uneingeschränkt verpfänden oder veräußern können."

Tranchierung: Aufteilung eines Pools von Vermögensgegenständen in verschiedene Risikoklassen. So entstehen neue Wertpapiere mit unterschiedlicher Rangfolge.

Underlying: Beim Underlying handelt es sich um den Basiswert, also das Basisinstrument, welchem ein Derivat zu Grunde liegt.

Glossar

Value at risk („VAR"): Hierunter versteht man den maximal zu erwartenden Verlust, der in einem bestimmten Zeitraum mit einer bestimmten Wahrscheinlichkeit durch den Ausfall von Vermögenswerten, der Veränderung von Zinsen, Währungen und Kursen unter üblichen Marktbedingungen eintreten kann.

Verbriefung: Im Rahmen von Verbriefungen werden Forderungen (z.B. Kredite, Handels- wechsel oder Leasingforderungen) in einem Pool gebündelt und oft in eine Zweckgesellschaft übertragen. Die Zweckgesellschaft refinanziert sich durch die Emission von Wertpapieren (z.B. ABS). Die Rückzahlung und Zinszahlung der Wertpapiere ist direkt an die Performance der zugrunde liegenden Forderungen geknüpft (z. B. die Leistung des Schuldendienstes für die Kredite durch die Kreditnehmer) und nicht an die des Emittenten. Auch der bewährte deutsche Pfandbrief ist eine Verbriefung, die von der „Pfandbriefbank" emittiert und in ihrer Bilanz ausgewiesen wird. Der Pfandbrief ist durch rundschuldbesicherte Forderungen der Bank oder durch Forderungen z.B. an Kommunen gedeckt.

Volatilität gibt die Schwankungsbreite (Intensität nicht Richtung) eines Anlagegutes innerhalb einer bestimmten zeitlichen Periode an. Je höher die Volatilität ist, desto risikoreicher wird ein Anlagegut bezeichnet.

Weltbank: Die Weltbankgruppe hatte ursprünglich die Aufgabe, den Wiederaufbau der vom Zweiten Weltkrieg verwüsteten Staaten zu finanzieren. Heute ist das Aufgabengebiet weit gestreut und im Bereich der Wirtschaftsförderung, dem Aufbau und der Soforthilfe zu finden.

Zero Coupon Bond: Auch Nullkuponanleihe genannt. Der Zero Coupon Bond ist eine Anleihe, die nicht mit einem Zinskupon ausgestattet ist, sondern den Zinsertrag im Rückzahlungskurs enthält. Üblicherweise werden Zero Coupon Bonds dementsprechend mit einem hohen Abschlag (Disagio) emittiert und bei Fälligkeit zu einem Kurs von 100 % zurückgezahlt. Es ist ebenso umgekehrt möglich, dass der Kaufkurs bei 100 % liegt, über die Laufzeit hinweg aufgezinst wird und dann zu einem Kurs von mehr als 100 % zurückgezahlt wird.

Zinsstruktur: Als Zinsstruktur bezeichnet man einen Zinssatz in der Abhängigkeit der Bindungsdauer einer Anlage.

Zwangsliquidation: Bei der Zwangsliquidation handelt es sich um ein Auflösen von Positionen, weil entweder die Sicherheiten dafür nicht mehr ausreichen oder das Risiko der Positionen nicht mehr zu rechtfertigen ist.

Zweckgesellschaften: Diese juristische Variante eines Unternehmens wird für spezielle Aktivitäten gegründet (daher auch im Englischen: „Special Purpose Vehicles"). Im Zusammenhang mit der Subprime-Krise bezeichnet es außerbilanzielle

Gesellschaften, mit deren Hilfe Finanzinstitute in strukturierten Produkten wie ABS und CDS investieren konnten, ohne ihr bilanziell ausgewiesenes Kerngeschäft zu beeinflussen. Dennoch sind Zweckgesellschaften häufig über Liquiditätszusagen mit ihrer Muttergesellschaft verbunden und dadurch auch für das Risiko der betroffenen Banken in der Krise relevant. Mit den Eigenkapitalvorschriften von Basel II sind Zweckgesellschaften seit Beginn 2007 zunehmend eingeschränkt.

Literaturverzeichnis

Die Verfasser haben die bestehenden englischen und deutschen Quellen zur Finanzkrise sorgfältig analysiert. Für deren Richtigkeit und Vollständigkeit kann jedoch keine Haftung übernommen werden. Ferner sind die in diesem Buch getroffenen Aussagen nicht als Aufforderung zum Kauf oder Verkauf von Wertpapieren und Vermögensgegenständen zu sehen. Eine Haftung können die Autoren nicht übernehmen.

Die vollständige Literaturliste umfasst ca. 30 Seiten. Der Abdruck derselben würde den Rahmen des Buches sprengen. Bei Interesse kann die vollständige Literaturliste beim Oldenbourg Verlag bezogen werden. Die im Folgenden aufgeführten Literaturangaben umfassen die zentralen, für die Erstellung des Buchs relevanten Quellen.

Achleitner, A.-K., Dresig, T. (1999): Handbuch Investment Banking, Gabler-Verlag, Wiesbaden.

Albert, A. (2007): Bankenaufsichtliche Regulierung des Liquiditätsrisikomanagements, in: Zeranski, S. (Hrsg.), Ertragsorientiertes Liquiditätsrisikomanagement, Finanz Colloquium, Heidelberg, 2007, S. 3-56.

Allianz Global Investors (2008): Asien im Aufbruch- eine Investmentchance?, Frankfurt am Main.

Altenburg, M. (2009): Zur Gradwanderung zwischen Deflation und Inflation, in: Kreditwesen, Ausgabe 2/2009, S. 2.

Alves, W. (2007): Reporting nach US-GAAP. 1. Aufl., Wiley-VCH Verlag GmbH & Co. KGaA, Weinheim.

Anderegg, R. (2007): Grundzüge der Geldtheorie und Geldpolitik, Oldenbourg Verlag, München.

Bacher, U. (2007): Bankmanagement – Kompakt-Kompendium der Betriebswirtschaftslehre der Banken, Hartung-Gorre-Verlag, Konstanz

Baetge, J. (2005): Fair Value auf der Passivseite der Bilanz?. In: Bieg, H. (Hrsg.): Fair Value, Bewertung in Rechnungswesen, Controlling und Finanzwirtschaft, Verlag Vahlen, München 2005, S. 311-329.

Bär, H.-P. (2000): Asset Securitisation – Die Verbriefung von Finanzaktiven als innovative Finanzierungstechnik und neue Herausforderung für Banken, Verlag Paul Haupt, Bern, 2000, 3. Auflage.

Bechthold, H.; Papenfuß, H. (2008): Der deutsche Verbriefungsmarkt im Griff der Subprimekrise, in: Zeitschrift für das gesamte Kreditwesen, Ausgabe 18/2008, S. 896-900.

Berlemann, M. (2005): Makroökonomik – Modellierung, Paradigmen und Politik, Springer Verlag, Berlin Heidelberg.

Beyer, S. (2008): IFRS: Finanzinstrumente, Bilanzierung, Darstellung, Ausweis. Erich Schmidt Verlag, Berlin.

Bieg, H., Heyd, R. (Hrsg.) (2005): Fair Value. Verlag Vahlen, München.

Bloss, M., Ernst, D., Häcker, J., Eil, N. (2009): Von der Subprime-Krise zur Finanzkrise – Immobilienblase: Ursachen, Auswirkungen, Handlungsempfehlungen, Oldenbourg-Verlag, München.

Bloss, M., Ernst, D., Häcker, J. (2008): Derivatives – An authoritative guide to derivatives for financial intermediaries and investors, Oldenbourg-Verlag, München.

Brinkmann et al.(2008): Die Subprime-Kreditkrise im Spiegel der Rechnungslegung. In: IRZ, Heft 7/8, Juli/August 2008, S. 333-340.

Commerzbank AG (2008a): China, Die Auswirkungen der weltweiten Finanzkrise auf die chinesische Volkswirtschaft, Frankfurt am Main.

Commerzbank AG (2008b): Emerging Markets Country briefing Brasilien, Frankfurt am Main.

Datamonitor (2008a): Country Analysis Report China, In-depth PESTLE Insights 2008.

Datamonitor (2008b): Country Analysis Report Brazil, In-depth PESTLE Insights 2008.

Datamonitor (2008c): Country Analysis Report India, In-depth PESTLE Insights 2008.

Datamonitor (2008d): Country Analysis Report Russia, In depth PESTLE Insights 2008.

De Bondt, W. und Thaler, R. (1985): Does the Stock Market Overreact?, in: The Journal of Finance, Band 40(3), S. 793–805.

Deloitte Österreich (Hrsg.) (2008): IFRS Handbuch. 2. Auflage, Lexis Nexis Verlag, Wien, 2008.

Deutsche Bank Research (2007a): Indiens Kapitalmärkte, Wegbereiter für künftiges Wachstum, Frankfurt am Main.

Deutsche Bank Research (2007b): Der Finanzsektor in Russland, Frankfurt am Main.

Deutsche Bank Research (2008): BRIC-Länder als internationale Investoren: China konkurrenzlos, Frankfurt am Main.

Eckes, B., Flick, C. (2008): Fair Value gleich Fair Value? Gegenüberstellung der Vorschriften unter US-GAAP und IFRS. In: KoR, 7-8/2008, S.456-466.

Erchinger, H., Melcher, W. (2007): Stand der Konvergenz zwischen US-GAAP und IFRS: Anerkennung der IFRS durch die SEC. In: KoR, 05/2007, S. 245-254.

Ernst, D., Häcker, J. (2007): Applied International Corporate Finance, Vahlen Verlag, München.

Fischer, M. (2004): Handbuch Wert-Management in Banken und Versicherungen, Gabler-Verlag, Wiesbaden.

Fama, E. (1970): Efficient Capital Markets: A Review of Theory and Empirical Work, in: The Journal of Finance, Band 25 (2), S. 383-417.

Felderer, B./Homburg S. (2005): Makroökonomik und neue Makroökonomik, 9. Auflage, Springer Verlag, Berlin Heidelberg New York.

Fischhoff, B. und Beyth, R. (1975): "I knew it would happen": Remembered probabilities of once-future things, in: Organizational Behavior and Human Performance, Ausgabe 13, S. 1-16.

Flaschel, P./Groh, G./Proaño, C. (2008): Keynesianische Makroökonomik: Unterbeschäftigung, Inflation und Wachstum, 2. Auflage, Springer-Verlag, Berlin Heidelberg.

Funke, C., Johanning, L., Rudolph, B. (2007): Risiko- und Anlagepräferenzen institutioneller Investoren: Abhängigkeit von der Kapitalmarktsituation und Entwicklung im Zeitverlauf. In: Union Investment (Hrsg.): Edition Risikomanagement 1.4, Frankfurt am Main.

Gilgenberg, B./Weiss, J. (2008): Kein „Fair Value" .... was nun? IFRS-Bilanzierung im Spannungsfeld der Finanzmarktkrise. In: Versicherungswirtschaft, Heft 24/2008, S.2062-2064.

Gilovich, T. et al (2007): Heuristics and Biases. The Psychology of Intuitive Judgment, Cambridge University Press, New York.

Grüneberger, D. (2008): IFRS 2008. 6. Auflage, Verlag Neue Wirtschaft-Briefe, Herne.

Hahlbrock, B., Jansen, D., Schmidt, C. (2008): Rückbesinnung auf alte Werte – eine öffentliche Börse als gesunde Basis für Verbriefungen, in: Zeitschrift für das gesamte Kreditwesen, Ausgabe Technik 01/2008, S. 6-10.

Hartmann-Wendels, T.; Pfingsten, A.; Weber, M. (2007): Bankbetriebslehre, Springer-Verlag, Berlin, Heidelberg, 4. Auflage.

Hayek, F. (1976): Geldtheorie und Konjunkturtheorie, Salzburg.

Hockmann, H.-J.; Thießen, F. (2007): Investment Banking, Schäffer Poeschel Verlag, Stuttgart, 2. Auflage.

Hofmann, W./Lüdenbach, N. (Hrsg.) (2008): IAS/IFRS-Texte 2008. Verlag Neue Wirtschafts-Briefe GmbH & Co.KG, Hamm.

Hott, C. (2002): Finanzkrisen. Eine portfoliotheoretische Betrachtung von Herdenverhalten und Ansteckungseffekten als Ursachen von Finanzkrisen, Technische Universität Dresden.

Illing, G./Watzka S. (2008): Die Geldpolitik von EZB und Fed in Zeiten von Finanzmarktturbulenzen – eine aktuelle Bewertung, in: Kreditwesen, Ausgabe 17/2008, S.38.

J. P. Morgan Securities Inc. (2008): Emerging Markets Outlook and Strategy for 2009, New York.

Kahneman, D. und Tversky A. (1979): Prospect Theory: An Analysis of Decision under Risk, in: *Econometrica*, Band 47 (2), S. 263-291.

Kahneman, D. und Tversky, A. (1979): Prospect Theory: An Analysis of Decision under Risk, in: *Econometrica*, Band 47 (2), S. 263-291.

Kahnemann, D., und Tversky, A. (1974): Judgment under Uncertainty: Heuristics and Biases, in: Science, Band 185, S. 1124-1131.

Keynes, J. (1997): The general Theory of Employment, Interest, and Money, Prometheus Books, New York.

Kirmße, S., Lister, M., Schierenbeck, H. (2008): Ertragsorientiertes Bankmanagement, Band 2: Risiko-Controlling und integrierte Rendite-/Risikosteuerung, Gabler-Verlag, Wiesbaden, 9. Auflage.

Köhler, W. (2008): Wall Street Panik – Banken ausser Kontrolle, Mankau Verlag, Murnau.

Kuhn, S./Scharpf, P. (2006): Rechnungslegung von Financial Instruments nach IFRS. 3. Auflage, Schäffer Poeschel Verlag, Stuttgart.

Lachmann, W. (2006): Volkswirtschaftslehre 1, 5. überarb. und erw. Auflage, Springer Verlag, Berlin Heidelberg New York.

Landesbank Baden-Württemberg (2008): Das Verhalten der Banken im Interbankenmarkt, Brokerreport, Stuttgart.

Leibfried, P. (2007): Probleme mit der Rechnungslegung von Finanzinstrumenten. In: Der schweizer Treuhander, 11/2007, S. 835-838.

Liaw, K. T. (2006): The Business of Investment Banking – a comprehensive overview, John Wiley & Sons, Inc., Hoboken, New Jersey, 2. Auflage.

Malkiel, B. (2003): A Random Walk Down Wall Street, W.W. Norton & Company, Inc., New York.

Marx, M. (2006): Asset-Backed-Securities aus Bankensicht, Auswirkungen der True-Sale-Initiative auf den deutschen Verbriefungsmarkt, VDM Verlag Dr. Müller, Saarbrücken, 2006.

McKinnon, R., Schnabl, G. (2004): The East Asian Dollar Standard, Fear of Floating, and Original Sin. Review of Development Economics 8, 3, 331-360.

Mishkin, F. S. (2003): The Economics of Money, Banking, and Financial Markets, Addison Wesley, New York, 6. Auflage.

Mujkanovic, R. (2002): Fair Value im Financial Statement nach International Accounting Standards, Schäffer-Poeschel, Stuttgart.

Morrison, A. D., Wilhelm, W. J. jr. (2007): Investmentbanking: Institutions, Politics, and Law, Oxford University Press, New York.

Münchau, W. (2008): Vorbeben – Was die globale Finanzkrise für uns bedeutet und wie wir uns retten können, Carl Hanser Verlag, München.

Merton, R. K. (1948): The self-fulfilling prophecy, in: The Antioch Review, Band 8, S. 193-210.

Neumann, J., Morgenstern, O. (1947): Theory of Games and Economic Behavior, Princeton, NJ. Princeton University Press.

Ng, I. und Tseng, L. (2008): Learning to be Sociable. The Evolution of Homo Economicus, in: The American Journal of Economics and Sociology, Band 67 (2), S. 265-286.

Niehaus, H. (2008): Bewährungsprobe für die Fair-Value-Bewertung in Zeiten der Finanzmarktkrise. In: Kreditwesen, Heft 22/2008, S.70-74.

Otte, M. (2008): Der Crash kommt – Die neue Weltwirtschaft und wie Sie sich darauf vorbereiten, Ullstein, Berlin.

Pompian, M. (2006): Behavioral Finance and Wealth Management, Wiley, Hoboken, New Jersey.

Ricken, S. (2008): Verbriefung von Krediten und Forderungen in Deutschland, Hans-Böckler-Stiftung, Düsseldorf, 2008.

Rogall, H. (2006): Volkswirtschaftslehre für Sozialwissenschaftler, VS Verlag für Sozialwissenschaften, Wiesbaden.

Sachverständigenrat zur Begutachtung der gesamtwirtschaftlichen Entwicklung Statistisches Bundesamt (2008): Die Finanzkrise meistern- Wachstumskräfte stärken, Jahresgutachten 2008/09, Wiesbaden.

Schick, G. (2009): Die Verantwortung für diese Krise trägt die Politik, in: Kreditwesen, Ausgabe 1/2009, S. 14.

Schnabl, G. (2000): Leistungsbilanz und Wirtschaftspolitik – das Beispiel Japan, Baden Baden.

Schnabl, G., Starbatty, J. (1998): Im Strudel der japanischen Krise: Die Weltkonjunktur ist bedroht /Die Strukturprobleme Japans werden mit einem nachfragepolitischen Kraftakt zementiert, in: Frankfurter Allgemeine Zeitung, 22.08.1998, 13.

Schuler, C. (2007): Bilanzielle Behandlung von Asset-Backed-Securities-Transaktionen im Jahresabschluss nach HGB, IFRS und US-GAAP, Inaugural-Dissertation zur Erlangung des Doktorgrades des Fachbereiches Wirtschaftswissenschaften der Johann Wolfgang Goethe- Universität, Frankfurt am Main, 2007.

Schumpeter, J. (1997): Theorie der wirtschaftlichen Entwicklung, Berlin.

Sidki, M. (2007): Die Verbriefung von Finanzaktiva – Asset Securitisation und weitere Methoden zum Transfer von Bankrisiken, VDM Verlag Dr. Müller, Saarbrücken, 2007.

Sommer, R. (2008): Die Subprime-Krise, Wie einige faule US-Kredite das internationale Finanzsystem erschüttern, Heise Zeitschriften Verlag, Hannover, 2008.

Syring, J.; Thelen-Pischke, H. (2008): Regulatorische Aufarbeitung der Subprime-Krise, in: Zeitschrift für das gesamte Kreditwesen, Ausgabe 18/2008, S. 906-910.

Starbatty, J. (2008): Die Subprime-Krise als Folge von Fehlanreizen – Was Friedrich A. von Hayek zu Notenbanken sagen könnte, in: Neue Zürcher Zeitung, 19.01.2008.

Stiglitz, J. (1999): Volkswirtschaftslehre, 2. Auflage, Oldenbourg Verlag, München.

Über die Autoren

Michael Bloss ist Abteilungsdirektor im Wealth Management der Commerzbank AG. Er lehrt als Associate Professor und Director for Derivatives am Lehrstuhl für „International Finance" der European School of Finance der Hochschule für Wirtschaft und Umwelt (HfWU) in Nürtingen und ist Lehrbeauftragter an namhaften Universitäten und Hochschulen.

Dietmar Ernst ist Professor für Corporate Finance an der European School of Finance der Hochschule für Wirtschaft und Umwelt (HfWU) in Nürtingen. Zuvor war er bei einer Private Equity Gesellschaft und über mehrere Jahre im Bereich Mergers & Acquisitions tätig. Dietmar Ernst hat an der Universität Tübingen Internationale Volkswirtschaftslehre studiert und sowohl in Wirtschaftswissenschaften als auch Naturwissenschaften promoviert. Er ist Autor zahlreicher Standardwerke.

Joachim Häcker ist Professor an der Hochschule Heilbronn und der University of Louisville. Ferner ist er Lehrbeauftragter an der St. Galler Business School sowie Beirat von SHL Telemedizin. Sein Fachgebiet ist Internationale Finanzwirtschaft, insbesondere Corporate Finance. Herr Häcker ist seit 12 Jahren als Berater im Corporate Finance Bereich tätig und war bis Ende 2003 Vice President bei Rothschild in Frankfurt und London. Herr Häcker hat an der Universität Tübingen und der Kenan Flagler Business School (USA) BWL und Jura studiert und in beiden Fächern promoviert.

Nadine Eil arbeitet bei der KfW IPEX-Bank in Frankfurt/Main und ist dort spezialisiert auf Internationale Projekt- und Exportfinanzierungen im Bereich Energie und Umwelt. Zuvor war Frau Eil bei Rothschild in Frankfurt im Investment Banking in M&A Advisory in den Sektoren „Transport" und" Business Services" tätig. Bei der Société Générale Corporate & Investment Banking in London hat sie Erfahrungen im Bereich „Sales Debt Finance" erworben, nachdem sie als Kreditanalystin und Akquisiteurin bei der Landesbank Saar im Bereich „International Finance – Corporates and Structured Products" tätig war.

Das erste Fachbuch zur Finanzkrise

Michael Bloss | Dietmar Ernst
Joachim Häcker | Nadine Eil
Von der Subprime-Krise zur Finanzkrise
Immobilienblase: Ursachen, Auswirkungen, Handlungsempfehlungen
2008 | 247 S. | gb. | € 29,80 | ISBN 978-3-486-58873-6

Milliardenschwere Rettungspakete kontra drohende Staatspleiten – die Finanzkrise hat die Börsenwelt im Griff. Und sie ist nicht mehr allein ein Problem der Banken, längst sind auch die Bürger betroffen, die sich um die Sicherheit ihrer Geldanlagen und um die Zukunft ihrer Arbeitsplätze sorgen. Und als Steuerzahler fragen sie sich, welche Belastungen noch auf die Staatskasse zukommen.

Schon aufgefallen? Praxisbücher bei Oldenbourg jetzt im neuen Layout!

Doch wie wurde die Subprime-Krise in den USA – und damit die Finanzkrise – eigentlich ausgelöst und warum konnte sie sich über die gesamte Welt ausbreiten? Und welche Rolle spielten Zentralbanken, Rating-Agenturen und Hedge-Fonds? All das und noch einiges mehr beantwortet das erste Buch zum Finanzfiasko. Die vier Autoren – vom Wertpapierspezialisten bis zum Wirtschaftsprofessor – analysieren die Ursachen, schildern die Auswirkungen und geben sogar Handlungsempfehlungen.

»**Ein guter Ratgeber zur richtigen Zeit.**«
(Hamburger Morgenpost)

Über die Autoren:
Michael Bloss ist Wertpapierspezialist und Prokurist der Commerzbank AG.

Dr. Dr. Dietmar Ernst ist Professor an der Hochschule für Wirtschaft und Umwelt (HfWU) in Nürtingen.

Dr. Dr. Joachim Häcker ist Professor an der Hochschule Heilbronn.

Nadine Eil arbeitet bei der KfW IPEX-Bank GmbH in Frankfurt/Main.

150 Jahre
Wissen für die Zukunft
Oldenbourg Verlag

Bestellen Sie in Ihrer Fachbuchhandlung oder direkt bei uns: Tel: 089/45051-248, Fax: 089/45051-333
verkauf@oldenbourg.de